"博学而笃志，切问而近思。"

（《论语》）

博晓古今，可立一家之说；
学贯中西，或成经国之才。

## 主编简介

张宗新，男，1972年生，山东淄博人，1998、2002年在吉林大学获经济学硕士、博士学位，2002年在复旦大学应用经济学博士后流动站从事科研工作。现为复旦大学金融研究院副教授，硕士研究生导师。近年来，先后主持国家自然科学基金、国家社会科学基金等省部级以上研究项目5项，出版《证券市场深化与微观结构优化》等专著3部，在《经济研究》、《金融研究》、《管理世界》等核心期刊发表学术论文50余篇。

杨青，复旦大学金融研究院副教授。管理学博士，2001年6月毕业于复旦大学管理学院。2003年入选复旦大学“世纪之星”计划，2005年赴奥地利维也纳大学做博士后研究工作，2006-2007年在英国剑桥大学与约克大学做访问学者。自2001年起，一直在复旦大学金融研究院从事兼并与收购、公司治理、电子金融与信息处理以及相关金融学和管理学方面的教学与研究工作。

博学 21世纪工程管理系列

# 投资经济学

Project Management

Project Management

张宗新
杨 青 主编

Project Management

复旦大学出版社

## 内容提要

本书是以现代投资理论为基础、运用现代经济学分析方法构建的有关投资经济学教学体系。在介绍投资理论的基础上，注重操作性和实用性，分别从基础篇、项目投资篇、产权投资篇、金融投资篇和风险投资篇等五个方面全面、系统地介绍了有关项目投资、产权投资、金融投资和创业投资的理论和操作技巧。全书理论联系实际，难易结合，适用于普通高等院校经济、管理类学生，尤其适用于工程管理类专业本科高年级学生、研究生和经济工作者。

# 博学·21世纪工程管理系列

## 编　委　会

# 总　序

摆在我们面前的这套丛书是一套21世纪工程管理类专业的系列教材。这是我国高校工程管理教育中的一件大喜事。

众所周知,20世纪90年代末以来,我国房地产业得到了迅猛发展。这无论对改善我国城镇广大居民住房条件、拓展城市空间、改变城镇面貌,还是对启动内需、促进经济增长,都起了巨大的积极作用。当然,在房地产业迅猛发展过程中,也产生了一系列包括房地产供应结构失衡、房价上升过快、市场秩序不规范等问题,但这些问题都是前进中的问题。房地产业作为我国国民经济的支柱产业,地位并不会因产生了这些问题而有所动摇。从2005年的"国八条"到2006年的"国六条",政府对房地产业发展的一系列宏观政策调控,绝不是要打压或抑制这一行业的发展,相反,完全是为了引导和扶植房地产业更好地、健康地发展。正如医生给一个生了点病的孩子打针吃药一样,是为了使孩子能更好、更健康地成长。

今天,我国经济在科学发展观指引下正阔步前进,人民生活水平在不断提高,农村城镇化进程在加速,在这样的大背景下,我国房地产业的发展正方兴未艾,前程似锦。为了使我国房地产业在今后能更科学、更健康地持续发展,人才培养可说是重中之重。正因为这样,我国目前已有190所高校设置了与国际接轨的工程管理专业,这还不包括只在一所大学设置的本科专业。如果含交叉学科(专业基础课,如土地资源管理专业、公共管理专业等),目前全国约有360所高校开设有工程管理课程。工程管理专业既不是一般的房地产经济专业,也不是纯土木建筑工程专业,而是一个涵盖这些专业并着重于管理的交叉学科专业。这个专业主要是培养具备管理学、经济学和土木工程技术的基本知识,掌握现代管理科学理论、方法和手段,能在国内外工程建设领域从事项目决策和全过程管理的复合型高级管理人才。这样的人才,必须获得和掌握以下几方面的知识和能力:(1)工程管理的基本理论和方法。(2)投资经济的基本理论和知识。(3)土木工程的技术知识。(4)工程项目建设的方针、政策和法规。(5)国内外工程管理发展动态的信息和知识。(6)运用计算机辅助解决管理问题的能力。

为了适应培养这样人才的需要,复旦大学出版社组织了国内一些著名大学的一批专家教授编写出版这套工程管理系列教材,包括《房地产市场营销》、《工程项目投资与融资》、《工程经济学》、《投资经济学》、《房地产开发与经营》、《工程合同管理》、《国际工程承包管理》、《工程造价与管理》、《建设工程成本计划与控制》、《房地产法》、《房地产开发企业财务管理》、《房地产开发企业会计》、《房地产金融》、《房地产估价》、《物业管理》、《房地产管理学》等。由于这套教材是由从华北到华中再到上海的几所知名大学里的有经验知名教授编写的，因此，有理由预期，这套教材的问世，将对提升我国工程管理专业类教学水平起到极大推动作用。

尹伯成

2006年7月于复旦大学

# 目 录

contents

## 第一篇 基 础 篇


**第一章 导论** ………… 3
学习目标 ………… 3
第一节 投资的含义及其运动过程 ………… 3
第二节 投资理论 ………… 11

**第二章 投资环境和融资决策** ………… 20
学习目标 ………… 20
第一节 投资环境分析 ………… 20
第二节 企业融资 ………… 26
第三节 融资决策与资本结构 ………… 35


## 第二篇 项 目 投 资 篇


**第三章 项目评估** ………… 49
学习目标 ………… 49
第一节 项目可行性研究 ………… 49
第二节 项目市场评估 ………… 53
第三节 项目技术方案研究 ………… 62
第四节 项目经济评估 ………… 67

**第四章 项目投资增值管理** ………… 82
学习目标 ………… 82

第一节　项目投资估算 …… 82
第二节　项目融资 …… 88
第三节　项目成本分析 …… 95

**第五章　项目风险管理** …… 103
学习目标 …… 103
第一节　项目风险管理概述 …… 103
第二节　项目风险识别 …… 110
第三节　项目风险评估 …… 114
第四节　项目风险管理 …… 125

## 第三篇　产权投资篇

**第六章　兼并收购概述** …… 133
学习目标 …… 133
第一节　兼并收购的基本概念 …… 133
第二节　并购动因分析 …… 139
第三节　并购中的法律问题 …… 144

**第七章　并购流程** …… 150
学习目标 …… 150
第一节　目标公司的选择 …… 150
第二节　非上市的目标公司价值评估 …… 160
第三节　公司重组与整合 …… 164

**第八章　公司接管、防御与反收购** …… 171
学习目标 …… 171
第一节　公司接管策略 …… 171
第二节　杠杆收购与员工持股计划 ESOP …… 177
第三节　防御与反收购措施 …… 181

## 第四篇　金融投资篇

**第九章　金融市场与投资工具** …… 191

学习目标…… 191
第一节 金融市场…… 191
第二节 投资工具…… 195

**第十章 债券投资分析**…… 205
学习目标…… 205
第一节 债券价值分析…… 205
第二节 债券收益率曲线…… 214
第三节 债券定价与风险管理…… 219

**第十一章 股票投资分析**…… 232
学习目标…… 232
第一节 宏观经济与行业分析…… 233
第二节 股票估值模型…… 239
第三节 财务报表分析…… 248

**第十二章 金融衍生工具投资分析**…… 256
学习目标…… 256
第一节 期货合约投资分析…… 256
第二节 期权投资分析…… 264

## 第五篇 风险投资篇

**第十三章 风险投资概论**…… 283
学习目标…… 283
第一节 风险投资的含义与特征…… 283
第二节 风险投资的资金来源…… 295
第三节 风险投资机制的功能与效应分析…… 299

**第十四章 风险投资的运作**…… 303
学习目标…… 303
第一节 风险投资的流程…… 303
第二节 风险投资的项目评估…… 307

第三节 风险资金注入与风险企业管理 318
第四节 风险投资的退出机制 324

**参考文献** 333
**后记** 335

# 第一篇

# 基础篇

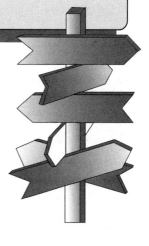

# 第一章

# 导　　论

学习了本章后，你应该能够：

1. 了解投资经济学的研究对象、研究内容；

2. 掌握投资的分类、投资经济学科体系的不同划分；

3. 熟练掌握资本和投资的含义、投资的运动过程和投资理论。

## 第一节　投资的含义及其运动过程

对投资含义的理解，是学习投资经济学的起点。广义地说，投资就是对资本的利用。因此，要了解投资的含义，首先必须认识资本的含义。而对投资活动发展历程的简介则可以从另一个角度来帮助加深对投资的内涵和外延的认识。再进一步，投资的运动过程刻画了使用资本的整个流程。对于投资活动而言，资本的增值过程是投资运动过程中最核心的部分，但绝不是唯一的部分。

### 一、资本和投资的含义

（一）资本的含义

1. 马克思对资本的阐述

马克思在《资本论》中从三个角度阐述了资本的性质。在资本的本质方面，他认为资本最初总是表现为一定数量的货币，但货币本身并不就是资本。货币只有当它能够带来剩余价值时，才能成为资本。但是，“资本不是物，而是一定的、社会的、属于一定历史社会形态的生产关系，它体现在一个物品上，给这个物品一种独特的社会性质”①。这也就是说，马克思认为资本具有两重性，它不仅是一种物的生产手段，而且也代表了对于工人的支配权，从而体现为一种社会关系。马克思关于资本的定义是在分析资本主义制度时提出的，研究的目的在于揭示资本主义经济制度的本质及其产生、发展和灭亡的规律，从而决定了他对资本范畴的界定主要是从资本主义生产关系这一特殊的角度出发进行的，而资本的物质内容只是以资本主义特殊生产关系为前提而存在的。在资本的生产职能方面，马克思将其分为不变资本和可变资本，揭示了剩余价值的源泉是工人的剩余劳动，从而揭露了资本主义剥削的实

① 马克思：《资本论》第三卷，人民出版社 1966 年版，第 955—956 页。转引自徐禾主编：《政治经济学概论》，人民出版社 1975 年版，第 96 页。

质,同时也为考察资本主义剥削程度提供了科学依据。在资本积累与扩大再生产方面,马克思认为,资本主义再生产的特点是扩大再生产(从全社会看就是经济增长),由追逐利润的内在动力和自由竞争的外在压力形成了一种机制,促使资本积累不断地进行。在积累的过程中,资本有机构成将逐渐提高,这便是资本积累的一般规律。在扩大再生产问题上,马克思还提出了外延和内涵扩大再生产的概念,从而实际上肯定了经济增长的规模和速度取决于积累量和积累效益两大因素。

2. 西方主流经济学家对资本的阐述

大多数西方经济学家的研究目的是考察如何利用稀缺资源来满足市场需求,从而决定了他们的研究偏重于资本的物质内容。重农学派代表人杜尔哥(Anne-Robert-Jacques Turgot,1727—1781)认为:资本是通过货币等形式积累起来的可以增值的价值。资本能够购买田产,或垫支于农业、工业和商业企业,或作为借贷资本。这里杜尔哥认为资本这一概念除了包括代表物(货币)外,还包括被代表物(财货)。亚当·斯密(Adam Smith,1723—1790)提出,杜尔哥将所有储存的财货都无差别地称为资本,将资本的概念扩大得太广泛,而忽略了财货和财货之间的内在差别。他认为:"储存"的财货应被区分为两部分,第一部分被指定用于直接消费,并不产生任何收入;第二部分可以给所有者带来一笔收入,只有第二部分才称为资本。奥地利学派的代表人卡尔·门格尔(Carl Menger,1840—1921)认为:资本即是现在为我们所掌握的而在将来使用的那些更高级的经济财货(生产性财货)。这一解释不包括耐久性消费品(如房屋等),但又将劳动力的生产性服务包括在内。新古典学派代表人瓦尔拉(Marie Walras,1834—1910)将一切经济财货分为"资本"及"收入"两大类。凡是可以被多次使用,即所谓耐久性的财货,不管其目的如何,均称为资本(如土地、人和流动性耐久财货),而一切非耐久性财货(如食物、工业生产中的原材料和燃料)均称为收入。美国理论学派代表人约瑟夫·阿罗斯·熊彼特(Joseph Alois Schumpeter,1883—1950)把资本作为在任何时候转交给企业家的一宗支付手段的数额。他认为只有支付手段才是资本,这并非只有货币才是资本,一般流通手段,无论其种类为何都是资本。但又并非所有支付手段都是资本,只有那些确实履行独特职能的支付手段,才是资本。因此,他认为资本是交换经济中的一种要素。凯恩斯学派代表人保罗·A·萨缪尔森(Paul A. Samuelson,1915— )认为资本是一种不同形式的生产要素,资本的本身就是经济产出的耐用投入品。

3. 本书关于资本的界定

上述阐述可见不同时期、不同学派关于资本范畴的理解差别很大。如古典经济学家认为资本是一种预付,是积累的价值,但往往将它们与物,即资本品联系在一起;马克思虽然也认为资本是一种预付,但却认为资本不是物,而是一定的生产关系;现代西方主流经济学家则认为资本是生产要素。由于"资本理论"关系到对资本主义或市场经济中的包括生产、交换、分配与消费在内的整个资源配置的认识,因此布利斯(Bliss,1975)说:"经济学如果能在资本的理论方面取得一致意见,那么,其他所有问题就将迎刃而解了。①"

正是由于在不同层次,从而不同主体对资本的认识不同,因此才会产生对投资的不同认识。在我国,随着全方位改革的日益深化,企业将成为投资的主体,而居民对其资产的保值

① Bliss, CJ(1975): Capital Theory and the Distribution of Income, North-Holland, Amsterdam.

增值意识也在觉醒。

基于此,本书给出如下定义:资本是具有保值增值功能的持久性的生产要素。其中包含了以下几个含义。

(1) 资本具有持久性。原则上,凡是资本都能被重复使用,都要经历多个生产过程,在正常情况下其价值或被转移或被增值;凡是不能被重复使用,且其物质和价值形态被一次性消耗完结的,视为消费品,不能称为资本品。

(2) 资本是与土地、劳动和管理并列的生产要素。资本能够将各种生产要素组合在一起,使这些生产要素从潜在的生产力转化为现实的生产力。资本还可以与其他生产要素相结合,提高它们的效率。资本的上述功能,是在参与到价值创造的过程中实现的。既然资本有贡献,所以,十六大提出:"确立劳动、资本、技术和管理等生产要素按贡献参与分配的原则。"

(3) 资本具有保值增值功能。不是任何具有持久性的生产要素都可以称为资本,好比居民居住使用的住房,如果不出售的话,房屋的价值随着折旧而日益降低,在到达使用年限后成为危房报废。从这个意义上说,自住房屋不能算作资本。用作日常开销的现钞也不能算作是资本。

(二) 投资的含义

对投资的概念,理论界至今众说纷纭,莫衷一是。

1. 从资本的形成过程来界定投资

如《新帕尔格雷夫经济学大辞典》的定义是:投资就是资本形成——购置或创造用于生产的资源①。而沃纳·西奇尔在《微观经济学·基本经济学概念》中定义为:"投资是资本货物的购买。②"萨缪尔森则在其《经济学》中认为:"必须注意:对于经济学者而言,投资总是意味着实际资本的形成——增加存货的生产或新工厂、房屋和工具的生产。对大多数人们来说,投资往往意味着只是用货币去购买几张通用汽车的股票,购买街角的地皮或开立一个储蓄存款的户头。不要把投资一词的这两种不同用法相混淆。……只有当某种物质资本形成时,才会出现投资。③"

这些观点把投资和资本形成简单地等同起来了,并把投资仅仅局限于实物投资,忽视了金融投资,而金融投资已经在当代世界与实物投资平分天下了。

2. 从投资成果的角度来界定投资

萨缪尔森和诺德豪斯的《经济学》认为:"投资(或资本形成)是由一国建筑、设备和存货存量的增加部分构成的。④"夏皮洛在《宏观经济分析》中也认为:投资在国民收入分析中只有一个意义——该经济在任何时期以新的建筑物、新的生产耐用设备和存货变动等形式表现出来的那一部分产量的价值⑤。

这些观点无疑都强调了投资是储蓄转化的结果,强调了投资对于经济增长的作用。

---

① 伊特韦尔等[编]:《新帕尔格雷夫经济学大辞典》(第二卷),经济科学出版社 1996 年版,第 1053 页。

② 沃纳·西奇尔、彼得·埃克斯坦著,方红、中东译:《微观经济学·基本经济学概念》,中国对外经济贸易出版社 1984 年版,第 2 页。

③ 萨缪尔森著,高鸿业译:《经济学》上册,商务印书馆 1981 年版,第 263—264 页。

④ 〔美〕萨缪尔森、诺德豪斯著,高鸿业译:《经济学》第 12 版,中国发展出版社 1992 年版,第 182 页。

⑤ 夏皮洛著,杨德明等译:《宏观经济分析》,中国社会科学出版社 1985 年版,第 226 页。

3. 从投资过程和成果的角度来界定

在国内学术界,有学者认为资本形成是储蓄向投资转化的过程与结果,即"资本形成是指一个经济社会中,在储蓄供给与投资需求相互作用下,储蓄转化为投资,投资形成一定的资本形式、产生一定生产能力的过程和结果。①"

4. 从投资目的的角度来界定投资

如 G. M. Dowrie 和 D. R. Fuller 在《投资学》中的定义:"广义的投资是指以获利为目的的资本使用,包括购买股票和债券,也包括运用资金建筑厂房、购置设备、原材料等从事扩大生产流通事业;狭义的投资指投资人购买各种证券,包括政府公债、公司股票、公司债券、金融债券等。②"威廉·夏普则将投资定义为:"为了(可能不确定)将来的消费(价值)而牺牲现在一定的消费(价值)。③"我国的《经济大辞典(金融卷)》也定义投资为:经济主体以获得未来收益为目的,预先垫付一定量的货币或实物,以经营某项事业的行为。

上述这些定义都是从某个侧面来揭示投资范畴的,从而显得都不完整。投资是一个多层次、多内容的经济范畴,需要作多角度、多层次的具体分析,又需要作整体的综合分析。因此,投资的一般概念必须涵盖上述各个定义。投资的一般概念不仅要揭示其活动过程和活动成果,还必须揭示其活动主体和活动目的。

基于此,本书将投资界定为:经济主体为了获取预期未来的货币收入而将现期一定的经济资源转化为资本的经济活动。

### (三)理解投资含义的几个要点

上面给出的投资的含义可以从以下几个方面来加深理解。

1. 投资主体

所谓投资主体就是拥有一定量的资金,能自主进行投资决策,并对投资结果负有相应责任的自然人或法人,包括投资的所有者主体、投资决策主体、投资实施主体和投资存量经营主体。

投资的所有者主体负责提供投资资源,或负责偿还负债,并享受资本收益;投资决策主体负责方案的具体确定;投资实施主体负责按已经确定的方案,组织投资的具体实施,将资源转化为资本;投资存量经营主体负责运用已形成的资本。投资主体既可能是同一自然人或法人,又可能是相对分离的不同的自然人或法人。投资的所有者主体、决策主体、实施主体和存量经营主体是统一还是相对分离以及不同的投资主体在投资主体结构中处于何种地位,受社会经济制度及其体制的影响,同时也与社会经济的发展水平有关。

投资主体按层次分,有政府投资主体、企业投资主体、社团投资主体和个人投资主体。政府投资主体包括中央政府投资主体和地方政府投资主体。目前在我国,中央政府投资主要限于跨地区的公用事业、基础设施、极少数大型骨干企业和国防、航天、高新技术等战略产业。地方政府投资主要用于区域性的公用事业、基础设施、教育、卫生社会福利等。企业投资主要用于工业、商业、交通运输、房地产等经营性行业。社团投资主体是指各类社会组织,如各种基金会等,投资方向一般与其性质一致。个人投资主要用于证券投资、住宅投资及其他实物投资。

---

① 魏埙:载沈天鹰著《资本形成的货币金融维度》,南开大学出版社 2000 年版,序言第 4 页。

② G. M. Dowrie and D. R. Fuller(1950): Investments (2nd Edition), John Wiley, New York, Page 1.

③ William F. Sharpe(1985): Investments, Prentice Hall, Englewood Cliffs, New Jersey 07652, Page 2-3.

在改革开放以来的 20 多年中，我国的投资主体主要是政府，包括中央政府和各级地方政府及其支配下的国有企业。据统计，1996—2001 年我国全社会固定资产投资175 992.1亿元，其中国有经济占 51.9%。但是，2004 年 7 月 25 日公布的《国务院关于投资体制改革的决定》提出“确立企业在投资活动中的主体地位，规范政府投资行为，保护投资者的合法权益，营造有利于各类投资主体公平、有序竞争的市场环境”后，可以预见，企业和个人必将成为今后的投资活动的主要力量。

2. 投资要素

所谓投资要素就是为形成资本而投入的各种经济资源。

直观上看，投资的要素是极其丰富的。首先包括各种实物资源，如土地、机器、厂房、库存原材料和产品等；其次包括各种金融资源，如货币、各类股权、债权等；再次包括为形成资本而直接投入的各类劳动力资源；最后还包括各种无形资源，如专利权、技术、品牌、软件等。概而言之，即所谓的人、财、物三者。不过，在市场经济条件下，最典型的投资要素是货币资金，其他投资要素都可折算为一定的货币价值额，因此投资总是表现为一定的货币金额。投资主体拥有的货币金额，可以是自有资金，也可以是外部筹集的资金，或者部分自有部分外部筹集。

3. 投资成果

投资的成果就形成资本。

投资所形成的资本具有多种形态：实物资本，如设备、房屋、存货、黄金、古董等；金融资本，如定期存单、股票、债券、期货、期权、外汇等；这些资本都是投资者投资的结果，但它们的安全性、盈利性及流动性不尽相同。有的资本安全性高，易于转让，但收益不高；相反，有的资本收益率高，但安全性差，变现也比较难。投资者要根据个人对风险的承担能力及其对盈利性和流动性的要求来选择。

4. 投资目的

经济主体进行投资活动的唯一目的是为了获取未来的收益，如果没有未来的收益，经济主体也就没有激励从事投资活动了。从这个角度来说，投资不同于简单的资本形成。投资也不同于公益捐助和遗赠转让等不追求未来货币回报的经济活动。为了确保未来回报的获得，经济主体通常在支付货币后要求获得某种形式的产权。

5. 投资的时间性和风险性

前面说过，投资就是期望在未来能够获得比期初更多的投入，所以，投资很自然地就和时间长度联系在一起。而资本的价值随着时间流逝不断地发生着剧烈的变化，影响着期初投入的期末价值。所以，投资的时间性必然地蕴含着风险性。

## 二、投资活动的发展历程

投资活动作为一种经济活动，是随着社会经济的发展而产生和逐渐扩展的。早在人类文明的古代社会，生产力水平低下，只能共同劳动，平均分配产品，产品没有剩余。平日如确有需要，则实行物物交换，以其所有，换其所无。此时，投资无从谈起。随着生产力水平的提高，出现了剩余产品，交换产生，商业兴起，货币使用，逐渐产生了商业资本。在这个阶段，投资才有了可能，投资活动才逐渐萌芽。

到了中世纪末期，跨进 16 和 17 世纪，商品货币经济进一步发展，资本主义经济产生，投资活动随之产生、发展和日趋活跃。资本主义经济中的投资，一般就是投资者（主要是资本家）为获取最大利润而垫付货币，转换为生产资本，投资于国内外企业的活动。随着近代社会化大生产和商品经济的发展，投资的方式经历了发展、演变的过程。

在资本主义发展初期，资本所有者与资本运用者是结合在一起的，投资主体一般都直接拥有资本，亲自从事生产经营，投资大多采取直接投资的方式，也就是建造厂房，购置设备，购入原材料和存货，雇佣工人，进行生产和流通活动。

进入20世纪以来，资本主义生产力和商品经济高度发展，占有资本同运用资本相分离，已日益成为资本运用的一种重要形式。因为资本所有者要兴办产业或开展交易，越来越需要吸收和聚集更多的他人资本，否则不足以扩大其资本规模。这时，"实际执行职能的资本家转化为单纯的经理，即别人的资本的管理人，而资本所有者则转化为单纯的所有者，即单纯的货币资本家。[①]"而"资本所有权这样一来现在就同现实再生产过程中的职能完全分离"[②]。当股份经济出现和发展起来之后，大大加速了这种分离的过程。于是，在过去直接投资的基础中，进一步兴起新的投资形式，即通过购买各种证券，包括政府和公司债券、股票，以及其他衍生产品，进行投资。资本主义的投资方式，既包括购建各种实物资产的直接投资，也包括购买证券金融的间接投资。尽管投资的方式有所发展和变化，但为获取最大利润而投入资本的投资实质并没有改变。

在我国，投资活动也有其演化发展的过程。长期以来，与投资相应的活动被称为基本建设；20世纪60年代初，由于面临大量的旧厂矿改造，与投资相应的活动又增添项目，被称为更新改造。到了20世纪80年代初，我国才正式引入投资的概念。最初的投资主要是指固定资产投资，包括基本建设、更新改造两项；以后又将住宅建设、其他投资纳入固定资产投资范畴；很快，理论界又将投资范围扩展到直接投资，即包括固定资产投资、流动资产投资两部分。到了20世纪90年代，随着证券交易所的建立，投资进一步扩展到证券投资。90年代中后期后，企业并购、风险投资、金融衍生产品也逐步纳入投资范畴。而《国务院关于投资体制改革的决定》的颁布实施，必将极大地推动企业和个人的投资热情，进一步活跃投资市场。因此，向企业和居民介绍那些全新的投资理念和方式就是本书的动力和目标了。

## 三、投资的类型

按研究问题的侧重点不同，投资类别的划分主要有如下几种。

### (一) 根据投资所形成资产的形态不同，分为实物资本投资、金融资本投资

实物资本投资是指投资主体将资金用于购置固定资产和流动资产等，直接用于生产经营，并以此获得收益的投资行为。实物资本投资包括固定资产投资、存货投资（或流动资产投资）和住宅投资三类。固定资产是指在社会再生产过程中，可供较长时间内反复使用，并在其使用过程中基本上不改变其原有物质形态的劳动资料和其他物质资料，如厂房、机器设备、运输工具等。固定资产投资是指用于购置和形成固定资产的投资。存货是生产经营过程中，经常改变其存在形态的资产项目，如原材料、能源、半产品、产成品、库存商品等。存货

① 《马克思恩格斯全集》(第二十五卷)，人民出版社1974年版，第493页。
② 同上书，第494页。

投资是指一定时期内用于增加库存原材料、半成品和产成品等的投资。住宅是供人们起居生活的建筑物,也可视为耐用消费品。世界各国大多数将购置住宅的行为和投入视为投资。实物资本投资的目的是确保企业的永续经营。

金融资本投资是指投资者为获得未来收益,预先垫付一定的资金并获得金融资本的投资行为,包括股票投资、债券投资、期货期权投资、基金投资和外汇投资等。广义上讲,居民为获取利息在商业银行开立生息账户,商业银行为获得利差收入而发放贷款,厂商为获得利息而设立应收账款账户都可视为金融投资行为。简言之,金融投资就是购买和形成金融资本的活动,投资主体通常不参与企业的日常运作。金融资本在本质上是虚拟资本,是在实物资本的基础上衍生出来的,是实物资本的"纸制的副本",因此金融资本也是以实物资本投资为基础的,是实物投资活动的延伸。同时,金融资本投资也在很多方面表现出自己独特的运动规律并反作用于实物资本投资。

随着虚拟经济与实体经济的良性互动的加深,一种结合实物资本投资和金融资本投资的新型的投资方式开始显现并呈现出强大的生命力,它包括创业投资和产权投资两种不同形式。它们都采用金融资本投资的方式来达到部分或全部控制企业,通过参与企业的运作来实现价值增值,最终通过出售产权来实现获利。创业投资是指一定的经济主体为了获取预期不确定的高额收益,而将现期一定的经济资源冒险投入处于高风险状态中的风险企业,从而转化为权益资本的过程。而产权投资则是以产权为对象的投资活动,通过产权的买卖获取投资收益的经济活动。产权投资按照投资程度的不同又可以分为并购、控股参股和承包租赁三种。

(二) 按投资者对所形成的资本的控制程度不同,分为直接投资和间接投资

直接投资是投资者运用资金购买土地、厂房、设备等形成实物资产和购买企业相当数量股份并拥有控制经营权的投资。直接投资扩大了生产能力,使实物资产增加,从国民收入角度来看,直接投资是经济增长的重要条件。

间接投资是指投资者对所形成的实物资产只拥有最终所有权而无直接经营权的投资,如普通投资者购买股票、债券、基金和保险等各种有价证券。广义上讲,居民在商业银行储蓄和商业银行向工商企业发放贷款等也可视为间接投资。就国民经济整体而言,间接投资表现为资本使用权转移,并不直接构成生产能力增加,其重要作用是实现更广泛的社会资金聚集,满足社会化大生产对资金的需求。

(三) 按投资周期的长短,分为短期投资和长期投资

投资总是与一定的时间长度相联系。一般来说,投资周期在1年以下的为短期投资,1年以上的为长期投资。严格地说,1至5年为中期投资,5年以上的投资才是真正意义上的长期投资。短期投资和长期投资的选择直接涉及投资者的收益、资金周转速度以及机会成本等问题。一般来说,短期投资相对于长期投资而言,收益率偏低,但风险也相对较小,资金周转较快。短期投资和长期投资是可以转化的。例如,购买股票是一种长期投资,无偿还期,但股票持有者可以在二级市场进行短线操作,卖出股票,这又是短期投资。

(四) 其他分类

例如,按投资主体划分为个人投资、企业投资、政府投资和外国投资;按投资的产业划分,有第一产业投资、第二产业投资和第三产业投资;按投资的范围分为微观投资、中观投资和宏观投资。

## 四、投资的运动过程

资本只有在运动中才能具有生命力。由于投资过程具有复杂性和多样性的特点，这里主要介绍在实际投资活动中最普遍也是对经济发展起主要作用的企业投资的过程。它的基本过程是：首先在分析企业外部环境和企业内部条件的基础上，根据企业的目标制定投资战略；然后在投资战略的指导下，进行筹资决策和投资决策；再根据筹资决策筹措资本，根据投资决策进行投资活动，从而形成资本；之后通过对资本的运作产生价值增值，并在此基础上，制定新的投资目标，产生更大的资本增值。企业的投资过程如图 1-1 所示。

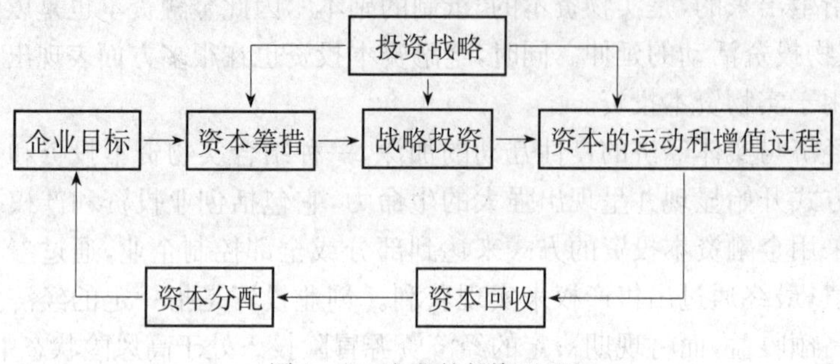


图 1-1　企业的投资过程

（一）资本筹措

资本筹措是资本运行的起点，它要满足战略投资的要求。资本筹措总体来说有资本积累和资本集中两种方式。资本积累是企业将自己的一部分利润进行再投资。资本集中是将不同资本所有者的资本集合起来，再由企业进行投资，其优越性在于集中的资本范围广，数量多。

（二）战略投资

投资决策是资本运用过程的一个重要环节，其正确与否直接关系到投资的最终结果。投资决策要以企业的发展战略为指导来寻找投资机会，确定投资方式以及确定各种投资方式的结构。企业的投资方式包括实物投资、产权投资、金融投资和创业投资。对于大多数非金融企业而言，金融投资是一种短期投资，更多地是为了提高资金的流动性。实物投资、创业投资和产权投资则是关系到企业全局和长远发展，是企业的战略投资。

（三）资本的运动和增值过程

资本的运动和增值过程包括两方面的内容：一是以资产为基础的生产经营活动；二是资产重组活动。以资产为基础的生产经营活动是企业资本增值的基础，要依次经过三个阶段，相应采取三种不同的职能形式，才能使其价值达到增值，并在最后又回到原来的出发点进行新一轮的运动，开始新的循环过程。资本只有在连续不断的循环运动中才能实现价值的增值。图 1-2 是资本增值循环的运动过程示意图。

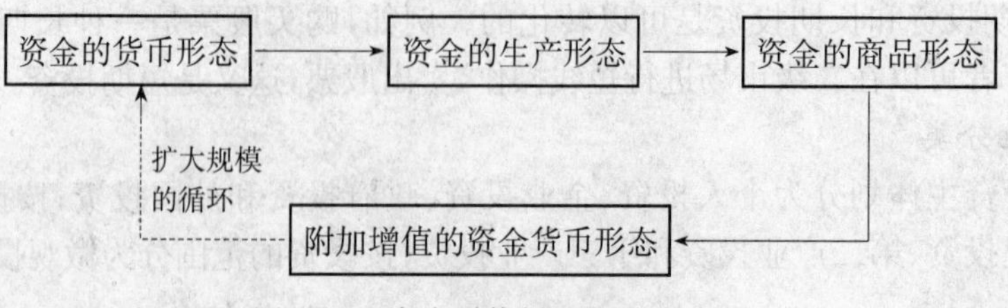


图 1-2　资本增值循环的运动过程

(四)资本的回收

资本回收是资本运行过程的一个重要环节。资本回收有许多方式,其中最主要的是通过投资项目投产获得收益来收回投资。此外还有通过股权转让、租赁等多种形式收回投资。

(五)资本收益的分配

企业投资的目的是获得与风险相匹配的资本收益,因此资本收益形成后,资本的运行就表现为资本收益的分配。资本收益最终要在国家、资本所有者、企业、经营者和生产者之间进行分配。

通过对资本运行过程的分析,可以看出资本筹措、战略投资和资本增值是企业资本运行过程的三个重要环节。

## 第二节 投资理论

投资理论既涉及资本理论、价值理论,又涉及经济增长与发展等方面的理论。因此,对投资理论的系统研究也是对经济学所研究的一些根本问题进行探讨,是经济学发展的一个重要分支。对比中西投资发展的情况,我们可以发现,中国投资体制的变革与发展是在投资理论指导下形成的,而国外投资体制的发展和变化也是在相应的投资理论指导下进行的。但是中西方在投资理论的发展变化上存在很多的不同之处。

### 一、中国投资理论的发展变化

(一)马克思主义资本理论

中国的经济理论是以马克思主义经济理论为基础的,中国的投资理论实际上也是以马克思主义关于资本积累和资本扩大再生产的有关理论论述为背景和指导的。

1. 投资与资本形成的关系

马克思虽然没有过多的关于投资与资本的专门论述,但他仍然坚持把投资与资本形成联系在一起进行研究。他认为投资实际上就是把货币转化为生产资本。在他看来,这是资本运动中一个不可缺少的阶段和环节,是资本具有生命力的象征和标志。

由于马克思是从价值生产的角度来分析两者的关系,所以他主张把生产资本分为以生产资料形式表现出来的不变资本和以劳动力形式表现出来的可变资本。同时,他从价值转移方式的角度进行分类说明,把生产资本分为以机器、设备和生产建筑物等形式体现出来的固定资本和以原料、材料、燃料、辅助材料及工资等形式体现出来的流动资本。因此,马克思所指的投资实际上就是用货币购买生产资料和劳动力,以形成固定资本和流动资本的一种经济活动。从性质的角度来分析,投资只包括生产性投资,而不包括非生产性投资。其原因在于,马克思是从区分固定和流动资本的角度出发的,能够区分固定资本和流动资本的,一定是生产过程中使用的生产资本,而非生产性的建筑物,如住宅等,并不属于生产资本,因而没有被包括在投资中。

2. 关于投资范畴问题的研究

马克思曾经指出过社会的生产力是用固定资本来衡量的,生产力是以物的形式存在于固定资本中的。显然,马克思所指的以物的形式存在于固定资本中的这种生产力是通过投资所形成的社会再生产的物质技术基础，包括为工业、农业、交通运输业、建筑业、商业等物质生产部门实现再生产提供的劳动资料。不仅如此，与劳动人民物质文化生活相关的一些基础设施建设也包括在内。这些为满足生产和生活两方面需要所进行的投入后来都被称为固定资产投资。

### （二）我国社会主义投资理论的发展

新中国建立以后，我国社会主义经济实行的是以生产资料公有制为主体，有计划、按比例高速增长的经济模式。在社会主义"一大二公"的前提下，投资主体显然是唯一能够代表全体劳动人民经济利益的国家和政府，投资的来源主要是通过公共积累和财政的投入，投资者之间的利益关系是平等互利且共同一致的。作为投资理论的研究所要回答的主要问题就是如何使投资能够有计划、按比例地促进国民经济的高速增长。

### （三）市场经济条件下的投资理论

1992年春邓小平的南巡讲话奠定了同年十月份中共十四大上确立社会主义市场经济体制的基础，随后在全国范围内出现了抢购股票的狂潮，在同年国债期货这样的金融衍生新品种也开始上市交易。股份制改革、公司上市、兼并收购、互联网热潮引发的创业投资等经济现象呼唤相关的经济金融人才和理论指导。居民投资意识的觉醒也要求现代投资理论的指导。因此，20世纪90年代以后，我国开始引进大量的西方现代投资理论，不管是高校还是其他研究机构都对西方现代投资理论，尤其是证券投资理论进行了非常详细和深入的介绍。企业和居民家庭取代政府作为投资活动主要力量的观念已经牢固树立。

对于居民家庭而言，限于财力，通常以金融资本投资为主。在美国，是以购买共同基金份额的形式参与投资；在我国，早期以居民作为散户直接购买股票、债券为主，现在也有转向购买各类基金份额的趋势。在市场经济优胜劣汰的机制下，企业时刻在想着做大做强，项目投资就为企业提供了这样一种可能。所谓项目投资，就是通过建立新的厂房等方式来扩大生产能力的长期投资。好的项目帮助企业成长，差的项目拖累企业效益。优秀的企业自然希望向外扩张，企业的对外投资方式主要就是产权投资和创业投资。以上四种投资方式都是在短短十几年的时间内从国外"空降"到国内的，在经历了不了解、在实践中摸索学习、初步了解、加深了解等过程后，现在逐步开始为国内投资主体所熟悉。

但是，成熟市场的现代投资理论要在中国扎根并长成参天大树不是自然而然的。中国特殊的人文历史环境和改革开放下剧烈的制度变迁等因素都使得中国的投资环境明显地有别于成熟市场。任何生搬硬套西方现代投资理论的做法都有可能遭遇挫折。值得可喜的是，国内的学者在现代投资理论本土化方面作了大量的研究和探讨，他们的研究成果一方面比较深刻地揭示了我国投资实践活动，以及扎根于其上的理论的独特性，另一方面也指导着我国现代投资市场和理论的建设。

## 二、西方投资理论的形成和发展

### （一）近代西方投资理论的形成

在前古典经济学时期，"投资"这个词语并没有出现，而是用"资本"一词来替代。实际上，在西方古典政治经济学产生之前，经济学著作中几乎找不到投资这个词语，甚至与投资密切相关的资本问题也几乎很少涉及。后来，只是到了重商主义的晚期，像托马斯·孟(Thomas Mun，1571—1641)等人才开始提出除货币之外的"存货"的概念，认为财富的一部分必须作为存货来加以利用,即用于为卖而买,以赚取利润。由此可见,在这一时期人们已经不再拘泥于货币本身的增值能力上,而是将注意力逐渐转移到由货币所购买的东西所具有的增值能力上,从而显示了人们对于资本的视野更加开阔了。

后来,重农学派从根本上改变了重商主义关于财富起源的看法,把经济研究重心从流通领域转到生产领域。魁奈(Francois Quesnay,1694—1774)用"预付"一词代替货币资本,认为预付越大将允许采用更有生产效益的方法。魁奈之后的杜尔哥(Anne-Robert-Jacques Turgot, 1727—1781)则可以看成是把资本作为生产要素这一专门理论的创始人,他把商业和制造业置于与农业同等重要的地位,强调预付为经济活动中一切部分所必需。但是,关于资本在生产中的作用的古典看法是亚当·斯密(Adam Smith,1723—1790)的创见,因为是他把分工和资本积累的探讨结合起来,并强调资本积累是促进增长的首要因素。在他那本著名的经典之作《国民财富的性质和原因的研究》一书的第二篇"论资财的性质及其蓄积和用途"的讨论中,亚当·斯密分析了资本来源及其积累的动机并指出,资本来自勤劳和节俭,通过勤劳创造了财富,而通过节俭又把它们积聚起来,而资本家进行积累的根本动机则是为了获取利润。在此基础上,斯密进而考察了资本的构成与职能等问题,明确提出了固定资本与流动资本两个概念。关于资本的职能,斯密认为,一般来说,流动资本通过预付而使劳动成为可能,固定资本通过提高生产率而使劳动更加便利,因而可以提高劳动生产率。至此,斯密对资本积累或者资本形成,也即投资产生的原因与作用作了较为全面而又深刻的研究和阐述。

斯密有关资本的思想集中和概括了古典经济学的精华,而且兼备了以后发展为两种不同的资本理论体系的萌芽。詹姆斯·穆勒(James Mill,1773—1836)等其他古典经济学家在强调他们所说的资本品时,通常使用生产工具一词;大卫·李嘉图(David Ricardo,1772—1823)也曾经说过,"生产、劳动、机器和资本的联合运用",从而把资本和劳动等同起来。这一脉思想流传下来,逐渐演变为有关资本理论的现代形式,即资本作为生产要素的一种,它可以替代其他要素,也可以被替代。当然,尽管亚当·斯密非常注重资本积累是促进经济增长的一个要素,但他仍然认为人类劳动在生产中具有特殊的首要位置。后来,很多经济学家也因此否认了资本作为生产要素的地位,从而走上了劳动价值论研究的发展方向。从李嘉图到马克思,再到现代的新剑桥学派,关于资本的观点基本上是在这一框架中发展的。

19 世纪 70 年代以后发展起来的以边际效用价值论为理论基础,以边际分析方法为基本方法的新古典经济学,对投资理论的研究主要体现在两个方面:一是继承了古典经济学关于资本是一种生产要素的思想并加以体系化,运用边际思想又使之形式化,这一进程开始于威廉·斯坦利·杰文斯(William Stanley Jevons,1835—1882);二是对古典资本理论没有能够说明的某些投资问题进行补充与完善,这一进程主要是由约翰·贝茨·克拉克(John Bates Clark,1847—1938)等人来推进的。

杰文斯作为英国边际效用理论的创始者,他对资本的理解也贯穿着"边际"的思想精髓。他把资本的生产性能唯一地归结为时间的函数,并把资本与物质无差异的时间统一起来,从而可以推算某一个投资年度内的产品边际效益,进而计算资本密集程度。

阿弗里德·马歇尔(Alfred Marshll,1842—1924)把生产的诸要素(包括各种资本品在内)放在同等的地位上,也就是说,资本是生产的一个要素,与土地或劳动处于同等的地位,之后,资本越来越被看成是一个同质的总体,它是节约创造的,可以投入某一工业或者转入其他产业。如果使用得当,就会产生非负数的边际产品。从这个意义上讲,它是有生产效益的,并且,同其他生产要素相比,如果资本使用的数量增大,将会有更高的生产效益。

资本与投资虽有许多相同或相似之处,但也存在很大的差异,至少资本理论没有能够说明资本性需求与消费性需求之间的依存关系。有鉴于此,美国新古典学派的主要代表约翰·贝茨·克拉克在1917年发表的《经济加速与需求规律:经济周期中的技术性因素》一文中,首次提出了加速度原理型投资理论,说明了消费品生产与现存资本设备存量之间存在固定的关系。而资本设备存量的变化依赖消费需求的变化率而变化。变化的方向则与资本设备的耐用年数有关。根据克拉克提出的加速度原理,哈罗德(Roy Forbes Harrod,1900—1978)于1939年,希克斯(John Richard Hicks,1904—1989)于1950年分别总结了净投资与生产量增量之间的关系以及影响着社会的投资资本系数的加速度系数。

(二)现代投资理论的形成与发展

1936年凯恩斯(John Maynard Keynes, 1883—1946)在《就业、利息和货币通论》一书中,首次把投资作为一个重要的自变量纳入到其国民收入一般均衡模型中。他认为,他的投资引诱理论在其就业一般理论体系中居于主要地位,投资展望与投资决策对就业波动起关键性的作用。不仅如此,他还在该书中提出了著名的投资乘数理论,认为在一定边际消费倾向下,国民经济中新增加的投资可导致收入的多倍增长。

投资乘数理论是凯恩斯主义宏观经济理论的一块重要基石,在西方经济理论中占据重要的地位。它建立在两大假设之上:一是假定消费支出在1年之内无穷多次地传递,从而形成无穷多次的收入,构成几何级数;二是储蓄生成无穷多次,并且每次形成之后都绝对静止不动。在这两大假设的基础上,投资乘数理论考察了投资需求对国民经济的影响作用,其公式为

$$\text{投资乘数}=\frac{1}{\text{边际储蓄倾向}}=\frac{1}{1-\text{边际消费倾向}}=\frac{\text{收入的变动}}{\text{投资的变动}} \tag{1-1}$$

投资乘数理论具有很强的理论假设性;在现实中,投资需求的乘数作用由于受其他因素的影响,表现并不明显。但投资乘数理论十分清楚地说明,投资需求对经济发展的影响作用非常之大。凯恩斯宏观投资理论的提出以及自此以后人们对投资认识的深化,投资概念的扩展以及对投资与经济发展、金融等若干关系的深入探讨,实际上标志着西方投资理论的研究已经步入了现代研究的发展阶段。其主要特征表现在以下几个方面。

1. 促进了经济理论的进一步发展

投资对经济发展的作用,从根本上来讲是由投资的两大效应决定的,即投资的需求效应和供给效应。投资的需求效应是指因投资活动引起的对生产资料和劳务商品的需求。当一个社会需求不足、经济增长缓慢时,往往通过提升投资需求来扩大总需求,刺激经济增长。投资乘数理论的贡献也正是在于揭示了这种需求效应。

在凯恩斯的全部理论分析中,虽然消费与投资的区别是基本的,但是两者又巧妙地紧密结合着,凝成就业一般理论的独特结构。在这个独特结构中包含着这样一个定理:设消费倾向为已知,就业的变动就取决于投资的变动。根据凯恩斯的这一定理,我们可以理解成就业的水平决定于投资的水平。但是凯恩斯是在社会劳动力数量和生产技术不变条件下研究

国民收入变化的。

20 世纪 40 年代出现的哈罗德-多马模型(Harrod - Domar model)指出了凯恩斯理论的局限性,认为人口、生产技术和资本设备等的变动也应该予以考虑,认为扩大投资不但能够增加有效需求和国民收入,而且还能够增加生产能力。这就引出了投资对经济增长的另一种效应,即供给效应。它是指投资能向社会再生产过程注入新的生产要素,形成新的资本,具体表现为增加生产资料的供给。总投资是由重置投资和净投资之和构成的。只有当总投资大于重置投资时,经济增长才有相应的物质基础。哈罗德-多马模型的基本公式为

$$g = s/v \tag{1-2}$$

式中：$g$ 代表经济增长率,即国民收入增量与国民收入的比率;$s$ 代表平均储蓄率,指储蓄占国民收入的比率;$v$ 代表资本-产出比,指生产单位产出所需要的资本数量。

哈罗德-多马试图说明资本的不断形成是经济长期稳定发展的原因,但是其技术中性和资本-产出比不变的假设使得该模型所设计的经济增长道路是一个狭窄的"刃锋"。罗伯特·索洛(Robert M. Solow,1924—　)、斯旺(T. W. Swan)和米德(J. Meade)的新古典增长模型对此进行了修正和补充。其中,索洛提出的增长理论进一步研究了柯布-道格拉斯生产函数,这个函数反映了资本和劳动可以不成比例地变动并相互替代。即

$$Y = \gamma K^{\alpha} L^{\beta} \tag{1-3}$$

式中：$Y$ 代表产出量;$K$ 代表资本投入量;$L$ 代表劳动投入量;$\gamma$, $\alpha$ 和 $\beta$ 代表常数。

而罗默(P. Romer)、卢卡斯(R. Lucas)、普雷斯科特-鲍依德(Prescott - Boyd)和杨小凯-波兰德(Yang - Borland)则认为从 20 世纪 50 年代开始,发达国家进入了后工业化时期以知识、人力资本积累和内生技术为特征的经济增长阶段。

在投资乘数原理的基础上,结合萨缪尔森(Paul A. Samuelson,1915—　)所首创的"加速原理",投资还是解释经济周期的重要理论和工具。

2. 强化了对金融投资的研究,并通过企业投资行为将金融投资与实物投资结合起来

斯蒂格利兹(Joseph E. Stiglitz,1943—　)认为,家庭购买股票和债券属于金融投资,这些金融投资使企业有可能用来购买资本品机器和建筑物。购买新机器和建筑物代表着企业的投资。于是,通过企业的投融资活动,金融投资和实物投资被有机地串联起来。

企业投融资活动的兴起也催生了金融投资理论研究的进步。现代证券投资理论的起源可追溯到马柯维茨(H. Markowitz,1952)的经典论文《资产组合选择》。在这篇论文中,作者阐述了如何构造一个投资组合的边界以使得在给定的风险水平下组合中每一证券的预期收益率都达到最大化。在此基础上,夏普(W. Sharp,1964)、林特纳(Lintner,1965)和莫森(Mossin,1966)提出了著名的资本资产定价模型(CAPM)。这一模型在其后的十多年间一直在金融领域中占据着统治地位,它不仅被写入金融专业的教科书,还被广泛地运用于投资实践中资产组合表现的衡量、证券的估值、资本预算的决策等。然而,罗尔(R. Roll)却在 1977 年对这一模型提出了重大质疑,他认为这一模型根本无法进行实证检验,因此应将其抛弃。与此同时,罗斯(S. Ross,1976)则提出了另一个定价模型,即套利定价理论(APT)。这一理论认为预期收益率和风险密切相关,按照"无套利"均衡原则利用套利概念定义市场均衡,以资产回报率形成的多指数模型为基础,从而导出风险-回报率关系,即没有任何一个

投资者可以通过套利创造无限财富。相对资本资产定价模型而言，这一理论的基本假设较少，大大放松 CAPM 前提假设，而且罗尔和罗斯(Roll & Ross，1984)也都认为，至少从原理上 APT 理论是可以检验的。但是，尽管对 CAPM 模型的可检验性至今仍存在很大争议，它在实践中的应用还是远远超出了 APT 理论。

期权合约的定价问题，是困扰着金融学领域中的众多学者的另一个难题。巴士利耶(Bachelier，1900)在《投机理论》中最早提出了期权定价的雏形，但直到 1973 年布莱克和斯科尔斯(Black & Scholes，1973)共同发表了布莱克-斯科尔斯期权定价模型，才使得这一问题的解决有了突破性的进展。他们认为，通过同时持有期权和标的股票的头寸就可以创建一个无风险的套期保值组合。同年，默顿(Merton)也发现了同样的公式及许多其他有关期权的有用结论。1997 年，斯科尔斯、默顿由于开创性地提出了金融衍生产品的定价方式而获得了诺贝尔经济学奖。

3. 并购理论和创业投资的兴起

20 世纪 80 年代以来，随着世界经济一体化和区域化迅速发展，各国证券市场蓬勃发展。股票市场的发展不仅为优化社会资源配置提供了经济手段，也直接催生了公司控制权市场。控制权收购最早出现于 19 世纪后期，迄今为止，美国历史上曾发生过五次企业并购浪潮，即 1895—1904 年，1915—1930 年，1960—1970 年，1975—1992 年和 1994 年至今。前四次都出现在经济周期由萧条转向复兴阶段，其主要目的是进行产业结构调整；而第五次并购浪潮则是第一次真正意义上的全球性战略并购，在数量、规模和垄断程度上均创出了历史最高水平。

对并购现象的理论解释首推效率理论，该理论认为并购活动通过规模经济和管理能提高企业经营绩效，增加社会福利，因而支持企业的并购活动。效率理论在一定程度上解释了并购的效率动因和具有行业相关性企业的并购活动，但不能解释多元化并购。

詹森和迈克林(Jensen and Meckling)在 1976 年提出的代理问题则认为，在代理过程中，由于存在道德风险、逆向选择、不确定性等因素的作用而产生代理成本，他们把这种成本概括为以下几方面：所有人与代理人订立契约成本，对代理人监督与控制成本以及限定代理人执行最佳或次佳决策所须的额外成本。在代理问题存在的情况下，并购可以降低代理成本(Fama and Jensen，1983)，并购也可以增加经理的收入并提高职业保障程度从而促使他们扩大公司规模，接受较低的投资利润率(Muller，1969)，詹森(Jensen，1986)还认为自由现金流量的减少有利于减少公司所有者和经营者之间的冲突。

在 20 世纪 70 年代后期兴起的内部化理论又称交易成本理论，它是把交易作为经济分析的“细胞”，并在有界理性、机会主义动机、不确定性和市场不完全等几个假设的基础上，认为市场运作的复杂性会导致完成交易须付出高昂的交易成本(包括搜寻、谈判、签约、监督等成本)。这一理论认为并购的目的在于节约交易成本。内部化理论在对并购活动的解释上有较强的说服力。但由于其分析方法和所用概念的高度抽象，使其难以得到系统检验；又由于分析过程及所得结论过于一般化，使其很难在管理领域得到运用。

股票市场的发达还孕育了创业投资。创业投资的发源地是美国，自 20 世纪 50 年代起，全球创业投资得到了迅猛发展。几经挫折后到 1995 年，美国的创业投资额已经达到 372 亿美元，1996—2000 年仍然保持了这一增长势头；而欧洲的创业投资始于 20 世纪 80 年代，并由“欧洲创业资本联合会”协调各成员国的政策。尽管创业投资已有半个多世纪的发展历史，但是迄今为止对其尚没有统一的定义。尽管如此，由于它的投资对象主要是具有高成长性的中小型高新技术企业或项目，它有力地带动了高新技术的研制、开发和产业化，并可以促进产业结构的升级换代而备受瞩目。

## 三、中西方投资理论对比分析与启示

### (一) 中西方投资理论对比分析

通过分析中西方投资理论形成与发展的过程及其特征，我们可以发现两者存在以下几个方面的差异，并且对不同投资体制的形成产生了深刻的影响。

1. 两者研究体系之分

中国社会主义投资理论过去主要研究计划经济体制下的投资问题，但目前正在进行社会主义市场经济条件下的投资问题的探索，其理论体系还有待进一步完善。而西方投资理论是建立在西方主流经济学理论的基础上，主要研究自由资本主义条件下的投资问题，有比较长的形成与发展过程，并已经形成了一定的体系。

2. 两者研究的范围有比较大的宽窄之分

相对于西方投资理论研究的广泛性而言，中国的投资理论过去长期存在着重视实物投资、轻视金融投资；重视政府投资主体、轻视其他投资主体；重视投资增长比例、轻视投资质量和效益；重视生产性投资、轻视非生产性投资等方面的偏差与不同。

3. 在研究方法上也存在一定的差别

当代西方投资理论研究十分注重量化分析，特别是在投资结构、投资效益和投资风险等问题的研究中，提出了一系列理论模型，形成了数量分析的基本框架。而中国的投资研究，目前仍然大量使用的是定性分析的方法，在定量研究方面有所前进，但步伐仍然比较慢。

### (二) 对中西方投资理论比较的启示

1. 现代市场经济体系下，我国的现代投资理论要与西方主流的投资理论进行对接

全球化使得中西国家在同一个平台上竞争，就必须使用同一种“语言”，而我们的后发地位和弱小经济逼迫我国理论界探查西方主流经济学和投资理论的合理成分，洋为中用，指导我国市场经济更好地运作。体现在研究内容上，就是不仅要关注投资与经济发展的关系、企业投融资等传统课题，也要研究企业并购、产权投资和创业投资等在西方市场上也算是新鲜事物的经济现象。在研究方法上，则是要做到实证分析与规范分析并举、静态分析和动态分析结合、定性分析和定量分析并重、比较分析和系统分析相互对照和理论与实践相互推进的方式。

2. 有必要构建适应市场经济机制的新型的投资经济学科体系

投资经济学科体系可以采用不同的维度加以构造。

(1) 按研究的范围不同，可构造为：微观投资学、宏观投资学和国际投资学。

投资经济学是研究投资的一般运动规律和不同投资方式的特殊运动规律的一门经济学科，是经济学的重要分支。宏观投资学以整个社会的资金运动为背景，把投资活动放到国民经济循环中去考察，主要是研究投资规模、投资结构、投资布局、投资效益、投资调控、投资政策以及投资与经济增长之间的关系等。在这方面，要坚持和发展我国理论界原有的正确认识，不要盲目地抛弃，同时要注意吸收国外的理论精华。

微观投资学则以居民家庭、厂商的投资行为以及单个投资活动为对象，重点研究微观投

资决策和管理问题。各个不同投资主体,根据各自的实际,掌握投资机会,分析研究投资项目的实施和管理,以及微观投资运动的一般规律和不同投资方式的特殊规律。微观金融投资理论主要研究金融资产投资问题,阐述证券价格的决定、证券收益与风险的关系等等。微观投资学是宏观投资学的基础。这个领域的研究需要我们紧紧地抓住中国的国情,探索符合中国实际的本土理论。

国际投资学是从全球的视角研究资本在国家间流动的规律,重点研究国际投资的动因、国际资本流动规律、国际直接投资、国际间接投资、灵活型国际投资方式、跨国公司的投资行动以及国际投资法规,对发展中国家而言,利用外资也是研究的重点之一。国际投资学也是近半个世纪以来投资学科所开辟的一个新领域,随着全球经济一体化的发展,国际投资学的勃兴指日可待。而我国的对外投资尚处于起步阶段,没有相关的成功的投资实践可供理论界探索,在这个领域的研究是任重而道远。

(2) 按照投资主体的不同,可构造为家庭投资学、厂商投资学和公共投资学。

家庭投资学是从居民家庭理财的角度,研究投资活动规律,为家庭的投资决策和管理提供理论依据。家庭投资学中主要研究投资品种及其选择,投资资金筹措,投资组合管理,家庭投资行为,投资风险的识别、衡量与防范,投资权益保护等。在一定意义上,对居民家庭投资行为的研究是整个投资学科体系的基本构件。

厂商投资学是从厂商(企业、公司等经济法人主体)的角度,研究厂商经营范围内的投资运动规律,为厂商投资决策和管理提供理论依据。厂商投资学以利润最大化为假设前提,重点研究市场分析,新产品或产业的开发性风险投资,传统产品或产业的技术改造投资,收购兼并投资,投资资金的积累、筹措与分配,投资决策与风险防范,投资效益考核,人力资本开发,金融资产投资以及厂商投资行为等。厂商是市场经济条件下的投资主体的主流力量,因此,厂商投资学是整个投资学科的主要组成部分。

公共投资学是从政府和全社会的角度,研究公共资本的形成规律以及政府对全社会投资的管理。政府通过税收、发放国库券、国家金融债券、向银行贷款、向国外借款等方式筹集资金,并利用财政投资支出和信贷投资支出等方式进行公共投资。公共投资学以追求社会福利的最大化为假设前提,重点研究社会资本的功能、公共投资的成本和收益、公共投资的决策标准、政府投资行为、政府对全社会投资的监督、管理与调控,以及国家投资政策和法规的制定等。公共投资学作为投资学科体系中一门新兴的分支学科,目前正处于形成和建设之中。

(3) 按投资所形成资产的形态不同,可构造为实物投资学、金融投资学。

实物投资学,以实物资产为对象,研究其形成、发展和运动的规律。主要由固定资产投资理论、存货投资理论、住宅投资理论、公共投资理论和风险投资理论等构成。实物投资是其他一切投资的基础,自然,实物投资学构成整个投资学科的基础。

金融投资学,以金融资产为对象,研究其形成、发展和运动的规律。主要由债券投资理论、股票投资理论、期权投资理论、期货投资理论、保险投资理论、储蓄投资理论、信贷投资理论、外汇投资理论、黄金投资理论等构成。总体上看,金融投资学是实物投资学的延伸,其研究必须紧密结合实物投资学的内容。

创业投资学和产权投资学则是实物投资学和金融投资学的交叉学科。创业投资学以风险企业为对象,研究其形成、发展和运动的规律。产权投资学,则是以产权为对象,研究其形成、发展和运动的规律，主要由并购理论、租赁理论等构成。创业投资学和产权投资学作为新兴的学科，目前国内外的研究都还很不够。

## 本章小结

本章是全书的根基所在，不仅介绍了那些贯穿全书的基本概念和基本理论，而且勾勒出了本书的逻辑脉络，展现了深度改革开放下投资经济学学科的全新的发展面貌。在基本概念方面，本章由资本的含义出发，不仅非常详细地介绍了投资的内涵和外延，而且还简略地介绍了中外投资活动的发展历程。在基本理论方面，本书则探讨了中西方各自的投资理论的发展过程并进行了对比，提出了发展我国投资经济学科的若干意见。同时，介绍了投资经济学科体系常见的划分方法。

## 关键词

资本　投资　直接投资　间接投资　实物资本投资　金融资本投资　创业投资　产权投资　短期投资　长期投资　投资乘数　哈罗德-多马模型　柯布-道格拉斯函数

## 复习思考题

1. 简述资本的含义与实质。
2. 简述投资的含义、外延与实质。
3. 试比较实物资本投资、金融资本投资、创业投资和产权投资的异同。
4. 简述中国投资理论的发展历程。
5. 简述西方主流投资理论的发展历程。
6. 谈谈你对投资经济学学科发展前景的认识。

# 第二章

# 投资环境和融资决策

学习了本章后,你应该能够:

1. 了解投资环境的定义和分类,以及企业融资的含义;

2. 掌握投资环境评价的原则和标准,企业融资的分类和影响融资方式选择的因素,以及资本结构总成本的概念和计算公式;

3. 熟练掌握投资环境评价的方法,企业融资的各种方式,以及资本结构理论和最佳资本结构的确定方法。

## 第一节 投资环境分析

企业投资是整个社会投资的细胞,企业的投资行为决定着宏观投资的运动方向,所以对具体投资的分析是从企业投资开始的。而投资环境的好坏是决定企业会否投资以及投资多少的关键因素,是先于融资决策、启动投资运转的前提条件,因此对企业投资的分析就应从投资环境分析开始。

### 一、投资环境概述

(一) 投资环境的定义

投资环境是指影响或制约投资活动及其结果的自然、技术、经济、政治、文化等各种外部因素的总称。它是决定一项投资活动效果好坏的重要因素。在投资者的自身因素一定时,投资活动能取得什么结果,就主要取决于投资环境的好坏了。在不同的投资环境中投资,取得的效益相差悬殊。正因为这样,我国各地为了吸引投资,都在竭力地改善投资环境。

虽然投资环境在投资活动中起着非常重要的作用,投资者也历来重视被投资地投资环境的好坏,但在理论上对投资环境进行系统研究,却是在20世纪第二次世界大战以后,并且首先是在国际投资领域开始的。20世纪60年代末,两位美国学者伊尔・A・利特法克(Isiah A. Litvak)和彼得・班廷(Peter M. Banting)在《国际商业安排的概念框架》一文中最先提出投资环境的概念。其后,对它的研究在世界各地普遍展开。

在我国改革开放前,人们往往将投资环境的内容等同于"三通一平"、"五通一平"和"七通一平"("七通"指通路、通水、通电、通燃气、通讯、通航和通排污,"一平"是指平整施工场地。"三通"、"五通"是"七通"中最前面的三个和五个要素)等硬环境因素。改革开放中,又将各级政府颁布的各种具有优惠政策性质的涉外经济法规等软环境因素加入到投资环境的内容中，同时将各种非纯经济性因素，如政治稳定性、文化等因素也加入其中，形成了较为广泛的投资环境定义。这种情况说明，投资环境不是一个狭义和固定的范畴，而是一个多层次、多因素组成的不断变化的复杂系统。

（二）投资环境的分类

我们知道，就资本的本质来讲，它总是投向风险小、增值快的地方，因此投资者在投资前会十分重视投资目的地投资环境的好坏。如果投资后投资环境恶化而使预期效益不能完全实现时，投资者就会将投资转移到投资环境更好的地方，以降低投资损失或取得更大的效益。由于企业投资是一种可以在一国的不同地区甚至不同国家之间进行选择的活动，而这些地区在政治、社会、经济、文化、法律等各方面又存在着差异，因此投资者在作出投资决策前都要对投资目的地的投资环境进行系统比较，力求把安全度高、获利大的国家和地区确定为投资目的地。

构成投资环境的因素是非常多的，为了方便分析和管理，可以对它们进行不同的分类。

1. 从投资环境涉及的范围划分

从投资环境涉及的范围，分为广义投资环境和狭义投资环境。广义投资环境指包括涉及投资的一切因素，如经济环境、自然环境、资源环境、人文环境、政治社会和法制环境等等。狭义的投资环境主要指直接与投资利益有关的经济环境。

2. 从投资环境的表现形态划分

从投资环境的表现形态划分，分为投资的硬环境及软环境。硬环境又称环境硬件，是投资环境的物质基础，主要指投资环境的有形要素（包括基础设施和生活设施等）和区位环境（包括自然环境和经济区位环境）。软环境是指投资环境中无形要素的总和，包括政治、法律、经济、社会文化、人口素质、宗教信仰、风俗习惯和政府效率等。在现代投资中，人们越来越重视软环境的作用，如国际投资者在评选投资环境时，一般都将“软环境”放在首位，特别是对政治环境、法律环境和文化环境尤其重视，因为它们是关系投资安全的根本所在。目前我国一些地区在吸引外资方面的主要障碍，就是投资软环境欠佳。

3. 从投资环境的层次划分

从投资环境的层次划分，可分为宏观投资环境和微观投资环境。宏观投资环境是指投资地区总体的投资环境状况，从一般条件上来考察投资国或投资地区投资环境的要素系统，如政治制度及其稳定性、经济发展水平和速度、法制健全程度和政府效率、居民文化素质、社会风俗及宗教信仰、地理条件等，它直接影响投资在不同国家或地区之间的分配与流动。微观投资环境是指投资者的投资项目所在地的具体环境状况，如投资地的自然地理位置、当地的配套基础设施、地方政策取向、交通运输状况、劳动力素质和工资水平、技术管理水平、生产要素供应和成本等，它直接影响投资者的最终选择。

4. 从投资环境各因素的属性划分

从投资环境各因素的属性划分，分为政治环境、经济环境、法律环境、社会文化环境、基本设施环境和自然地理环境。

（1）政治环境是指拟投资国家或地区的政治体制、政局稳定性和政策连续性、社会安定性等构成的社会和政治的综合条件。政治体制是指有关政体的制度，即居于统治地位的一定社会阶级采取何种形式组织政权。政治体制不同，会影响政府的政策意图、决策方式、行为规范等的透明度。政局的稳定性主要指东道国政权是否有被颠覆的可能性，其内部阶级、种族间矛盾是否尖锐，是否有内战，是否有频繁的政权交替等。如果东道国政局不稳，必然造成投资风险加大，甚至可能发生将私人或外资企业国有化或征收的情况。政策连续性是指一国政权发生更替或高层领导换届时，以前的相关政策和法规能否为继任者所承认并继续执行。如果政权更替或领导换届导致执政者推行的政策前后不一致，甚至相互抵触，势必对投资者造成损失。因此一个国家或地区政策趋向是投资者进行投资所要考虑的必要因素。这种趋向给与投资者的可能是机遇，也可能是阻碍。当地政府机构的稳定与否、政治局势的动荡程度、政策取向是开放还是封闭等直接影响投资者的决策，也是投资者需要优先考虑的问题。

(2) 经济环境是投资者需要考虑的核心问题，它包括投资地经济发展状况、经济发展政策和导向、市场发展的完备程度等内容。经济发展状况可以从经济发展水平、发展速度及其稳定性来衡量。经济发展水平较高的国家和地区，居民的消费水平也高，市场容量较大；反之，经济发展水平低的国家或地区，人均收入较低，消费能力有限，因而市场容量小。

经济发展速度则是以动态形式反映该地区的经济状况，经济发展速度快的地区，市场需求增长快，投资机会多；而发展速度缓慢的国家或地区，市场需求停滞，投资机会少。经济稳定性主要看该地区的通货膨胀率、利率、汇率等指标是否稳定，经济发展波动是否剧烈。如果经济稳定程度低，不确定性因素增多，投资者无法准确估计未来的收益，投资风险就较大。

经济发展政策是国家或地区在一定时间内对经济运行进行干预的重要手段，体现政府对经济发展的导向。拟投资地区的产业政策、贸易政策、税收政策等对投资主体的投融资政策具有重大影响。了解哪些产业得到政府的政策倾斜，享受政策优惠，而哪些经济行为又受到政策的限制，对投资者至关重要，只有这样，才能在投融资决策中趋利避害，得到理想的投资效果。市场发展的完备程度是影响投资行为的重要外部条件。投资离不开市场，市场的培育程度决定投资者获得所需资源的难易程度，而一个规范、高效的市场体系有助于提高投资效率。发达的劳动力市场为投资者在人力资本方面提供更好的选择，完善的技术市场给投资活动提供良好的软件支持，高效的资本市场所拥有的完备的金融中介服务体系则有助于融资活动的顺利完成，有效降低融资成本，提高投资效益。

(3) 法律环境是指投资地政府为规范投资秩序而制定的各项与投资相关的法律、法规和条例的完备程度以及该法律、法规实践的公正性。如果说政治和经济环境为投资者提供了外在的保障或阻碍的因素，那么投资秩序的规范则需要靠法律条例来建立。完备齐全的法律、法规体系是保护投资者权利、约束投资者行为的重要保证，使投资者在投资活动中处处有法可依。相对稳定的法律法规使将来的投资环境可以预测和把握，投资者面临的不确定性得到有效控制。然而没有公正的执法，法律再完备，法制再稳定也不过是一纸空文。因此，完备的法律、法规，辅以公正的执法，才能最终形成良好的法律环境。它确立了正常的市场秩序，抑制了经济主体的机会主义行为，有效降低了交易成本。

(4) 社会文化环境是指拟投资地影响和制约外来投资活动的各种社会文化因素的总称，主要包括民族语言、宗教信仰、风俗习惯、伦理道德、教育水平及人口素质等。一个国家或地区的社会文化是在其漫长的历史进程中积淀下来并为当地人们所接受的，不同地区、不同民族及不同宗教信仰的人们有着不同的文化。由于社会文化直接影响人们的思想行为，不同地区的文化差异会造成人们之间在沟通、理解和协作等方面的困难，因此充分学习和了解拟投资地区的社会文化是外部投资者进入该地区进行投资活动的必修功课。

(5) 基础设施环境是指投资者进行投资活动、生产经营及贸易活动中所面临的基本物质条件。可分为生产性基础设施和生活性基础设施。生产性基础设施包括交通、通讯、供电、给排水、煤气、仓储和厂房等;生活性基础设施除生产性基础设施中可用于生活的部分外,还包括道路、住宅、购物场所、娱乐设施等。基础设施环境与自然地理因素一起构成投资环境的硬件部分。基础设施环境的好坏,对投资及其经营成本的高低起着关键的作用。相对于西方发达国家来讲,我国的基础设施条件是比较落后的。

(6) 自然地理环境是指投资者在被投资地所面临的并与投资及其经营活动直接相关的地理位置、气候条件、地质水文、自然资源状况及其环境保护等因素的总和。自然地理因素在投资环境中是被认为最难以改变的部分,因而对投资具有十分重要的作用。如一些需要运输大量原材料的产品投资,就绝对不可能布局到缺乏这些原材料同时交通又不便利的地区。

## 二、投资环境的评价

投资环境的评价包括评价的原则、评价的标准和评价的方法三个部分。

### (一) 投资环境评价的原则

投资环境评价的原则包括系统性原则、客观性原则、比较性原则、时效性原则和目的性原则。

1. 系统性原则

由于投资环境具有综合性和整体性特点,构成投资环境的要素既有宏观要素也有微观要素;既有自然地理、基础设施等硬件要素,也有法律法规、经济政策、社会文化等软件要素。所以对于投资环境的评价首要的就是综合各方面的因素进行系统的考察,避免片面性。

2. 客观性原则

评价要从实际出发,以事实为依据,既要看到区域投资环境现状,又要看到与此相关的一些问题。不能从主观愿望出发想当然地进行评价。

3. 比较性原则

投资环境的优劣并没有一个绝对的和固定不变的标准。而且,即使是同样的投资环境对不同的投资项目产生的影响也是不同的。

4. 时效性原则

投资环境具有动态性,即构成投资环境的各个因素以及评价投资环境的标准都处于不断的发展变化之中。

5. 目的性原则

各个投资主体的投资动机多种多样,对投资环境的要求也不完全相同。

### (二) 投资环境评价的标准

对投资环境的评价标准则涉及安全性、盈利性、服务完善性和优惠性。

1. 安全性

安全地收回本金是投资活动最基本的要求。这一标准要求投资环境应当是稳定的。对于一般的企业来说,都会尽力避免过大的经济政治动荡,将投资风险锁定在某个范围内。

2. 盈利性

资本的本性是增值,它也是投资者所最终追求的目标。盈利性是投资环境评价的重要标准。

3. 服务完善性

资本运动除需要一系列必要条件外,还需要各种配套设施和辅助条件。服务手段和服务内容构成了辅助条件的重要组成部分。

4. 优惠性

政策和制度是重要的投资软环境要素,优惠政策包括税收、资金供给等诸多方面,是吸引投资者的一个极为有效的手段。

(三)投资环境的评价方法

由于组成投资环境的因素非常多而且复杂,在评价投资环境时,不可能将所有的因素都包罗进来,因此应该选择哪些有代表性的因素作为评价指标,就是一个值得认真研究的问题。国内外对投资环境的研究已经有20多年的历史,形成了多种影响较大的评价方法。

1. "冷热"因素分析法

美国的伊尔·A·利特法克(Isaiah A. Litvak)和彼得·M·班廷(Peter M. Banting)在《国际商业安排的概念框架》一文中提出。他们根据对20世纪60年代后半期美国、加拿大等国工商界人士进行的调查资料,对各国投资环境的影响进行综合分析后提出了本方法。投资环境冷热分析法是以"冷"、"热"因素来表述投资环境优劣的一种评价方法,即把各个因素和资料加以分析,得出"冷"、"热"差别的评价。若一国的政治稳定性高时,这一因素被称为"热"因素,反之被称为"冷"因素;若市场机会大,则为"热"因素,反之为"冷"因素;若一国经济发展速度快,经济运行良好,则为"热"因素,反之为"冷"因素;若一元化程度高,则为"热"因素,反之为"冷"因素;若法规阻碍小,则为"热"因素,反之为"冷"因素;如实质性阻碍小,则为"热"因素,反之为"冷"因素;如果地理和文化差距小,则为"热"因素,反之为"冷"因素。

2. 等级尺度法

1969年,美国的罗伯特·B·斯托伯(Robert B. Stobaugh)在《如何分析国外投资气候》的文章中提出。该方法主要从东道国政府对外国投资者的限制和鼓励政策的角度出发,把投资环境的内容划分为八大因素:资金抽回限制、外商股权比例、对外商管制和歧视程度;币值稳定性、政治稳定性、给予关税保护的意愿、当地资本供应能力、近5年通货膨胀率。

其中每一因素又分为若干子因素;然后根据各大因素和子因素对投资环境的重要性,确定具体的评分等级;最后加总,以加总后分数的高低,作为对该国投资环境的总体评价。由于这种方法易于获得资料,计分方法简捷,因此在西方市场经济国家受到广泛应用,成为目前国际上比较流行的一种目标市场分析方法。

这种方法虽然得到较好的评价,但也存在一些问题,如主观判断的因素太多,同时评估的因素有欠全面,如许多影响投资效益的重要因素,像基础设施、法律制度和行政效率等都没有给予应有的重视等。

3. 体制评估法

针对等级尺度法的不足并结合中国投资环境的特殊性,香港中文大学闵建蜀教授在1987年"中国投资环境比较研究研讨会"上提出本方法。他把投资环境因素分为11类,即:政治环境、经济环境、财务环境、市场环境、基础设施、技术条件、辅助工业、法律制度、行政机构效率、文化环境、竞争环境。每一类因素又由一系列子因素构成,详见表2-1。

表 2-1　体制评估法

| 影响因素 | 子　因　素 |
| --- | --- |
| 政治环境 | 政治稳定性、国有化可能性、当地政府的外资政策等 |
| 经济环境 | 经济增长、物价水平等 |
| 财务环境 | 资本与利润外调、汇率、融资的可能性等 |
| 市场环境 | 市场规模、分销网点、营销的辅助机构、地理位置等 |
| 基础设施 | 通讯、交通运输、外部经济等 |
| 技术条件 | 科技水平、适合工资的劳动生产力、专业人才的供应等 |
| 辅助工业 | 辅助工业的发展水平、配套情况等 |
| 法律制度 | 商法、劳工法、专利法等各项法律是否健全;执法是否公正等 |
| 行政机构效率 | 机构的设置、办事速度、工作人员的素质等 |
| 文化环境 | 当地社会是否接纳外资公司及对其的信任与合作程度、外资公司是否适应当地社会风俗等 |
| 竞争环境 | 当地的竞争对手的强弱、同类产品进口额在当地市场所占份额等 |

在评价投资环境时,先由专家对各类因素的子因素做出综合评价,然后据此对该类因素作出优、良、中、可、差的判断,最后计算投资环境总分。计算公式为

$$投资环境总分 = \sum_{i=1}^{n} W_i(5A_i + 4B_i + 3C_i + 2D_i + E_i) \tag{2-1}$$

式中,$W_i$ 代表第 $i$ 类因素的相对数;$A_i$, $B_i$, $C_i$, $D_i$ 和 $E_i$ 分别代表第 $i$ 类因素被评为优、良、中、可和差的百分比。

投资环境总分的取值范围在 1～5 之间。愈接近 5,说明投资环境越好;反之,愈接近 1,则说明投资环境越差。本方法考虑到的因素比较细致全面,由专家进行评分简便易行,但对各个因素的权重的设定需要认真分析确定。

4. 抽样评估法

抽样评估法是运用抽样调查的方法,随机地抽取或选定若干不同类型的外商投资企业,由调查者设计出有关投资环境的评价因素,由外商投资企业的高级管理者对东道国的投资环境要素进行口头或书面评估,根据综合后的意见得出评价结论的一种方法。在进行具体评估时,通常采取问答调查表的形式。

抽样评估法的主要特点是简便易行,调查对象和项目可以根据投资需求来合理地选择,而且调查结果的汇总与综合评价也不难,可以使调查人较快地掌握第一手信息资料。它的主要缺陷是评估结果往往带有被调查者的主观倾向,有可能使其与现实投资环境之间存在一定差距,但这可以通过适当扩大样本数量来加以解决。

5. 相似度法

相似度法是以若干特定的相对指标为统一尺度，运用模糊综合评判原理，确定评价标准值，得出一个地区(城市)在诸指标上与标准值的相似度，据以评判该地区(城市)投资环境优劣的一种方法。

相似度法将数量经济学方法应用于投资环境评价工作之中，并试图以尽量少的相对指标为客观尺度来进行定量评价，是对投资环境评价方法的一种创新。不足之处是：作为参照样本的"公认的投资环境好的地区"概念模糊，不易选取；技术上的最大的缺陷是指标设置不甚合理，过于笼统，没有包容国际投资者普遍重视的政治、社会文化、外资政策及相关法律因素等指标。

6. 准数分析法

这种方法是由我国学者林应桐在《国际资本投资动向和投资环境准数》一文中提出的。按各种投资环境因素的相关性对其进行分类如下：投资环境激励系数，城市规划完善因子，税利因子，劳动生产率因子，地区基础因子，汇率因子，市场因子，管理权因子，并把每一类因子分成若干子因子，再对子因子进行类似于体制评估法的加权评分，求和得到该类因子的总分。

7. 国际风险等级法

该方法是将投资东道国政治因素、基本经济因素、对外金融因素、政治安定性等可能对投资产生影响的风险因素的大小分别打分量化，然后将各风险因素得分汇总起来确定一国的风险等级，最后进行国家之间的投资风险比较。

# 第二节　企业融资

投资过程需要大量资本的投入，对于投资主体来说，资本筹措是战略投资的先决条件，只有筹集到一定量的资金，战略投资才可以开始进行，并且投资活动的顺利进行需要筹资金额和筹资进度与之相匹配。

## 一、企业融资的含义和分类

### (一) 企业融资的含义

企业融资是指企业从自身生产经营现状及资金运用情况出发，通过一定的渠道，采取一定的方式，利用内部积累或向企业的投资者和债权人筹集资金，组织资金的供应，保证企业生产经营的一种经济行为。

按现行规定，我国企业之间不能直接进行资金的融通。因此，企业拆出资金往往采用购买国债、委托投资、信托投资等方式，而这些方式都属于投资范畴。可见，融资和投资是一对相互联系又相互交叉的概念。基于两者的密切关系，许多人干脆将其合二为一，称之为投融资。为了将两者加以区别，也有不少人将企业融资限定在拆入资金方面，即企业融资就是企业筹资。本节也将以此观点进行阐述。

### (二) 企业融资方式的分类

企业融资方式就是指企业获取所需资金的形式、手段、途径和渠道。随着经济的发展，企业的融资方式越来越多,一些新的融资方式也不断涌现。下面就对多种多样的融资方式进行分类,并指出各自的特点。

1. 按照融资过程中资金来源的不同方向,分为内源融资和外源融资

内源融资是企业创办过程中原始资本和运行过程中剩余价值的资本化,主要由初始投资形成的股本、折旧基金以及留存收益(包括各种形式的公积金、公益金和未分配利润等)构成。内源融资可以避免筹资费用,并且可以为债务性融资提供资本保障;但受企业自身积累能力的影响,融资规模受到较大的限制。内源融资在企业融资中占有极其重要的地位。根据各主要发达国家的经济报告,美国企业的资金结构中,内源资金占资金总额的75%,外源融资占资金总额的25%。

外源融资是企业通过一定方式向其他经济主体筹集资金,包括发行股票、企业债券和向银行贷款等。从某种意义上说,企业商业信用、融资租赁等也属于外源融资范畴。外源融资可以不受企业自身积累能力的限制,但须支付融资费用,债务融资到期还须还本付息,具有不稳定性和风险性。外源融资的种类和规模,既取决于金融市场的发育程度和资金供应的宽裕程度,又取决于企业自身的条件,如信誉度、盈利能力和发展前景等。

2. 根据融资过程中金融中介所起的作用,分为直接融资和间接融资

直接融资是指企业自己或通过金融中介公司向金融投资者出售股票或债券而获得资金的融资方式。由于直接融资者借助于一定的金融工具(股票、债券),使出资者和融资者相互联系,资金供给方与需求方直接见面,不需要银行作为媒介。直接融资具有融资方自主性强、直接简便、融资分散和资本可流通等特点。

间接融资则需要通过银行(包括信用社)作为中介,把分散的储蓄集中起来,然后再供应给融资方;而融资方也只能通过银行间接获得投资者的资金。间接融资具有金融机构自主性强、融资具有短期性和资本不可流通等特点。

直接融资和间接融资的本质区别是其信用关系不同:直接融资体现的是证券信用关系,而间接融资体现的则是银行信用关系。因此金融中介所起的作用是不同的。

3. 按照融资过程中所形成的资金产权关系,分为权益性融资和债务性融资

权益性融资是企业向其股东筹集资金,这是企业在创办时或增资扩股时采取的融资方式。融资获得的资金形成了企业的股东权益,又称为所有权资金,企业对此无需返还本金和支付固定的利息,而是按投资实际取得的盈利状况分配利润。权益性融资是企业承担民事责任和自主经营、自负盈亏的基础,决定着企业向外举债的规模。融资形成的所有权资金的分布特点、股本额的大小和股东的分散程度决定着一个企业的控制权、监督权和剩余价值索取权的分配结构,反映的是一种产权关系。

债务性融资是指资金短缺方通过发行债券、银行借贷、融资性租赁等方式向债权人融入资金。债务性融资获得的资本称为负债资本,它代表着债权人对企业的债权。债务融资获得的只是资金的使用权而不是所有权,企业必须支付利息并且在到期时归还本金。但是债券融资可以提高企业所有权资金的回报率,从而具有财务杠杆作用,并且不会产生对企业的控制权问题。

4. 按融资时是否出现新的法人,分为企业融资和项目融资

企业融资是指由现有企业筹集资金并完成项目的投资建设,无论项目建成之前或之后,都不出现新的独立法人。企业融资是以满足企业投资和整体资金需要为目的的。虽然一般

来说融资所获资金实际上是用于项目投资，但是企业融资的债务方是企业而不是项目，是以企业的资信程度、经营业绩、财务现状等为依据进行融资申请，并作为企业偿还债务的担保。也就是说债权人对债务有完全的追索权，即使项目失败，债权人仍有权要求企业还贷，因此贷款的风险程度相对较低。

项目融资是一个专用的金融术语，和通常所说的"为项目融资"不是一个概念。它是指项目发起人为该项目筹资和经营而成立一家项目公司，由项目公司承担贷款，以项目公司的现金流量和收益作为还款来源，以项目的资产或权益作抵(质)押而取得的一种无追索权或有限追索权的贷款方式。项目融资主要用于需要巨额资金、投资风险大从而传统融资方式难以满足、但现金流量稳定的工程项目，如天然气、煤炭、石油等自然资源的开发，以及运输、电力、农林、电子、公用事业等大型工程建设项目。

5. 按是否得到政府资助，分为政策性融资和商业性融资

政策性融资通常由政策性银行或政府机构办理。目前在我国主要由国家开发银行、中国进出口银行和农业发展银行承担。政策性贷款又可称为"软贷款"。商业性融资是指以利润最大化为目标，依据资产的流动性、安全性和盈利性为原则所进行的融资活动。如商业性贷款、商业信用、发行有价证券、信托、租赁等。商业性贷款又称为"硬贷款"。

除此之外，企业融资按融资的表现形态，可以分为货币性融资和实物性融资；按资金来源的国别，可以分为国内融资和国际融资；按资金的币别，可以分为本币融资和外币融资；按融资的期限，可以分为短期融资(1 年以下)、中期融资(1～5 年)和长期融资(5 年以上)。

以上是从不同的角度对企业融资进行的归类。了解这些分类对于深入理解各种融资方式及其对企业的影响有着积极的意义。

### (三) 主要融资方式

根据我国实际，企业(特别是中小型企业)外部融资方式主要有银行贷款、商业票据融资、股票融资、债务融资、融资租赁、风险融资、项目融资和资产证券化等。

1. 银行贷款

银行贷款是目前我国利用最为广泛的一种融资方式。银行贷款的程序比较简单，可以较快地获得资金。然而银行为了规避风险，保证及时收回贷款，一般要对融资主体进行严格审核，盈利能力强、偿债能力好的企业比较容易获得贷款。银行贷款按有无抵押或担保，可分为信用贷款、抵押贷款、质押贷款和担保贷款。信用贷款是金融机构仅凭借款企业的信用而发放的贷款，一般只有那些资信优良的企业才能取得。目前，商业银行的信用贷款主要投向国有企业及大型企业，中小企业想通过自身信用融资基本上很难。

近年来，金融机构为防范金融风险，加强内部监管，大幅度减少了信用贷款的数量，绝大多数贷款都需要抵押和担保。抵押贷款是指以特定的抵押品(如不动产)担保的贷款。借款者到期不能偿还贷款，银行有权处置抵押品。质押贷款是指以特定的质押物(如动产)质押而取得的贷款。质押贷款与抵押贷款的主要区别是：抵押贷款下的抵押物品仍由原占有者占有；质押贷款下的质押物由债权人占有。担保贷款主要是以第三方承诺在借款人不能偿还贷款时，按约定承担一般保证或者连带责任为前提而发放的贷款。

银行贷款的优点主要有：

(1) 获得资金较为迅速。如果企业利用证券融资，涉及申请、审批、发行和销售等一系列工作，耗时长而且程序复杂。而利用银行贷款只需向银行提出申请，审批同意、签订借款

合同后，资金即可划到企业结算账户，企业可以较快地获得资金。

(2) 融资费用相对较低。如果企业通过发行股票、债券进行融资，一方面企业需要支付较高的股息、利息才能吸引投资者；另一方面，在证券发行销售时，还必须支付高额手续费用。利用银行信贷融资则只需在到期时按规定的利率付息，除此之外，没有其他融资费用。

(3) 弹性大，灵活性强。在贷款使用期内，如果企业的经营状况发生变化，则可与银行协商确定或变更借款数量或期限，比较灵活。

(4) 贷款利息计入企业成本。贷款利息允许在企业缴纳所得税前从应税所得额中扣除，具有抵减所得税的作用。因此，合理利用贷款，可在财务杠杆的作用下，提高权益资本的收益率。

银行贷款也有如下的缺点：

(1) 没有融资主动权。企业申请贷款的种类、数量、期限、利率，都得由银行对企业借款申请进行审核后决定，处于被动地位。

(2) 受国家政策影响强烈。当中央银行实行扩张性货币政策时，银行会扩大信贷规模，企业取得贷款比较容易；当中央银行实行紧缩性货币政策时，银行会收缩信贷规模，企业取得贷款相对困难。

(3) 融资规模有限。银行贷款不可能像证券融资那样一下子筹集到大量资金。

2. 商业票据融资

商业票据是一种商业信用工具，指由债务人向债权人开出的、承诺在一定时期内支付一定款项的支付保证书，即由无担保、可转让的短期期票组成。根据承兑期限的不同，商业票据有两种基本形式，即期票和汇票。

(1) 商业期票。由债务人向债权人开出的、承诺在一定时期内支付一定款项的债务证明书。付款方式包括到期即付款、定日付款、见票后定期付款三种。在期票到期前，只要经过债权人在票据背面签署转让证明就可以作为购买手段或支付手段，用于购买商品或支付债务。

(2) 商业汇票。商业汇票是指由债权人或债务人签发，由承兑人承兑，并在到期日向债权人或背书人支付款项的一种票据，其中包括三种关系人：债权人、债务人和承兑人。按照承兑人的不同，又可分为商业承兑汇票和银行承兑汇票。商业承兑汇票是指由收款人开出、并经付款人承兑或由付款人开出并承兑的汇票；而银行承兑汇票是指由收款人或承兑人开出，由承兑申请人向开户银行申请，经银行审查同意承兑的汇票。承兑银行对已承兑的商业汇票，应当承担到期无条件付款的责任。银行承兑汇票的持票人可以在汇票到期日前，贴付距离到期日的利息将票据权利转让给银行以获取资金，这就是所谓的票据贴现。

对于声誉卓越的大中型企业来说，可以通过发行商业票据直接从货币市场上筹集短期货币资金。一般地，发行商业票据筹资的公司必须具有一定的资格条件，包括：① 信誉卓著，财力雄厚，有支付期票金额的可靠资金来源，并保证按期支付；② 发行商业票据必须是已存在的公司，新设立的公司不能用此方式筹集资金；③ 在银行有一定的信用额度可供利用；④ 短期资金需求量大、筹资数额大的公司。

商业票据融资具有便捷、低成本以及流动性高的特点。商业票据融资只以发行公司的声誉、实力、地位做担保，无需实体财产做抵押担保品，且在利用票据融资过程中，无需严格审查贷款过程，在缴纳保证金和手续费后便可开具企业相应规模额度的承兑汇票。商业票据利率一般低于银行贷款利率，手续费仅为万分之五，再贴现利率也远低于同期贷款利率，对于具备发行票据资格的企业来说不失为一种成本相对较低的筹资方式。商业票据期限较短，尤其是银行承兑汇票由于承兑风险较低，在其有限期内可以代替现金流动。重要的是，票据在流动中，每流动一次便增加了一次使用价值，一张承兑汇票可以产生几十倍的货币效应，因此成为企业最受青睐的融资工具之一。

3. 股票融资

股票是一种有价证券，它是股份有限公司公开发行的用以证明投资者的股东身份和权益，并据以获得股息和红利的凭证。股票持有者成为发行股票公司的股东，有权参与公司的决策，分享公司的利益，同时也要分担公司的有限责任和经营风险。股票一经认购，持有者不能以任何理由要求退还股本，只能通过证券市场将股票转让和出售。

股票发行者以股票形式筹集资金时也必须具备一定的条件，通常包括首次公开发行条件、发行新股条件(包括增发和配股)。

根据《公司法》、《证券法》和《股票发行与交易管理暂行条例》等法律法规，股份有限公司首次公开发行股票需符合以下条件：① 其生产经营符合国家产业政策；② 其发行的普通股限于一种，同次发行的股票，每股的发行条件和发行价格相同，同股同权；③ 发起人认购的股本数额不少于公司拟发行的股本总额的35%；④ 在公司拟发行的股本总额中，发起人认购的部分不少于人民币3 000万元，国家另有规定的除外；⑤ 发起人在近3年没有重大违法行为。

上市公司发行新股，是指公司向社会公开发行新股，包括向原股东配售股票和向全体社会公众发售股票。根据《公司法》有关规定，上市公司发行新股，必须具备下列条件：① 前一次发行的股份已募足，并间隔1年以上；② 公司在最近3年内连续盈利，并可向股东支付股利；③ 公司在最近3年内财务会计文件无虚假记载；④ 公司预期利润率可达同期银行存款利率。

股票融资的优点有：

(1) 可以分散风险。通过发行股票，企业股东数会增加，企业的各种风险也将由更多的股东分担。

(2) 可以调动更多的人关注企业生产经营状况，有利于企业经营机制的转变。

(3) 可以提高企业的自有资本比率，进一步增强企业信誉和融资能力。

股票融资的主要缺点是：

(1) 要求高，审核手续繁琐。企业发行股票除了要具备发行的条件外，还要经过严格审核。以发行人民币普通股为例，我国的审核分为预选和审批两个阶段。预选阶段需要经过中国证监会下达股票发行家数指标，地方政府或国务院有关产业部门推荐，中国证监会受理预选材料，征求有关产业部门意见，中国证监会预选审核五个步骤。审批阶段包括地方政府或国务院有关产业部门初审、证监会发行部审核、发审委审议及合法批文五个步骤。

(2) 可能丧失企业控制权。股票是所有权证书，企业股票的持有者享有对企业的所有权，持有股票数量越多，拥有企业所有权也就越多。企业对外发行股票，原有股东持有的企业所有权比例下降，原有控股者则可能失去对企业的控制权。

4. 债务融资

债券也是一种有价证券，是社会各类经济主体为筹措资金而向债券投资者出具的并且承诺按一定利率定期支付利息和到期偿还本金的债权债务凭证。由于债券的利息通常是事先确定的，所以债券又被称为固定收益证券。

我国《公司法》要求发行债券的企业必须符合下列条件：① 股份有限公司的净资产额不低于人民币 3 000 万元，有限责任公司的净资产额不低于人民币 6 000 万元；② 累计债券总额不超过公司净资产额的百分之四十；③ 最近 3 年平均可分配利润足以支付公司债券 1 年的利息；④ 筹集的资金投向符合国家产业政策；⑤ 债券的利率不得超过国务院限定的利率水平；⑥ 企业债务筹集的资金，不能用于弥补亏损和非生产性支出。

按照《企业债券管理条例》的规定，国家发展和改革委员会同中国人民银行、财政部、国务院证券委拟定全国企业债券发行年度规模内的各项指标，报国务院批准后，下达各省、自治区、直辖市和国务院有关部门执行。因此发行企业债券必须受到国家计划发行规模的限制。中国人民银行及其分支机构和国家证券管理部门依照规定的职责，负责对企业债券的发行和交易活动进行监督检查。企业发行企业债券时，要经过配额与发行的双重审核。

债务融资的优点是：

(1) 筹资成本较低。债券利息支出可以计入损益，抵减企业所得税，发挥财务杠杆作用，有效降低了实际筹资成本。

(2) 保障股东控制权。企业发行债券一般不会涉及企业资产所有权、经营权的转移，企业不会因为发行债券而削弱拥有的所有权和经营权。

债务融资的主要缺点是：

(1) 加大企业的财务风险。在企业经营状况良好的情况下，发行债券融资可以提高股东的资本报酬率。但是债券有固定的期限日和利息负担，一旦企业经营状况不好，容易使企业陷入财务困境。

(2) 筹资条件多，审核严格。如上所述，《公司法》对于发行债券的企业有诸多条件限制，使得很多企业根本无法利用这一筹资方式。按照规定，企业发行债券必须通过配额审核和发行双重审核。获得发行配额的企业还要接受有关管理部门对于发行人资格、发行条件、禁止发行事由和债务募集办法中所列的各项条件的审核。

5. 融资租赁

融资租赁是指融资主体(承租人)租入某一资产并执行使用权与占有权，但不实际拥有该项资产的所有权和处置权，需要定期向资产所有者(出租人)缴付租金的一种融资方式。租赁合同期满后，承租人付清租金后，有权按残值购入设备，出租人丧失所有权，承租人拥有所有权。融资租赁必须符合以下条件：租赁期为资产使用年限的大部分(75%或以上)；租赁期内租赁最低付款额大于或基本等于租赁开始时资产的公允价值；在租赁期满时，租赁资产的所有权转让给承租方。

融资租赁在其发展过程中派生出了多种形式，下面简单介绍融资租赁的种类。

(1) 直接租赁。直接租赁是指直接从国内外租赁公司或其他出租人处租赁设备或直接从拥有闲置设备的企业处租得设备。租赁公司从国际或国内金融市场筹集资金，按承租人的要求，以买方的身份与供货商签订买卖合同，设备购进后，将其出租给承租人。承租人按照租约支付每期租金，期满结束后承租人以名义价格购买租赁设备所有权。企业也可以从拥有闲置设备的企业处直接租赁设备。在我国改革开放初期，一些国有企业曾经大批量引进国外设备，其中由于某些设备不符合生产设计规划要求或重复引进使其处于闲置状态。此时，一些需要该设备的中小企业则从拥有设备的国有企业进行直接租赁，以少量的租金代替购买设备所需支付的大量资金，以融物的方式获得融资的效果。

(2) 返还式租赁。返还式租赁的特点是承租人与租赁物件供货人是一体，租赁物件不是外购，而是承租人在租赁合同签约前已经购买并正在使用的设备。承租人将设备卖给租赁公司，然后作为租赁物件返租回来，对物件仍有使用权，但没有所有权。通过形式上的买卖交易，承租企业将购买的设备转为融资租入的设备，扩大了资金来源。

(3) 转租赁。转租赁是指作为第一承租人的租赁公司将从其他租赁公司融资租入的租赁物件再转租给第二承租人的业务方式，第二承租人是租赁物件的最终用户。第一承租人又称为转租人，转租人既不是设备购买的出资方，又不是最终用户，其作用只是信用中介人。通过转租赁的方式，两个租赁公司可以实现风险共担。而境外租赁公司通过境内的租赁公司，以转租赁的形式进入我国的融资租赁市场。

(4) 杠杆租赁。杠杆租赁是融资租赁的高级形式，是适用于金额巨大、使用期长的资本密集型设备的长期租赁方式。它主要是由一家租赁公司牵头，成立一个脱离租赁公司主体的操作机构，并支付项目总金额20%以上的资金，其余资金来源主要是吸收银行和社会闲散游资，以二博八，为租赁项目取得巨额资金。

(5) 结构共享式租赁。结构共享式租赁一般运用于大型项目。租赁公司提供项目所需的全部资金，包括购置设备、运输、建筑安装、技术服务等资金。除约定租金外，项目建成产生效益后，租赁公司分享项目效益。在项目成本和预订收益收回后，租赁公司仍将按一定比例长期享有项目收益分配权。

(6) 分成式租赁。分成式租赁是一种非常适合初创企业选择的最具灵活性的租赁方式。承租方向出租方所缴纳的租金根据营业收入的一定比例确定。这种租赁形式的全部或部分租金直接同承租方经营租赁设备的收入挂钩，承租方没有债务风险。

融资租赁是融资和融物的有机结合，既是融资方式的创新，又是融物方式的创新，具有独特的经济功能和竞争优势。承租人可根据实际需要选择自己最需要的设备，又可以减少资金投入，提高自有资金使用效率，有利于避免利率汇率风险。此外，融资租赁以租赁物为担保及时取得设备使用权，租赁期与市场生命期一致，保证了设备及时更新，节约了设备无形损耗费用。由于租赁对象是一些特定的固定资产，而不像银行贷款是现金，容易为借款人不正当使用或非法占有，所以需要的信用程度要低于银行借款。对于那些自有资金不足，又不具备发行股票和债券的条件难以取得足够银行贷款，而又急需扩张的中小企业来讲，这是一种极为重要的融资方式。

6. 风险融资

风险投资是一种新兴的高级形式的融资方式，是一种投资于极具发展潜力的高成长性风险企业并为之提供经营管理服务的权益资本。它具有与传统的股权投资与债券投资所不同的特征：

(1) 高风险。顾名思义，风险企业较之一般企业有更高的风险性。据统计，美国每10个风险企业中，大约只有2～3个可获得成功，因此投资于风险企业的风险资本具有较高的风险。

(2) 高回报。根据行业统计，风险投资的回报率达到30%～50%，甚至更高。总体来说，风险投资有着两倍于一般证券投资的收益。

(3) 风险投资的对象主要是高科技中小企业。风险企业与一般企业不同，都是先有科研成果，然后再建立企业以实现技术的商品化。

(4) 风险投资是一种长期的、流动性低的权益资本。投资的目的是为了高增值和高收益，因而风险投资公司在向高技术风险企业投资的同时，也参与企业或项目的经营管理，它与风险企业结成了一种风险共担、利益共享的共同体。

(5) 风险投资家是一个具有高素质、多专业知识的职业金融专家。他为风险企业提供的不仅仅是资金，更主要的是专业特长和管理经验。

目前我国的风险投资才刚刚起步，在科技企业融资中所占的比重只有2%左右，而美国高达50%以上，因此这一融资方式的未来发展空间还很广阔。同时，在风险投资过程中最重要的是风险投资家输入管理经验，以帮助企业实行专家型管理，改善企业管理质量差的状况，促进管理的现代化；另一方面，由于风险投资是权益性融资，可以大力改变企业负债率过高、利息负担过重的现象，有力地促进中小高新技术企业的发展。因此对于中小高新技术企业而言，风险投资应是将来大有可为的一种融资方式。

7. 项目融资

项目融资源于西方发达国家，它是指项目发起人为该项目筹资和经营而成立一家项目公司，由项目公司承担贷款，以项目公司的现金流量和收益作为还款来源，以项目的资产或权益作抵(质)押而取得的一种无追索权或有限追索权的贷款方式。项目融资在理论上被认为具有广泛的应用前景，但从目前来看，它主要用于需要巨额资金、投资风险大、从而传统融资方式又难以满足但现金流量稳定的工程项目，如天然气、煤炭、石油等自然资源的开发，以及运输、电力、农林、电子、公用事业等大型工程建设项目。

一般来说，贷款人在选用项目融资前首先须考虑拟投资项目是否具有可靠的收入和稳定的现金流量；其次考虑以怎样的担保结构或保障结构来确保贷款得到最有效率的清偿；最后，贷款人以此种风险方式提供融资，通常要追求高于普通贷款利息的融资回报。

中国的项目融资实践是从借入世界银行项目贷款开始的。商业性项目贷款作为一种重要的国际金融工具，在20世纪80年代中期被介绍到我国，并且在一些大型的投资项目中得到了成功的运作。当前我国正处于快速发展阶段，基础项目的开发与建设已经成为经济发展的重要一环，项目融资也正被广泛应用于基础设施的融资实践中。

8. 资产证券化

资产证券化是指企业通过资本市场发行有金融资产支持的债券或商业票据，将缺乏流动性的金融资产变现，达到融资、资产与负债结构相匹配的目的。它是一种可以提高流动性和以融资为目的的金融创新，整个运作流程包括：确定证券化资产并组建资产池；设立特别目的机构；资产的真实出售；信用增级；信用评级；发售证券；向发起人支付资产购买价款；管理资产池；清偿证券。

目前，证券化的最新进展已远远超过了传统的"信用资产"的范围，表现为未来收益证券化、整体企业证券化和风险证券化等。我国资产证券化目前尚处于引入期。

## 二、融资方式的选择

市场经济为企业提供了多种融资方式，如何选择合理的融资方式，提高融资效率便成为企业需要认真考虑的问题。影响融资方式选择的主要因素有下列三个。

1. 融资方式的可能性

上面列出的很多可供选择的融资方式并不是对任何一个企业都可行的。如发行股票融资就只有股份公司才有可能,非股份公司没有可能;对于发行债券的融资,虽然从理论上讲所有具有偿还能力的企业都有可能性,但我国对债券发行条件有诸多限制,且需要经过配额和发行的双重审核,实际上只有那些信誉良好并且筹资数量较大的大型公司才有可能性,中小公司基本上是被排除在外的。因此,企业在融资过程中要根据自身客观情况决定融资方式的可能性,合理地选择融资方式。

2. 融资成本的高低

企业在融资过程中,不仅需要考虑各种融资方式的可行性,还要考虑所付出的代价,这就是资本成本高低的问题。

资本成本是指企业为筹措和使用资本而付出的代价,它由资本使用成本和资本筹集成本构成。所谓资本使用成本是指资金使用者由于使用资金而应该支付给资金所有者的报酬。我们知道,筹集到的资金不外乎有两种途径,一是由投资人投入的权益资本,这部分资本要求一定的利润作为投资报酬;二是由债权人贷出的债务资本,这部分资本要求一定的利息作为贷款报酬。因此资本使用成本就表现为足够支付报酬的最低资本收益,这也是资本成本的实质意义。从资金使用者的角度来说,资本成本等于无风险利率与风险报酬率之和。由此可见,资本成本并不是从资本损耗或资本费用角度来考虑,而是一种机会成本,表示出资人由于资金让渡而失去其他投资的机会,从而也失去凭这份资金获取其他盈利的条件,要求得到补偿的数额。所谓资本筹集成本则是指筹措过程中所应开支的费用,包括银行借款手续费、发行股票、债券的发行费用等。

融资成本是融资决策的基础标准。不同渠道的融资方式有不同的融资成本,而投资活动作为一种经济行为,其目标是为了最大程度地获得经济利润。因此,企业应该比较不同融资方式的成本,选择成本较低的融资方式,有效控制投资活动的成本投入。

3. 融资方式对资本结构、公司治理的影响

对于融资方式的选择,在可能性的前提下,从财务角度考虑,显然是融资成本越低越好,但实际中却难以看到以成本最低化作为最佳融资目标的企业。通过对现代企业融资结构的分析,很少见到它们的融资组合符合成本最低化原则,这是因为还要考虑融资方式选择和配置对资本结构及公司治理效率的影响。企业中自有资本和借入资本的结构及其相互之间的比例关系就形成了企业的资本结构,它主要是由融资方式决定的。同时,资本结构与公司法人治理结构之间存在着有机的内在联系,资本结构影响委托-代理关系效率的发挥,并关系到企业所有权和控制权的配置,进而影响与决定着公司法人治理结构模式。融资、资本结构与治理结构的这一内在联系可以归结为一条逻辑关系链:融资方式—资本结构—产权特征—治理结构。

股权融资在公司治理中的作用主要表现在两个方面,即股权内部治理和股权外部治理。内部治理是指按《公司法》所规定的法人治理结构对公司进行的治理。公司法人治理结构是股东大会、董事会、监事会和经理组成的一种组织结构,其中与股权相关的主要是股东大会和董事会。首先,股东通过股东大会来行使投票权,投票权主要体现在选择公司经营者和公司重大决策等。其次,股权决定董事会的人选,特别是部分股东进入董事会

后,股权在公司的治理作用又顺延到董事会中或间接通过董事会进一步发挥对经营者的监控作用。董事会监控成为股权内部治理的又一形式,当内部治理不能有效地发挥作用时,股东可以实施外部证券市场的治理。当股东对公司业绩和管理效率不满和失望时,可以利用资本市场转让股份或抛出股票退出。公司股票被大量抛出不仅给管理层带来极大的市场压力,也给敌意收购的发生创造了条件。这种对企业经营者有致命打击的收购和兼并是非常重要的外部治理机制。投票权、委托代理权竞争、董事会监控、退出和接管机制共同组成一个有机的股东控制权体系,有效控制由股权融资引致的企业经营者道德风险行为。

债务融资在公司治理中也起到很重要的角色。首先,债务融资是一种缓和经理层和股东之间冲突的激励机制。在保持经理对公司绝对持股不变的情况下,增加债务融资将增大经理层的股权比例,经由激励机制降低代理成本。其次,债务可以视为对企业经理的硬约束,经理必须按合同规定向债权人支付本金和利息,这就减少了经营者所能掌握的剩余资金,减少由经营者对剩余资金的不当使用所产生的代理成本,对企业不当经营行为进行控制。再者,债务具有相机控制机制。债权所伴随的剩余索取权,债务合同是债权人实行相机治理的动力。如银行为了信贷资金的安全往往对客户企业实施监控,通过及时获得企业经营状况的信息对企业实行相机控制的监控机制。最后,与股权融资相比较,债务融资拥有高效的破产机制约束。有债务融资的企业由于面临偿债以及诉讼的压力,公司被及时清算或退出的可能性就更大。这不仅促使经理为了避免破产惩罚努力提高经营业绩,也能防止经理为了一己私利而在必要时放弃对股东而言是最佳选择的破产决策。

综上所述,现代企业由于权益资本和债务资本的安排而产生了代理问题,企业在进行融资方式的选择时,必须考虑利用不同的股权和债权配置方式来保护所有者权益,减少权益融资和债务融资引发的企业经营者道德风险行为,努力降低委托代理成本,建立有效的公司治理。

## 第三节　融资决策与资本结构

资本结构是企业融资决策的核心问题。在融资决策中,企业应追求最佳资本结构。企业原来的资本结构不合理的,应通过融资活动,尽量使其资本结构趋于合理,以达到最优化。

### 一、资本结构总成本

在一定时期内,企业通常总是同时采用多种融资方式,从而形成相应的资本结构。不同的资本结构对企业融资能力、生产经营活动的影响是不同的。合理的资本结构能提高企业的融资能力,减少风险,增加企业价值;不合理的资本结构则会削弱企业的融资能力,加大风险,降低企业价值。

某种融资方式的资本成本,可通过公式计算得出。资本结构的总成本可通过计算加权平均的资本成本的方法求得。加权平均的资本成本是资本结构的综合成本,是以各种资金占全部资金的比重作为权数,对个别资本成本进行加权平均确定的,其计算公式为

$$K_w = \sum K_j W_j \tag{2-2}$$

式中：$K_w$ 表示加权平均的资本成本；$K_j$ 表示第 $j$ 种个别资本成本；$W_j$ 表示第 $j$ 种个别资本占全部资本的比重。

倘若企业只有普通股和债务融资，其加权平均的资本成本的计算公式为

$$K_z = K_d\left(\frac{D}{V}\right)(1-T)+\left(\frac{S}{V}\right)K_s \tag{2-3}$$

式中：$D$ 表示长期负债的市场价值；$S$ 表示普通股的市场价值；$V$ 表示企业价值，对于股份公司而言，是普通股市场价值和负债价值之和，即 $V=S+D$；$K_z$ 表示企业加权平均的资本成本；$K_d$ 表示长期负债的资本成本；$K_s$ 表示权益资本成本；$T$ 表示所得税率。

## 二、资本结构理论

### （一）早期资本结构理论

资本结构理论研究始于20世纪50年代初期，早期形成三种理论见解：净利说、营业净利说和传统说。

1. 净利说

净利说认为，借入债务可以降低企业的资本成本。而且债务程度越高，企业价值就越大。这是由于该理论假设债务利息和权益资本成本不会受财务杠杆的影响，无论负债程度有多高，企业的债务利息和权益资本成本都不会变化。因此，只要债务利息低于权益资本成本，那么负债越多，企业加权平均的资本成本就越低，企业净收益或税后利润就越多，企业价值也就越大。当负债比率达到100%时，企业加权平均的资本成本最低，企业价值也将达到最大。

2. 营业净利说

该理论认为，不论财务杠杆如何变动，加权平均的资本成本都是固定的，同时企业的价值也就固定下来了。其假定前提是：增加负债的同时会增加权益资本的风险，从而使权益资本的成本上升。因此，资本结构与公司价值并无关系，决定公司价值的是营业利润。根据这种理论的观点，融资方式的选择和资本成本之间是独立的，那么资本结构决策就没有必要了，企业并不存在最佳资本结构的问题。

3. 传统说

传统说是一种折中理论，认为企业利用财务杠杆导致权益成本上升，但在一定程度内并不会完全抵消利用资本成本低的债务所获得的好处，从而能够导致加权平均资本成本的下降，使企业总价值上升。但超过一定限度后，权益成本的上升就不会被债务的低成本所抵消，反而导致企业加权平均的资本成本的上升。加权平均资本成本从下降转为上升的转折点，就是加权平均资本成本的最低点。这时的负债比率就是企业的最佳资本结构。

### （二）现代资本结构理论

前述三种理论都是建立在对企业所有者行为的假设而非精心构造的理论基础上或统计分析之上的。目前最有影响力的是由莫迪格利亚尼(Franco Modigliani)和米勒(Merton

Miller)开创的现代资本结构理论。他们使资本结构研究成为一种严格的科学理论，经过长期的理论发展，资本结构理论已经相对完善。特别是20世纪70年代中后期，权衡理论、信息不对称和代理权竞争等的引入，开拓了资本结构理论研究的广阔领域。

1. MM理论

1958年，美国金融学家、财务学家莫迪格利亚尼和米勒在《资本成本、公司财务与投资管理》一文中提出了莫迪格利亚尼-米勒模型(简称MM模型)，形成了现代资本结构理论的基础。

MM理论的假设前提是完善的资本市场。完善的资本市场指的是：① 投资者能在金融市场上进行完全的套利活动；② 不存在信息不对称；③ 不存在税收和其他交易成本。该理论认为，在完善的资本市场的前提条件下，利用内部融资和利用外部融资是没有差别的，企业价值和融资方式的选择是没有关系的。企业的价值是由其预期收益和与其风险等级相对应的贴现率贴现确定的。用公式表示为

$$V_L = E_L + D_L = EBIT/WACC = EBIT/R_u = V_u \qquad (2-4)$$

式中：$V_L$ 表示运用财务杠杆的企业的市场价值；$V_u$ 表示不运用财务杠杆的企业的市场价值；$E_L$ 表示企业股票的市场价值；$D_L$ 表示企业债券的市场价值；$EBIT$ 表示企业息税前利润；$WACC$ 表示同等级风险企业的加权平均的资本成本；$R_u$ 表示仅依赖权益资本经营的企业的股本成本。

现假定两个企业A和B利用不同的融资方式进行投资能够获得相同的投资收益。A企业没有负债，只通过发行股票筹集资金，因此其市场价值 $V_A$ 等于其股票的市场价值总额 $E_A$，即 $V_A = E_A$；B企业则通过发行股票和债券筹集必要的资金，它的市场价值 $V_B$ 等于其负债的市场价值 $D_B$ 和股票的市场价值 $E_B$ 之和，即 $V_B = D_B + E_B$。现在有两个投资方案，一是购买A企业5%的股票，二是购买B企业5%的股票和5%的债券。A企业和B企业的利润均为 $X$，则两个投资方案的投资成本和收益情况如表2-2所示。

**表2-2　各方案的投资成本和投资收益**

| | 投资于A企业 | 投资于B企业 |
|---|---|---|
| 投资方案 | 购买5%的股票 | 购买5%的股票和5%的债券 |
| 投资成本 | $0.05V_A$ | $0.05(D_B + E_B) = 0.05V_B$ |
| 投资收益 | $0.05X$ | $0.05X$ |
| 其中：债务收益 | | $0.05RD_B$ |
| 权益收益 | $0.05X$ | $0.05(X - RD_B)$ |

注：表中 $X$ 为企业利润，$R$ 为债券利息率。

由上表可以看出，在两个投资方案中投资者获得的投资收益是相同的，均为 $0.05X$。在高度完善的资本市场下，具有相同投资收益的投资，其投资成本也应相等。因此有 $0.05V_A = 0.05V_B$，即 $V_A = V_B$。也就是说，没有负债的企业价值和利用负债的企业价值相

等,企业的市场价值和融资方式的选择无关。企业价值和企业资本结构是独立的这一观点为 MM 理论的核心内容。如果资本成本的大小决定企业价值,而企业价值与融资方式毫无关系,那么资本成本也就不会受到融资方式的影响。在这一理论思想下,资本结构与资本成本、企业价值之间是相互独立的,没有所谓的最佳资本结构。

同时,MM 理论又认为,负债企业的普通股成本等于企业总资本成本加上该企业资本成本与企业债务成本的差额与债券市场价值/股票市场价值比例的乘积。公式为

$$R_L = R_u + (R_u - R_B) \times D/E \tag{2-5}$$

式中:$R_L$ 表示负债公司的股本成本;$R_u$ 表示仅依赖权益资本经营的企业的股本成本;$R_B$ 表示企业的负债成本;$D/E$ 表示债务-权益比率。

公式表明,在不考虑债务风险的情况下,股权收益率随负债率的提高而提高。在考虑债务风险的情况下,股权收益率随负债率的提高而下降,债务收益率则由于风险增加而提高。这一结论似乎与前一结论相矛盾,但实际上两者是一致的。当企业增加债务资本,相应地增加了风险,企业权益投资者必然要求增加风险补偿,从而提高了必要收益率,而提高的必要收益率恰好抵消了预期收益率对股价上升的推动作用。

但是现实中的市场是远非完善的,考虑到公司税存在时,MM 理论认为,运用财务杠杆企业的价值等于同样风险等级的不运用财务杠杆企业的价值,加上免税现值。公式为

$$V_L = V_u + PVTS \tag{2-6}$$

$$PVTS = \frac{T \times R_b \times D_L}{R_b} = TD_L \tag{2-7}$$

式中:$PVTS$ 表示免税现值;$T$ 表示所得税率;$R_b$ 表示利息率;$D_L$ 表示债务融资额。

上式表明,要使企业的价值趋于最大化,应尽可能扩大债务融资的规模。

同时,MM 模型还认为:运用财务杠杆企业的权益资本成本等于同等风险程度的不运用财务杠杆企业的权益资本成本加上一笔风险报酬。其公式为

$$R_L = R_u + (R_u - R_b) \times (1 - T) \times (D_L/E_L) \tag{2-8}$$

综上所述,在考虑公司税的情况下,企业价值和资本成本均与资本结构相关。当债务比重加大时,资本成本降低,企业价值就会增加。

MM 理论成功地运用了数学模型,找出了资本结构与企业价值和资本成本的内在关系,揭示了资本结构中负债的意义。但是它忽略了负债带来的风险和额外费用。

2. 权衡理论

在 MM 理论之后、不对称信息引入之前,资本结构理论分为三大学派:一是研究企业所得税、个人所得税和资本利得税之间的税差与资本结构的关系,称为“税差学派”;二是研究破产成本对资本结构影响的“破产成本学派”;三是对 MM 定理进行完善后的“米勒市场均衡模型”。这三大学派的观点最终被归结为“权衡理论”。即考虑负债带来利益的同时,考虑负债带来的风险和费用,因为这些风险和费用会在一定程度上抵消负债带来的收益。

(1) 破产成本:又称财务困境成本,包括直接成本与间接成本两部分。直接成本是公司流动性不足或资不抵债时要进行重组所发生的法律成本和管理费用,公司将要倒闭时经营

的无效率及其在清算中以低于其经济价值的价格清算资产的损失。间接成本则是当公司增加债务水平导致财务风险相应增加时，债权人很可能会要求更高的利息支付，对公司来说更高的利息是增加负债的一项成本，如果出现这种情况，公司就不得不放弃可以接受的项目，从而发生机会成本；另外，一些投资者和潜在投资者可能会对公司继续经营失去信心，转而购买其他经营状况更好的公司的证券，投资者信心的丧失是破产成本的另一种表现形式。

破产发生时，证券持有人得到的收入将小于没有破产成本时他们应该得到的。因为其他条件相同时，有杠杆的公司比没有杠杆作用的公司的破产可能性大，因此有杠杆作用的公司对投资者的吸引力较小。破产可能性与负债权益比率之间通常没有线性函数关系，但负债权益比率超过了某一个界限以后，破产的可能性会随之增加。在这种情况下，破产的预期成本会增加。同时对公司的价值和资金成本产生负面影响，债权人承受事后的破产费用，但他们可能通过较高的利息率将事前成本转嫁给股东。因而股东承担事前的破产成本以及随之而来的公司价值的降低。由于破产成本代表了公司价值无法弥补的损失，所以即使在一个有效的市场均衡中，投资者也不能分散这种损失。

因此，当公司杠杆比率提高时，投资者可能要求在股票价格上予以补偿。由图 2-1 可以看出，投资者要求的预期回报由两部分组成：无风险回报率 $R_f$ 和商业风险报酬。这个风险报酬等于无杠杆作用的公司要求的资产回报率与无风险回报率之差。随着负债的增加，要求的回报也随之增加。这个增量代表了风险补偿。如果在没有税收和破产成本的情况下，要求的回报将呈线性增长。但随着破产成本和破产可能性的增加，风险的补偿相应增加，通过某一点以后，要求的回报率会加速增长。

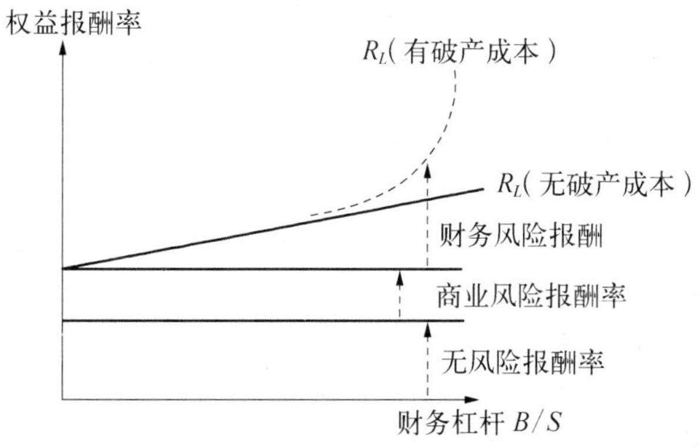


图 2-1　无税收、存在破产成本时要求的股票收益率

破产成本、避税收益的不确定性对公司价值有负面影响。财务杠杆开始使用时，由于公司使用负债带来了避税收益，公司价值将随财务杠杆增加而增加，渐渐地破产的可能性变得越来越显著，再加上避税收益的不确定性越来越大，公司价值将以递减的速度增加，最后公司价值将下降，我们可以把上述过程表示为

$$V_L = V_u + T_c B - K_b B \tag{2-9}$$

式中：$K_b$ 为单位举债额的破产成本；$K_b B$ 为破产成本的现值。

税收和破产成本的影响表述在图 2-2 中，由于避税收益的不确定性随着杠杆效率的增

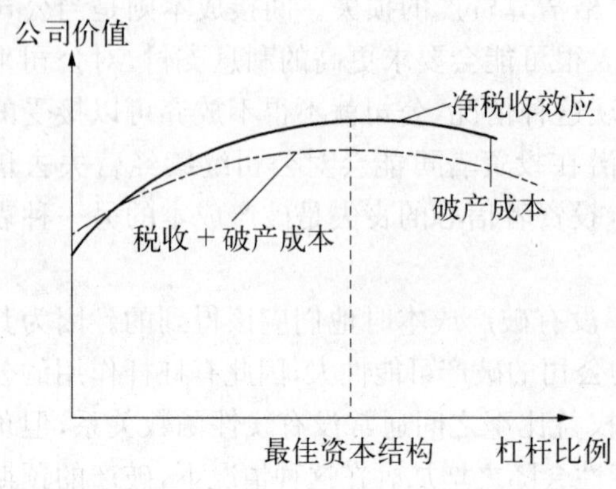


图 2-2 税收、破产成本下的公司价值

加，净税收影响曲线将变得越来越平缓，而破产成本随着杠杆效率的增加，引起公司价值的急剧下降。最佳资本结构被定义在公司价值最高这一点上。

(2) 代理成本。信息对称是 MM 理论的重要假设之一，即企业外部投资者和企业内部人拥有同样的关于企业经营和企业价值等的信息。然而，这一假设与现实的世界存在巨大差别。另一方面，现代企业是由经营者、股东、债权人、员工以及供应商和客户等利益不一致的经济实体组成的。这些经济实体之间的关系都可以看作是一种委托代理关系。即委托人委托代理人从事一些经济活动，所获报酬按事先约定的形式在两者之间分配的一种契约关系。在委托代理关系中，由于信息不对称和委托人与代理人之间的利益冲突，有可能导致低效率的生产和投资活动。利益相关者之间的这种利益冲突就是代理问题，因代理问题引起的低效率的经营活动或降低的企业价值则被称为代理成本。无论采用股权融资还是债务融资，代理成本都是不可避免的。

股权融资中，代理成本来自经营者与所有者之间的利益冲突：经营者为达到自己的目的采取的行动不一定有利于所有者。由于经营者没有拥有公司的全部股权或者剩余索取权，当经营者增加其努力提高经营业绩时，它承担了努力的全部成本，却只获得他所追加的努力所创造的收入增量的一部分，而当他增加在职消费时，它可获得全部好处，却只承担部分成本，其结果是经营者的工作积极性不高，却热衷于追求在职消费。相反，股东期望的目标是企业价值的最大化，因此他们希望经营者一直提高经营水平，从而使经营业绩不断上升。由于股东并不负担经营业绩提高所产生的一切费用，股东期望达到的经营水平通常会超过经营者自己认为的最优经营活动水平。同时，在企业价值最大化的目标驱使下，股东希望尽可能控制经营者的在职消费给企业价值带来的损失。由此可见，股东和经营者之间的利益不完全一致，经营者逃避持续付出努力的行为和对非生产性消费的追求带来的企业价值的损失，构成股权融资的代理成本。

债务融资中，代理成本来源于债权人和债务人之间的利益冲突，主要是由资产替换问题、投资不足问题和破产问题而引起的。风险性负债促使债务人用风险更高的资产来替换企业的现存资产，以此从企业的债权人手中谋取利益，这就出现了"资产替代效应"(Jensen and Meckling，1976)。在有限责任制度下，即使企业价值低于负债额，股东也只在自有资金的范围内承担债务的偿还额，结果导致股东和经营者有更大的积极性去从事有较大风险的项目。因为他们能够获得成功的收益，并借助有限责任制度把失败的损失推给债权人。投资不足问题则指企业在利用债务融资时，可能会放弃使企业价值增加的某些投资机会。在债务没有完全清偿的情况下，由于债权人拥有优先求偿权，即使实施了某些期望收益为正的投资机会，投资收益可能大部分或完全由债权人享有，股东将不能从该投资中得到任何利益。因此股东可能放弃这些投资机会，即使其期望收益为正。理性的债权人可能会预测到股东和经营者的投资不足问题，要求因此带来的企业价值的损失由股东来承担，这便构成企业利用债务融资的代理成本。

詹森和麦克林(Jensen and Meckling,1976)在对股权和债权的代理成本进行分析的基础上,得出其基本结论:均衡的企业所有权结构是由股权代理成本和债权代理成本之间的平衡关系决定的,企业的最优资本结构是使两种融资方式的边际代理成本相等而总代理成本最小。

(3) 权衡理论的数学表述。在有公司税的MM理论下,考虑了破产成本和代理成本后,负债公司的价值为

$$V_l = V_u + T_c B - FPV - TPV \tag{2-10}$$

式中: $FPV$ 为预期破产成本的现值; $TPV$ 为代理成本的现值。权衡理论的数学模型可以用图2-3表示。

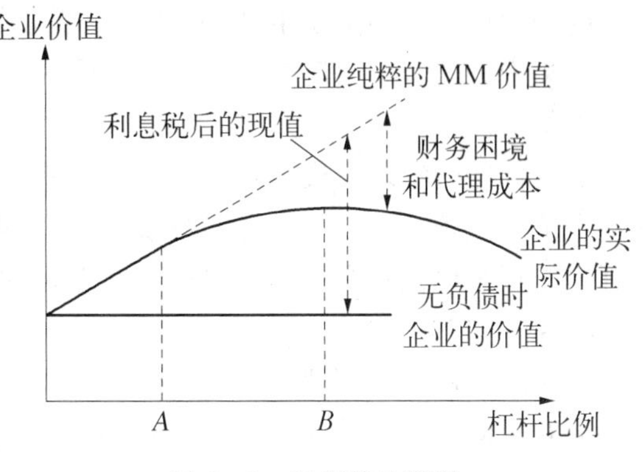

图2-3　权衡理论模型

在图2-3中,负债量达到$A$点之前,公司负债率较低,公司价值主要由MM理论决定,避税收益起完全支配作用。超过点$A$,破产成本和代理成本的作用显著增强,抵消了部分避税收益,使公司的价值逐渐低于MM理论值,但最佳债务带来的避税收益的增加值仍然大于因此而产生的破产成本和代理成本的增加值,公司价值仍呈上升趋势。在$B$点上减税的边际收益完全会被负债损失所抵消。超过$B$点,损失将超过避税收益,公司价值将随杠杆比率的增加而下降。权衡理论认为,公司有其最佳的资本结构,这就是图中的$B$点,当负债比例在此点时,增加债务带来的避税收益正好等于财务危机成本和代理成本的增加值,公司的价值最大。

3. 信息不对称和优序融资理论

权衡理论是基于信息对称的,一度成为"现今占支配地位的资本结构理论的'主流'选择"[①],但是,由于它无法解释企业高盈利能力和低负债比率之间的相互关系、在税收研究方面的"明显的问题"和与事件研究结果的相悖,而受到了优序融资理论的质疑。

梅耶斯和迈基鲁夫(Myers and Majluf,1984)提出,由于信息不对称下的逆向选择问题的存在,市场往往会低估增发新股的厂商的价值。因此,企业在选择融资方式时存在一个先后顺序,相对于外部融资而言,企业首先会选择内部融资;其次,在外部融资中,应先利用银行借款;最后才是发行股票。

优序融资理论认为,相对于内部融资,无论是利用负债还是发行股票的外部融资方式都会产生代理成本,导致融资成本的上升。相反,内部融资方式可以忽略这一问题,因此对企业而言是成本最低的融资方式。从不对称信息的角度来看,由于企业外部的投资人和债权

---

① William L. Megginson (1997): Corporate Finance Theory [M], Princeton: Addison Wesley Educational Publishers Inc..

人并没有掌握所有关于企业未来收益和投资风险的真实信息，为了改善其在信息拥有上的劣势地位，债权人往往要求较高的债券收益率或利率，投资者则可能低估企业的股价，这些问题无疑增加了企业的融资成本。

优序融资理论将银行借款列为融资方式的第二选择的理由是，与发行股票融资相比，银行借款的代理成本较低。为了加强银行资产的管理和保证贷款的收回，银行在发放贷款以后还将对企业的经营投资活动进行监督控制。有效的监督能够抑制企业经营者损害资金提供者的利益而追求私利的行为，防止道德风险的发生。因此，伴随有银行监督的银行借款的代理成本要低于监督缺失情况下的代理成本。

发行股票则是融资方式的最后选择。这是因为，由于投资者的能力水平参差不齐、地理位置的分散性等诸多限制条件，分散的投资者很难像提供贷款的银行一样对企业的经营活动进行集中的监督。缺乏有效的监督使得代理成本变得很大，融资成本很高，从而成为最后的选择方式。

尽管优序融资理论成功地说明了信息差异对企业融资的影响，但是，还远未达到能够对权衡理论的正统地位取而代之的时候，无论是理论框架还是实证检验，一时都还难以撼动权衡理论的正统地位。在法玛和弗伦奇看来，这两个理论“旗鼓相当”，“在很多方面，两者实际上不存在冲突”①。

4. 信息不对称理论和信号模型

面对逆向选择问题，好公司也不是完全束手无策。罗斯(Ross，1977)以及利兰德和派尔(Leland and Pyle，1977)最早研究了激励与信号对融资决策的影响。

罗斯(Ross，1977)认为，在企业内部人和外部人之间存在信息不对称的情况下，负债比率的提高给市场传递着积极的信号，意味着经营者对企业未来收益有较高预期，进而使投资者对企业的未来前景充满信心，在贷款协议中可能获得优惠的利率、发行债券可以降低企业的资本成本，企业的市场价值也会随之增大。同时，罗斯还认为企业经营者获取的利益是与企业的市场价格正相关的，企业破产将使经营者受到惩罚。经营状况较差的企业如果保持一个较高的债务水平，它的期望破产成本也会很高，因此其经营者通常倾向于保持较低的负债水平，从而较高比例负债也被投资者视为经营状况较好的标志。

沿着同一研究方向，布利南和克劳斯(Brennan and Kraus，1987)等对梅耶斯和迈基鲁夫(Myers and Majluf，1984)提出的优序融资理论提出了质疑。布利南和克劳斯在模型中明确假定所有公司之前都有一定的负债。并且，好公司的负债是低风险的，而坏公司的负债风险较高。所以，好公司可以发行较大份额的新股，并以新的股权资本来完成新项目投资和回购债券，这就向市场发出了一个明确的信号：管理层对公司经营和财务状况有充分的自信；坏公司这时也可以模仿好公司的发行新股行为，以完成投资项目，但它没有动机通过新股融资来回购其债券，因为它的资产质量决定了它所发行的债券风险太高，以面值回购的成本太大。

5. 资本结构管理控制模型

尽管引入信息不对称之后的资本结构理论研究在 20 世纪 80 年代初期取得了迅猛发展，但到了 80 年代中期以后却难以为继了，“信息不对称方法已经达到收益递减的

---

① Fama，E. F. and French K. R.：Testing Trade-off and Pecking Order Predictions about Dividends and Debt [J]，Review of Financial Studies，2002，(15)：1 - 33.

转折点。[①]"由此应运而生了建立在公司控制权市场理论上的资本结构管理控制模型。

哈里斯和拉维吾(Harris and Raviv,1988)以及斯达尔兹(Stultz,1988)是最早讨论代理权争夺对资本结构的影响的。他们意识到,公司经理代理股东行使经营权利,而这种权力往往能为他带来一些非金钱的利益,如在职消费和满足感等等。既然存在这种代理权利益,代理权竞争便成为一种十分自然的现象。由于股票具有投票权,公司现有的经理手中持有的股份便在一定程度上决定了他在公司代理权竞争中的胜负;另一方面,公司经理所持有的股份比例部分地依赖于公司的负债水平(假设公司总资产保持不变)。所以,必要时候公司经理可以有意识地变更资本结构来巩固自己的代理权,尤其是那些面临被兼并收购或接管的公司的经理更是如此。

上述模型引入了公司代理权,对资本结构理论作了有益的扩展。但更为重要的是,他们明确地将依附于不同金融资产(债务和权益)中的控制权因素带到了资本结构理论中,这对证券设计方面的研究也有重要意义。之前的文献主要注重的是特定资本结构下公司收益流在不同利益主体间的分配,却较少注意到债权人和股东对公司经营被赋予不同的控制权。管理控制模型说明,不同的资本结构会影响公司的所有权结构,而这可能改变公司的代理权所属,进而影响公司的价值。

## 三、最佳资本结构的确定

所谓最佳资本结构,是指使企业在一定时期的加权平均资本成本最低,风险最小,且企业价值最大的资本结构。从理论上讲,各企业都应有其最佳资本结构,但在实际中很难十分准确地确定这个最佳点,因为理论上的分析将实际现象理想化并抽象掉了许多现实的因素。同时由于存在诸多不确定因素的影响,各企业在融资方案的选择和比例配置上,考虑的侧重点也不尽相同。

### (一) 资本结构的影响因素

在现实中,影响资本结构优化的因素很多。融资方式的选择和构成直接决定资本结构,因此前面论及的资本成本高低、公司治理等影响融资方式选择的主要因素同样影响最优资本结构的确定。此外,最佳资本结构还受如下一些因素的影响。

1. 商业风险

商业风险是指由于企业销售收入的不稳定、增长幅度的不确定而导致息税前盈余变动的风险。一般而言,商业风险小的企业可较多使用债务资本,商业风险大的企业应较多使用权益资本。因为企业销售收入越稳定,息税前盈余变动就越小,其承受债务的能力就越强,偿债风险也就越小。所以,销售收入稳定的企业,负债率可高于其他情况相似但销售收入不太稳定的企业。企业销售收入的稳定性及增长速度与企业所处行业的竞争程度相关。如果企业所处行业的竞争程度较弱或具有垄断性,那么一般就会有较稳定的销售收入;如果企业所处的行业竞争性较强,则很难保持稳定的销售收入。

2. 企业的增长率

在其他因素相同的情况下,发展程度低的企业仅通过留存收益就能满足其投资活动的

---

① Harris, Milton and Raviv, Artur (1991): The Theory of Capital Structure, Journal of Finance, American Finance Association, vol. 46(1), page 300.

资本需求，而发展较快的企业为了满足日益增长的资本需要，必须依赖外源融资。通常，处于扩张阶段的企业增长率较高，投资机会多，资本需求量大；而处于成熟期或衰退期的企业增长率较低，相应的资本需求较少，多采用内源融资。

3. 实际税收负担

债务融资的利息在税前支付，因此具有抵减应税所得额的功能，使得实际融资成本降低；而股权融资的股利是在税后支付，不能减税。因此，债务融资的税收优势往往刺激企业更多地举债。企业的所得税率越高，借款举债的好处就越大。

4. 信用等级

信用等级的高低是确定资本结构必须考虑的又一个重要因素。信用等级从两方面来影响企业的融资行为：一是影响企业的融资能力。信用等级越高，融资就越方便，融资能力就越强。二是影响企业的融资成本。信用等级越高，风险越小，投资者或债权人要求的报酬率就越低，企业的融资成本就越低。在企业的融资决策过程中应当充分考虑自身的信用评级来确定其资本结构。企业的融资金额应在融资能力范围之内，如果过高地运用财务杠杆且计划进一步采用借贷融资，贷款人未必会接受超额贷款的要求，或者只在相当高的利率条件下才同意增加贷款，则企业需要承担高额的融资成本。因此企业应考虑选择其他融资方式。

5. 金融市场

金融市场是影响企业资本结构的外部客观因素。金融市场的规模直接影响企业融资的难易程度，金融市场的发达程度影响企业的融资成本，而金融市场的结构影响企业融资方式。金融市场结构决定了可供选择的融资方式。在相当长的时期内，我国金融市场中间接融资一统天下，企业融资除向银行告贷外别无他途。随着资本市场的发展，越来越多的企业通过发行股票和债券实现了直接融资。发达的金融市场为企业提高融资效率，控制融资成本，优化资本结构创造了条件。

### （二）最佳资本结构的确定

从资本结构的理论分析中可知，企业加权平均资本成本最低时的资本结构与企业价值最大的资本结构是一致的。因此，在确定最佳资本结构时所运用的衡量标准就是目前被大家广泛认可并实际运用的加权平均资本成本法。

在实际中，企业对拟定的筹资总额，可以采用多种融资方式来筹集，同时每种融资方式的融资数额亦可有不同的安排，由此形成若干个资本结构可供选择。加权平均资本成本法就是计算各种融资方案形成的资本结构的加权平均资本成本，以加权平均资本成本最小的资本结构为企业最佳资本结构。

## 本章小结

遵循企业投资的运动过程，本章主要介绍了企业在进行战略投资之前需要解决的两个问题：投资环境分析和资本筹措。投资环境分析的结果决定了企业是进入还是退出某个投资目的地，因此，其评估的原则、标准和方法是投资主体必须要熟练掌握的内容；而融资方式则决定了企业的资本成本和资本结构。投资主体应通过融资活动尽量使其资本结构趋于合理，资本成本达致最优。只有解决了这两个问题，企业才能进入战略投资期，选择恰当的投资方式，并利用成本优势处于有利的位置，更好地实现资本的保值增值。

## 关键词

投资环境　融资　内源融资　外源融资　直接融资　间接融资　资本结构　MM 理论　权衡理论　破产成本　代理成本

## 复习思考题

1. 投资环境的构成要素有哪些？
2. 投资环境评估的原则和标准有哪些？
3. 投资环境评估的方法有哪些？各有什么特点？
4. 什么叫等级尺度法？
5. 常见的融资方式有哪些？各有什么特点？选择融资方式时要考虑哪些因素？
6. 什么叫资产证券化？在我国的发展现状如何？
7. 资本成本有哪几个部分组成？如何计算？
8. 资本结构理论有哪些？是如何演进的？
9. 最佳的资本结构应该如何确定？试举例说明。

# 第 二 篇

# 项目投资篇

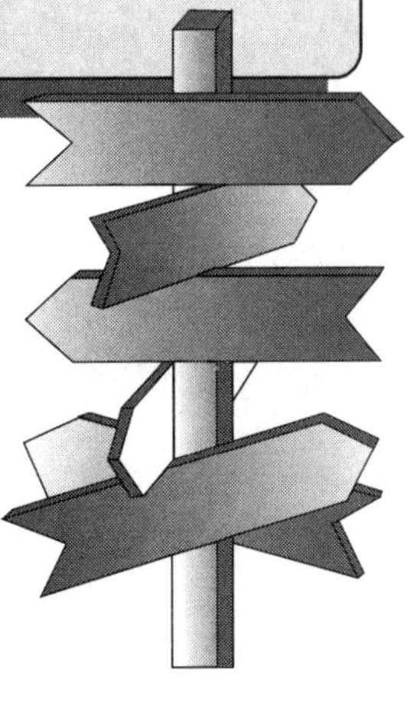

# 第三章

# 项 目 评 估

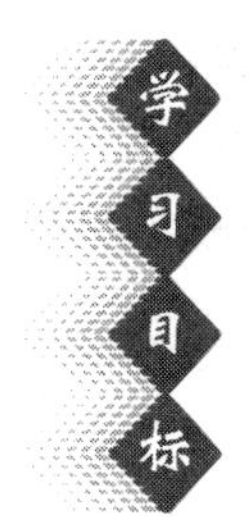


学习了本章后，你应该能够：

1. 理解项目可行性分析的基本内涵以及流程；
2. 了解项目市场评估的内容以及流程；
3. 掌握市场预测的基本方法；
4. 了解技术方案研究的基本内容和方法；
5. 了解经济评估所采用的各种指标；
6. 掌握如何进行敏感性分析。

项目评估是指在项目立项决策之前，对其可行性研究报告进行全面审核和系统评价，具体包括投资者在批准投资前，对投资项目可行性研究报告的审查，对项目投资及项目法人企业的效益和风险的全面分析预测和评价，最后是项目投资的事后评估。本章将重点介绍项目可行性研究、项目市场评估和项目技术方案研究三个方面的内容。

## 第一节 项目可行性研究

### 一、可行性研究概述

可行性研究(feasibility study)是在投资决策之前，对拟建项目进行全面技术经济分析论证，并试图对其做出可行或不可行评价的一种科学方法，是项目投资程序中必不可少的工作环节，也是项目投资后续阶段的前提基础。可行性研究的目的在于决定某一特定项目是否合理可行，在实施前对项目进行调查研究并进行全面的技术经济分析论证，考察项目经济上的合理性、盈利性；技术上的先进性、适用性；实施上的可能性、风险性。其重要作用正如联合国工业发展组织(UNIDO)《工业可行性研究手册》中所阐述的："可行性研究提供工程项目投资决策的技术、经济与商业基础。"

项目可行性研究自 20 世纪初诞生以来，其发展大致分为三个阶段，第一阶段是从 20 世纪初到 50 年代前期，可行性分析主要集中在企业的财务分析，从项目的收入和支出来评价项目优劣。第二阶段是从 20 世纪 50 年代初到 60 年代末，可行性研究重点转移到费用-收益分析，又称经济分析，从宏观、微观两个角度评价项目优劣，在财务分析基础上加入了经济分析使得可行性研究更具有说服力。第三阶段是从 20 世纪 60 年代末至今，可行性研究在前一阶段的基础上，加入了国民经济分析，即宏观经济分析，涉及分析评价国家福利目标，包括增长目标和公平目标。

UNIDO在1978年出版了《工业可行性研究编制手册》,系统说明了工业项目可行性研究的编制方法。另外,UNIDO还先后出版了《工业项目评价手册》、《项目评价准则》和《实用项目评价指南》等书籍,对于工程项目的经济分析、论证评估都有着指导作用。我国1979年引进项目可行性研究方法,1981年国家计委正式规定"把可行性研究作为建设前期工作中一个重要技术经济论证阶段,纳入基本建设程序",1983年国家计委颁布《关于建设项目进行可行性研究的实行管理办法》,1987年和1993年国家计委联合建设部颁布《建设项目经济评价方法与参数》第一版和第二版,这一系列的政策和文件使得我国项目可行性的运用和发展有了长足的进步。2002年国家计委办公厅推出了《投资项目可行性研究指南(试用版)》,进一步规范了项目投资可行性研究的各方面内容。

## 二、可行性研究的范畴

### (一) 可行性研究的内容

可行性研究是项目投资决策的重要依据,它决定了一个项目是否建设和运营,作为项目前期工作的最重要内容,主要解决以下几个问题:① 为什么要建这个项目?② 项目的产品或劳务的市场需求情况如何?③ 项目的规模多大?④ 项目选址定在何处合适?⑤ 各种资源的供应条件怎样?⑥ 采用的工艺技术是否先进可靠?⑦ 项目筹资融资渠道如何?⑧ 项目的盈利水平如何?⑨ 项目的风险多大?等等。国家计委办公厅2002年推出的《投资项目可行性研究指南(试用版)》给出了在可行性研究阶段要完成的工作内容:

(1) 项目新建的理由与目标。根据已确定初步可行性研究报告(或项目建议书),总体论证项目提出的依据、背景、理由和预期目标。同时,分析论证项目建设和生产运营必备的基本条件及获得的可能性,即项目建设可能性分析。

(2) 市场预测。对项目的产出品和所需的主要投入品的市场容量、价格、竞争力,以及市场风险进行分析预测,为确定项目建设规模与产品方案提供依据。

(3) 资源条件评价。对资源开发利用的可能性、合理性和资源的可靠性进行研究和评价,为确定建设规模提供依据。

(4) 建设规模与产品方案。论证可选项目的建设规模与产品方案,作为确定项目技术方案、设备方案、工程方案、原材料方案以及投资估算的基础。

(5) 场址选择。在初步可行性研究或项目建议书规划选址确定的建设地区和地点范围内,进行具体坐落位置选择,即工程选址。

(6) 技术方案、设备方案和工程方案。项目建设规模和产品方案确定后,应进行技术方案、设备方案的具体研究论证工作。

(7) 原材料燃料供应。对项目所需的原材料、辅助材料和燃料的品种、规格、成分、价格、来源等等方面进行研究论证,以确保项目建成后正常生产运营,并为计算生产的运营成本提供依据。

(8) 总图运输与公共辅助工程。在选定场址范围内,研究生产系统、公共工程、辅助工程及运输设施的平面和竖向布置,以及工程方案。

(9) 环境影响评价。在场址方案和技术方案中,调查研究环境条件,识别和分析拟建项目影响环境因素，提出治理和保护环境措施，比选和优化环境保护方案。

(10) 劳动安全卫生与消防。在已确定技术方案和工程方案的基础上，分析论证在建设和生产中存在的对劳动者和财产可能产生的不安全因素，并提出相应的防范措施。

(11) 组织机构与人力资源配置。对项目的组织机构设置、人力资源配置、员工培训等内容进行研究，比选并优化方案。

(12) 项目实施进度。工程建设方案确定后，提出项目的建设工期和实施进度方案，科学组织项目各阶段的工作，按工程进度安排建设资金，保证项目按期完成投产，发挥效益。

(13) 投资估算。估算项目投入的总资金并测算建设期内分年资金需要量。

(14) 融资方案。研究拟建项目的资金渠道、融资形式、融资结构、融资成本、融资风险，比选投资项目的融资方案，并以此研究资金筹措方案和进行财务评价。

(15) 财务评价。分析预测项目的财务效益和费用，计算财务评价指标，考察项目的盈利能力、偿债能力，据以判断项目的财务可行性。

(16) 国民经济评价。按合理配置资源的原则，采用影子价格等国民经济评价参数，从国民经济角度考察投资项目所耗费的社会资源和对社会的贡献，评价投资项目的经济合理性。

(17) 社会评价。分析拟建项目对当地社会的影响，对当地社会条件的适应性和可接受程度，评价项目的社会可行性。

(18) 风险分析。综合分析识别拟建项目在建设和运营中潜在的主要风险因素，揭示风险来源，判别风险程度，提出规避风险对策，降低风险损失。

(19) 研究结论与建议。归纳总结，择优提出推荐方案，并对方案进行总体论证。指出方案可能存在的问题和风险，作出项目是否可行的明确结论，为决策者提供清晰的建议。

### (二) 可行性研究的阶段和流程

根据联合国工业发展组织出版的《工业可行性研究手册》，可行性研究整个工作过程可以划分为四个阶段，见表 3-1。

**表 3-1　可行性研究的阶段划分**

| 工作阶段 | 机会研究 | 初步可行性研究 | 详细可行性研究 | 评价与决策 |
|---|---|---|---|---|
| 目的任务 | 选择项目，寻求投资机会，包括地区、行业、资源和项目的机会研究 | 对项目初步估计，作专题辅助研究，广泛分析，筛选方案，避免下一步作虚功 | 对项目进行进一步的技术经济论证，重点是分析，经济评价，需做多方案比较，提出结论性报告，这是关键步骤 | 对可行性报告提出评价报告，最终决策 |
| 估算精度 | ±30% | ±20% | ±10% | 10% |
| 研究费用占总投资比例/% | 0.2～1.0 | 0.25～1.25 | 大项目：0.8～1.0<br>小项目：1.0～3.0 | — |
| 需要时间/月 | 1 | 1～3 | 3～6 或更长 | 1～3 或更长 |

资料来源：吴添祖：《技术经济学概论》(第二版)，高等教育出版社 2004 年版。

结合可行性研究的主要内容和阶段划分，一个高度简化了的经典可行性研究流程图如图 3-1 所示。其中，我们需要全面分析项目各个环节：

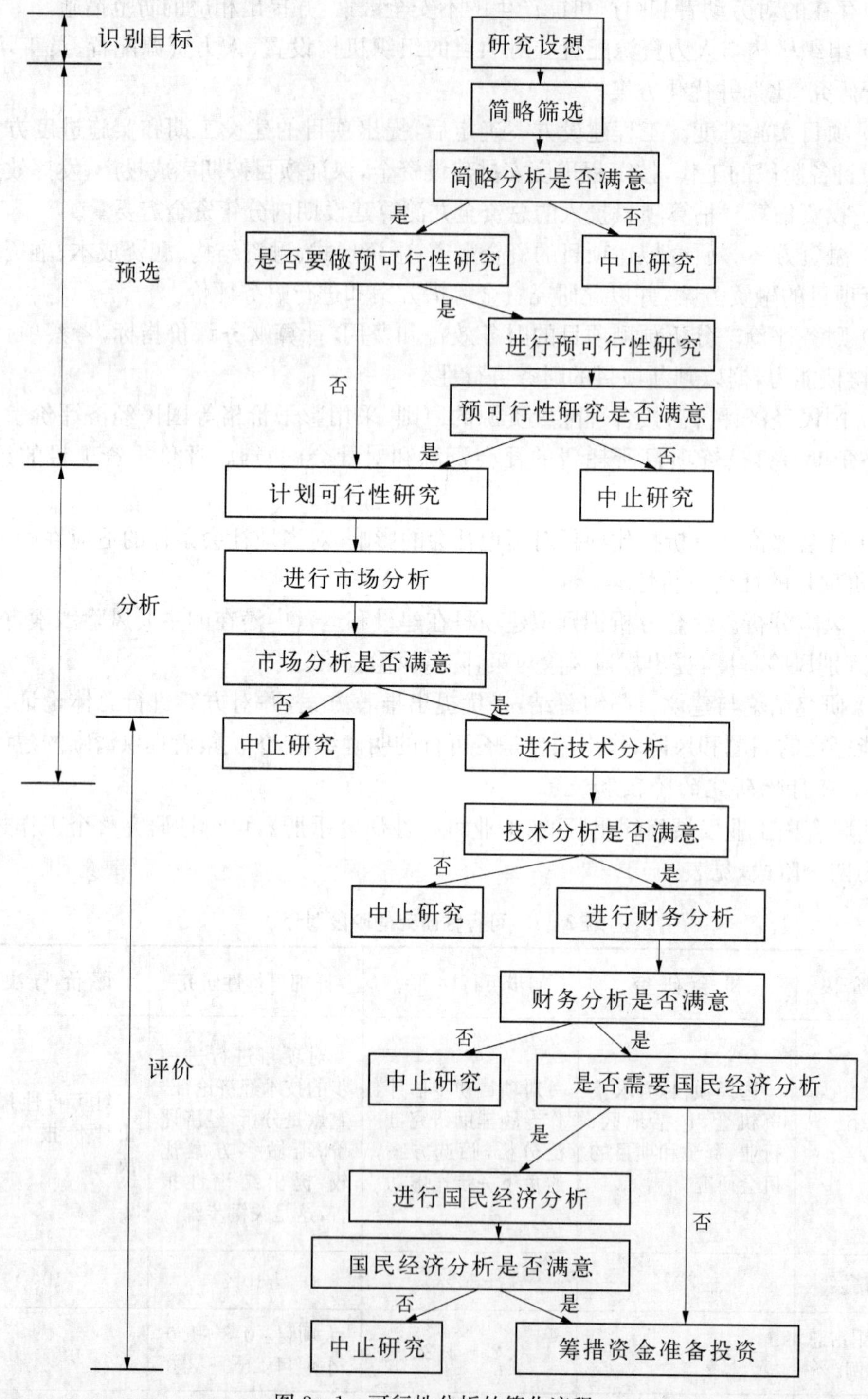


图 3-1　可行性分析的简化流程

资料来源：R·J·库尔著，苏海南等译：《可行性研究的诸因素及研究方法》，中国金属学会冶金技术经济学术委员会 1983 年版，第 3 页。

（1）项目市场分析：产品品种，销售地区，市场需求预测等。

（2）项目技术分析：原料供应，基础设施建设，工艺流程，对环境影响等。

（3）项目财务（经济）分析：项目费用及现金流量分析，敏感性分析以及风险分析。

（4）项目国民经济分析：就业影响，外汇影响，投入产出和收益分析，区别于微观的企业财务分析。

## 第二节　项目市场评估

项目市场评估主要是对项目产品及投入品的市场容量、价格、竞争力和市场风险等进行分析、预测，为项目建设规模和产品方案设计等提供决策依据。项目市场评估活动可分为三个层面的工作：项目市场分析、项目市场调查和项目市场预测。

### 一、项目市场分析

市场作为项目可行性研究的第一个因素，也是最重要的组成部分之一，市场的分析和预测是可行性研究工作的一个前提基础，决定了其他分析的大框架。当今社会，萨伊定律已不再那么明显，项目赢利必须考察项目产品的现有或潜在的市场需求状况。这就要求项目企业的各级决策者都应面向市场来考虑问题，充分考虑市场现有的产品需求，预测未来产品的需求，将市场放在项目建设和企业生产经营活动的重要位置。项目市场分析提供了拟建项目所生产的产品或所提供劳务的市场状况，并预测其未来发展趋势。市场分析是项目可行的重要前提，也是投资项目财务评价和宏观经济评价的重要基础。

#### （一）项目市场分析的概述

市场分析是指通过市场调查和市场预测，根据项目产品的竞争力、市场规模、性质、特点等，对项目所生产的产品市场状况做出的分析。具体包括对产品进行需求分析、供给分析和综合分析等。市场分析在项目评估中占有极其重要的地位，它能够决定拟建项目是否有市场，是否为国民经济所需要，从而能否为企业带来预期的效益。

项目评估的市场分析主要是分析和判断项目投产后所生产的产品在限定的时间内是否有市场，在什么样的范围内有市场，即产品的未来销路问题。项目产品有市场是项目可行的前提条件，产品有市场才能为项目取得一定的财务和经济效益提供可能性。所以在项目评估中，首先要研究产品的市场问题，只有判断项目产品有市场，才能去研究项目的资源、技术、经济和社会等方面的问题。各国的可行性研究和项目评估工作，一般都从市场分析入手，即通过市场调查，预测市场需求和供应情况，明确认识只有市场上合销路的产品才值得生产，这就避免了选择项目中的盲目性。

简要的项目市场分析流程见图 3－2。

#### （二）项目市场分析的主要内容

现实的市场状况决定了项目投资的大环境，市场分析就是分析产品目前的供需状况，进而分析产品未来需求与产品的总供应量及其他相关问题，并通过它们之间的数量关系的分析对比，作出项目有无投资可行性的结论。具体而言，市场分析包括：市场需求分析、市场供给分析、产品分析、价格分析和市场综合分析等几个重要步骤。

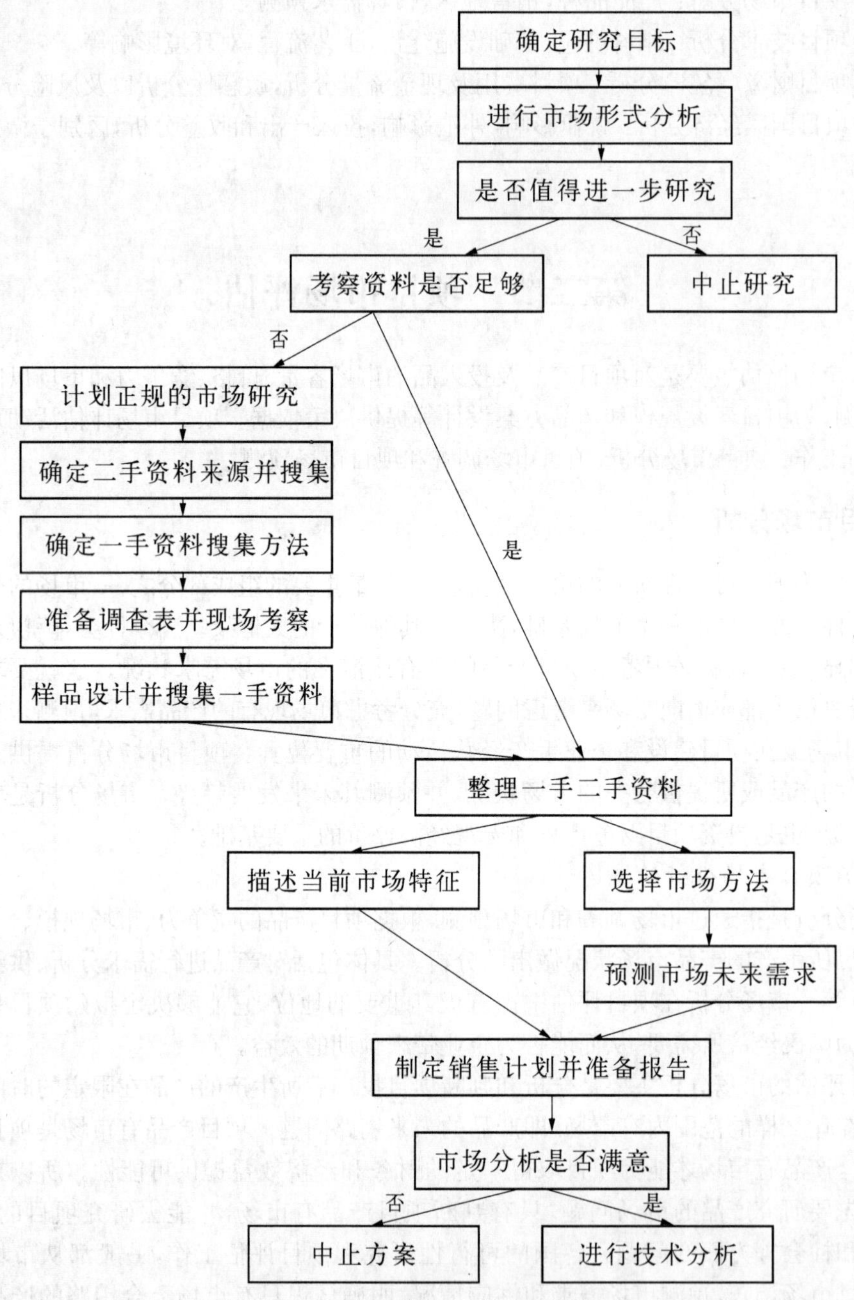


图 3-2 项目市场分析流程

资料来源：Clifton, D. S. Jr. and Fyffe, D. E., *Project Feasibility Analysis*, John Wiley & Sons, New York, 1977, p. 36.

1. 市场需求分析

经济学上的"需求"是指在一定时期内，在各种价格水平下，消费者愿意购买并能支付的某种产品(或服务)的数量，即对产品的有购买能力的需求。商品的需求量并不是简单的消费者的需求愿望，而是取决于消费者的支付能力。投资项目的市场需求分析和经营过程中的需求分析不同的是：前者涉及的时间较长，一般要调查和预测项目的整个寿命期内市场需求的变化情况，而后者调查和预测某个较短时期的市场需求的变化情况。

市场需求有两种基本形式：显在的市场需求和潜在的市场需求。两者之和是社会最大需求量，进行项目评价要重视对两者的研究，尤其要特别重视发掘潜在市场需求，将潜在的市场需求转化为显在市场需求是项目投资获利的重要源泉。

项目市场分析首先调查投资项目生产的商品当前需求量，并在此基础上预测未来的需求量。通过调查以前年度的市场需求状况，可以判断某种商品需求状况的变动趋势，从而推测产品未来的需求量。项目产品的需求分析还需要注意产品的目前需求量中未被满足的需求，它不仅能为商品提供目前的市场，也会影响到未来需求的预测。企业的实际销售量与未被满足的需求之和为当前的需求量。在此基础上，参考需求增长速度便可预测未来的需求情况。

2. 市场供给分析

经济学上“供给”是指在某个特定的时期内，按照一定的价格水平，市场上的商品生产者愿意并能够出售的商品(或提供劳务)的数量，即处于市场上待售的或是能够提供给市场的商品数量。项目市场分析中的供给分析，要涉及投资项目的整个寿命周期。

市场的供给同样分为潜在的市场供给和显在的市场供给，两者之和为社会最大供应量。分析的基本步骤是：首先调查全国或某一地区该商品现有的生产能力，尤其是要考察现有生产能力中是否有未被利用的部分。项目投资需要抓住扩大利用这一未被利用的生产能力，全面评估市场供给能力。掌握目前的供应量后，就可以预测未来的供应量。

项目投资产品供给分析，不仅包括国内供给能力的分析，还应包括国外供给能力的分析，尤其是对于出口产品的项目和进口替代品的项目投资更需要考虑国外供给能力的分析考察。对其进行预测时，可以向进出口机构了解进口量，同时需要关注今后可能采取的进口政策。

3. 产品分析

项目投资能否获利，项目产品的分析是重要环节。产品分析是市场供需分析的深化，包括两个层面的工作：一是项目产品生命周期的研究；二是项目产品功能与特性的研究和评价。

产品生命周期是指该种产品从发明研制，进入市场试销(引入期)开始，经历成长、成熟、衰退等不同阶段，最后从市场上消失所经历的周期(图 3-3)。

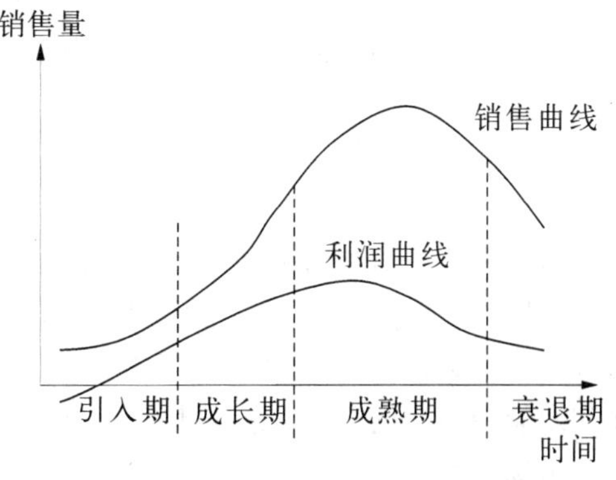

图 3-3 产品生命周期

(1) 产品的引入期：消费者还不了解产品，只有少数追求新奇的顾客购买，生产批量小，生产厂家少，成本高。另一方面产品生产技术也不够成熟，销售渠道还不够完善，销售量增长缓慢，企业不但不能盈利还可能亏损。

(2) 产品成长期：消费者已对产品逐渐了解，企业具备了大批量生产的条件，生产厂家增多，产品设计、制造工艺已基本定型，销售渠道基本畅通，销售量增长较快，生产期的利润有了迅速的增长，企业之间的竞争已经开始，产品价格也随之下调。

(3) 产品成熟期：市场需求趋向饱和，潜在需求已经基本挖掘。产品已有大批量的生产，生产厂家之间竞争加强，消费者已完全适应该种产品，销售量增长缓慢，价格有所下降。

(4) 产品衰退期的特点是：消费者更倾向于新的替代品，销售量和价格大幅度下降，企业利润大幅度降低，有不少企业产品退出市场。

对产品生命周期的研究，目的是搞清拟建项目投产时项目产品所处的阶段，由于不同的时期，产品的需求和供给有很大不同，判断项目产品进入市场的时机，选择进入市场的时间对于项目的成功就尤为重要。项目产品处于试销、成长阶段是比较好的时机，若选择在成熟期进入，就要研究项目建设是否有必要。

产品功能与特性的研究和评价的对象主要是项目所生产的产品。只有满足消费者需求的产品，才是项目应该生产的。因此对产品功能与特性的研究和评价，是对项目产品能否顺利地进入市场，以及掌握项目产品在市场上的竞争能力是非常重要的，这也是最后判断项目产品是否有市场的主要依据。其主要任务是：分析和评价该种产品的一般功能和特性，考察项目投产后所生产的产品与该种产品一般功能和特性的区别，项目产品是否具有一定的竞争能力，预计可能有多大的市场占有率。

4. 价格分析

项目市场价格分析包括两个基本方面：一是调查现行的价格水平；二是预测研究未来的变化趋势，同时，还需要研究市场对价格变动的反应、项目产品定价研究等等内容。价格分析建立在市场供给、需求分析基础之上，市场供需的变化往往会影响产品价格，产品价格的升降也会影响到市场供需状况。此外，价格分析要注意生产技术发展的影响，产品技术的成熟会导致生产成本的下降，从而导致价格的下降，市场的竞争也会愈演愈烈。

5. 市场综合分析

产品的市场综合分析是指结合项目产品特点及行业的情况，判断项目产品是否有市场，产品市场风险如何，能否给项目带来收益。产品市场综合分析是项目市场分析的重点。

## 二、项目市场预测

### (一) 市场预测的内涵

市场预测是对项目的产出品和所需的主要投入品的市场供需量、价格市场、竞争力，以及市场风险进行分析预测。市场预测的起点是市场发展历史和现状，以市场调查所得的信息数据为基础，运用一定的分析方法，判断未来一定时期内商品的需求量和供应量的变化情况和发展趋势。同样，市场预测是项目可行性研究中不可缺少的组成部分。

市场预测的基本原理是依据过去和现在市场需求情况所表现出来的历史状况，来推断未来市场需求的发展趋势。因而首先应通过市场调查收集整理资料，然后运用科学方法建立反映市场运动规律的模型，最后按照模型对未来进行估算。

### (二) 市场预测方法

市场预测基础是市场调查，必须依据准确可靠的调查资料才能做出满足决策需求的市场预测。市场预测的方法有很多种，按《工业可行性研究编制手册》(1981)分类，有趋势(外推)法、消费水平法、最终用途或消费系数法、回归法以及领先指数法；另一层面将预测方法分为定性方法、定量分析方法、时间序列方法和因果分析方法进行讨论。几种常用的预测方法介绍如下，各种方法的优劣比较见表 3－2。

**表 3－2 不同市场预测方法的比较**

| 预测方法 | 适用范围 | 预测精度 | 预测费用 |
|---|---|---|---|
| 一、定性方法 | | | |
| 1. 特尔菲法 | 长期预测，产品技术预测 | 一般～很好 | 中等 |
| 2. 历史类推法 | 同上 | 一般 | 低～中等 |
| 二、时间序列法 | | | |
| 1. 移动平均法 | 短期预测 | 差～一般 | 低 |
| 2. 指数平均法 | 短期预测 | 一般～好 | 低 |
| 3. 寿命阶段——时间序列法 | 中期预测 | 一般～好 | 中等 |
| 4. 增长曲线法 | 中期预测 | 一般～好 | 中等 |
| 三、因果分析法 | | | |
| 1. 回归分析法 | 中短期预测 | 较好 | 中等 |
| 2. 经济模型法 | 中短期预测 | 好 | 高 |
| 3. 转移矩阵法 | | | |

资料来源：简德三：《项目评估与可行性研究》，上海财经出版社 2004 年版。

1. 特尔菲(Delphi)法

所谓特尔菲法，又称“专家调查法”、“函询调查法”，是定性分析方法的一种。它以不记名方式轮番征询专家意见，最终得出预测结果的一种集体经验判断法。特尔菲法是由美国兰德公司于 20 世纪 40 年代首创的综合有关领域专家意见进行预测的一种定性分析方法。特尔菲法为了消除专家之间名望、职位或关系带来的负面影响，采用专家小组背靠背的集体判断来代替面对面的会议，从而使不同意见能够较为充分地、客观地表达出来。特尔菲法尤其适合于长期需求预测，如 30～50 年，其他定量方法无法做出比较精确的预测时，采用特尔菲法能够得到较好的预测结果。其步骤为：

(1) 根据预测的内容和性质，确定拟征询意见的专家小组成员(一般为 20 人左右)，并使成员之间保密，各成员只与预测工作组织者接触。

(2) 向专家发调查提纲，使专家能够清楚地了解预测组织者的意图和对自己的要求，并将有关材料和背景材料交给专家。

(3) 收集专家意见，列出专家们不同看法的具体内容和依据。

(4) 将汇总材料再反馈给各位专家，让他们根据这些材料重新考虑，并提出新的意见，补充新的内容。

(5) 如此几经反复，一般需要来回三四次，直至各位专家不再改变意见，也不提出新的依据和理由为止。

2. 消费水平法

消费水平法也叫弹性系数法，是一种定量预测方法。该方法运用已确定的弹性系数来考虑消费水平，在某种特定产品被直接消费的情况下，可以取得较好的预测效果。由于消费水平主要受消费者收入、价格、相关产品的影响，因此在消费品需求预测中要使用需求的收入弹性系数、需求的价格弹性系数和需求的交叉弹性系数等参数。

(1) 弹性系数。弹性系数是指某种变量对另一变量变化的反应程度,是两个相关变量变化率之比,其计算公式为

$$E=\frac{\Delta y/y}{\Delta x/x}=\frac{\Delta y}{\Delta x}\times\frac{x}{y} \tag{3-1}$$

式中:$E$ 为弹性系数;$\Delta x$ 为自变量本期增量;$\Delta y$ 为因变量本期增量;$x$ 为自变量上期增量;$y$ 为因变量上期增量。

$E=1$ 时,两个变量增长率相同,称为等度效应弹性或单位弹性;$E>1$ 时,因变量增长率大于自变量增长率,称为强效应弹性;$E<1$ 时,因变量的增长率小于自变量的增长率,称为弱效应弹性;$E=0$ 时,完全没有弹性,即自变量变动对因变量没有任何影响。

(2) 需求的收入弹性系数。它反映的是当收入,如人均货币收入变化时,消费者对某种商品需求量变化的程度。随着收入差异而产生的需求变化可以通过需求的收入弹性来衡量。收入的弹性不但在产品之间有差别,同一种产品在不同收入集团和不同地区之间也有差别。项目产品的需求收入弹性分析要细分到消费者职业和消费地区。计算公式为

$$E_m=\frac{(Q_t-Q_0)/Q_0}{(I_t-I_0)/I_0}=\frac{\Delta Q}{\Delta I}\times\frac{I_0}{Q_0} \tag{3-2}$$

式中:$E_m$ 为需求的收入弹性系数;$Q_t$,$Q_0$ 分别为预测期和基期的需求量;$I_t$,$I_0$ 分别为预测期和基期的收入。

当需求的收入弹性系数大时,消费者的收入增加程度引起的需求变化程度大;反之,引起的变化程度小。在计算该系数时,通常假定价格和其他影响需求的因素不发生变化。一般情况下,需求的收入弹性为正值,即商品的消费量和收入同方向变动。

(3) 需求的价格弹性系数。它是需求量变动的比率与价格变动的比率的比价,意为当某种商品价格变化时,消费者对该商品需求量的变化程度,计算公式为

$$E_P=\frac{(Q_t-Q_0)/Q_0}{(P_t-P_0)/P_0}=\frac{\Delta Q}{\Delta I}\times\frac{P_0}{Q_0} \tag{3-3}$$

式中:$E_P$ 为需求的价格弹性系数;$Q_t$,$Q_0$ 分别为预测期和基期的需求量;$P_t$,$P_0$ 分别为预测期和基期的商品价格。

(4) 需求的交叉弹性系数。产品需求还受到相关产品、互补品或替代品的价格影响。需求的交叉弹性系数指相关的两种产品中的一种产品的价格变动引起的另一产品需求的变动程度。下述公式为产品A对产品B的交叉弹性系数:

$$E_{AB}=\frac{(Q_{tA}-Q_{0A})/Q_A}{(P_{tB}-P_{0B})/P_{0B}}=\frac{\Delta Q_A}{\Delta P_B}\times\frac{P_{0B}}{Q_{0A}} \tag{3-4}$$

式中:$E_{AB}$为A产品需求的B产品价格弹性系数;$Q_{tA}$,$Q_{0A}$分别为A产品预测期和基期的需求量;$P_{tB}$,$P_{0B}$分别为B产品预测期和基期的价格。

$E_{AB}>0$,B产品为A产品的替代品,两者是反相关关系;$E_{AB}<0$,B产品和A产品为互补产品,两者呈正相关关系;$E_{AB}=0$,A产品和B产品无交叉弹性,两者不相关。

3. 时间序列法

时间序列法是最常用的一种预测方法。它将历史数据按一定的时间顺序加以排序,根

据时间序列反映出来的发展过程、方向和趋势，进行推导和延伸，以此预测下一时期或以后若干时间内可能达到的水平。时间序列法应用的假设前提是：预测因素的发展变化规律，趋势、速度大体相似或保持不变，即假定市场的变化是渐进的，而非跳跃的。时间序列法有移动平均、加权移动平均、趋势预测、指数平滑等多种不同的方法，这里介绍几种常用的方法。

(1) 移动平均法。其基本思想是计算若干历史时期的算术平均值，以此预测将来某一时期的平均值。由于只计算一次移动平均数作为预测值，所以又叫一次移动平均法。这种平均值是分段移动的平均值，即由不同跨越期决定的 $n$ 个参与平均的实际值，随预测值的推进不断更新，把其中最陈旧的一个实际值用一个新的实际值代替，而且每一次参与平均的实际值数目都相同。计算公式如下：

$$Y_{t+1} = \frac{Y_t + Y_{t-1} + Y_{t-2} + \cdots + Y_{t-n+1}}{n} = \frac{1}{n}\sum_{i=t-n+1}^{t} Y_t \tag{3-5}$$

式中：$Y_{t+1}$为第 $t+1$ 期的预测值(即代表第 $t$ 期的一次移动平均数)；$Y_t$ 为参与平均的各期历史实际值；$n$ 为参与平均的数据个数，即跨越期的期数。

跨越期 $n$ 越小说明近期观察值在预测中作用越大，$n$ 越大说明预测时修匀程度越高，两者不可兼顾。确定跨越期的方法，常用的有以下两种。

第一，观察法，即根据时间序列所包含的随机变动因素的多少来确定跨越期。如果时间序列中包含有大量的随机变动因素，可用较长的跨越期，反之，跨越期可定得短一些。

第二，试测法，即用不同的跨越期进行试测，然后计算销售实际数与预测值的均方误差，从中选择误差小的跨越期进行预测。

移动平均法的优点是：简略易行，只要收集一定的历史资料和确定跨越期，就可预测；能消除随机变动因素。其缺点在于：由于一次移动平均法是以代表第 $t$ 期的移动平均数作为第 $t+1$ 期的预测值，因此，预测值总是落后于实际值，只适用于水平型时间序列的预测。对于斜坡型时间序列就不适用。对参与平均的每一期实际值都给予 $1/n$ 的等权数，忽略了最近一期实际值能反映最多的关于未来情况的新信息，应比其他早期实际值给予更大的权数。同时，这种方法需要的数据量也较大。还有就是跨越期 $n$ 的确定没有统一优良规则，不同的 $n$ 值对计算的影响很大。

(2) 二次移动平均法。二次移动平均法就是对一次移动平均值再作一次移动平均，求得二次移动平均值，调整一次移动平均值的滞后偏差以及计算趋势变动值，建立线性方程拟合趋势型数据进行预测的方法。计算公式如下：

$$Y_{t+T} = a_t + b_t T \tag{3-6}$$

式中：$Y_{t+T}$为第 $t+T$ 期的预测值；$a_t$ 为调整一次移动平均值；$b_t$ 为时间序列的 $t$ 期趋势变动值；$T$ 为比最近一期超前的预测期数。

预测公式中 $a$ 与 $b$ 两个参数的计算公式如下：

$$a_t = 2Y_t^{(1)} - Y_t^{(2)} \quad b_t = \frac{2}{n-1}(Y_t^{(1)} - Y_t^{(2)}) \tag{3-7}$$

式中：$Y_t^{(1)}$ 为第 $t$ 期的一次移动平均值；$Y_t^{(2)}$ 为第 $t$ 期的二次移动平均值(对一次移动平均

再做移动平均）；$n$ 为移动平均跨越期数。

二次移动平均法的优点是：能修匀时间序列中的随机变动因素；能明显地体现趋势型数据样式。因此，它适用于对具有明显随机波动和长期趋势变动的时间序列进行短期预测。

二次移动平均法的缺点是：必须贮存两倍于一次移动平均法的数据段；对移动跨度内的每一个实际值仍给以相等的权数。

（3）指数平滑法。移动平均法存在两个重大的缺点：一是需要的数据量大；二是最近几个实际值给等权数。为解决这两大缺陷，指数平滑法采用特殊的等比数列为权数，其实质为加权移动平均法。预测公式为

$$S_{t+1} = \alpha Y_t + (1-\alpha)S_t \tag{3-8}$$

式中：$S_{t+1}$为第 $t+1$ 期的指数平滑预测值；$S_t$ 为第 $t$ 期的指数平滑预测值；$Y_t$ 为第 $t$ 期实际值；$\alpha$ 为平滑系数，$0 \leqslant \alpha \leqslant 1$。

指数平滑法是一种较灵活的时间序列预测方法，在计算预测值时，给予历史数据观测值不同的权重；同时，指数平滑法具有修正预测误差的功能，这可以从下述变形公式看出，新的预测值 $S_{t+1}$是在上期预测值 $S_t$的基础上加上一个用 $\alpha$ 调节的上期预测误差。

$$S_{t+1} = \alpha Y_t + (1-\alpha)S_t = \alpha Y_t + S_t - \alpha S_t = S_t + \alpha(Y_t - S_t) \tag{3-9}$$

通常有两种方法确定平滑系数 $\alpha$：

第一种，经验判断法。先判断时间序列类型，然后根据其特点确定平滑系数。

斜坡型历史数据：平滑系数 $\alpha$ 取较大的值，如 $0.6<\alpha<1$，这表明斜坡型历史数据上升或下降趋势较明显，近期数据含有更多的预测信息。

水平型历史数据：平滑系数 $\alpha$ 取较小的值，如 $0<\alpha<0.3$，这说明水平型历史资料的上升或下降趋势不明显，各期实际值采用大小较接近的加权系数 $\alpha$。

第二种，试测法。用不同的 $\alpha$ 值对时间序列进行预测，比较各个 $\alpha$ 值的预测误差，从中选择误差最小的 $\alpha$ 值。

指数平滑法的优点是：需要的数据比较少，计算工作量较小；克服了移动平均法只对参与平均的实际值给予相等的权数，而对跨越期以外的资料完全不考虑（权数均为 0）的缺点。该方法的缺点是：对于斜坡型时间序列，难以满足预测要求，因为它本身也是一种平均法。

4. 回归分析法

回归分析法是一种因果分析法，是根据预测变量（因变量）与相关因素（自变量）之间存在因果关系，建立回归模型进行预测的一种方法。该方法首先要确认预测因素与相关因素之间的相关关系，因为在统计学上没有因果关系的两个因素也可能具有显著的统计相关性。回归分析分为线性回归、非线性回归两大类，鉴于后者的复杂性，这里只简单介绍线性回归。

多元线性回归模型如下：

$$y_t = \beta_0 + \beta_1 x_1 + \beta_2 x_2 + \cdots + \beta_n x_n + e \tag{3-10}$$

式中：$y_t$ 为预测变量，因变量；$x_i$ 为引起 $y_t$ 变化的因素变量，自变量；$\beta_i$ 为自变量系数，说明自变量多大程度影响因变量；$e$ 为误差项。

只有在一定的假设前提下，多元线性回归方法得到的结果才能具备很好的预测性，由于现实中参数的选取、样本容量有限等等因素都会使得回归结果偏离真实情况，我们必须根据具体情况不断修正模型，并选用更合适的其他回归方法。

5. 马尔可夫转移概率矩阵法

马尔可夫转移概率矩阵是通过由一定历史时期市场占有率的数据与现在市场占有率的变化情况构造的转移概率矩阵，利用马尔可夫过程的原理进行预测的方法。这种预测方法需要收集一个行业各个生产厂家市场占有率的历史数据，及其用户变化的情况。

**例 3-1**　假设市场上有甲、乙、丙三个厂家生产同一种产品，在时间 $t_0$ 的市场上，三家市场占有率分别为 20%，40%，40%。根据市场调查，在 $t_1$ 时刻，市场上厂家甲有 10%的顾客转而购买厂家乙的产品，20%的顾客转而购买厂家丙的产品，其余的 70%顾客继续购买厂家甲的产品。而厂家乙的顾客中，有 20%转而购买厂家甲的产品，10%转而购买厂家丙的产品，余下 70%继续购买厂家乙的产品。厂家丙的顾客中有 40%转而购买厂家甲的产品，20%转而购买厂家乙的产品，余下 40%继续购买厂家丙的产品。于是我们可以得到下面的转移矩阵(见表 3-3)：

**表 3-3　三厂家顾客的转移**

| | 甲 | 乙 | 丙 |
|---|---|---|---|
| 甲 | 70% | 10% | 20% |
| 乙 | 20% | 70% | 10% |
| 丙 | 40% | 20% | 40% |

马尔可夫链具有特性：$p^{(k)} = p^{(k-1)} \times p = p^k$；即经过 $k$ 次状态转移，其转移概率为 $p^k$，或者说第 $k$ 次的状态只与初始状态和转移概率有关，而与过程无关。

因而，第 $k$ 个时间前的市场占有率可以表示为

$$S^{(k)} = S^{(0)} \times p^k = S^{(k-1)} \times p \tag{3-11}$$

基于无后效性假设(马尔可夫链性质)，即第 $n$ 个事件发生的概率仅仅与第 $n-1$ 个事件的概率有关，而与过程无关。

在例子中，$t_0$ 时刻甲、乙、丙三家的市场占有率分别为：20%，40%，40%，即 $S^{(0)} = (0.2, 0.4, 0.4)$，则 $t_1$ 时刻三家的市场占有率为

$$(0.2, 0.4, 0.4)\begin{bmatrix} 0.7 & 0.1 & 0.2 \\ 0.2 & 0.7 & 0.1 \\ 0.4 & 0.2 & 0.4 \end{bmatrix} = (0.38, 0.38, 0.24)$$

即 $t_1$ 时刻三家市场占有率为：甲 38%，乙 38%，丙 24%。

预测 $t_2$ 时刻的市场占有率，只需对 $P^1$ 再次进行转移，即 $P^{(2)} = P^2$。

$$P^2=\begin{bmatrix}0.7 & 0.1 & 0.2\\0.2 & 0.7 & 0.1\\0.4 & 0.2 & 0.4\end{bmatrix}^2=\begin{bmatrix}0.59 & 0.18 & 0.23\\0.32 & 0.53 & 0.15\\0.48 & 0.26 & 0.26\end{bmatrix}$$

则 $t_2$ 时刻三家的市场占有率为

$$S^2=S^0P^2=(0.2,0.4,0.4)\begin{bmatrix}0.59 & 0.18 & 0.23\\0.32 & 0.53 & 0.15\\0.48 & 0.26 & 0.26\end{bmatrix}=(0.438,0.352,0.21)$$

即 $t_2$ 时刻三厂家占有率分别为：甲 43.8%，乙 35.2%，丙 21%。

6. 最终用途或消费系数法

最终用途法使用了消费系数，所以也称为消费系数法。消费系数一旦确定，乘以活动规模，就得到预测的消费水平。这种方法适于估计中间产品，计算步骤如下：

(1) 确定产品的所有可能用途。例如：投入其他工业部门，直接消费需求、进口和出口。

(2) 估算出产品以及使用产品的各项工业投入产出系数。这样，就可以根据消费工业预测的产出水平，依据产品的消费量，加上出口量和纯进口量，求出其需求量。例如，为了预测甲醇的需求，必须首先确定使用甲醇的工业部门。这些部门将包括甲醇、化肥和制药工业，在留出其他用户需求量(这些需求将汇总在一起)之后，这三个工业部门制定的制造规划将决定甲醇的未来需要量。

# 第三节　项目技术方案研究

## 一、项目建设规模评估

### (一) 项目生产规模

项目市场分析确认项目可行之后，要进一步确定项目的生产规模来完善项目的具体方案。投资项目生产规模的确定，是项目可行性研究中的重要组成部分，直接关系到项目建成投产后生产经营状况的好坏和投资经济效益的高低。

项目规模一般用劳动力和劳动数据的集中程度来表示。可行性研究中，对工业项目而言，生产规模指项目的生产能力，即项目设计的生产量，即在正常情况下，拟建项目可能达到的最大年产量或年产值，如生产空调的项目规模用 1 年提供的空调机数量来确定。对非工业项目来说，规模则是指其提供的工程效益，如水利灌溉项目是以受益面积来计算，港口工程项目则是以年吞吐量来计算的。

通常，项目要在一个复杂的社会环境下进行，影响项目规模的因素很多，确定合理生产规模的三个最重要因素是：市场因素、技术因素和环境因素。

1. 市场因素

市场因素是确定项目生产规模所需考虑的首要因素，正如前述项目的获利取决于市场，项目的生产规模也应根据市场的实际需求量及其发展状况而确定。除项目产品市场外，原材料市场、资金市场、劳动力市场也对项目规模的确定有着制约作用。项目规模的确定应综合考虑各方面市场的具体情况，全面分析利弊，才有可能保证项目最终盈利。

2. 技术因素

技术因素包括生产技术与管理技术。首先是生产技术，项目的规模应该配合项目所采用的生产设备、工艺流程等等技术环节，项目规模通常要求匹配较为先进的技术，才能提高项目的生产效率。其次是管理技术，管理技术是规模经济效应的保证，确定项目规模应该考虑到管理人员及相关条件。

3. 环境因素

环境因素包括项目所处的政治环境、社会经济环境、自然环境等等。项目的确定需要综合考虑国家的政策因素、运输通讯及土地条件，原材料供应状况等等多方面因素。

（二）确定项目生产规模的方法

项目生产规模的确定，就是要综合考虑上述影响项目生产规模的各种制约因素，选择合理的规模。合理的生产规模才能使企业充分发挥主要生产工艺设备的作用，合理利用企业的生产能力，取得良好的技术经济效益。这是项目可行性研究和项目评估的一项重要工作。通常情况下，可采用以下方法来确定项目的生产规模。

1. 经验方法

这种方法的指导思想是相似的企业应当具有相似的市场状况。经验方法是指根据国内外同类或类似企业的历史数据，考虑生产规模的制约和决定因素，确定拟建项目生产规模的一种方法。这种方法在实际工作中使用较多。具体做法是，在确定拟建项目生产规模之前，找出与该项目相同或类似的企业，特别是找出几个规模不同的企业，以便进行横向比较。然后计算出不同规模企业的主要技术经济指标，如投资利润率、内部收益率等。最后综合考虑制约和决定该项目拟建生产规模的各种因素，确定一个合理的生产规模。

2. 分步法

分布法首先要了解几种不同的规模含义。起始生产规模是指拟建项目建设所需的起码规模。最小工艺规模是指根据项目生产设备，如机器、生产线等所确定的综合生产能力，又称最低产量，工艺规模。经济规模是从成本-收益角度来比较确定项目的规模，可细分为：亏损规模，最小经济规模，合理经济规模和最优经济规模。

分步法也叫“逼近法”，是指以运用盈亏平衡分析法为基础确定的起始规模作为所选生产规模的下限。以最大生产规模作为所选生产规模的上限。然后在此范围内通过比较，选出最合理生产规模的方法。其程序为：

（1）确定起始生产规模的步骤。主要包括以下四步：

① 先制定产品的先进工艺过程；

② 按工艺条件选择计算最低产量；

③ 根据产品销售量、成本和合理利润水平等，计算出最小规模；

④ 如果最小规模超过最低产量，则必须增加设备、提高产量，并以最小规模作为起始规模；如果最小规模低于最低产量，就以最低产量作为起始规模。

（2）确定最小规模。根据项目产品的性质，有以下三种确定最小生产规模的方法，见表3-4。

表 3-4 确定最小生产规模的方法

| 产品种类 | 制约因素 | 最小规模确定 |
|---|---|---|
| 国内销售<br>无进口替代 | 技术<br>设备 | 选定不致亏损的工艺设备作为最小规模 |
| 国内销售<br>由进口替代 | 生产成本<br>进口费用 | 国际市场价格稳定的情况下，选择项目单位产品成本与进口单位产品成本相等的最小规模 |
| 出口产品 | 生产成本<br>换汇收入 | 选择单位产品生产成本与单位产品换汇收入相等的最小规模 |

(3) 确定起始生产规模。计算起始生产规模，首先要确定盈亏平衡点的产销量，即最小生产规模的确定。当销售净收入等于销售成本时项目盈亏平衡，亦即企业既不亏损又不盈利，所以叫做盈亏平衡点，又称保本点。

根据总成本＝总收入

即

$$产销量\times(单位产品价格-单价产品税金)=总固定成本+产销量\times单位产品可变成本$$

$$盈亏平衡点的产销量=\frac{总固定成本}{单位产品价格-单位产品税金-单位成本可变成本}$$

在盈亏平衡情况下，最终销售的产品恰好补足了企业的固定成本和可变成本，因而企业没有利润。如果某一项目能保持一定的销售利润率，就可以根据产品的销售价格与销售利润率，算出单位产品利润。保证一定的利润量所要求的最低规模的产量公式为

$$最小规模产量=\frac{总固定成本}{单位产品价格-单位产品税金-单位产品可变成本-单位产品利润}$$

最小规模产量确定后，即可据此确定起始生产规模。

3. 最小费用法

最小费用法是在确定项目生产规模时，把单位产品的投资额、生产成本、运输和销售费用结合起来考虑，使总费用最小的一种方法。通常选择年费用最小方案，计算公式为

$$A=(C_n+C_r)+E_nK \tag{3-12}$$

式中：$A$ 为单位产品年计算费用；$C_n$ 为单位产品生产成本；$C_r$ 为单位产品平均运输和销售费用；$K$ 为单位产品的投资额；$E_n$ 为部门的投资效果系数，为投资回收期的倒数。

4. 盈亏分析法

盈亏分析法又称效益法，是指对产品经营情况进行分析从而确定生产规模的一种方法，包括线性盈亏平衡分析法与非线性盈亏平衡分析法。

(1) 线性盈亏平衡分析法。线性盈亏平衡分析法又称本量利法或保本点分析法。该方法首先利用销售量、固定成本、产品单价、盈利等各种数值，计算盈亏平衡点。

$$Q=\frac{F}{P-V}或Q'=\frac{F}{P-H-V} \tag{3-13}$$

式中：$Q$ 为税前盈亏平衡总产量；$Q'$ 为税后盈亏平衡总产量；$P$ 为单位产品价格；$H$ 为单位

产品销售税金；$V$ 为单位产品的可变成本；$F$ 为固定成本。

根据图 3－4，生产规模大于盈亏平衡点的规模时，可以获得利润；如果生产规模小于盈亏平衡点的规模时，就要发生亏损。以本量利图来说明，$S$ 为销售收入线，$S'$ 为纳税后销售收入线，项目的产品产量达到 $Q$ 时，企业收入正好抵补成本，$M$ 点为保本点（盈亏平衡点），由此所确定的生产规模 $Q$ 为最低生产规模。如果考虑销售税金，那么 $N$ 点为盈亏平衡点，生产规模 $Q'$ 为最低生产规模。

采用本量利图进行分析时，假定销售收入和成本都按直线方式变动，不考虑规模不经济的情况，所以该方法所确定的是最低的生产规模或起始经济规模。

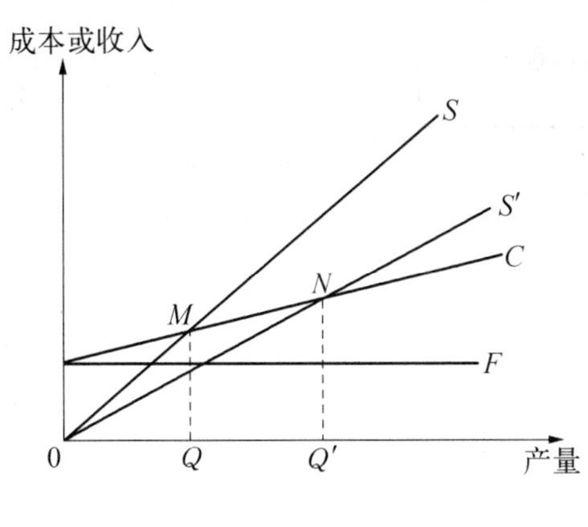


图 3－4　本利量分析

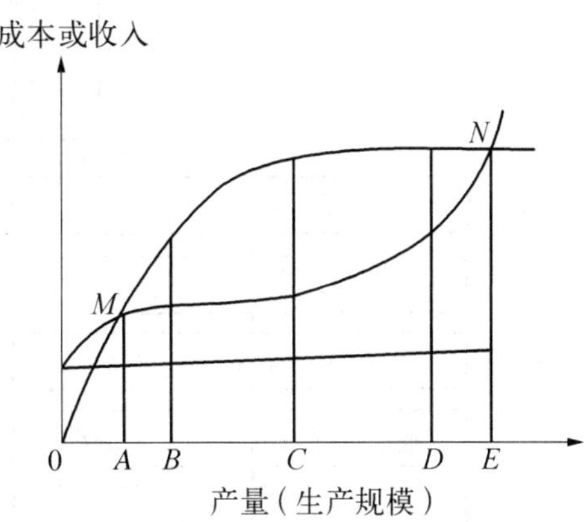


图 3－5　非线性盈亏平衡分析

（2）非线性盈亏平衡分析法。非线性盈亏平衡分析法又称为盈利区间法。实际生产经营中，成本结构复杂，如产量规模增大到一定程度，要采用大型设备或技术标准高的设备，从而使成本急剧地增加、产量不再与成本呈现线性关系；同样，由于产量的增加，市场上的供求状况发生改变，使产品的价格也发生变动。

产量与收益不再是呈线性关系。我们可以从图 3－5 中简要的分析成本和收入的关系。项目的生产规模不同，企业的销售收入和成本支出也不同，销售收入曲线与成本支出曲线在盈亏平衡点 $M$ 点和 $N$ 点相交时，即项目生产规模为 $OA$ 或 $OE$ 时，企业不盈利也不亏损。生产规模被分为三个区间，即小于 $OA$ 的生产规模，大于 $OE$ 的生产规模，在 $OA$ 和 $OE$ 且之间的生产规模。其中 $OA$ 和 $OE$ 生产规模区间，可以得到盈利，这个区域被称为经济规模区。$C$ 点为最优生产规模点，此时两条曲线垂直距离最大，即利润最高。实际上，由于相关影响条件的限制，很难把生产规模定在 $C$ 点，如综合考虑实际的条件和对各种相关因素，通常会确定在 $B$ 和 $D$ 之间的某一点，这是一个相对合理的经济生产规模区。

以上分析是定性的确定合理的项目生产规模，实际中我们需要根据项目的具体情况，确定参数指标数值，定量分析项目的生产规模。

## 二、项目技术方案评估

项目技术方案评估是指项目依据国内外同行业的技术发展状况和趋势，结合本国的国情和技术经济政策、法规，依据项目本身的生产规模，设计、选择、评价和确定工艺技术方案、设备方案、土建工程方案等等项目技术方案。项目技术方案的评估涉及的内容很广，这可以从技术分析的简要流程看出，见图 3－6。

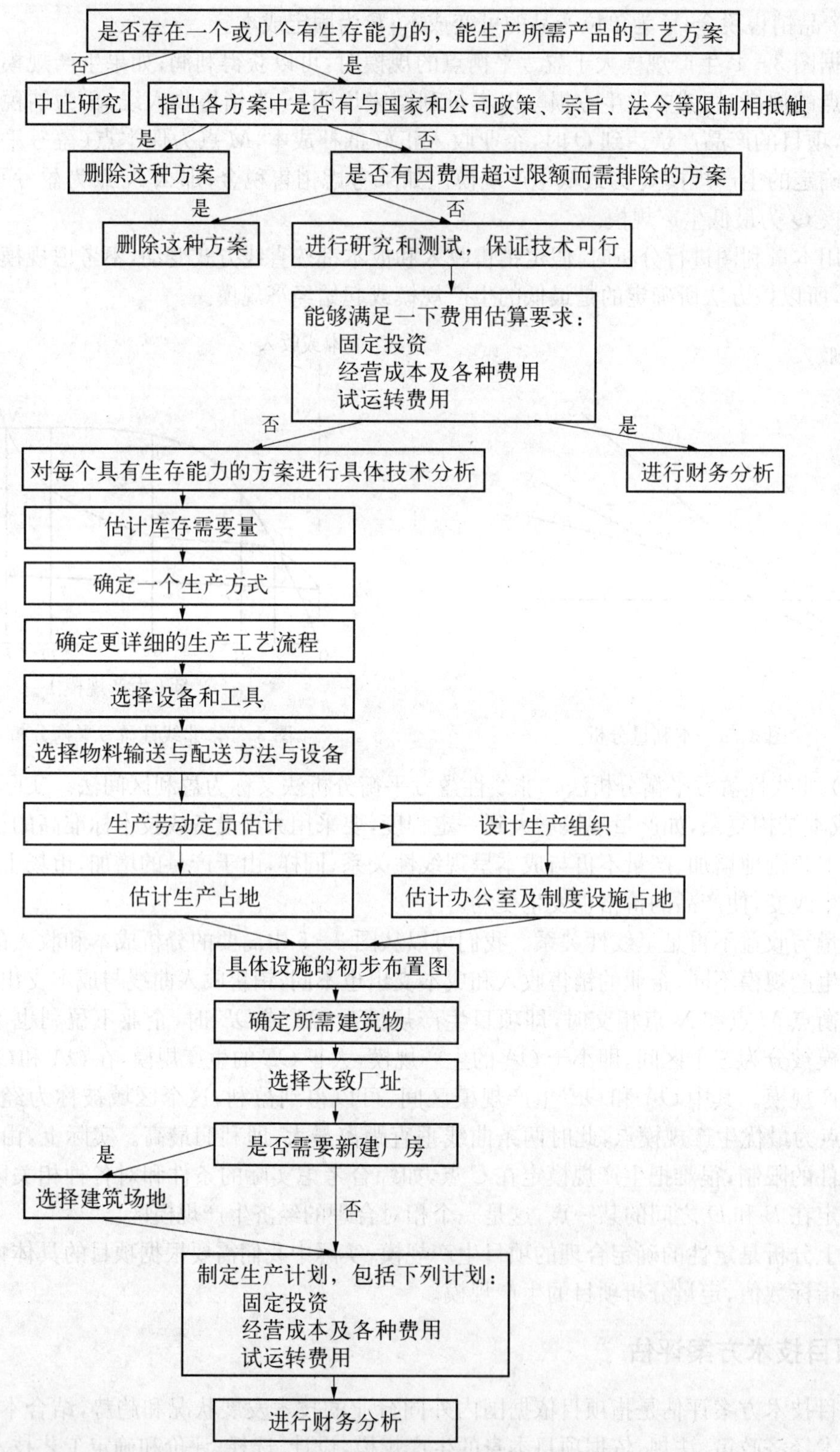


图 3-6　项目技术方案分析的简要流程

资料来源：Clifton，D. S. Jr. and Fyffe，D. E.，*Project Feasibility Analysis*，John Wiley & Sons，New York，1977，p. 86.

# 第四节 项目经济评估

## 一、项目经济评估概述

项目经济评估是在技术方案评估基础上，对拟建项目不同投资建设方案的投资经济效益进行分析、计算和论证，比较多种投资方案，选择最优方案，作为最终项目方案和项目决策的经济基础。国家建设部明确规定“在建设项目的技术路线确定后，必须对不同的方案进行财务、经济效益评价，判断项目在经济上是否可行，并选出优秀方案”，并且国家计委《关于建设项目进行可行性研究的试行管理办法》给出了项目经济评估的几方面内容。

（1）生产成本和销售收入估算：总成本、单位成本、销售收入估算。

（2）财务评价：项目获利能力、偿债能力、外汇平衡能力等。

（3）国民经济评价：项目对国民经济净贡献，国民经济盈利分析和外汇效果分析。

（4）不确定性分析。

（5）社会影响和社会效益分析。

特别地，根据是否进行财务分析与国民经济评价，我国项目经济评价的应用范围分为以下几种。

（1）先作项目财务评价，然后作社会经济评价的项目。如，对国计民生产生影响的项目；涉及国民经济许多部门的重大工业、交通及技改项目；中外合资经营项目；涉及产品或原料进出口或替代进口的项目；产品和原料价格明显不合理或国内价与国际价有较大差额的项目。

（2）只作财务评价，不一定作社会经济评价的项目。如，投资规模小、产出效益简单的小项目；财务评价的结果已能满足投资决策者要求的，可以不进行社会经济评价的项目；不涉及产品进出口和外汇平衡的项目。

（3）先作社会经济评价，后作财务评价的项目。如，涉及面广而深远的重大基础设施项目，如地铁、机场、大桥以及特大型工程，都应先从宏观角度作社会经济评价，确认可行后再作财务评价。

（4）无法计算经济效益的非生产性项目，如，文教卫生项目，政治军事上特殊要求的项目，一般不进行经济评价，只作费用效益对比分析，在相似社会效益的条件下，选择费用最小的方案立项实施。

## 二、项目财务评价

### （一）财务评价的意义

财务评价是项目经济评价的重要内容，它从项目或企业的微观角度，在国家现行财税制度和价格体系的条件下，从财务角度分析、计算项目的财务盈利能力、清偿能力及外汇平衡等财务指标，据以判断项目或不同方案在财务上的可行性。财务评价的作用主要有：

（1）企业进行项目评估与决策的重要依据。企业进行项目投资的目标主要是为了取得利润，通过对项目的财务评价，可以科学地分析项目的盈利能力，做出正确的投资决策。

（2）金融机构确定是否贷款的重要依据。项目贷款具有数额大、周期长、风险大等特点，通过财务评价，金融机构可以科学的分析项目贷款的偿还能力，并据以决定是否贷款。

(3) 部门审批拟建项目的重要依据。企业财务效益的好坏，不但会对企业的生存与发展造成影响，还会对国家财政收入产生影响，企业所投资项目发生的损失最终可能会通过补贴、核销等形式转嫁给国家，特别是国有企业；所以，财务评价是有关部门进行审批时要重点考虑的因素。

### (二) 财务评价的程序

项目财务评价的基本程序为：

(1) 估算和分析项目的基本财务资料。包括总投资、资金筹措方案、产品成本费用、销售收入、税金、利润及与项目有关的财务数据的预测、估算和分析，这是整个财务评价的基础。

(2) 编制和分析财务基本报表。根据上一步所得资料编制现金流量表、损益表、资产负债表以及财务外汇平衡表等财务报表。

(3) 计算财务评价指标。根据已编制好的财务报表中的数据来计算各种财务评价指标，包括反映项目盈利能力和清偿能力的指标，涉外项目还要计算外汇平衡能力指标。

(4) 不确定性分析。对项目进行盈亏平衡分析、敏感性分析和概率分析，以评价项目的市场适应能力和抗风险能力。

(5) 得出财务结论。比较计算出的经济效果评价指标和国家有关部门公布的基准值(或经验的、历史的、期望的)，并结合不确定性分析的结果进行综合评价，最终从财务的角度提出项目是否可行的结论。

### (三) 基本财务指标

通常使用的财务指标可以总结如图 3-7。

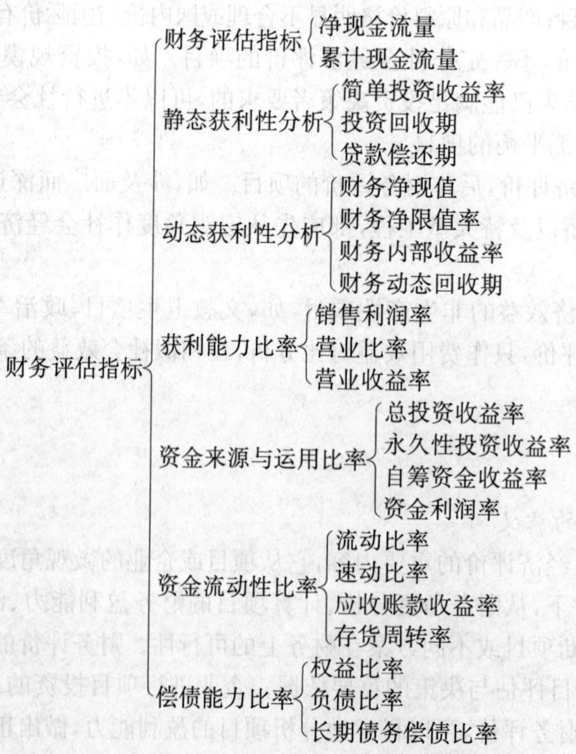


图 3-7 财务分析指标的总结

财务评估主要采用现金流量分析、静态获利能力分析、动态获利能力分析、财务报表分析等方法,各种分析方法和财务指标、财务报表之间的联系见表 3-5。

**表 3-5 财务评价指标**

| 评估内容 | 财务分析 | 基本报表 | 财务评价指标 | |
|---|---|---|---|---|
| | | | 静态指标 | 动态指标 |
| 获利能力分析 | 现金流量分析 | 全部投资<br>现金流量表 | 财务净现金流量<br>财务投资收益率 | 财务内部收益率<br>财务净现值<br>财务净现值率 |
| | 财务平衡分析 | 自有资金<br>现金流量表 | 财务净现金流量<br>财务投资收益率 | 财务内部收益率<br>财务净现值 |
| | | 利润表 | 财务投资收益率<br>投资利润率 | |
| 偿还能力分析 | 现金流量分析 | 全部投资<br>现金流量表 | 全部投资回收期 | |
| | | 自有资金<br>现金流量表 | 自有资金回收期 | |
| | 财务平衡分析 | 财务平衡表 | 固定资产借款偿还期 | |
| 资金结构分析 | 流动性<br>结构分析 | 资产负债表<br>利润表<br>财务平衡表 | 流动比率<br>速动比率<br>负债与资本比率<br>现金流动比率<br>应收账款周转率<br>存货周转率 | |
| 外汇效果分析 | 外汇效果分析 | 财务外汇<br>现金流量表 | 财务外汇净现金流量<br>外汇率、节汇率<br>产品国际竞争力 | 财务外汇净现值<br>财务换汇成本<br>财务节汇成本 |
| 不确定性分析 | 盈亏平衡分析 | 全部投资现金流量表<br>自有资金现金流量表 | 销售收入、平衡点产量、生产能力利用率、保本价格、安全度 | |
| | 敏感性分析 | 同上 | 投资收益率<br>投资回收期<br>贷款偿还期 | 财务内部收益率<br>财务净现值 |
| | 概率分析 | 同上 | 投资收益率期望值<br>投资回收期期望值<br>贷款偿还期期望值 | 净现值期望值<br>净现值大于零或等于零的累积概率 |

资料来源:李红镝:《可行性研究原理与方法》,电子科技大学出版社 2005 年版,第 104 页。

### (四) 计算财务指标的主要方法

#### 1. 财务净现值

财务净现值(NPV)是按现行行业的基准收益率或设定的折现率,计算项目期内各年的

现金净流量的现值之和。其计算表达式为

$$NPV = \sum_{t=1}^{n}(CI_t - CO_t)(1+i)^{-t} \tag{3-14}$$

式中：$CI_t$ 为第 $t$ 年现金流入；$CO_t$ 为第 $t$ 年现金流出；$CI_t - CO_t$ 为第 $t$ 年的净现金流量；$i$ 为基准收益率或设定的折现率；$n$ 为计算期。

2. 项目财务盈利能力分析

根据项目现金流量表进行财务盈利能力分析。具体指标为财务内部收益率(IRR)。这是指项目在建设期内各年净现金流入量现值等于净现金流出量现值的折现率，即使项目净现值为零的折现率。其经济含义为项目在 IRR 的利率下，到项目结束时，项目的所有投资都刚好收回。它是应用最广泛的项目评价指标。

其表达式为

$$\sum_{t=1}^{n}(CI - CO)_t(1+IRR)^{-t} = 0 \tag{3-15}$$

$IRR$ 一般采用试差法来计算。先假设初始的 $i$ 值，一般采用相当于机会成本的贴现率来试算，如果净现值刚好为零，则此初始 $i$ 值就是所求的内部收益率；如果净现值为正，就加大 $i$ 的值，直到净现值接近或等于零，此时贴现率就是所求的内部收益率 $IRR$；反之，若净现值为负就减少 $i$ 的值，直到净现值接近或等于零；要精确计算时，可用两个最接近于零的试算正负净现值对应的贴现率进行计算，计算公式为

$$i = R_1 + (R_2 - R_1)\frac{NPV_1}{NPV_1 + |NPV_2|} \tag{3-16}$$

式中：$R_1$ 为较低贴现率；$R_2$ 为较高贴现率；$NPV_1$ 为与 $R_1$ 对应的净现值；$NPV_2$ 为与 $R_2$ 对应的净现值。

3. 投资回收期

这是考察项目在财务上收回投资能力的主要指标，它指投资项目获得的净收益达到全部投资(固定资产投资、投资调节税、流动资金)所需要的年限。投资回收期一般从建设期开始计算，如从投产年开始计算，要加以说明。

(1) 静态投资回收期的计算公式。

$$投资回收期 = 累计净现金流量开始出现正值的年份数 - 1 + \frac{上年累计净现金流量的绝对值}{当年净现金流量}$$

(2) 动态投资回收期计算公式。

$$投资回收期 = 累计净现金流量开始出现正值的年份数 - 1 + \frac{上年累计财务净现值的绝对值}{当年财务净现值}$$

4. 投资利润率

投资利润率是指当项目达到设计生产能力后的某一正常生产年份的年利润总额与项目

投资总额的比率，它是考察项目单位投资获利能力的静态指标。对生产期内年利润变动幅度较大的项目，应计算生产期内年平均利润总额与项目总投资的比率，求得年均投资利润率。计算公式为

$$投资利润率=\frac{年利润总额或年平均利润总额}{项目总投资}\times 100\%$$

## 三、项目宏观经济分析

### （一）宏观经济分析的基本内容

投资项目评价分为微观评价和宏观评价两大类：前面的财务评价属于微观评价；社会可盈利性评价，即国民经济评价属于宏观评价。宏观经济评价是重大投资项目经济评价的核心部分，它是站在国家立场上从国民经济角度考察、研究和预测项目在建成投产以后给国家或全民所作出的贡献，并根据这些贡献的大小，综合考虑其他方面的利弊得失，最后决定项目或方案的取舍。

项目宏观经济评价也以货币作为衡量价值尺度，采用投入/产出比较，且以动态分析为主，即考虑资金的时间因素，其评价指标和基本计算报表形式上与财务评价相似。重要的差别在于分析项目的效益和费用时，要以项目所得的社会效益和项目所失的社会费用来计算，并且运用影子价格、影子汇率、影子工资和社会折现率等经济参数，计算分析项目需要国家付出的代价或对国家的贡献，考察投资行为的经济合理性与宏观可行性。

国民经济评价应根据社会发展的长远规划和战略目标、地区规划、部门及行业规划的要求，结合产品需求预测、工程技术研究以及投资项目的具体情况，计算项目投入、产出的费用和效益。在比较论证多个方案的情况下，对拟建投资项目在经济上的合理性及可行性进行科学计算、分析、论证，做出全面科学的经济评价。

宏观经济评价的内容一般包括：

(1) 分析与评价投资项目的经济效益和效用，尤其应注意对转移支付的处理和对外部效果的计算。

(2) 计算并分析费用和效益的影子价格，并与国家参数进行比较。投资项目的功用和效益的计算正确关系到项目在经济上是否合理可行，而费用和效益的计算则涉及所采用的相关评价参数，如影子价格、影子汇率、影子工资等是否合理。

(3) 分析与评价投资项目的经济效益，并调整费用数值。按照已经选定的评价参数，计算项目的销售收入、投资和生产成本的支出，分析与评价调整的内容是否齐全、合理，调整的方法是否正确，是否符合相关规定。

(4) 分析与评价投资项目的国民经济评价报表。这主要是对所编制的有关报表进行核对，保证其符合规定及正确性。

(5) 评价国民经济收益指标。从国民经济整体角度出发考察项目给国民经济带来的净贡献，即对项目国民经济盈利能力、外汇效果等进行评价。

(6) 评价投资项目的社会效益。这主要指定量或定性分析投资项目给地区或部门经济发展带来的效果，它包括对收入分配、产业结构、技术水平、劳动力就业、环境保护、资源利用、产品质量及对人民物质文化水平和社会福利等影响的分析评价。

(7) 评价投资项目的不确定性。它一般包括对盈亏平衡分析、敏感性分析及概率分析所作出的分析与评价，确定投资项目在经济上的可靠性。

(8) 评价不同方案的经济效益。国民经济评价的方案比选一般采用净现值法和差额投资内部收益率法，而对于效益相同或效益基本相同又难以具体估算的方案，可采用最小费用法。

(9) 综合评价与结论建议。综合分析主要评价指标，做出评价结论，并对所反映的问题及对投资项目需要说明的问题、有关建议作简要的说明。

（二）宏观经济分析的主要指标

投资项目国民经济评价参数也称经济评价参数，是由国家计委、建设部组织在国家层次上统一测定，并根据实际情况与需要及时修订、调整和发布的。它包括以下几种参数。

(1) 国家参数：影子汇率、社会折现率。由国家统一测定，供各类投资建设项目统一使用，评价人员不得自行测定。

(2) 通用参数：影子工资换算系数、贸易费用率、建筑工程和交通运输及水电等基础设施的价格换算系数、土地的影子费用等。

(3) 普通货物的影子价格，供非主要投入物直接使用，一般可自行测定。

需要说明的是，这些参数仅仅供投资项目评价及决策使用，并不暗示现行价格、汇率及利率的变动趋势，也不作为国家分配投资、企业间商品交换的依据。另外，由于在现实经济生活中，各方面的经济情况是在发展变化的，所以从理论上讲，参数具有一定的时效性，应根据具体情况随时调整，但是实践上只能做到阶段性调整。

国民经济评价参数是用来计算和衡量项目投入费用和产出效益并判断项目宏观经济合理性的一系列数值依据，其目的是为了保证各类项目评价标准的统一性和评价结论的可比性。这要求项目人员在评价参数时一定要注意其合理性，所选取的参数能反映、符合客观实际情况。投资项目国民经济评价参数主要有以下几种。

1. 社会折现率

社会折现率(social discount rate)是投资项目国民经济评价的重要参数，在国民经济评价中作为计算经济净现值的折现率，并作为衡量投资项目经济内部收益率的基准值。它是投资项目经济运行性和方案比选的主要依据。社会折现率是从国家角度对资金机会成本和资金时间价值的估量，它从社会的观点反映出最佳的资源分配和社会可接受的最低投资收益率的限度，即投资项目可能使社会得到收益的最低标准。采用适当的社会折现率进行项目国民经济评价，有助于合理使用资金，引导投资方向，调控投资规模，促进资金在长、短期投资项目之间的合理配量。

目前主要有两种方法测定社会折现率：

(1) 内部收益率排队方法。该方法的基本原理是：一定的时期内，国家和社会可用来投资的资金总额是一定的，而投资项目的数量是不定的。依据可供选择的投资项目按照其经济内部收益率高低依次累计其项目投资总额，直到此累计投资额等于预计可供筹集的投资总额为止，则最后一个投资项目的经济内部收益率即为社会折现率。一般而言，项目总投资与社会折现率成反比关系(见图 3-8)：投资资金供应量越多，社会折现率就越低；反之，社会折现率越高。这种方法的缺点是在实际中很难计算社会折现率。

(2) 根据现行价格下的投资收益率的统计资料测定。这是一种根据投资收益率的统计值来测定社会折现率的方法，即利用国家统计局公布的统计资料，用一种简化的方法测算社会平均投资收益率，从而确定社会折现率取值的方法。它的原理是在考虑资金时间价值的情况下，一定时期内的投资支出与可收回投资的收益额相等时的折现率。计算公式为

$$(B+D)(P/A,\ i,\ n)=I/m(F/A,\ i,\ m) \tag{3-17}$$

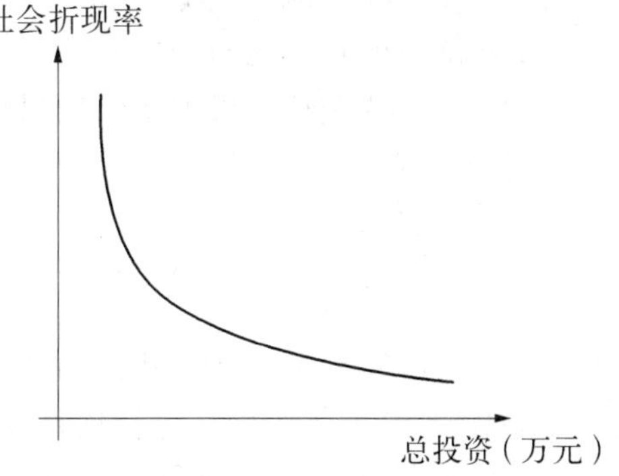

图 3-8 社会折现率与总投资的关系

式中：$B$ 为年收益额；$D$ 为年提取的折旧额和无形资产摊销额；$I$ 为总投资额；$m$ 为所有项目平均建设期；$n$ 为项目平均生产经营期；$i$ 为平均投资收益率（即所求的社会折现率）。

总之，社会折现率的确定应考虑一定时期的投资收益水平、资金的机会成本、资金的供求状况、投资规模及国民经济评价的实际情况。根据该方法，我国现阶段的社会折现率为12%，供各类投资项目经济评价时统一使用。

2. 影子汇率

影子汇率（shadow exchange rate）是指外汇的影子价格。它是项目投资国民经济评价的重要通用参数，它从国家的角度对外汇价值进行估量，用于外汇与人民币之间的换算，它还是经济换汇成本及节汇成本的判断依据。影子汇率取值的高低，直接影响方案中的进出口抉择，影响产品进口替代型项目和产品出口等项目的决策。影子汇率的测定公式为

$$SER=\frac{OER(C+T+F-S)}{F+C} \tag{3-18}$$

式中：$SER$ 为影子汇率；$OER$ 为官方汇率；$C$ 为全部进口货物到岸价格；$T$ 为全部进口税收入；$F$ 为全部出口货物的离岸价格；$S$ 为出口补贴（进口税可看作负补贴）。

3. 影子工资

影子工资是体现国家和社会为拟建投资项目使用劳动力而付出的代价。影子工资一般由劳动力的边际产出和劳动力就业或转移而引起的社会资源消耗两部分组成。国民经济评价中影子工资作为费用计入项目的经营成本。

影子工资＝财务工资×影子工资换算系数

**例 3-2** 影子工资主要根据我国劳动力的状况、结构及就业水平等因素来确定。现阶段，我国一般投资项目的影子工资换算系数为 1；建设期内大量使用民工的项目，如水利、公路项目，其民工的影子工资换算系数为 0.5。另外，项目评价还应根据项目所在地区劳动力的充裕程度以及所用劳动力的技术熟练程度，适当提高或降低影子工资换算系数。就业压力大的地区占用大量非熟练劳动力的项目，其影子工资换算系数可小于 1；占用大量短缺的专业技术人员的项目，影子工资换算系数可大于 1；对外商投资项目，影子工资的换算系数要大于 1。

4. 经济净现值和经济净现值率

(1) 经济净现值(economic net present value,ENPV)。它是反映项目对国民经济净贡献的绝对指标。它用社会折现率将项目计算期内各年的净效益流量折算到初期的现值之和。其计算公式为

$$ENPV = \sum_{t=1}^{n}(B-C)_t \times (1+i_s)^{-t} \tag{3-19}$$

式中：$B$ 为效益流入量;$C$ 为费用流出量;$i_s$ 为社会折现率。

$ENPV$ 大于 0,意为国家进行项目投资后,可以得到符合社会折现率的社会盈余,或除得到满足社会折现率的社会盈余外,还可得到以现值计算的超额社会盈余,说明此项目可行。

(2) 经济净现值率(rate of economic net present value, ENPVR)。它是反映项目单位投资对国民经济所作贡献的相对效果的动态评价指标。它是单位投资现值的经济净现值,变现为经济净现值与总投资现值之比。其计算公式为

$$ENPVR = ENPV/I_P \tag{3-20}$$

式中：$ENPVR$ 为项目的经济净现值率;$I_P$ 为项目的投资现值。

经济净现值率指标一般用于在投资总量限定时多投资方案的比较选择,并作为判断的依据,即此比率高的投资方案为较好的方案。

5. 经济内部收益率

经济内部收益率(economic internal rate of return, EIRR)是指在项目的计算期内各年累计的经济净现值等于零时的折现率。它反映项目对国民经济的贡献,是项目进行国民经济评价的主要判别依据。其计算公式为

$$\sum_{t=1}^{n}(B-C)_t(1+EIRR)^{-t} = 0 \tag{3-21}$$

式中：$B$ 为效益流入量;$C$ 为年费用流出量;$n$ 为计算期。

与财务评价的内部收益率的计算方法一样,经济内部收益率也采用试差法计算。

$$EIRR = I_1 + (I_2 - I_1) \times ENPV_1/(ENPV_1 + ENPV_2)$$

为了保证经济内部收益率值的准确性,计算时注意选择的两个折现率的数值不能超过5%。一般情况下,项目的经济内部收益率等于或大于社会折现率,表明项目对国民经济的净贡献达到或超过要求的水平,此时项目可行。

6. 经济外汇净现值、经济换汇成本和经济节汇成本

(1) 经济外汇净现值(economic net present value of foreign exchange,$ENPV_F$)。它指生产出口产品的外汇流入与流出的差额,采用影子价格和影子工资计算,按规定的折现率折算到基年的现值之和。它用来分析评价拟建项目实施后对国家的外汇净贡献程度,也用来分析评价项目实施后对国家外汇收支的影响。它通过经济外汇流量表直接求得。公式为

$$ENPV_F = \sum_{t=1}^{n}(FI-FO)_t(1+i_s)^{-t} \tag{3-22}$$

式中：$ENPV_F$ 为项目的经济外汇净现值(整个寿命期内)；$FI$ 为生产出口外汇流入(外汇贷款，出口产品收入等)；$FO$ 为生产出口外汇流出(原材料费用、工资等)；$i_s$ 为社会折现率；$n$ 为计算期。

(2) 经济换汇成本，也称换汇率。它是分析评价项目实施后生产的出口产品在国际上的竞争能力，并判断产品能否出口的一项重要指标。它适用于生产出口产品的投资项目。经济换汇成本是指用影子价格、影子工资调整计算、用社会折现率计算的项目为生产出口产品而投入的国内资源现值与出口产品的经济外汇净现值之比。其意义为换回1美元的外汇现值所需投入的人民币金额现值。表达式为

$$\text{经济换汇成本}=\frac{\text{生产出口产品的国内资源投入现值}}{\text{生产出口产品的经济外汇净现值}}$$

$$=\frac{\sum_{t=1}^{n}DR_t(1+i_s)^{-t}(\text{RMB})}{\sum_{t=1}^{n}(FI-FO)_t(1+i_s)^{-t}(\$)}\leqslant\text{影子汇率}\qquad(3-23)$$

式中：$DR_t$为在第 $t$ 年生产出口产品投入的国内资源；$FI$ 为生产出口产品的外汇流入(美元)；$FO$ 为生产出口产品的外汇流出(美元)。

(3) 经济节汇成本。它主要用于生产替代进口产品的项目的外汇效果评价。它是节约1美元的外汇所投入的人民币余额，即项目计算期内生产替代进口品所需投入的国内资源现值与生产替代进口产品的经济外汇净现值之比。表达式为

$$\text{经济节汇成本}=\frac{\sum_{t=1}^{n}DR'_t(1+i_s)^{-t}}{\sum_{t=1}^{n}(FI'-FO')_t(1+i_s)^{-t}}\leqslant\text{影子汇率}\qquad(3-24)$$

式中：$DR'_t$为项目在第 $t$ 年生产替代进口产品投入的国内资源；$FI'$为生产替代进口产品所节约的外汇；$FO'$为生产替代进口产品的外汇流出。

经济换汇成本(元/美元)或经济节汇成本小于或等于影子汇率时，说明该拟建投资项目产品出口或替代进口是有利可图的，项目可行。

## 四、项目不确定性分析

项目经济评价所采用的资料，大部分是由预测和估算取得的，由于数据和信息的有限性，将来的实际情况可能与此有出入，从而给项目投资决策带来风险。为避免或尽可能减少风险，就要分析不确定性因素对项目经济评价指标的影响，以确定项目的可靠性，这就是不确定性分析。为了分析不确定性因素对经济评价指标的影响，必须在财务评价和国民经济评价的基础上，进行不确定性分析，估算项目可能承担的风险，从而确定项目在经济上的可靠性。

投资项目的不确定性分析是以计算和分析各种不确定因素，如价格、投资费用、项目寿命期、产品生产规模等的变化，对投资项目经济效益的影响程度。由于投资项目和项目评估工作本身都存在着不确定性，因此，在对项目进行经济评价时，不仅要在已有数据的基础上

按正常情况计算项目经济评价指标，还应该估计到出现不确定因素后将会给项目投资效益带来的不利后果，据以评价项目抵抗风险的能力。只有在考虑了各种不确定因素的不良影响后，项目有关的经济评价指标仍然不低于基准值，经济上才是可行的。

项目评估中的不确定性分析的基本方法包括盈亏平衡分析、敏感性分析和概率分析。盈亏平衡分析只用于财务评价，敏感性分析和概率分析可同时用于财务评价和国民经济评价。

（一）盈亏平衡分析

1. 盈亏平衡分析概述

盈亏平衡是指当年的销售收入扣除销售税金及附加后等于其总成本费用。在这种情况下，项目的经营结果既无盈利又无亏损。

盈亏平衡分析是通过计算盈亏平衡点(BEP)处的产量或生产能力利用率，分析拟建项目成本与收益的平衡关系，判断拟建项目适应市场变化的能力和风险大小的一种分析方法。盈亏平衡点通常是根据正常生产年份的产品产量或销售量、变动成本、固定成本、产品销售收入和销售税金及附加等数据计算出来的，用生产能力利用率或产量等表示。

进行盈亏平衡分析，首先必须把项目建成投产后的正常生产年份的总成本费用划分为变动成本和固定成本。一般是将外购原材料费用、外购燃料动力费用作为变动成本，而将工资及福利费、折旧费、修理费、摊销费、利息支出及其他费用均作为固定成本。

在项目评估中，运用盈亏平衡分析方法评价项目的不确定性时，需要有一些假设条件，这些假设条件都是以上述产品成本的静态分析为基础前提的。

(1) 成本是生产量或销售量的函数。

(2) 生产量等于销售量。

(3) 单位变动成本随产量按比例变化。

(4) 在所分析的产量范围内，固定成本保持不变。

(5) 某一产品或产品组合的销售价格，在任何销售水平上都是相同的，因此，销售收入是销售价格和销售数量的线性函数。

(6) 销售单价、变动成本和固定成本的水平应保持不变，即投入物和产出物需求的价格弹性为零。

(7) 只计算一种产品的盈亏平衡点，如果是生产多种产品的，则产品组合，即生产数量的比率应保持不变。

(8) 所采用的数据均为正常年份(即达到设计能力生产期)的数据。

盈亏平衡分析的主要目的并不是为了寻求企业的经营既无盈利，又无亏损，而在于通过盈亏平衡计算找出和确定一个盈亏平衡点，以及进一步突破此点后增加销售数量、增加利润和提高盈利的可能性。盈亏平衡分析还能够有助于发现和确定企业增加盈利的潜在能力以及各个有关因素变动对利润的影响程度。

2. 盈亏平衡分析基本方法

(1) 代数分析法。代数分析法是以代数方程式来表达产品销售的数量、成本、利润之间的数量关系，然后再据以确定盈亏平衡点的方法。

根据前述假设条件可知：

$$S = PQ$$
$$C = F + VQ \tag{3-25}$$

式中：$S$ 为产品销售收入；$C$ 为产品总成本费用；$P$ 为产品单价；$Q$ 为年产量；$F$ 为年固定总成本；$V$ 为单位产品变动成本。

设 $T$ 为在盈亏平衡点处的单位产品销售税金及附加，由于处在盈亏平衡点上的投资项目收益正好抵偿其成本费用，因而可得如下关系式

$$S = C + TQ$$

则：
$$PQ = F + VQ + TQ \tag{3-26}$$

并以 $Q_{BEP}$ 代替 $Q$：$Q_{BEP} = \dfrac{F}{P - V - T}$

上式为以产量表示的盈亏平衡点。当产量达到 $Q_{BEP}$ 时，项目即可达到盈亏平衡。以产量表示的盈亏平衡点，表明企业不发生亏损时必须达到的最低限度的产量。

同样可以计算出以生产能力利用率表示的盈亏平衡点，设 $Q_{BEP}$ 为以生产能力利用率表示的盈亏平衡点，得

$$R_{BEP} = \frac{Q_{BEP}}{Q} \times 100\% = \frac{F}{Q(P - V - T)} \times 100\% \tag{3-27}$$

上式表明，当生产能力利用率达到 $R_{BEP}$ 时，项目即可达到盈亏平衡点。

在项目评估中，一般不单独计算单位产品变动成本和单位产品销售税金及附加，而是直接计算产品销售收入、销售税金及附加、总成本费用和变动成本等。所以，在盈亏平衡分析时，可以采取另外一种方式，即直接用达产期的年销售收入、年销售税金及附加、年固定总成本和变动总成本，计算盈亏平衡点处的产量和生产能力利用率，将前述公式(3－27)两边同乘以设计生产能力，则可得出下面的公式

$$R_{BEP} = \frac{\text{固定总成本}}{\text{产品年销售收入} - \text{年变动成本} - \text{年销售税金及附加}} \times 100\%$$
$$Q_{BEP} = R_{BEP} \times \text{设计生产能力}$$

盈亏平衡点越低越好，盈亏平衡点低，说明项目生产少量产品即可不发生亏损，表示项目适应市场变化的幅度大，抗风险能力强，获利能力大。通过计算公式还可以看出，项目的固定成本、产品销售收入和变动成本是盈亏平衡点的决定性因素。

(2) 图解法。这种图被称为盈亏平衡图。用图的方式说明产量、成本和利润的关系，并在图中确定盈亏平衡点，是一种最简易的方法。盈亏平衡图在前述内容已有所介绍。

利用图解法，还可以分析出各种类型的拟建项目的盈亏平衡图。从前面的分析和计算中可以看出，固定成本是影响盈亏平衡点高低的重要因素之一。因此，在对同一项目的不同投资方案进行盈亏平衡分析时，必须注意并正确把握固定成本的变化对其盈利性的影响。

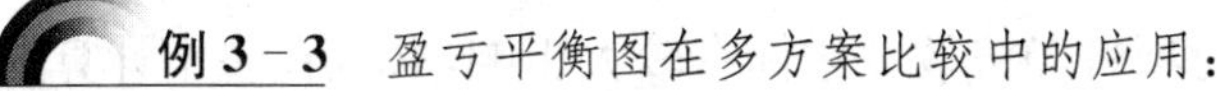

**例 3－3** 盈亏平衡图在多方案比较中的应用：

假设某项目有 A，B 两个投资方案，设计年产量相同，但固定成本不同。A 方案因采用

较多的机器设备和较少的劳动力而使固定成本较高；B方案则因使用较少的机器设备和较多的劳动力而使固定成本较低。在其他条件基本相同的情况下，可通过图3-9来反映两个方案的盈亏平衡点的位置。

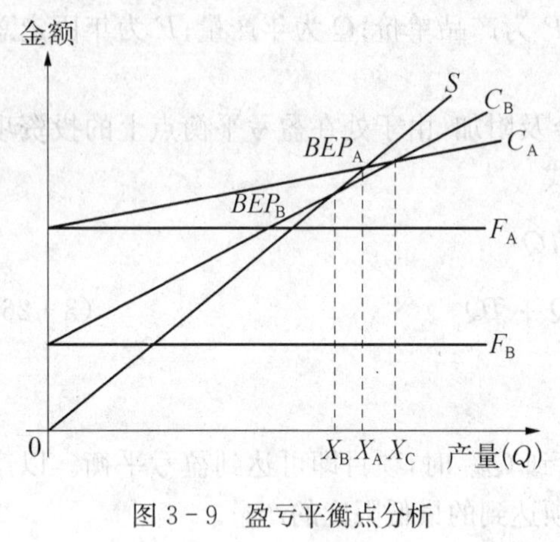


图3-9 盈亏平衡点分析

图3-9中$C_A$为A方案的总成本线，$C_B$为B方案的总成本线，在其销售收入相同的条件下，其各自的盈亏平衡点不同，B方案的盈亏平衡点低于A方案，表明B方案比A方案具有更高的盈利的安全性，但A方案比B方案具有获取更大盈利的可能性，(当产量越$X_C$时，则A方案的净收益大于B方案的净收益)。因而若以盈亏平衡点的高低来判断投资方案的优劣，并不一定能够得到最优方案。有时，还需要在更高的盈利的安全性与获取更大盈利的可能性这两者之间作出抉择，这一点只能通过风险分析来实现，这也说明盈亏平衡分析仍有一定的局限性。

通过盈亏平衡图解法对比分析，可以看到产量、成本、销售收入三者的关系。但是由于盈亏平衡分析仅仅是讨论价格、产量、成本等不确定因素的变化对投资项目盈利水平的影响，不能从分析中判断项目本身盈利能力的大小。另外，盈亏平衡分析是一种静态分析，没有考虑货币的时间价值和项目整个寿命期的现金流量的变化，因此，其计算结果和结论是粗略的，还需要采用其他的能分析判断出因不确定因素变化引起的、动态的方法进行不确定性分析。

（二）敏感性分析

敏感性分析考察与投资项目有关的一个或多个主要因素发生变化时对该项目经济效益指标的影响程度，从而对外部条件发生不利变化时投资方案的承受能力做出判断。敏感性分析是经济分析中常用的一种不确定性分析方法。

项目投资中可能发生变化的因素有：产品产量、产品价格、主要原材料或燃料动力价格、建设投资、建设工期及汇率等。如果这些因素单独变化或多种因素同时变化，可引起某一个或几个经济效益指标的明显变化，从而改变原来的决策，则这一方案对于某个因素或多种因素的不确定性是敏感的，方案被认为是敏感性方案，变化的因素则被称为敏感性因素。敏感性分析使决策者了解不确定因素对项目经济效益指标的影响程度，达到准确决策的目的。

1. 确定敏感性分析的对象

项目评估工作中会遇到大型项目或中小型项目、工业项目或非工业项目、国内项目或合资项目等各种各样的项目。对此，必须针对不同项目的特点和要求，选择最能反映项目盈利能力和清偿能力的经济评价指标作为敏感性分析的对象。最常用的敏感性分析是分析全部投资内部收益率指标对主要因素的敏感程度。

2. 选择敏感性因素

敏感性因素依据项目的规模、类型不同而不同。通常在进行敏感性分析时，只分析那些在成本、收益构成中占比重最大、对项目经济效益指标有较大影响，并且在整个计算期内最有可能发生变化的因素。项目评估根据具体项目的特点来选择敏感性因素。例如，以进口大型设备为骨干的引进项目,通常将建设投资、销售收入和经营成本作为敏感性因素,因为建设投资在投资总额占很大比重,且大型设备价格的变化、建设期的变化都是影响其总投资变化的敏感性因素。

项目对某种因素的敏感程度可以表示为某种因素或多种因素同时变化时引起经济效益指标,如内部收益率的变动幅度。基本方法是先假设其他因素不变,变动一个不确定性因素,再计算项目的内部收益率,以确定其相应变动的敏感程度,从而测定项目所能接受的风险或不确定性范围。

项目对某种因素的敏感程度还可以表示为经济效益指标,如内部收益率达到临界点,如经济内部收益率等于社会折现率时,允许某个因素变化的最大幅度,即极限变化,超过此极限,即认为项目不可行。通常用敏感性分析图来直接反映此极限。具体做法为:以全部投资内部收益率为纵坐标,以几种不确定因素的变化率为横坐标,根据敏感性分析表所示资料绘图(见图 3-10),标出财务基准收益率线或社会折现率线。

图中某种因素对全部投资内部收益率的影响曲线与基准收益率线或社会折现率线的交点,即临界点,为允许该因素变化的最大幅度,即极限变化。此极限对决策十分重要:变化幅度超过这个极限,项目就不可行。如果发生这种极限变化的可能性很大,表明项目承担的风险很大。

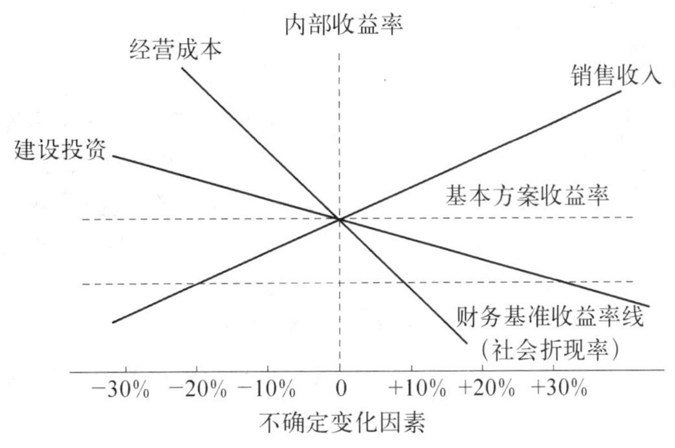


图 3-10 敏感性分析示意

(三)概率分析

敏感性分析只能指出项目经济效益指标对各个不确定因素的敏感程度,但不能表明不确定因素的变化对经济效益指标的这种影响发生的可能性的大小,以及在这种情况下对经济效益指标的影响程度。因此,根据项目特点和实际需要,有条件时还应进行概率分析。

概率分析亦称风险分析,是使用概率研究预测各种不确定性因素和风险因素对项目经济效益指标影响的一种定量分析方法。概率就是可发生事件的次数与发生机会的比例,即可能事件发生的频率。项目评估中的概率分析,是估计基本参数或变量可能值的发生概率,然后,经过数理统计处理对项目指标的概率进行衡量。

典型的例子是水利项目,其效益主要表现在灌溉、发电和防洪。效益的大小取决于水位,而水位的高低不断变化,这就要求根据历史统计资料作出判断,给出各种水位出现的概率，进行概率分析。通常有客观概率和主观概率两种：前者以客观统计资料为基础；后者以人为预测和估计为基础，确定主观概率应十分慎重，否则会对分析结果产生不利影响。

简单的概率分析可以计算项目净现值的期望值及净现值大于或等于零时的累计概率。选择方案时可只计算净现值的期望值。有条件时可通过模拟法测算项目经济效益，如内部收益率的概率分布，为项目决策提供依据。概率分析的目的不是要取得一个指标完全准确的概率分布，而是要达到分析者对未来的最佳判断。

概率分析所包括的内容较广，通常只计算净现值的期望值和净现值的累计概率。前者是以概率为权数计算出来的各种不同情况下净现值的加权平均值；后者是指在各种可能的情况下净现值大于或等于零时的累计概率。根据计算结果，可以编制净现值累计概率表和绘制净现值累计概率图。计算步骤如下：

(1) 列出各种要考虑的不确定性因素，即敏感因素。

(2) 设想各不确定性因素可能发生的情况，即其数值发生变化的几种情况。

(3) 分别确定每种情况出现的可能性，即概率，要求概率之和必须等于1。

(4) 分别求出各可能发生事件的净现值，加权净现值期望值。

(5) 求出净现值大于或等于零的累计概率。然后求出净现值的。

## 本章总结

可行性分析是项目投资的前提，其意义重大，而且影响项目成功的各个方面。本章从可行性分析的基本内涵讲起，介绍了可行性分析的内容、流程以及重要意义，并重点展开讨论可行性分析中的几个重要环节。项目市场评估包括项目市场调查、市场分析、市场预测、市场风险等一系列内容，市场预测的方法也林林总总，本章重点介绍了几种常用的方法。在项目技术方案研究讨论中，首先介绍了技术方案评估的流程，其评估方法也是多种多样的。项目的经济评估可基本分为财务评估和国民经济评估，本章着重介绍常用的一些经济指标。对于项目估算和预测所用的数据和信息，仍然需要进一步做敏感性分析，最终得到合理可靠的估算结果。

## 关键词

可行性分析　项目市场分析　市场需求分析　产品分析　价格分析　项目市场预测　德尔菲法　弹性系数法　时间序列预测　回归分析法　最小生产规模　盈亏平衡点　财务指标社会折现率　影子工资　影子汇率　经济净现值　敏感性分析

## 本章习题

1. 简述项目可行性分析的主要内容。

2. 简述项目可行性分析的流程。
3. 项目市场分析包括哪些内容？分析流程如何？
4. 德尔菲法预测是如何操作的？
5. 时间序列预测分为哪几种？各有何优劣？
6. 如何运用马尔可夫转移概率矩阵进行预测？
7. 财务分析的主要财务指标有哪些？
8. 国民经济分析的主要指标有哪些？
9. 如何进行敏感性分析？主要方法有哪些？

# 第四章

# 项目投资增值管理

学习了本章后，你应该能够：

1. 了解项目投资估算的基本内容以及相应的估算方法；
2. 理解项目融资的基本内涵；
3. 区分项目融资的几种基本模式；
4. 理解项目成本管理的框架和方法。

项目投资增值管理是对项目投资的财务状况进行估算，以确定整个项目经济价值的基础。项目增值管理主要有项目投资估算、项目融资、项目成本管理以及项目验后评价等。

## 第一节　项目投资估算

项目投资估算是在对项目的建设规模、技术方案、设备方案、工程方案以及项目实施进度等基本确定的基础上，估算项目投入总资金并测算项目建设期间内每年资金的需求量。项目资金估算包括建设投资资金和流动资金两大类，它是制定融资方案，进行经济评价等的依据。下面以工程建设项目投资为例说明项目投资估算的内容和方法。

### 一、项目建设投资估算的内容

工程建设项目的投资由建筑工程费、设备及工器具购置费，安装工程费、工程建设其他费用、基本预算费、涨价预备费、建设期利息构成。其中，建筑工程费、设备及工器具购置费、安装工程费形成固定资产；工程建设其他费用可分别形成固定资产、无形资产、递延资产。基本预备费、涨价预备费、建设期利息等，为简化计算方法，在可行性研究阶段一并计入固定资产。

建设投资可以分为静态投资和动态投资两个部分。静态投资部分由建筑工程费、设备及工器具购置费，安装工程费、工程建设其他费用、基本预备费构成；动态投资部分则由涨价预备费和建设期利息构成。因此，工程建设项目投资费用构成用图 4 - 1 表述如下。

同时，估算工程建设项目投资时，应该做到方法科学、依据充分，具体有以下要求。

1. 建设投资估算的主要依据

(1) 专门机构发布的建设工程造价费用构成、估算指标、计算方法，以及其他有关计算工程造价的文件。

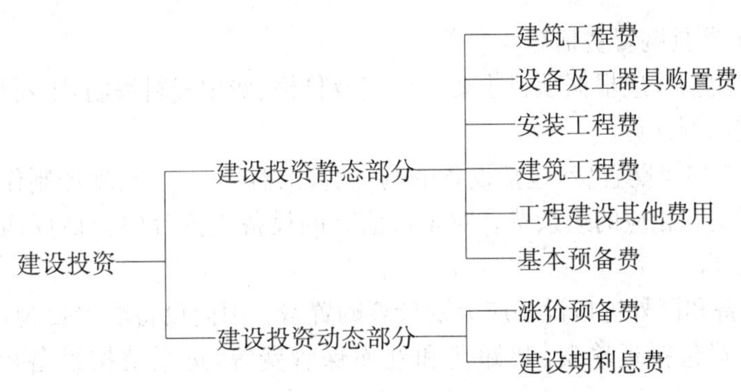


图 4-1 建设项目投资费用构成

资料来源:《投资项目可行性研究指南(试用版)》,中国电力出版社 2002 年版,第 50 页。

(2) 专门机构发布的工程建设其他费用计算办法和费用标准,以及政府部门发布的物价指数。

(3) 拟建项目各单项工程的建设内容及工程量。

2. 建设项目投资估算的精度要求

(1) 工程内容与费用构成齐全,计算合理,不重复计算,不提高或者降低估算标准,不漏项、不少算。

(2) 选用指标与具体工程之间存在标准或者条件差异时,应进行必要的换算或者调整。

(3) 投资估算的精度应能满足控制初步设计概算的要求。

3. 建设项目投资估算的基本步骤

(1) 分别估算各单项工程所需的建筑工程费、设备及工器具购置费、安装工程费。

(2) 在汇总各单项工程费用基础上,估算工程建设其他费用和基本预备费。

(3) 估算涨价预备费和建设期利息。

## 二、项目建设投资估算的方法

1. 建筑工程费估算

建筑工程费是指建造永久性建筑物和构筑物所需要的费用,如场地平整、厂房、仓库、电站等等,其投资估算一般采用以下方法:

(1) 单位建筑工程投资估算法,以单位建筑工程量的投资乘以建筑工程总量。一般工业与民用建筑以单位建筑面积的投资,工业窑炉砌筑以单位容积的投资,水库以水坝单位长度的投资,乘以相应的建筑工程总量计算建筑工程费。

(2) 单位实物工程量投资估算法,以单位实物工程量的投资乘以实物工程总量。土方石工程按每立方米投资,矿井巷道工程按每平方米投资,路面铺设按每平方米投资,乘以相应的实物工程总量计算建筑工程费。

(3) 概率指标投资估算法,对于没有上述估算指标且建筑工程费占总投资比例较大的项目,可采用概率指标投资估算方法。这种方法需要有较为详细的工程资料、建筑资料价格和工程费用指标,投入的时间和工作量较大。具体方法参见相关部门发布的概率编制办法。

2. 设备及工器具购置费估算

设备购置费用估算应根据项目主要设备表及价格、费用资料编制，工器具购置费一般按占设备费的一定比例计算。

(1) 设备及工器具购置费，包括设备的购置费、工器具购置费、现场制作非标准设备费、生产用家具购置费和相应的运杂费。对于价值高的设备应按台(套)估算购置费，价值较小的设备可按类估算。

(2) 国内设备和国外进口设备应分别计算购置费。国内设备购置费为设备出厂价加运杂费。设备运杂费包括运输费、装卸费和仓库保管费等，运杂费按设备出厂价一定比例计取。

3. 安装工程费估算

需要安装的设备应估算安装工程费，包括各种机电设备装配和安装工程费用；与设备相连的工作台、梯子及装饰工程费用；附属于被安装设备的管线铺设工程费用；安装设备的绝缘、保温、防腐等工程费用；试运转费用等等。

4. 工程建设其他费用估算

工程建设其他费用按各项费用科目的费率或者取费标准估算。应编制工程建设其他费用估算表，见表 4-1。

**表 4-1 工程建设其他费用表**

单位：万元

| 序号 | 费用名称 | 计算依据 | 费率或标准 | 总价 |
| --- | --- | --- | --- | --- |
| 1 | 土地使用费 | | | |
| 2 | 建设单位管理费 | | | |
| 3 | 勘查设计费 | | | |
| 4 | 研究试验费 | | | |
| 5 | 建设单位临时设施费 | | | |
| 6 | 工程建设监理费 | | | |
| 7 | 工程保险费 | | | |
| 8 | 施工机构迁移费 | | | |
| 9 | 引进技术和进口设备其他费用 | | | |
| 10 | 联合试运转费 | | | |
| 11 | 生产职工培训费 | | | |
| 12 | 办公及生活家具购置费 | | | |
| … | | | | |
| | 合计 | | | |

5. 基本预备费估算

基本预备费是指在项目实施过程中可能发生的难以预料的支出，需要事先预留的费用，因此又称为工程建设不可预见费，主要指设计变更及施工过程中可能增加工程量的费用。基本预备费以建筑工程费、设备及工器具购置费、安装工程费以及工程建设其他费用之和为计算基数，乘以基本预算费率计算。

6. 涨价预备费估算

涨价预备费是对建设工期较长的项目，由于在建设工期内可能发生材料、设备、人工等价格上涨引起的投资增加，需要事先预留的费用，也称作价格变动不可预见费。涨价预备费以建筑工程费、设备及工器具购置费、安装工程费之和为计算基数。计算公式为

$$PC = \sum_{t=1}^{n} I_t[(1+f)^t - 1]PC = \sum_{t=1}^{n} I_t[(1+f)^t - 1] \qquad (4-1)$$

式中：$PC$ 为涨价预备费；$I_t$ 为第 $t$ 年建筑工程费、设备及工器具购置费、安装工程费之和；$f$ 为建设期价格上涨指数；$n$ 为建设期。

建设期价格上涨指数，一般参照项目相关的国家政策规定计算，如果没有相关规定，则由可行性研究人员项目专家组预测。

7. 建设期利息估算

建设期利息指项目借款在建设期内发生并计入固定资产的利息。为简化计算，通常假定借款均在每年的年中支付，借款第一年按半年计息，其余各年按全年计息。计算公式为

各年应计利息＝(年初借款本息累计＋本年借款额/2)×年利率

项目有多种借款资金来源，每笔借款的年利率各不相同的，可分别计算每笔借款的利息，也可先计算出各笔借款加权平均的年利率，并以此利息计算全部借款的利息。

## 三、流动资金估算

流动资金是指项目投产后，用于正常生产运营所购买原材料、燃料、支付工资及其他经营费用等所需的周转资金。流动资金估算一般采用分项详细估算法，小型项目可采用扩大指标法。

1. 分项详细估算法

对各项流动资产和流动负债应分别进行估算。在可行性研究中，为简化计算，仅对存货、现金、应收账款和应付账款四项内容进行估算，计算公式为

流动资金＝流动资产－流动负债

流动资产＝应收账款＋存货＋现金

流动负债＝应付账款

流动资金本年增加额＝本年流动资金－上年流动资金

首先计算各类流动资产和流动负债的年周转次数，然后再分项目估算占用资金额。

(1) 周转次数的估算：周转次数＝360÷最低周转天数。存货、现金、应收账款和应付账款的最低周转天数参照同类企业的平均周转天数并结合项目自身的特点。

（2）应收账款的估算：应收账款是指企业已对外销售商品，提供劳务尚未收回的资金，包括若干科目，可行性研究只计算应收销售款。计算公式为

应收账款＝年销售收入÷应收账款周转次数

（3）存货估算：存货是企业为销售或生产耗用而储备的各种货物，主要有原材料、辅助材料、燃料、低值易耗品、维修配件、包装物、在产品、自制半成品和产成品等。简化的工程建设投资估算，仅考虑外购原材料、外购燃料、在产品和产成品，并分项进行计算。

存货＝外购原材料＋外购燃料＋在产品＋产成品

外购原材料＝年外购原材料÷按种类分项周转次数

外购燃料＝年外购燃料÷按种类分项周转次数

在产品＝（年外购原材料＋年外购燃料＋年工资及福利费＋年修理费＋年其他制造费）÷在产品周转次数

产成品＝年经营成本÷产成品周转次数

（4）现金需要量估算：项目流动资金中现金是指货币资金，即企业生产运营活动中，停留于货币形态的那部分资金，包括企业库存现金和银行存款。

现金需要量＝（年工资及福利费＋年其他费用）÷现金周转次数

年其他费用＝制造费用＋管理费用＋销售费用－（以上三项中所含的工资及福利费、折旧费、维修费、摊销费等）

（5）流动负债估算：流动负债是指在1年内或者超过1年的一个营业周期内，需要偿还的各种债务。可行性研究中，流动负债的估算只考虑应付账款一项。计算公式为：

应付账款＝（年外购原材料＋年外购燃料）÷应付账款周转次数

根据流动资金各项估算的结果，编制流动资金估算表（表4-2）。

**表4-2 流动资金估算表**

| 序号 | 项目 | 最低周转天数 | 周转次数 | 投产期 | | 达产期 | | | |
|---|---|---|---|---|---|---|---|---|---|
| 1 | 流动资产 | | | 3 | 4 | 5 | 6 | … | $n$ |
| 1.1 | 应收账款 | | | | | | | | |
| 1.2 | 存货 | | | | | | | | |
| 1.2.1 | 原材料 | | | | | | | | |
| 1.2.2 | 燃料 | | | | | | | | |
| 1.2.3 | 在产品 | | | | | | | | |
| 1.2.4 | 产成品 | | | | | | | | |
| 1.3 | 现金 | | | | | | | | |

续　表

| 序号 | 项　　目 | 最低周转天数 | 周转次数 | 投产期 | | 达　产　期 | | | |
|---|---|---|---|---|---|---|---|---|---|
| 2 | 流动负债 | | | | | | | | |
| 2.1 | 应收账款 | | | | | | | | |
| 3 | 流动资金(1－2) | | | | | | | | |
| 4 | 流动资金年增加额 | | | | | | | | |

2. 扩大指标估算法

扩大指标估算法是一种简化的流动资金估算方法，一般参照同类企业流动资金占销售收入、经营成本的比例，或者单位产量占流动资金的数额估算。

## 四、项目资金投入估算

1. 项目投入总资金

按投资估算内容和估算方法对各项投资进行估算并最终汇总，分别编制项目投入总资金估算表，并分析项目投入总资金构成和各单项工程投资比例的合理性，单位生产能力、投资指标的先进性等，见表 4－3。

**表 4－3　项目投入总资金汇总**

| 序号 | 费　用　名　称 | 投　资　额 | | 占项目总投资的比例/% | 估算说明 |
|---|---|---|---|---|---|
| 1 | 建设投资 | 合计 | 其中：外汇 | | |
| 1.1 | 建设部分静态投资 | | | | |
| 1.1.1 | 建筑工程费 | | | | |
| 1.1.2 | 设备及工器具购置费 | | | | |
| 1.1.3 | 安装工程费 | | | | |
| 1.1.4 | 工程建设其他费用 | | | | |
| 1.1.5 | 基本预备费 | | | | |
| 1.2 | 建设投资动态部分 | | | | |
| 1.2.1 | 涨价预备费 | | | | |
| 1.2.2 | 建设期利息 | | | | |
| 2 | 流动资金 | | | | |
| 3 | 项目投入总资金(1＋2) | | | | |

2. 分年资金投入计划

估算出项目投入总资金后，根据项目实施进度的安排，编制分年资金投入计划表(见表4-4)。

表 4-4 资金分年投入计划表

| 序号 | 名称 | 人民币 | | | 外汇 | | |
|---|---|---|---|---|---|---|---|
| | | 第一年 | 第二年 | …… | 第一年 | 第二年 | …… |
| | 分年计划(%) | | | | | | |
| 1 | 建设投资(不含建设期利息) | | | | | | |
| 2 | 建设期利息 | | | | | | |
| 3 | 流动资金 | | | | | | |
| 4 | 项目投入总资金(1+2+3) | | | | | | |

# 第二节 项目融资

## 一、项目融资概述

### (一) 项目融资的内涵

项目融资(project financing,PF)至今还没有一个公认的学术定义。在北美，金融界习惯上只将具有无追索或有限追索形式的融资活动称为项目融资；而在欧洲，则把一切针对具体项目所安排的融资都划归为项目融资的范畴。本章所讲的项目融资主要是指具有无追索或有限追索性质的项目融资。与传统的以公司资信为基础的公司融资不同，这里的项目融资是指“为一个特定经济实体安排的融资，其贷款人在最初考虑安排贷款时，满足于使用该经济实体的现金流量和收益作为偿还贷款的资金来源，并且满足于使用该经济实体的资产作为贷款的安全保障”。因此，项目融资用来保证贷款偿还的首要来源被限制在融资项目本身的经济强度之中，并可从两个方面来测度：一是项目未来的可用于偿还贷款的现金流量；另一个是项目本身的资产价值。当资金流量和资产价值不足以偿还时，贷款人还要求给予直接担保、间接担保等有限承诺。

这里需要指出的是：“项目融资”和“为项目融资”不同。“为项目融资”是指为项目的开展进行筹集资金的活动；“项目融资”则是指一种特殊的融资方式。如为项目融资的方式有股权融资、债权融资等，而项目融资只是其中的一种。

### (二) 项目融资的参与者

项目融资至少需要三方参与：项目发起方、项目公司、贷款方。各方的联系见图4-2。

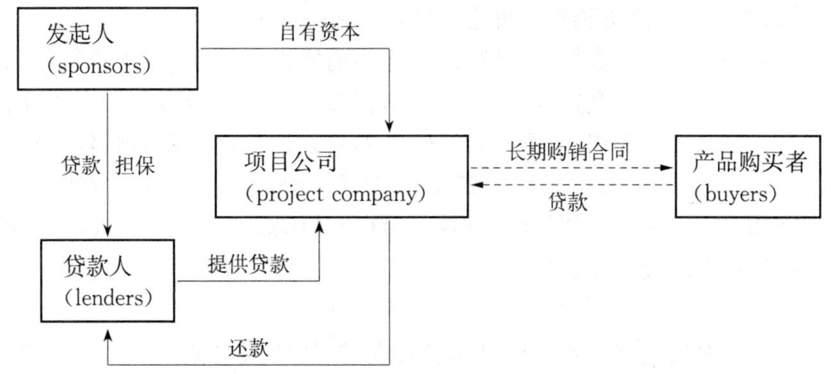


图 4-2 项目融资参与方图示

资料来源：马秀岩：《项目融资》，东北财经大学出版社 2002 年版，第 25—33 页。

(1) 项目发起方，即项目的实际投资者，通常一家单独的公司或是由多家公司组成的投资财团。项目发起方以股东身份组建项目公司。

(2) 项目公司主要法律形式有有限责任公司和股份有限公司。

(3) 项目融资中的贷款人一般有租赁公司、财务公司、投资基金、商业银行等，由于项目融资涉及的资金较大，为了分散贷款风险一般都采用银团贷款，参与银行可达到几十家甚至上百家。

### (三) 项目融资的基本特点

与传统融资方式相比较，项目融资具有以下特点，见表 4-5。

**表 4-5 项目融资与普通公司融资比较**

| 内 容 | 项 目 融 资 | 公 司 融 资 |
|---|---|---|
| 融资主体 | 项目公司 | 发起人 |
| 还款基础 | 项目未来收益或资产 | 发起人或担保人信用 |
| 追索权 | 对项目发起人的有限追索 | 对项目发起人的全额追索 |
| 风险承担者 | 项目各参与方 | 发起人 |
| 债务影响 | 不计入发起人资产负债表<br>不影响发起人信用程度 | 计入发起人资产负债表<br>影响发起人信用程度 |
| 贷款技术 | 复杂多样 | 简单 |
| 项目周期 | 长 | 短 |
| 融资成本 | 较高 | 较低 |
| 贷款人对项目的管理权 | 参与项目管理 | 不参与项目管理 |
| 典型负债率 | 70%～90% | 40%～60% |

1. 项目导向

项目导向就是指贷款人通过考察项目未来的现金流量或资产来衡量还款能力，而不是通常意义的项目发起的资信状况。贷款银行在项目融资中把注意力主要放在项目在贷款期间能够产生多少现金流量用于还款上，因为贷款的数量、融资成本的高低以及融资结构的设计都是与项目的预期现金流量和资产价值直接联系在一起的。

项目具有需要大量资金，贷款期限较长(近几年的实例表明，有的项目贷款期限可以长达 20 年)等特点，若没有项目融资这一融资方式，很多项目将难以开展。由于项目导向，采用项目融资，与传统融资方式相比，可以获得较高的贷款比例，如根据项目经济强度的状况通常可以为项目提供 60%～75%的资本需求量，在某些项目中甚至可以做到 100%的融资。同时由于项目导向，项目融资的贷款可以根据项目的具体需要和项目的经济生命期来安排设计，使贷款期限长于一般商业贷款。

2. 追索程度

法律意义上，追索权是指付款请求权未能实现时，持票人对债务人所享有的、请求偿还票据所载金额及其他有关金额的权利。追索权实现的程度一般可以分为三个层次：完全追索、有限追索和无追索。传统融资方式属于完全追索，即借款人必须以本身的资产作抵押。如果违约时该项目不足以还本付息，贷款方则有权把借款方的其他资产也作为抵押品收走或拍卖，直到贷款本金及利息偿清为止。

与传统融资不同，项目融资属于有限追索或无追索：贷款人可以在某个特定阶段，如项目的建设开发阶段和试生产阶段，或者规定的范围内，对项目的借款人追索，除此之外，无论项目出现任何问题，贷款人均不能追索到借款人除该项目资产、现金流量以及所承担义务之外的任何财产。有限追索融资的特例是“无追索”融资，即融资百分之百地依赖于项目的经济实力。实际工作中，无追索的项目融资很少见。由于有限追索或无追索的实现使投资者的其他资产得到有效的保护，这就调动了大批具有资金实力的投资者参与开发与建设的积极性。

3. 风险分担

传统融资往往是由项目发起人独立承担风险；而在项目融资方式下，项目风险则是由项目参与的多方共同承担的。这主要在于项目融资存在风险大且复杂等特点：项目融资涉及的项目大都是大型项目，投资数额巨大，建设期长，涉及多种风险，甚至包括国家政治风险，环境风险等，且项目融资本身又是有限追索或无追索的，因此与传统融资的项目相比，投资风险大。因此，能否有效、合理地分担风险是项目融资方案中十分关键的问题。为了化解风险，项目融资要求各参与方：项目发起人、项目公司、贷款银行、工程承包商、项目设备和原材料供应商、项目产品的购买者和使用者、保险公司、政府机构等，通过严格的法律合同，依据各方的利益，把责任和风险合理分担，以此保证项目融资的顺利实施。

4. 非公司负债型融资

项目融资属于非公司负债型融资(off-balance finance)，亦称为资产负债表外的融资，是指项目的债务不表现在项目投资者，即实际借款人的公司资产负债表中的一种融资形式。这种债务只以某种说明的形式反映在公司资产负债表的注释中。在项目融资中，通过设计投资结构和融资结构，可以帮助投资者将贷款安排成为一个非公司负债型的融资。由于融资被安排成为一种不需要进入项目投资者资产负债表的贷款形式，根据项目融资风险分担原则，贷款人对于项目的债务追索权将被限制在项目公司的资产和现金流量中，项目投资者将承担的是有限责任。

实际融资的过程中，因为大型工程项目的建设周期和投资回收期都很长，对于项目的投资者而言，如果把这样项目的贷款反映在投资者的资产负债表上，很有可能造成投资者(公司)的资产负债比例失衡，超出银行通常所能接受的安全警戒线，并且短期无法根本改变，这就势必影响投资者筹措新的资金，投资于其他项目的能力。如果采取非公司负债型融资则可避免上述问题。

5. 信用结构多样化

项目融资用于支持贷款的信用结构是灵活的和多样化的。

(1) 市场方面：要求对项目产品感兴趣的购买者提供一种长期购买合同作为融资的信用支持。资源性项目的开发受到国际市场的需求、价格变动影响很大，获得一个稳定的、合乎贷款银行要求的项目产品长期销售合同成为能否成功进行项目融资的关键。

(2) 工程建设方面：为了减少风险，可以要求工程承包公司提供固定价格、固定工期的“交钥匙”工程合同，以及要求项目设计者提供工程技术保证等。

(3) 原材料和能源供应方面：可以要求供应方在保证供应的同时，在定价上根据项目产品的价格变化设计一定的浮动公式，保证项目的最低收益。

这样可以为项目融资提供强有力的信用支持，提高项目的债务承受能力，减少融资对投资者资信和其他资产的依赖程度。

6. 债务比率较高

传统融资一般要求项目的投资者出资比例至少要达到30%～40%以上，其余的不足部分由债务资金解决。而项目融资是有限追索或无追索融资，通过这种融资形式可以筹集到高于投资者本身资产几十倍甚至上百倍的资金。因此，项目融资是一种负债比率较高的融资。通常，股权出资占项目总投资的30%即可，其余由贷款、租赁、出口信贷等方式解决。

7. 融资成本较高

与传统融资相比，项目融资成本较高。这主要在于项目融资的前期工作十分浩繁、工作量大。项目融资的成本包括融资的前期费用和利息成本两个部分组成。前期费用包括融资顾问费、成本费、贷款的建立费、承诺费，以及法律费用等，一般占贷款总额的0.5%～2%之间；由于有限追索性质，项目融资的利息成本一般要高出等同条件公司贷款的0.3%～1.5%，其增加幅度与贷款银行在融资结构中承担的风险密切相关。

## 二、项目融资的模式

### (一) 项目融资的框架结构

项目融资的框架结构比较复杂，一般涉及投资结构、融资结构、资金结构和信用担保结构，见图4-3。

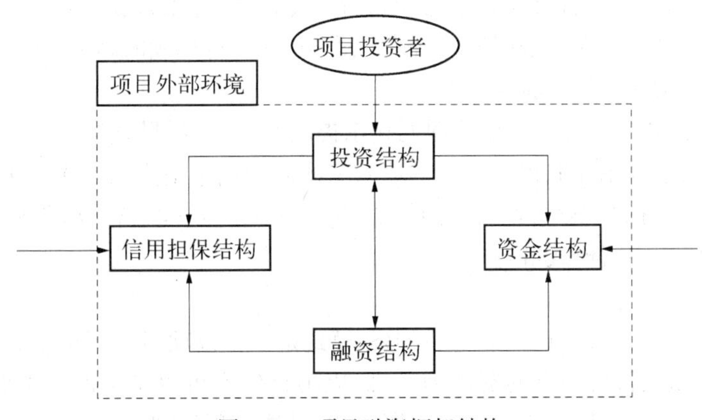


图4-3　项目融资框架结构

1. 项目的投资结构

它指整个项目的产权结构，亦即项目多个投资者之间对于项目资产权益所有权之间的关系，这与不同投资者以及项目所涉及的税务结构有很大关系。国际上比较常用的投资结构有：合伙制结构(partnership)、合资结构(joint venture)、信托资金结构(trust)。由于项目融资本身的特点，近年来项目的投资结构逐渐趋向于合资结构，即具有互利目标、能力和资源的多个投资者组合成投资集团对项目进行投资。合资结构有公司型合资结构(incorporate joint venture)和非公司型合资结构(unincorporate joint venture)两种。

2. 项目融资结构

融资结构采用的形式有生产支付、预先购买、直接融资，单一项目公司融资、杠杆租赁、BOT 等。它是整个项目融资的核心部分，将在后面专门论述。

3. 项目的资金结构

项目的资金结构是指项目中股本资金，准股本资金和债务资金等的形式，比例关系及其来源。确定项目的资金结构主要考虑三个方面内容：项目中债务资金和股本资金的比例关系、项目资金的使用结构以及税务安排。投资结构和融资结构共同决定了项目的资金结构，同时资金结构也会影响到项目的投资结构和融资结构。

4. 项目的信用保证结构

项目的贷款方看重的是项目的未来盈利能力和资产，则项目的信用保证来源于两个方面：项目自身的经济强度和项目之外的直接或间接担保。同时这种担保可以由项目投资者或其利益相关方提供，可以是财务担保，如成本超支担保、不可预见费用担保；也可以是非财务担保，如技术服务协议、长期供货协议等等。

(二) 项目的融资结构

项目的融资模式是项目融资整体结构组成中的核心部分，无论项目采用何种融资模式，项目融资都将保留有限追索、风险分担等基本特点。并且，项目融资的具体执行情况要根据项目建设开发阶段和项目生产经营阶段分别考虑。项目融资模式从贷款形式、信用担保形式和时间结构形式考虑，可以有以下几种常用的模式。

1. BOT 模式

BOT(Build-operate-transfer)模式即建设—运营—转让方式，是基础设施建设的一类方式，也称作“公共工程特许权”，通常是指承建人或发起人通过契约从委托人(通常为政府)手中获得某些基础设施的建设特许权，成为项目特许专营者，有私人专营者或国际财团自己融资、建设某项基础设施，并在一段时间内经营该设施，在特许期满时，将设施无偿转让给政府部门或其他公共机构。具体步骤参见图 4-4。

BOT 这一概念最早是由土耳其总理厄扎尔提出的，这一项目融资方式于 20 世纪 80 年代在一些发展中国家试用并取得了一定的成效。实际应用中衍生出了多种 BOT 融资方式：如 BOOT——建设—拥有—经营—转让模式；BOS——建设—经营—出售模式；DBFO——设计—建设—融资—经营模式等等。

2. 资产证券化模式

资产证券化(asset-backed security, ABS)模式是一种以项目所属的资产为支撑的证券化融资方式，即它以项目所拥有的资产为基础，以项目资产可以带来的预期收益为保证，通过资本市场发行债券来筹集资金的一种融资方式，具体过程见图 4-5。

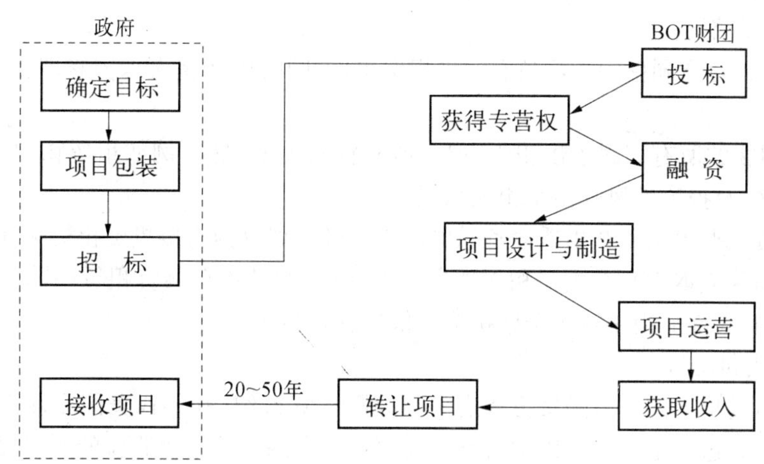


图 4－4　项目融资 BOT 形式

资料来源：张石森：《哈佛商学院项目管理全书》，中国财政经济出版社 2003 年版，第 735 页。

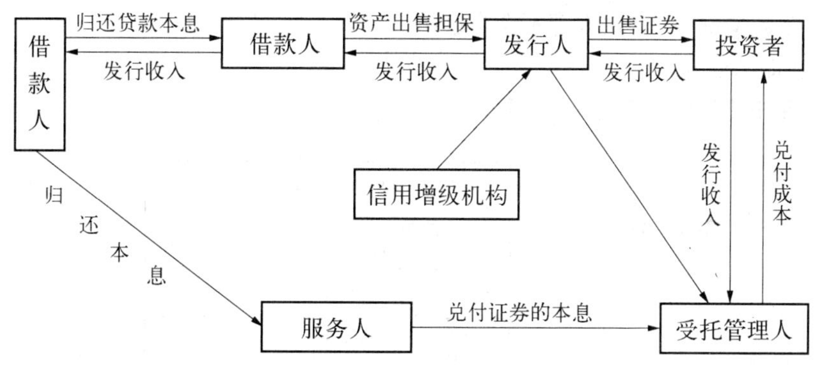


图 4－5　项目融资资产证券化模式

资料来源：张石森：《哈佛商学院项目管理全书》，中国财政经济出版社 2003 年版，第 742 页。

3. 项目融资租赁

英国设备租赁协会认为融资租赁是承租人为制造商或买主选择租用资产，而在出租人和承租人之间订立合同，根据该合同出租人保留该资产的所有权，承租人在一定期间内支付规定的租金并取得使用该资产的权力。美国统一商法典 2A－103(1)指出融资租赁的特征：出租人不选择制造商或商品供应商；出租方取得货物或取得占有与使用与租赁有关的货物的权利；承租人在签署租赁协议的同时或在签署协议之前，收到一份证明出租人购买的合同副本，或者是承租人同意表明出租方购买货物的合同是租赁合同生效的条件。

一般而言，融资租赁有以下 5 个特点：

(1) 租赁期限覆盖租赁物使用周期的实质部分。

(2) 租赁期间解除合同，出租人对租赁物投入的利益将受到特别保护。即无论承租人是否继续使用租赁物，出租人都有权从承租人处以租金形式收回全部成本和利润。

(3) 供货商由承租人选定，出租方主要充当向承租人融资的角色，承租人对设备的需求和选择出租人概不负责。

(4) 出租人对合同标的物不负有瑕疵担保责任，同时由承租人承担修理、维护及投保租赁物的责任。

(5) 出租物的所有权属于出租人，但与所有权有关的风险，例如租赁物的设备故障、租赁物损失、灭失及报废的风险由承租人承担。

融资租赁根据出租人对租赁设备的出资比例可以划分为直接投资租赁和杠杆租赁。前者是指项目购置成本100%由出租人独自承担，而后者是指在融资租赁中购置成本小部分由出租人承担，大部分由银行等金融机构提供贷款补足。

4. 生产支付融资

生产支付是早期的项目融资方式之一，起源于20世纪50年代美国石油天然气项目开发的融资安排。这种融资完全以项目产品或项目产品的未来销售收益的所有权为担保而不是采用转让或抵押方式进行贷款。实际应用中，项目贷款偿还前，贷款方拥有项目部分或全部产品的所有权。贷款方往往要求项目公司重新购回属于他们的产品或作为产品代理人来销售这些产品。销售的方式可以是市场销售，也可以是项目公司签署购买合同一次性统购统销。绝大多数情况下，贷款方都不会自己接受实际的项目产品。

（三）项目融资流程

项目融资涉及的内容和步骤见图4-6。

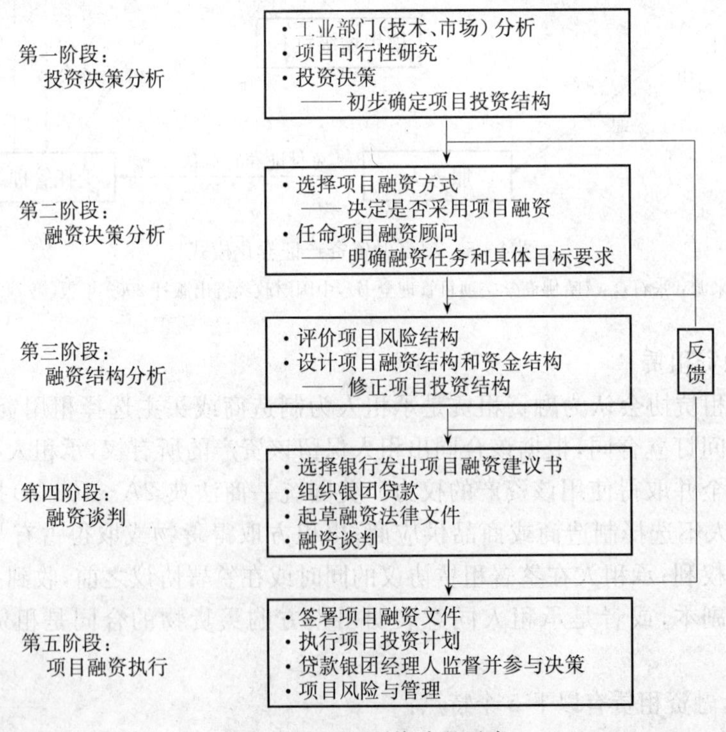


图4-6 项目融资步骤示意

资料来源：张石森：《哈佛商学院项目管理全书》，中国财政经济出版社2003年版，第702页。

# 第三节　项目成本分析

项目成本管理指在规定的时间内，为保证实现项目的既定目标实施的管理和监督，及时发现和解决项目实施过程中出现的各种问题。具体来说，项目成本管理包括在批准的预算内完成项目所需要的每一个过程，即资源计划编制、成本估算、费用预算和成本控制，框架图4－7反映了整个项目成本管理的架构和编制、估算、预算以及控制之间的相互联系。

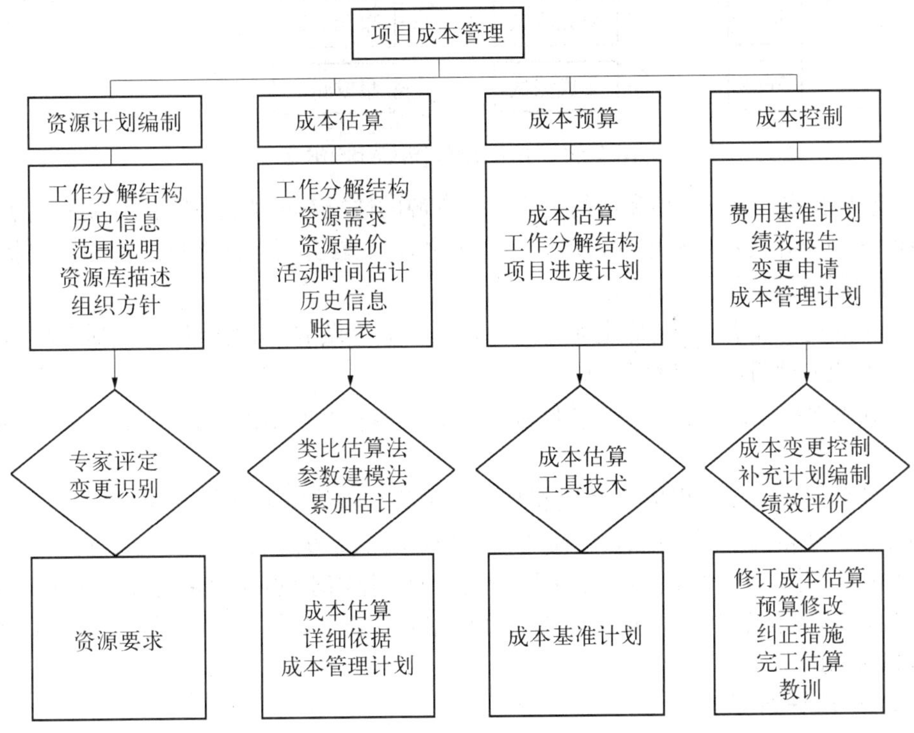


图4－7　项目成本管理框架

资料来源：赵涛：《项目成本管理》，中国纺织出版社2005年版，第7页。

## 一、项目资源计划编制

项目资源包括项目实施中需要的人力、设备、材料、能源及各种设施等。项目资源计划编制就是要确定完成项目活动中所需要的物质资源的种类以及每种资源的数量，它是成本估算的前提和基础。项目资源计划决定人力、设备、材料等资源配置，以及多少资源将用于项目的每一项工作的执行过程。例如，一个建设项目组的项目经理应该熟悉当地的建筑规范，使用当地劳动力的费用，以及当地的劳动力极端缺乏状况下，又需要一些特殊建筑技术人才，此时支出额外费用聘请一个顾问将是了解当地建筑规范的有效方式。

（一）资源计划编制的数据资料

（1）工作分解结构（WBS）：工作分解结构是项目资源计划编制所需要的最基本资料，它确定工作的各项步骤，工作划分越具体、越细，越容易估计工作所需的资源。工作分解自上而下逐级展开，资源需要量自下而上逐级累加。简单的 WBS 图示如图 4－8 所示。

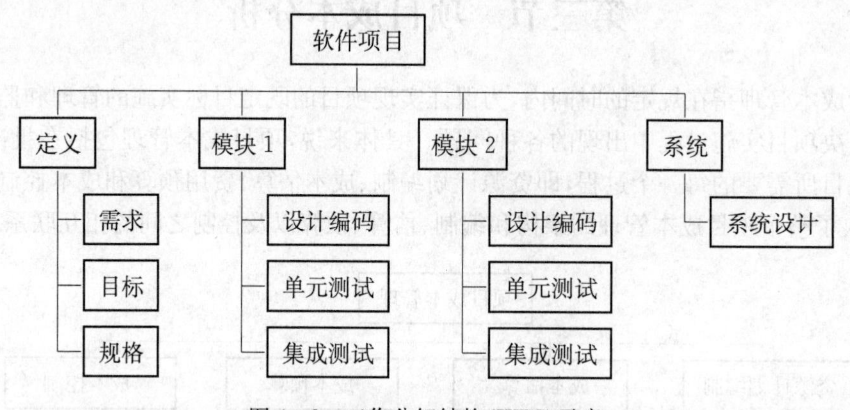

图 4－8　工作分解结构(WBS)示意

(2) 历史信息：历史上相类似的工作使用资源的情况对于项目的资源计划有借鉴作用，从已有的案例中寻找资源利用的合理和不合理之处，比较分析当前项目的资源需求状况，可以更好的编制资源计划。

(3) 项目范围说明：包括确定哪些方面是项目应该做的，哪些项目不包括在项目之内。同时还需要说明项目的合理性和项目目标。

(4) 资源库描述：资源计划需要明确什么样的资源可供利用，还需要进一步描述资源的数量和水平。

(5) 组织方针：人事组织，设备的租赁购买策略是项目资源计划的应有内容，如工程项目使用外包工还是内部职工，项目所需的设备是采用租赁方式还是直接购买等。

(6) 项目工作进度计划：资源总是围绕具体的工作需求的，项目的进度确定了工作何时需要什么资源，需要多少资源，因此工作进度计划先于资源计划，同时也是质量计划，资金使用计划等的基础。

(二) 资源计划方法

(1) 专家评定：这是一种很常用的资源计划方法，具体实施过程是集合各相关方面的专家或经过培训的专业人士或组织对资源计划进行分析、判断。

(2) 选择确认：制定多种资源安排计划，以供专家选择确认。

(3) 数学模型：在资源计划编制过程中，可以采用资源分配模型、资源均衡模型等数学模型进行资源计算分析，使得资源计划的编制更加具有科学性、可行性。

(4) 其他工具与方法：资源矩阵，资源数据表，资源甘特图，资源负荷图(需求图)，资源累计需求曲线等等。

## 二、项目成本估算

项目成本估算是指根据项目的资源需求计划和项目所需资源的市场价格或预期价格信息，估算并确定项目各种活动的成本和项目总成本的近似值。成本估算包括各项成本替代议程对于成本的影响，如在应用领域，在设计阶段增加额外的工作量可以减少生产阶段的成本，成本估算就必须考虑在设计阶段所增加的工作成本能否抵消掉在生产阶段所增加的成本。

(一) 成本估算的主要依据

1. 工作分解结构

工作分解结构将被用来组织成本估算,可以确保成本估算包括了所有的工作环节。

2. 资源需求

资源需求用来说明每一项工作需要的资源类型和所需的数量。

3. 资源单价

通过知道每种资源的单价,可以计算出成本费用。资源单价,如每小时人员费用,单位体积材料价格等可用于计算项目成本,资源单价不清楚的要对单价进行估算。

4. 活动时间估算

活动历时时间估算是对项目各个有机部分和总体实施时间的估算。对任何预算中包含了资金的附加成本(利息)的项目,活动历时时间估算将影响其成本估算。

5. 历史信息

历史信息是所有涉及项目策划、实施、评估等事件的总汇。通常历史信息的来源主要有项目文档、商业成本估算数据库、项目队伍的知识等。

(1) 项目文档记录了以前项目结果的详细信息,这些记录可以帮助进行成本估算,在许多领域,保留项目记录是非常必要的。

(2) 商业成本估算数据库通常是获取历史信息的一个重要渠道,通过商业成本估算数据库的商品数量、规格、单价、月出货量、月进货量等,可以估算商业费用。

(3) 项目队伍的知识作为一个历史信息的渠道来源,是依靠项目组成员的个人素质和以往的工作经验来实现项目费用的估算。由于这种估算是依靠记忆进行的,因此其可靠性远比文档资料要低,它只适用于粗略估算。

6. 账目表

账目表是对报告一般日记账中财务资料的编码结构的说明,它通过反映许多信息而成为历史信息和成本估算的来源。

从上面可以看出,成本估算所需要的数据很多的,因此能否正确利用这些依据是进行成本估算的关键问题。

(二) 成本-工期模型

影响项目成本的因素有很多,项目工期、耗用资源、项目质量与项目范围是影响项目成本的基本的,也是很重要的四个方面,具体配合成本-工期模型简要分析如下。

1. 项目工期

项目的成本随着工期的变化而变化,两者紧密联系。图 4-9 的工期-成本决策模型就直观地说明了这个问题。项目成本有两大类型:一类是直接成本,如物料成本、人工成本等,这类成本项目工期越长,成本越低,原因在于工期越短,突击施工所需要的物料、人力越多;第二类成本是间接成本,如管理费用、利息费用等,这类费用随着项

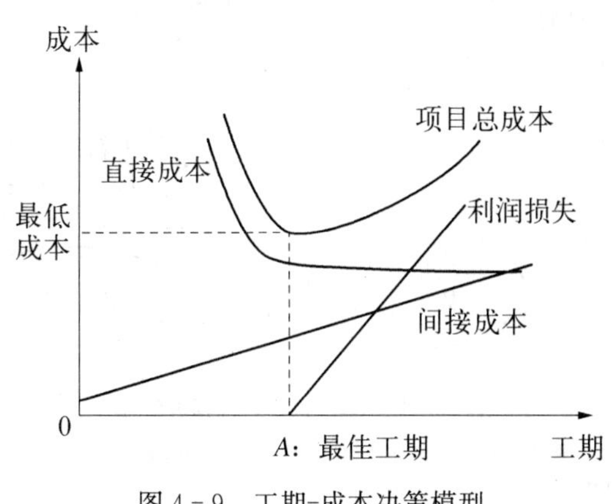

图 4-9　工期-成本决策模型

目工期的延长相应的增多。项目成本估算中，还有一个容易被忽略的问题，就是项目的利润损失，项目提前竣工就可以提前盈利，相反推迟竣工就会减少盈利，尽管利润损失并不是实际的支出，但在项目成本估算过程中不可忽视。

直接成本、间接成本和利润损失加总得到项目的总成本。图中，项目的总成本呈"U"形，因而存在着一个最佳的工期(图中 A 点)。为了尽量合理利用资源，达到项目利润最大，应尽可能将工期控制在最佳工期点左右。

2. 耗用资源的数量和价格

项目中所耗用的资源数量和资源价格是项目成本最重要的影响因素，项目都需要考虑这两个基本因素。项目前期的分析要尽量做到资源合理配置，节约使用资源，才能在这一块减少项目费用。同时，项目管理者要意识到这两个基本因素也是有区别的，项目耗用资源是第一位的，因为这个项目本身可以控制，而资源的价格是市场给定的，项目本身不可控制。

3. 项目质量

客户对项目所要求的特性与指标是项目质量的基本要求，显然项目质量要求越高，项目成本越大，一方面是高质量需要更高品质的物料以及更高的周边要求；另一方面就是为保证客户的高质量要求需要花更多的成本在项目质量的检验和保障工作，以及项目失败的补救工作上。

4. 项目范围

项目范围是项目成本的最终决定因素，即项目需要做什么事情和要做到什么程度，这是项目管理中的一个重要研究领域。宽度上，项目范围越大，项目成本越高；深度上，项目任务所需要的工作越复杂，项目成本越高。

### (三) 项目成本估算方法

常用的项目成本估算方法有类比法、参数模型法、工料清单法以及软件工具法等(图 4－10)。

1. 类比估计法

这种方法通过与国内外类似项目进行类比，来估计当期项目的费用。项目详细资料难以得到时，这是一种估计项目总费用的行之有效的方法。类比估计法是专家判断的一种形式，也是经验法的一种。它通常比其他技术和方法花费要少，当然其准确性也较低。当项目与以前的项目不仅形式上，而且实质上相同时，采用类比估计法就可靠实用。

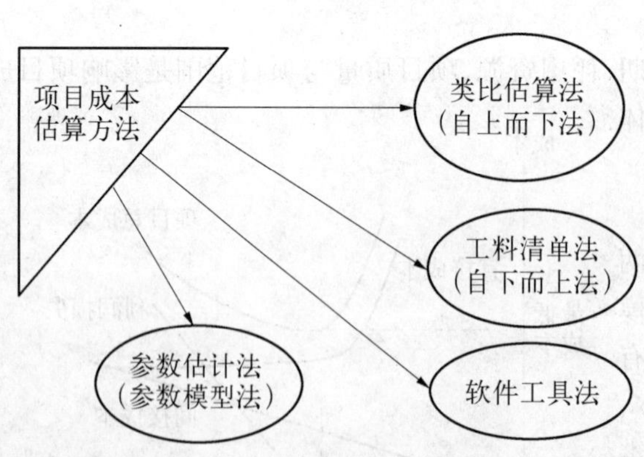


图 4－10 项目成本估算方法概述

资料来源：范黎波：《项目管理》，对外经济贸易大学出版社 2005 年版，第 189—190 页。

2. 模型法

参数模型法是将项目的特征参数作为预测项目费用数学模型的基本参数，模型可能是简单的，如建筑费用的估计只是建筑面积的一个简单函数，也可能是复杂的，如软件费用的模型需要许多因素加以描述。如果模型依赖于历史信息，则模型参数容易量化，尤其当模型应用仅跟项目范围的大小有关时，可靠度更高。

3. 清单法

这种方法先估算各个子项目的费用，然后从下往上估计出整个项目的费用。具体可以根据工作分解结构(WBS)体系工料清单，基本任务以及工作日程和费用进行估算，这种估计方法在子任务的估算上更为精确，它的优点在于对成本估计提供了详细信息，较为精确，缺点在于耗费较高。

4. 工具法

这是一种运用现有计算机项目成本估算软件(如 Project 2003)确定项目成本的方法。大部分的项目成本管理软件可以使用各种方法进行项目成本估算。人员的工资可以按小时、加班和一次性来计算，也可以具体明确到到期支付日；对于原材料，可以确定一次性或持续成本；对各种材料，可以设立相应的财务会计科目和预算代码。而且还可以利用用户自定义公式来实施成本函数。

## 三、项目成本控制

项目成本控制指对项目的资金支出进行核算和监控。成本控制工作是在成本估算和预测计划的基础上展开的，它根据各项工作需要的实际费用与计划费用进行比较，对成本费用进行评价，并对未完项目进行预测，使成本控制在预算范围之内。

项目成本控制的基本方法有以下三种。

### (一) 挣值法

挣值法是一种分析目标实施与目标期望之间差异的方法，常被称为偏差分析法。挣值法通过测量和计算已完成的工作预算费用与已完成工作的实际费用和计划工作的预算费用得到有关计划实施的进度和费用偏差，判断项目预算和进度计划执行情况。它的独特之处在于以预算和费用来衡量工程的进度，挣值法的命名来自其关键数值：挣值——已完成工作预算。

1. 挣值法的基本参数

(1) 计划工作量的预算费用(BCWS)：*BCWS*＝计划工作量×预算定额。项目实施过程中某阶段计划要求完成的工作量所需的预算工时或费用。*BCWS* 主要反映进度计划应当完成的工作量，而不是消耗的工时或费用。

(2) 已完成工作量的实际费用(ACWP)：项目实施过程中某阶段实际完成的工作量所消耗的工时或费用，主要反映项目的实际消耗。

(3) 已完成工作量的预算成本(BCWP)：*BCWP*＝已完成工作量×预算定额。项目实施过程中某阶段实际完成的工作量按预算定额计算出来的工时或费用，即挣得值(earned value)。

2. 挣值法的评价指标

(1) 费用偏差(CV)：$CV = BCWP - ACWP$。检查期间 *BCWP* 和 *ACWP* 之间的差额，*CV* 负值表示执行效果不佳，实际消耗要高出预算消耗。

(2) 进度偏差(SV)：$SV = BCWP - BCWS$。检查期间 *BCWP* 和 *BCWS* 之间的差额，*SV* 负值表示项目工期进度延误，正值表示工期进度提前。

(3) 费用执行指标(CPI)：$CPI = BCWP/ACWP$。预算费用与实际费用之比或工期值之比。$CPI>1$ 表示实际费用低于预算费用；$CPI<1$ 表示实际费用高于预算费用。

(4) 进度执行指标(SPI)：项目挣得值与计划之比，$SPI>1$ 表示项目进度提前，实际进度比计划进度快；$SPI<1$ 表示项目进度延误，实际进度比计划进度慢。

3. 挣值法评价曲线

基于上述参数，得出更直观的图 4-11 的评价曲线；同时，相关分析结果见表 4-6。

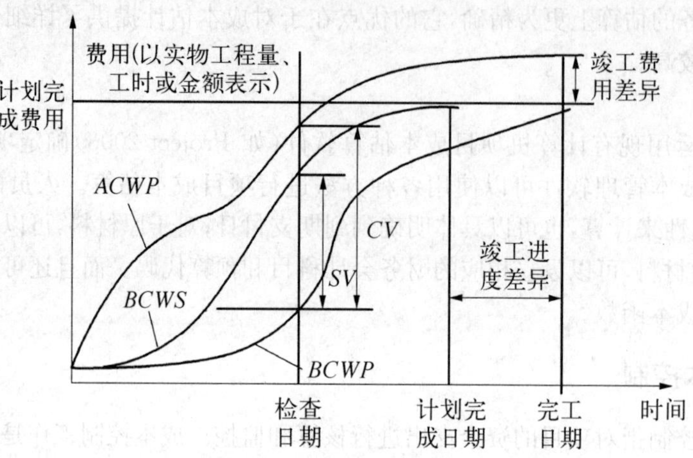


图 4-11 挣值法评价曲线

资料来源：马士华：《工程项目管理实务》，电子工业出版社 2003 年版，第 104 页。

**表 4-6 参数分析与对应措施表**

| 参数关系 | 分析 | 措施 |
|---|---|---|
| $ACWP>BCWS>BCWP$<br>$SV<0$ $CV>0$ | 效率低，进度较慢，投入超前 | 用工作效率高的一批成员替换效率低的成员 |
| $BCWP>BCWS>ACWP$<br>$SV>0$ $CV>0$ | 效率高，进度较快，投入延后 | 若偏离不大，维持现状 |
| $BCWP>ACWP>BCWS$<br>$SV>0$ $CV<0$ | 效率较高，进度快，投入超前 | 抽出部分人员，放慢进度 |
| $ACWP>BCWP>BCWS$<br>$SV>0$ $CV<0$ | 效率较低，进度慢，投入延后 | 增加高效人员投入 |
| $BCWS>ACWP>BCWP$<br>$SV<0$ $CV<0$ | 效率较低，进度慢，投入延后 | 增加高效人员投入 |
| $BCWS>BCWP>ACWP$<br>$SV<0$ $CV>0$ | 效率较高，进度较慢，投入延后 | 迅速增加人员投入 |

（二）成本累计曲线

成本累计曲线又叫做时间-累计成本图，它反映整个项目或项目中某个相对独立部分开支状况的图形。它可以从成本预算计划中直接导出，也可利用网络图、条线图等图件单独建立。通常采用 3 个步骤做出项目的成本累计曲线。

(1) 建立直角坐标系，横轴表示项目的工期，纵轴表示项目成本。

(2) 按照一定的时间间隔或时间单元累加各工序在该时间段内的支出。如果超出成本预算计划,就是各时间段的成本。

(3) 将各时间段的支出金额逐渐累加,确定出各时间段所对应的累计资金支出点,然后,用一条平滑的曲线依次连接各点即可得到成本累计曲线。确定各时间段的对应点时,横坐标为该时间段的中点,即该时间段的起始时间+(结束时间−起始时间)/2。

成本累计曲线图(参见图 4-12)中实际支出与理想情况的任何一点偏差都是一种警告信号,但并不是说工作中一定发生了问题。图上的偏差只反映了现实与理想情况的差别,发现偏差时要查明原因,判定是正常偏差还是异常,然后采取处理措施。

成本累计曲线图根据实际支出情况的趋势可以对未来的支出进行预测,通过比较预测曲线与理想曲线,可获得有价值的成本控制信息。

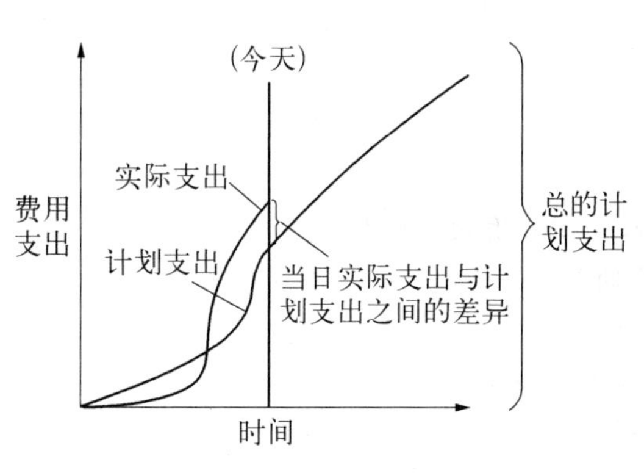


图 4-12　成本累计曲线

资料来源:钱明辉:《项目管理——晋升为经理的敲门砖》,中华工商联合出版社 2001 年版,第 275 页。

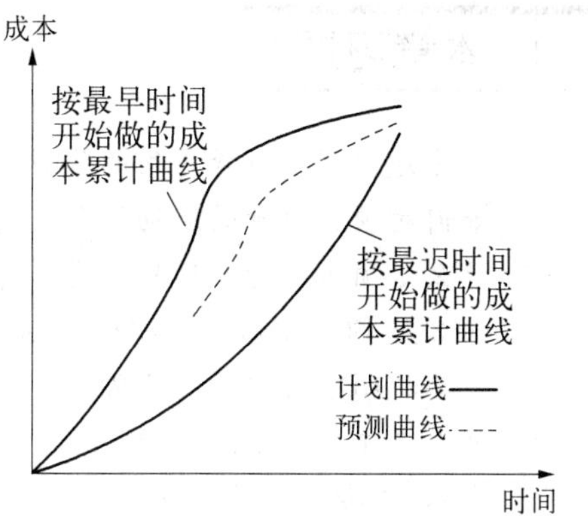


图 4-13　典型的香蕉图

资料来源:钱明辉:《项目管理——晋升为经理的敲门砖》,中华工商联合出版社 2001 年版,第 276 页。

### (三) 香蕉图

成本累计曲线假定所有工序时间都是固定的,然而实际工作中,大量的非关键工序开始和结束时间是需要调整的。利用各工序的最早开始时间和最迟开始时间制作的成本累计曲线称为香蕉曲线(见图 4-13)。

香蕉曲线不仅可以用于成本控制,还是进度控制的有效工具。它表明了项目成本变化的安全区间,实际发生成本的变化如不超出两条曲线限定的范围,属于正常变化,通过调整开始和结束的时间使成本控制在计划范围内。如果实际成本超出这一范围,就要引起重视,查清情况,分析出现的原因。如果有必要,应迅速采取纠正措施。

## 本章总结

项目投资增值管理是对项目投资的财务状况进行估算,以确定整个项目经济价值的基础,其内容涉及面很广,首先我们要理解项目投资估算的基本内容以及各种估算的方法,在此基础之上我们才能够管理好项目所需要的资金。在确定好资金需求量之后,管理者需要决定项目融资采取何种方式，不同融资方式的优缺点如何，风险如何以及项目融资的步骤。同样，项目成本管理也是项目成功的关键环节之一，本章描述了项目成本管理的内涵框架，并着重介绍了成本管理相关内容。

## 关键词

项目投资估算　流动资金　项目融资　有限追索权　BOT 融资　资产证券化融资　项目融资风险　项目成本　资源计划编制　工作分解结构　项目成本估算　项目成本控制

## 本章习题

1. 简述建设项目投资费用的构成？
2. 如何对项目投资的流动资金进行估算？
3. 什么是项目融资？项目融资与普通的公司融资有何异同？
4. 什么是 BOT 融资？其融资形式是怎样的？
5. 简要说明项目融资的步骤。
6. 什么是工作分解结构(WBS)？有何作用？
7. 成本-工期模型是怎样的？
8. 什么是挣值法？

# 第五章

# 项目风险管理

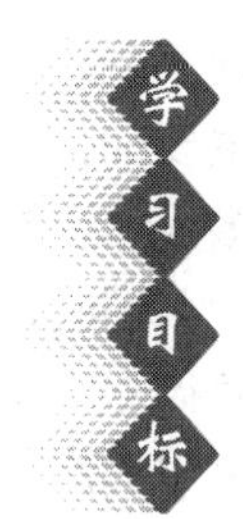


学习了本章后，你应该能够：
1. 理解项目风险管理的基本内涵；
2. 了解项目风险识别的基本方法；
3. 掌握项目风险评估的流程以及方法；
4. 了解如何规避项目风险，监控项目风险。

风险源于项目本身存在不确定性，首先项目受到自然和社会多种不确定因素的影响，其次这些因素未来的变化又是不确定的，因而风险分析与管理对于整个项目的成功具有重要的意义。项目投资的风险分析是在市场预测、技术方案、融资方案和社会评价等等工作基础之上，进一步综合分析识别拟建项目在建设和运营中潜在的主要因素，揭示风险来源，进行风险评估，判别风险程度并提出规避风险的应对策略，降低风险可能带来的损失。

## 第一节　项目风险管理概述

### 一、项目风险概述

风险事件是指活动或事件的主体未曾预料到或虽然预料到其发生，但未预料到其后果的事件。风险的种类繁多，按风险的后果来划分，项目风险有纯粹风险和投机风险，前者只会带来不利的后果，后者风险后果可能有利或不利。按照风险来源或者损失产生的可能原因，可分为自然风险（如洪水、地震等自然造成的灾害损失）和人为风险（如行为风险、技术风险、组织风险等）。按照风险是否可以管理划分为可管理风险和不可管理风险等等。这些关于风险的界定有一个共同点：即风险有可能给人们带来损失或损害，要避免损失或损害，就要把握风险事件发生的原因和内外条件两方面。

（一）风险来源

给项目带来机会、造成损失或损害、人员伤亡的原因就是风险来源。按照不同的分类标准，风险来源有多种不同的分类方法。如风险来源可划分为自然、社会和经济三种；也可以划分为组织或项目的内部和外部来源等等。

（二）风险的转化条件和触发条件

风险是潜在的，只有具备了一定条件，才有可能发生风险事件。这一定的条件称为转化条件，即使具备了转化条件，风险也不一定演变成风险事件，只有具备了另外一些条件时，风险事件才会真的发生，这后面的条件称为触发条件。了解风险由潜在变为现实的转化条件、触发条件及其过程，对于控制风险非常重要。控制风险，实际上就是控制风险事件的转化条件和触发条件。当风险事件造成损失和损害时，应设法消除转化条件和触发条件；当风险事件可以带来机会时，则应努力创造转化条件和触发条件，促使其实现。

项目不同阶段会有不同的风险，且风险大多随着项目的进展而变化，不确定性会随之减少。最大的不确定性存在于项目的早期，早期阶段做出的决策对以后阶段和项目目标的实现影响最大。项目各种风险中，进度拖延往往是费用超支、现金流出以及其他损失的主要原因，因此早期阶段主动付出必要的代价要比拖到后期迫不得已采取措施会节约更多成本。

同时，项目的一次性使其不确定性要比其他经济活动大，因而项目风险的可预测性也就差得多。重复性的生产和业务活动若出了问题，常常可以在以后找到机会补偿，而项目一旦出了问题，则很难补救。项目各种各样，每个项目都有各自的具体问题，但下述问题可能是项目所共有的：

（1）对于项目各组成部分之间的复杂关系，任何个人都难以了如指掌。

（2）项目各组成部分之间不是简单的线性关系。例如，当项目进度拖延时，有时可以通过增加人力夺回失去的时间。但在另外一些情况下，比如未能调解好项目各部门之间的协作关系时，增加人力不但不能加快进度，反而使进度更加拖延。

（3）项目处于不断变化之中，很难出现平衡，即使偶尔出现，也只能短时间维持。

（4）通常，项目管理团队强调处理技术和经济问题。但未能预期的一些冲突、新的要求，还有其他一些复杂、非线性极强、不确定性极高的非技术和非经济问题，都使得最后完成的项目变成一种折中，而非项目计划的实现。

## 二、项目风险的特征和属性

### （一）项目风险的特征

1. 客观性

项目都是由人组成的团队在一定的客观条件下以达到预期的目的而进行的，这些客观的物质因素和人为因素都是构成潜在的风险因素。这种存在是不以人的意志为转移的，人们可以在有限的空间和时间内改变风险存在和发生的条件，降低其发生的频率和减轻损失程度，而不能，也不可能完全消灭项目风险。

2. 普遍性

随着科学技术的发展、社会的进步，风险不是减少了而是增加了，风险事故造成的损失也越来越大。尤其是新技术含量高的项目，具有潜在的风险特点：技术越先进，事故损失越大；项目技术结构越复杂，总体越脆弱；项目技术收益越高，风险潜势越深。

3. 项目具体风险的发生具有偶然性

项目风险是客观存在的，但对于某具体风险的发生来说，并不是必然的，它具有随机性。风险何时发生，以及发生的后果都无法准确预测，即风险的发生在时间上具有突发性，在后果上具有灾难性。这种偶然性程度也称不明确性，程度通常用概率来描述：概率在0%～50%时，随着概率的增加，不确定性也随之增加；概率为50%时，不确定性最大；概率在

50%～100%之间，随着概率数值的增加，不确定性随之减少；当概率为 0 或 1 时，不确定性最小(见图 5-1)。

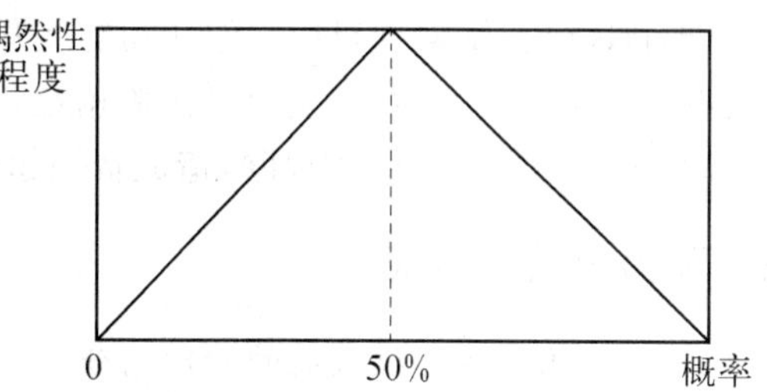

图 5-1　项目风险偶然性与概率关系

4. 大量项目风险的发生具有必然性

虽然个别项目风险的发生是偶然的、无序的、杂乱无章的；然而总体风险的发生具有规律性，这位人们利用概率论和数理统计方法上计算其发生的概率和损失幅度成为可能，同时为项目风险管理提供基础。

5. 风险的可变性

在一定条件下，项目风险可以转化，随着客观条件的变化，风险的性质、风险量也随着变化；在一段时间内，某种特定的风险可能被消除，同时也会产生新的风险。

(二) 项目风险的属性

1. 随机性

项目风险事件是否发生、何时发生、发生之后会造成什么样的后果，人们通过长期的观察发现，许多事件的发生都遵循一定的统计规律，这种性质叫随机性。

2. 相对性

项目风险是相对项目主体而言的，同样的风险对于不同的主体有不同的影响。人们对于风险事故都有一定的承受能力，但是这种能力因人而异。人们承受项目风险的能力主要影响因素有：① 收益的大小。收益越小，人们愿意承受的风险越小；反之，损失的可能性和数额越大，人们希望为弥补损失而得到的收益也越大。② 项目活动主体的地位和拥有的资源。管理人员中级别高的同级别低的相比，能够承担大的风险。同一风险，不同的个人或组织承受能力也不同，个人或组织拥有资源越多，其风险承受能力也越大。③ 投入成本的大小。项目活动投入的越多，人们对成功所抱的希望也越大，愿意冒的风险也就越小。

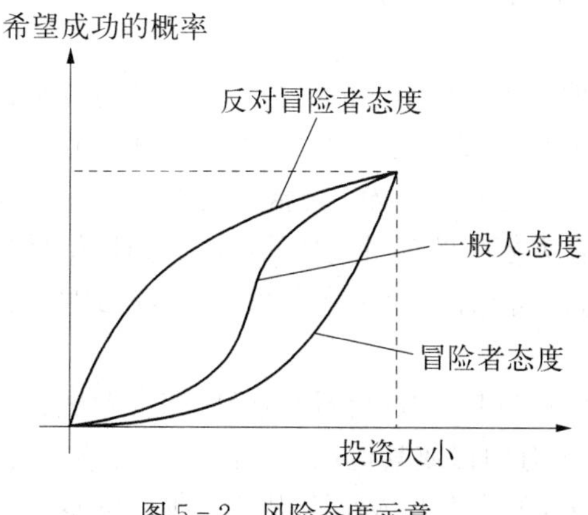

图 5-2　风险态度示意

经验发现，一般人希望项目获得成功的概率随着投入增加呈 S 形曲线规律增加：投入少时，人们愿意接受较大的风险，即使获得成功的概率不高也能接受；当投入逐渐增加时，人们开始变得谨慎起来，希望成功的概率提高。图 5-2 展示了不同的人对待风险的态度。

3. 项目风险的可变性

一些矛盾可能在一定条件下向自己的反面转化，这里的条件指活动涉及的一切风险因素。当这些条件发生变化时，必然会引起风险的变化。风险的可变性包括：① 风险性质的变化。例如，10 年前熟悉项目进度管理软件的人很少，使用计算机管理进度的风险就很大，而现在，熟悉的人很多，使用计算管理进度就不再是大的风险。② 风险后果的变化。风险后果包括后果发生的频率、收益或损失大小。由于信息传播技术、预测理论、方法和手段的不断完善和发展，某些项目风险可以较准确地预测和估计，这就减少了项目的不确定性。③ 出现新风险。随着项目或其他活动的展开，会有新的风险出现。尤其是当活动主体为回避某些风险而采取行动时，另外的风险就会出现。例如，为了避免项目进度拖延而增加资源投入时，就有可能带来管理风险，造成费用超支。

## 三、项目风险的种类

### （一）按照项目建设进展的阶段划分

按照项目建设进展的阶段风险，可分为项目建设开发阶段风险、生产阶段风险、项目生产经营阶段风险。在项目的不同进展阶段，项目风险具有不同的特点。

### （二）按照风险是否可以预测划分

按照风险是否可以预测，可以分为已知风险、可预测风险和不可预测风险。

### （三）按照项目风险的可控制性划分

按项目风险的可控制性划分，即从投资者是否能够直接控制项目风险的角度划分，可分为以下两类。

1. 项目的核心风险

该风险也称可控制风险，它是指与项目建设和生产经营管理直接有关的风险，如前面介绍的完工风险、生产风险及部分市场风险等。项目的核心风险是投资者知道如何去管理和控制的风险，同时也是投资者必须承担的风险。

2. 项目的环境风险

这种风险也称为项目的不可控制风险。这类风险既无法控制，又无法准确预测，因而也称作不可控制的风险，它是指项目的生产经营由于受到超出企业控制范围的经济环境变化的影响而遭受到损失的风险。如项目的金融风险、政治风险，项目的部分市场风险等。

### （四）按照项目风险在各个阶段的表现形式划分

按照项目风险在各个阶段的表现形式，可以将风险划分为以下几种。

1. 信用风险

项目融资的有限追索或无限追索依赖于一种有效的信用保证结构。项目参与方是否能按合同文件履行各自的职责及其承担的对项目的信用保证责任，构成了项目融资的信用风险。在项目融资中，即使对借款人、项目发起人有一定的追索权，贷款人也将评估项目参与方的使用、业绩和管理技术，因为这些因素是贷款人依赖的项目成功的保证。如提供贷款资金的银行一样，项目发起人也非常关心各参与方的可靠性、专业能力和信用，项目融资就是依靠有效的信用保证结构支撑起来的。

项目融资的信用风险贯穿于项目始终。评价项目是否存在信用风险应综合考虑各种因素：在项目建设和开发期间，借款人和担保人是否有担保或其他现金差额补偿协议，承包商是否有一定的担保来保证因未能履约造成的损失，项目发起人是否提供了股权资本或其他形式的支持；项目的生产经营阶段，产品的购买者，原材料的供应者以及其他参与者的资信状况，技术和资金能力，以往的表现和管理水平，等等，都是评价项目风险程度的重要指标。

2. 完工风险

完工风险指项目延期完工、完工后无法达到设计运行标准或无法完工等风险。项目的完工风险存在于项目建设阶段和试生产阶段。例如，一个公路项目，规划中在夏、秋两季铺设沥青工程，由于遇到了连绵不断的暴雨，使得工程不得不往后推迟，紧跟而至的冬季、春季，由于气候严寒无法进行室外施工，从而导致公路开通推迟了10个月，使得工程成本增加将近一半，这将给该公路项目的现金流量造成严重的影响。

项目完工风险的主要表现形式：项目竣工延期；项目建设成本超支；项目达不到“设计”规定的技术经济指标；特殊情况下，项目完全停工放弃。特别地，由于工程地质条件、水文地质条件与预测发生重大变化，会导致工程量增加、投资增加以及工期延长。

完工风险对项目公司而言意味着利息支出的增加、贷款偿还期限的延长和市场机会的错过，它是项目融资的核心风险之一。根据已有的统计资料，无论是在发展中国家，还是发达国家，项目建设期出现完工风险的概率都是比较高的。一般情况下，项目公司通过利用不同形式的“项目建设承包合同”和贷款银行通过“完工担保合同”或“商业完工标准”来对付完工风险。

3. 生产风险

生产风险是指在项目试生产阶段和生产运作阶段中存在的技术、资源储量、能源和原材料供应、生产经营、劳动力状况等风险因素的总称，它是项目风险管理的另一个主要的核心风险。生产风险主要表现为：技术风险，资源风险、能源和原材料供应风险，经营管理风险。

(1) 技术风险是指存在于项目生产技术及生产过程中的一些问题，主要指由于采用技术或引进技术的先进性、可靠性、适用性和可得性等与预测方案发生重大偏离，导致产能利用率降低、生产成本增加，或是产品质量达不到预期目标的风险。如技术工艺是否在项目建设期结束依然能够保持先进，厂址选择与配套建设是否合理，技术人员的专业水平与职业道德能否达到要求等等。

(2) 资源风险指依赖于某种自然资源的生产型项目。如石油、金属矿、天然气、煤炭开采项目等资源的储量、品位、可采储量、工程量等与预测发生重大变化，使得项目开采成本增加、产量降低或开采期缩短等风险。贷款银行在提供贷款时，应严格检查项目可供开采的已证实的资源总储量与项目融资期间内计划采掘或消耗的资源量之比是否在合适的比例。

(3) 能源和原材料供应风险主要包括：能源、原材料的供应是否可靠，价格是否合适，交通、通讯及其他公用设施的条件是否便利。在项目融资中，能源工业项目和重工业项目所占的比例大，通常这类项目对于能源、原材料的价格及供应的稳定性依赖较大。如果没有能源、原材料供应的适当安排，项目融资是行不通的。

(4) 经营管理风险指在项目经营和维护过程中，由于经营者的疏忽、发生重大经营问题，如设备安装、使用不合理，产品质量低劣，原材料供给中断，管理混乱等。这些风险因素都可能使项目无法按计划运营，最终将影响项目的盈利能力。

4. 市场风险

项目投产后的效益取决于其产品在市场上的销售量和其他表现，产品在市场上的销售量和其他情况的变化就是市场风险。市场风险主要有价格风险、竞争风险和需求风险，这几种风险之间相互联系、相互影响。因此，市场风险通常来源有：

(1) 市场供需实际情况与预测值发生偏离。

(2) 项目产品市场竞争力或者竞争对手发生重大变化。

(3) 项目产品和主要原材料的实际价格与预测价格发生较大偏离。

项目方在计划投资项目时必须考虑以下几种因素：是否存在该项目产品的国内和国外市场；可能的竞争激烈程度怎样；是否有相似项目竣工；预计产品的国际价格、适用关税和贸易壁垒情况；市场准入情况；当项目到运营阶段时，项目生产的产品或提供的服务是否仍然有市场；项目所用的技术是否可能被超过。

5. 金融市场风险

在项目融资中，项目发起人与贷款必须对难以控制的金融市场上可能出现的变化加以认真分析和预测，如汇率波动、利率上涨、通货膨胀和国际贸易政策的趋向等，使得资金供给不足或者来源中断导致项目工期延长或被迫停止。项目的金融风险主要表现有：一是利率风险，指项目在经营过程中，由于利率变动直接或间接地造成项目价值降低或收益受到损失。如果投资方利用浮动利率融资，一旦利率上升，项目生产成本就会提高；而如果采用固定利率融资，将来市场利率下降会造成项目机会成本的提高。二是项目外汇风险，通常包括三个方面：东道国货币的自由兑换、经营收益的自由汇出以及汇率波动所造成的货币贬值问题。

6. 政治风险

国际融资中，借款人和贷款人都承担政治风险。项目的政治风险可分为两大类：一类是国家风险，如借款人所在国现存政治体制的崩溃，对项目实行国有化，或者对项目产品实行禁运、联合抵制、中止债务的偿还等。另一类是国家政治、经济政策稳定性风险，如税收制度的变更、关税及非关税贸易壁垒的调整、外汇管理法规的变化等。

7. 法律风险

法律风险指东道国法律的变动给项目带来的风险。世界各国的法律制度不尽相同，经济体制也各具特色。跨国借贷可能面临因法律制度不同而引发的争议：有些国家担保法的不健全可能导致获得担保品成为困难；有些国家对知识产权的保护可能尚处初级阶段；还有些国家缺乏公平贸易和竞争的法律等，这些因素都会给项目带来风险。

8. 环境保护风险

随着公众愈来愈关注工业化进程对自然环境以及在环境中休养生息的人类健康和福利的影响，许多国家颁布了日益严厉的法令来控制辐射、废弃物、有害物质的运输及低效使用能源和不可再生资源。“污染者承担环境债务”的原则已被广泛接受。对项目公司来说，要满足环保法的各项要求，就需要增加项目生产成本，或者增加新的资本投入改善项目的生产环境。对那些利用自然资源或生产过程中污染严重的项目来说甚至会迫使项目无法生产下去。并且，对贷款人以项目场地和项目资产作为担保品的情况，如果行使接管项目的权利，同样将承担环境保护的压力与责任。这样，对项目融资人有可能出现的任何环境保护方面的风险，应该和上述其他风险一样得到充分的重视。

9. 外部协作条件风险

交通运输、供水、供电等主要外部协作配套条件发生重大变化，给项目建设和运营带来困难。最典型的是外包服务，由于第三方支持者的服务中断，如电子商务公司由于物流方不能及时将货物送交客户，造成该电子服务项目中止。

## 四、项目风险的成本

项目风险成本是指由于项目风险的存在和项目风险事故发生后，人们必须支出的费用和预期项目效益的减少，它包括项目风险损失的实际成本，无形成本和预防与处理风险的费用(见图5-3)。通常，项目风险成本计入项目费用，一般而言，只有当风险事件的不利后果超过为项目风险管理而付出的代价时，才有必要进行风险管理。

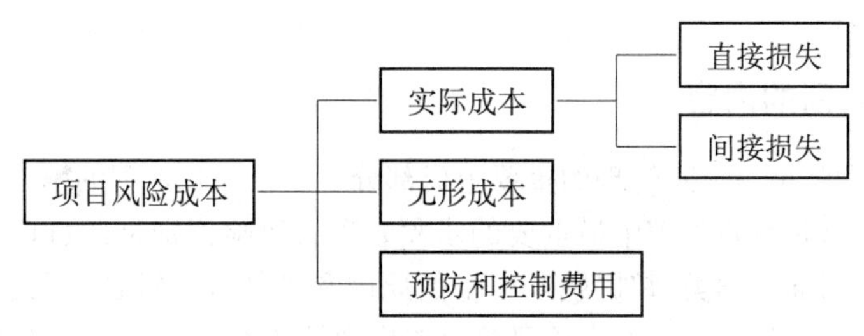


图5-3 项目风险成本分类

(一) 项目风险损失的实际成本

项目风险损失的实际成本包括造成风险事故的直接损失和间接损失成本。

**例5-1** 建筑项目中由于人员疏忽造成失火，烧掉70%现场的建筑木材，价值5万元，造成两人重伤，则：

(1) 直接损失是指财产毁损和人员伤亡的经济价值。在上面的风险事故中，直接损失成本是5万元物资损失、两人的医疗费等。

(2) 间接损失成本是指风险事故发生后，导致的该财产和人身伤亡本身以外的损失。如上例中因为两人重伤不能正常工作，重新安排人员顶替而发生的费用，为查明事故真相发生的费用属于间接损失。

(二) 项目风险损失的无形成本

项目风险损失的无形成本主要指由于风险所具有的不确定性而使项目主体在风险事故发生之前或之后付出代价。主要表现为：

1. 风险损失减少了机会

由于风险事件没有把握，不能确知风险事件的后果，项目活动的主体不得不事先做出准备。这种准备往往占用大量资金或其他资源，使其不能投入再生产，不能增值，减少了机会。

2. 风险阻碍了生产率的提高

如人们不愿意把资金投向风险很大的新技术产业，阻碍了新技术的应用和推广，阻碍了社会生产率的提高。

3. 风险造成资源分配不当

由于担心在风险大的行业或部门蒙受损失，因此人们都愿意把资源投入到风险较小的行业或部门。结果是，应该得到发展的行业或部门，缺乏应有的资源；而已发展过度的行业或部门，却占用过多的资源，造成了浪费。

(三) 项目风险预防与控制的费用

为了预防和控制风险损失，必然要采取各种措施。如向保险公司投保、向有关方面咨询、配备必要的人员、购置用于预防和减损的设备、对有关人员进行必要的教育或训练以及人员和设备的维持和维护费用，这些既有直接的费用，也有间接的费用。

# 第二节 项目风险识别

## 一、项目风险识别的内容

项目风险识别是项目风险管理的重要组成部分。项目风险管理的第一步是识别和评估潜在的风险因素,这是风险管理中最重要的步骤。项目风险识别是通过调查、了解,识别项目风险的存在,然后通过归类,掌握风险产生的原因和条件,以及风险所具有的性质。它是企业或项目在财产、责任和人身伤亡等风险可能出现的意外或损失,项目风险管理者必须系统地、连续地识别它们;项目风险管理者若不能准确地识别项目面临的潜在风险,就会失去处理这些风险的最佳时机,就会被动地滞留这些风险。风险识别包括列出所有项目的种类、性质、流程、涉及的人、财、物各自的情况,以及项目物资的供应人,项目团队的成员组成和素质及存在的问题,这样可以确定风险管理的有效性。尽管不是所有的风险都会对项目产生严重后果,但是有可能几个小的风险一起就会对项目有严重的影响。因此,需要系统地进行项目风险识别。

项目风险识别的核心内容是确定风险的识别过程;另外,项目风险管理者要了解项目面临的全部风险,可以从项目的风险形势评估、外在环境以及项目的生命周期等方面进行综合分析。

1. 项目风险过程识别

风险的确定是风险管理成功的关键,只有将所有的风险都包括在观察列表内,才能真正减少风险。风险的识别过程包括:收集足够的信息;确定风险的来源;评定风险的等级。信息的足够与否决定了确定风险的准确性。项目经理可以按风险的类型先确定风险的来源,然后按不同的风险来源收集资料。当然,资料收集的越齐全,风险的确定就会越准确。

PMBOK(2004)给出了项目风险识别过程的流程图(图 5-4)。

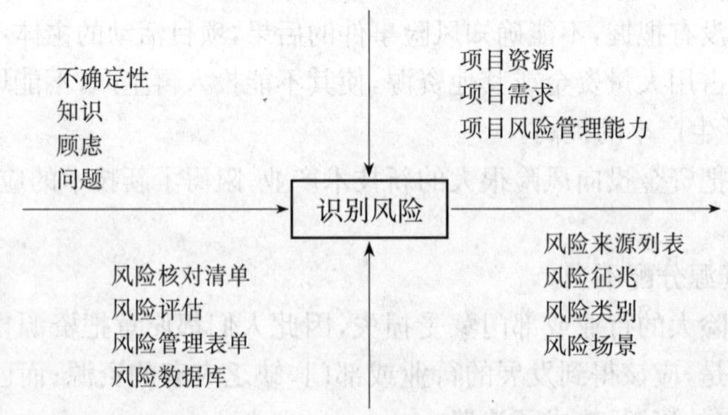


图 5-4 项目风险识别流程图

2. 项目风险形势评估

风险识别之前要进行风险形势评估,风险形势评估以项目计划、项目预算、项目进度等基本信息为依据,明确项目的目标、战略、战术以及实现项目目标的手段和资源。从风险的角度审查项目计划认清项目形势，并揭示隐藏的项目前提和假设，使项目管理者在项目初期就能识别出一些风险，例如项目建议书、可行性报告或项目计划一般都是建立在若干假设、前提、预测的基础上，而这些条件在项目实施期间并不一定成立，其间就隐藏着风险问题；而这又是容易被忽视的，一旦问题发生，往往使项目经理措手不及。例如某 IT 项目计划假设实施小组脱产投入项目的实施，但在实际过程中，小组人员却不得不抽出大量时间处理原有的业务，造成项目实施进度的拖延和实施效果不尽如人意的风险。要找出隐藏的威胁风险，有必要对各种项目计划进行详细审查，如人力资源计划和项目采购计划等。在对项目的基础风险的形势评估之上，就可以对各种显露的潜在风险进行识别。

3. 项目的外在环境分析

任何一个项目都是处在一定的环境中，这些环境因素包括政治因素、法律因素、经济因素、社会风险、自然条件等五个方面的因素。

(1) 政治因素。例如政局的不稳定性，国家的对外关系，政治信用和政府廉洁程度，政策及政策的稳定性，经济的开放程度和排外性，地方保护主义倾向等。

(2) 法律因素。如法律不健全，有法不依，执法不严，相关法律内容的变化，法律对项目的干预，可能对相关法律未能全面了解，项目中可能有触犯法律的行为。

(3) 经济因素。国家经济政策的变化，产业结构的调整，严重的通货膨胀或通货紧缩，项目产品的市场变化，项目的工程承包市场、材料供应市场、劳动力市场的变化，原材料进门风险、金融风险、外汇汇率的变动等。

(4) 社会风险。劳动者的素质，社会风气等。

(5) 自然条件。如地震，反常又恶劣的雨雪天气，冰冻天气恶劣的现场条件，周边存在对项目的干扰源，工程项目的建设可能造成对环境的破坏，不良的运输条件可能造成供应的中断。

4. 项目的生命周期分析

在项目的各个阶段可能存在不同的风险，具体可以参见表 5-1。

**表 5-1　项目生命周期各阶段风险**

| 项目管理阶段 | 常　见　风　险 |
| --- | --- |
| 启动阶段 | 目标不明确，项目范围不清，工作表述不全面，目标不现实，技术条件不够…… |
| 计　　划 | 计划难以实现、资源分配不当、成本预算不合理、速度不合理、计划不够具体…… |
| 实施阶段 | 领导犹豫不决，没有高层管理者的支持，团队成员没有合作精神，通讯阻碍工作，资源短缺，重要成员变动…… |
| 控制阶段 | 项目计划没有机动性，不能适应变化，管理不灵活，外部环境不断变化…… |
| 结　　果 | 中断项目，未达到预期目标，资源超出预算…… |

## 二、项目风险识别技术

### (一) 风险识别问询法

项目风险经理应向涉及本项目的各部门、各专业技术人员、各位经理或管理人员甚至有丰富的施工经验的工人广泛征询他们对项目风险的看法。

(1) 问询时可采取座谈会方式,采取管理学中推荐的"头脑风暴法"漫谈项目风险,而项目风险经理应全面地记录下来,并加以冷静地思考,剔除不合理成分,保留其精华。

(2) 问询也可采取专家预测法(即 Delphi 法)。事先设计好问卷发给各位被征询意见者,回收后分门别类或按事先给定的权重挑选出正确的风险因素。

(二) 核对表法(检查表法 Checklist)

人们考虑问题有联想习惯,在过去经验的启示下,思想常常变得很活跃、浮想联翩。风险识别实际上是关于未来风险事件的设想,如果把人们经历过的风险事件及其来源罗列出来,写成一张核对表。那么,项目管理人员看了就容易开阔思路联想到本项目会有哪些潜在的风险。核对表可能包含以前项目成功或失败的原因、项目其他方面规划的结果,如范围、成本、质量、进度、采购与合同、人力资源与沟通等计划成果,项目产品或服务的说明书、项目团队成员的技能、项目可用的资源等等。尤其对于那些风险较大的建设基础产业和基础设施的项目融资风险管理,国际上一些有项目融资经历的专家和金融机构从以往的这类业务活动中总结出丰富的经验和教训,见表 5-2。

**表 5-2 风险识别核对表法**

| 项目管理成功的原因 | 项目管理失败的原因 |
|---|---|
| 1. 项目目标清楚<br>2. 让有关人员都参与了解项目决策<br>3. 明确相关人员的责权<br>4. 采取行动之前,对可能的设计方案作细致的分析和比较<br>5. 项目经理拥有适当的权限<br>6. 项目成员齐心协力,讨论可能的风险<br>7. 及时应付外部环境的变化<br>8. 有效的组织项目团队,奖惩适当<br>9. 对项目成员进行必要的培训 | 1. 项目业主不积极配合<br>2. 项目各方责任不明确<br>3. 执行者与决策者之间沟通不良<br>4. 计划工作过于粗糙,或者缺少灵活性<br>5. 员工能力太差,又未接受培训和指导<br>6. 仓促进行各种变更,更换负责人,改变责任<br>7. 决策未征求各方面意见<br>8. 未能对经验教训进行分析<br>9. 其他错误 |

(三) 分解结构法

分解结构法,又称为系统分析法,就是将复杂的事物分解成简单的、容易被人认识的事物,将大系统分解成小系统,从而识别风险的方法。这是人们在分析复杂问题时常用的方法,例如当建造一座化肥厂时,系统分析人员、技术专业人员和经济分析人员等可首先根据事物本身的规律和本人的知识将风险分成以下几个方面:市场风险或投资风险,经济风险,技术风险,资源及原材料供应风险,环境污染风险等(参见图 5-5)。然后,对每一种风险再作进一步分析,比如市场风险和市场分析是进行投资时所首先要考虑的因素,尤其是对中小企业更是具有决定性影响,因此进行国内外市场的调查、统计和预测至关重要。

(四) 流程图法

流程图法首先要建立一个工程项目的总流程图与各分流程图,展示项目实施的全部活动。流程图可用网络图来表示,也可利用 WBS 来表示,它帮助项目识别人员分析和了解项

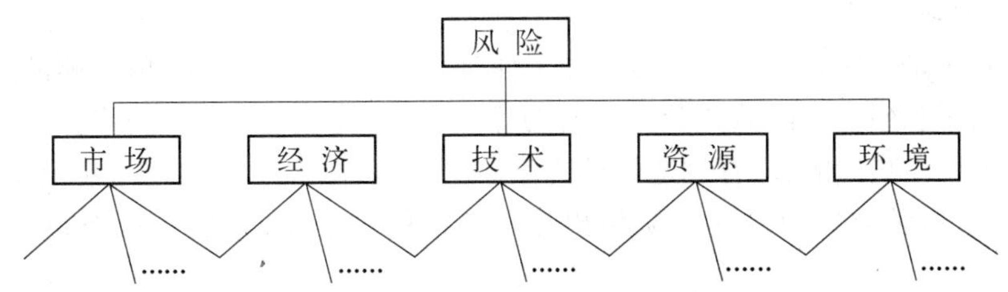

图 5－5　系统分析法示意

目风险所处的具体环节，项目各个环节之间存在的风险以及风险的起因和影响。通过对项目流程的分析，可以识别和发现项目的某个具体环节或地方存在风险隐患，以及各个环节对于项目风险影响的大小。

项目流程图是一个给出项目的工作流程，项目各个不同部分之间的相互关系等信息的图表。项目流程图包括：项目系统流程图、项目实施流程图、项目作业流程图等多种形式；绘制的步骤一般有：

(1) 确定工作过程的起点(输入)和终点(输出)。

(2) 确定工作过程经历的所有步骤和判断。

(3) 按顺序连接成流程图。

### (五) 安全检查表

安全检查表是按照系统工程的分析方法，在对一个系统进行科学分析的基础上，找出各种可能存在的风险因素，然后以提问的方式将这些风险因素列成表格。安全检查表可以按团队、设备、时期等，由风险管理人员、生产技术人员和工人共同参与编制。安全检查表的编制程序一般为：

(1) 将整个项目看作一个系统，再把系统分成若干个子系统。

(2) 找出各个子系统存在的风险因素。

(3) 针对各个项目风险因素，查找有关控制标准或规范。

(4) 根据项目风险因素的大小、重要程度依次列出问题清单。

### (六) 情景分析法

情景分析法就是通过对项目未来的某个状态或某种情况的详细描绘和分析，识别项目风险的一种方法。对于项目未来某种状态或情况的描绘既可以用图表或曲线给出，也可以用文字给出。对于设计因素较多，分析计算复杂和方案众多的项目风险分析，通常借助计算机进行模拟。这种方法一般给出项目状态或情况的描述，然后变动项目的某种因素，分析变动后项目整个情况会怎样？会有什么样的风险发生？风险的后果怎么样？等等，大致步骤参见图 5－6。因而，情景分析法对下列项目风险识别工作特别有用：分析和识别项目风险的后果；分析和识别项目风险可能波及的范围；检验项目风险识别的结果以及研究某些关键因素对项目的影响。

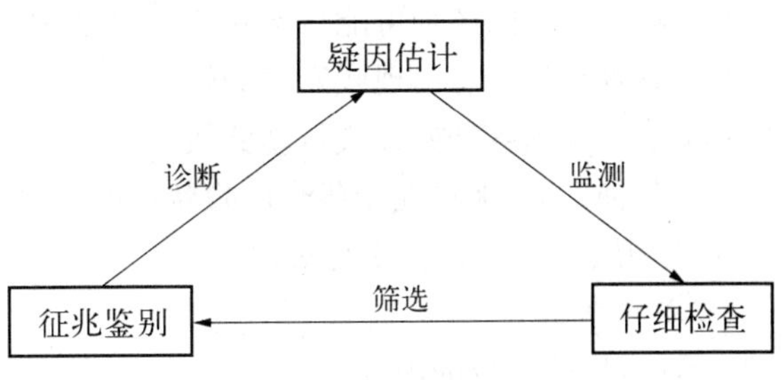

图 5－6　情景分析法示意

（七）头脑风暴法

头脑风暴法是解决问题时常用的一种定性分析方法。具体来说，就是团队的全体成员自发地得出主张和想法。团队成员在选择方案之前，一定要得出尽可能多的方案和意见。头脑风暴法能产生热情的、富有创造性的方案。当然，头脑风暴法更注重想出主意的数量，而不是质量，这样做的目的是要团队想出尽可能多的主意，鼓励成员有新奇、突破常规的主意。

（八）故障树分析法

故障树就是利用图解的形式将大的故障分解成各种小的故障，对各种引起故障的原因进行分解，由于图的形状像树枝一样，越分越多，故名故障树(图 5-7)。

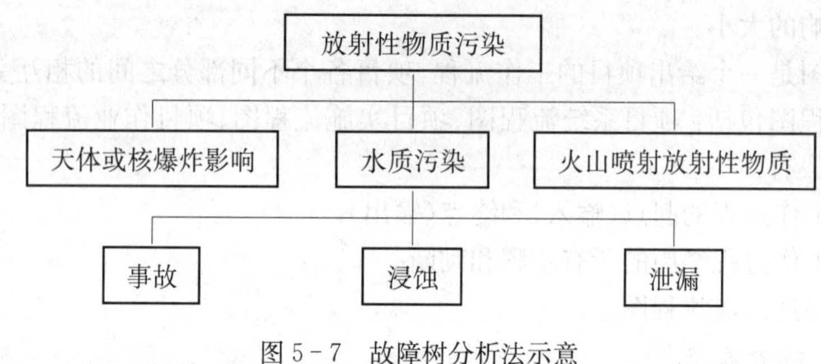


图 5-7　故障树分析法示意

## 第三节　项目风险评估

### 一、项目风险评估的内涵

项目风险评估是项目风险管理的第二个步骤，项目风险评价包括风险估计与风险评价两个内容，风险估计主要任务是确定风险发生的概率与后果；风险评价则是确定该风险的社会、经济意义以及处理的费用、效益分析。

（一）风险估计

项目选择不同的方案或行动路线，就会有不同的风险，从中选择威胁最少，机会最多的过程就是风险估计的决策过程。决策一般涉及 5 个方面：

(1) 项目主体有一个或多个明确的目标。

(2) 项目面临的各种可能自然状态，或称风险状态。

(3) 各种自然状态出现或发生的概率。

(4) 供选择的各种方案或行动路线。

(5) 各种方案、项目处于各个风险状态的后果，如收益或损失的大小。

可能的风险估计活动参见图 5-8。

（二）风险评价

1. 项目风险评价的内容

(1) 在风险估计的基础上量化已识别的项目风险的发生概率和后果，减少风险发生的

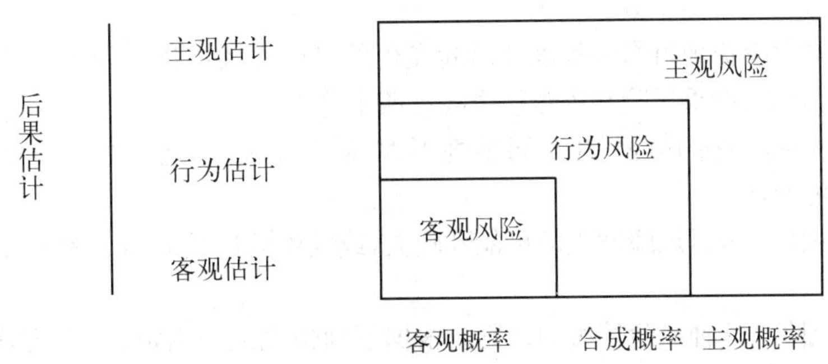


图 5-8　风险估计示意

资料来源：于九如：《投资项目风险分析》，机械工业出版社 1999 年版，第 10 页。

概率和降低后果估计中的不确定性。如果项目形式有重大变化，则有必要重新分析风险发生的概率和可能的后果。

(2) 比较和评价项目各种风险，按照风险的不确定性和大小排列先后顺序。

(3) 找出各个风险事故之间的内在联系。例如项目的费用超支、进度拖延、产品质量缺陷都有可能由于项目经理的沟通能力不足引起，也可能是因为遇到了未曾预料到的技术难题，或者由于供应商不能履行合同等。

(4) 鉴于风险是随条件的变化而变化的，风险评价的另一作用就是考虑各种不同风险在什么样的条件下相互转化。

2. 项目风险评价的步骤

一般地，风险评价可分为三步：

(1) 确定风险评价基准。风险评价基准就是项目主体针对每一种风险后果确定的可接受水平。单个风险和整体风险都要分别确定单个评价基准和整体评价基准。风险的可接受水平可以是绝对的，也可以是相对的。

(2) 综合所有的个别风险，确定项目整体风险水平。

(3) 将单个风险与单个评价基准、项目整体风险水平与整体评价基准对比，确定项目风险是否在可接受的范围之内，进而确定该项目是停止还是继续进行。

3. 项目风险费用分析

风险评价首先要进行风险费用分析，进而作出风险处理，如控制、自留、转移等决策。既然项目中存在风险，则此风险的存在或处理此风险，就要花费一定的费用。这种风险费用包括直接的或间接的风险费用，图 5-9 描述了这种费用的组成。

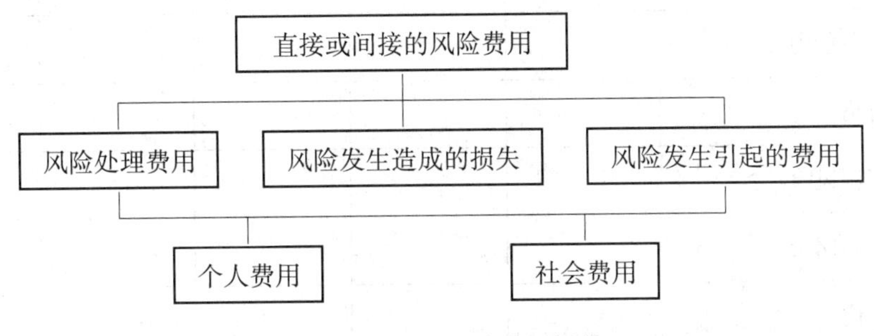


图 5-9　项目风险费用划分

4. 风险分类

按风险因素对投资项目影响程度和风险发生的可能性大小进行划分，通常将风险分为一般风险、较大风险、严重风险和灾难性风险等四个等级。

(1) 一般风险。项目风险发生的可能性不大，或即使发生，造成的损失也较小，一般不会影响项目的可行性。

(2) 较大风险。项目风险发生的可能性较大，或发生后造成的损失较大，但是损失后果项目可以承受。

(3) 严重风险。这种风险等级的评判要根据下列情况之一而定：一种是项目风险发生的可能性很高，风险造成的损失也大，可能会导致项目不可行；另一种是项目风险发生后造成严重的损失，但是风险发生的概率较小，如果在项目管理当中，采取有效的防范措施，仍然可以使项目实施下去。

(4) 灾难性风险。这种项目风险的发生概率很高，而且一旦发生将产生灾难性后果，导致项目无法进行。

## 二、项目风险评估方法

常用的项目风险评估方法有简单估计法和概率法分析两大类。

(一) 简单估计法

1. 专家评估法

这种方法以发函、开会或其他形式向专家咨询，对项目风险因素及其风险程度进行评定，将多位专家的经验集中起来形成分析结论。为减少主观性和偶然性，评估专家人数一般不少于10人。具体操作上，可先请每位专家凭经验独立对各类风险因素的风险程度作出判断，然后将每位专家的意见归结起来进行分析，将风险程度按灾难性风险、严重风险、较大风险、一般风险进行分类，并编制风险因素和风险程度分析表，见表5-3。

**表5-3 风险因素与风险程度分析表**

| 序号 | 风险因素名称 | 风险程度 | | | | 说明 |
|---|---|---|---|---|---|---|
| | | 灾难性 | 严重 | 较大 | 一般 | |
| 1 | 市场风险 | | | | | |
| 1.1 | 市场需求量 | | | | | |
| 1.2 | 竞争能力 | | | | | |
| 1.3 | 价格 | | | | | |
| 2 | 资源风险 | | | | | |
| 2.1 | 资源储量 | | | | | |
| 2.2 | 品位 | | | | | |

续表

| 序号 | 风险因素名称 | 风险程度 | | | | 说明 |
|---|---|---|---|---|---|---|
| | | 灾难性 | 严重 | 较大 | 一般 | |
| 2.3 | 采选方式 | | | | | |
| 2.4 | 开拓工程量 | | | | | |
| 3 | 技术风险 | | | | | |
| 3.1 | 先进性 | | | | | |
| 3.2 | 适用性 | | | | | |
| 3.3 | 可靠性 | | | | | |
| 3.4 | 可得性 | | | | | |
| 4 | 工程风险 | | | | | |
| 4.1 | 工程地质 | | | | | |
| 4.2 | 水文地质 | | | | | |
| 4.3 | 工程量 | | | | | |
| 5 | 资金风险 | | | | | |
| 5.1 | 汇率 | | | | | |
| 5.2 | 利率 | | | | | |
| 5.3 | 资金来源中断 | | | | | |
| 5.4 | 资金供应不足 | | | | | |
| 6 | 政策风险 | | | | | |
| 6.1 | 政治条件变化 | | | | | |
| 6.2 | 经济条件变化 | | | | | |
| 6.3 | 政策调整 | | | | | |
| 7 | 外部协作条件风险 | | | | | |
| 7.1 | 交通运输 | | | | | |
| 7.2 | 供水 | | | | | |
| 7.3 | 供电 | | | | | |
| 8 | 社会风险 | | | | | |
| 9 | 其他风险 | | | | | |

2. 项目风险因素取值评定法

这种方法是通过估计风险因素的最乐观值、最悲观值和最可能值，计算期望值，将期望值的平均值与已确定方案的基准数值进行比较，计算两者的偏差值和偏差程度，由此判别风险程度。偏差值和偏差程度越大，风险程度越高。具体方法如表 5-4 所示。

**表 5-4 风险因素取值评定表**

| 专家号 | 最乐观值 (A) | 最悲观值 (B) | 最可能值 (C) | 期望值(D) $D=[(A)+4(C)+(B)]/6$ |
|---|---|---|---|---|
| 1 | | | | |
| 2 | | | | |
| 3 | | | | |
| … | | | | |
| $n$ | | | | |
| 期望平均值 | | | | |
| 偏差值 | | | | |
| 偏差程度 | | | | |

注：(1) 表中期望平均值 $=\left[\sum_{i=1}^{n}(D)_i\right]/n$ ($i$ 表示专家号，$n$ 表示专家人数)。(2) 表中偏差值＝期望平均值－已确定方案。(3) 表中偏差程度＝偏差值÷已确定方案。

简单估计法只能对单个风险因素判断其风险程度，若要研究风险因素发生的概率和对项目的影响程度，应进行概率分析。

(二) 概率分析法

1. 概率分析法的基本原理与步骤

概率分析是运用概率方法和数理统计方法对风险因素的概率分布和风险因素对评价指标的影响进行定量分析。概率分析首先预测风险因素发生的概率，将风险因素作为自变量，预测其取值范围和概率分布，再选定评价指标作为因变量，测算评价指标的相应取值范围和概率分布，计算评价指标的期望值，以及项目成功的概率。

概率分析一般按下列步骤进行：

(1) 选定一个或几个评价指标，通常将财务内部收益率、财务净现值等作为评价指标。

(2) 选定需要进行概率分析的风险因素，通常有产品价格、销售量、主要原材料价格、投资额，以及外汇汇率等等。针对项目的不同情况，通过敏感性分析，选择最为敏感的因素进行概率分析。

(3) 预测风险因素变化的取值范围及概率分布。一般分为两种情况：一是单因素概率分析，即设定一个自变量因素变化，其他因素不变化，进行概率分析；二是多因素概率分析，即设定多个自变量同时变化，进行概率分析。

(4) 根据测定的风险因素值和概率分布，计算评价指标的相应取值和概率分布。

(5) 计算评价指标的期望值和项目可接受的概率。

(6) 分析计算结果，判断其可接受性，研究控制风险因素的措施。

风险因素概率分布的测定是概率分析的关键，也是进行概率分析的基础。风险因素概率分布的测定方法，应根据评价需要，以及资料的可得性和费用条件来选择，通过专家调查法确定，或者使用历史统计资料和数理统计分析方法测定。

评价指标的概率分布可采用理论计算方法或者模拟计算方法。风险因素概率服从离散型分布的可采用理论计算法，即根据数理统计原理，计算出评价指标的相应数值、概率分布、期望值方差、标准差等；当随机变量的风险因素较多，或者风险因素变化值服从连续分布，不能用理论计算法计算时，可采用模拟计算法，即以有限的随机抽样数据，模拟计算评价指标的概率分布，如蒙特卡洛模拟法。

2. 概率树分析案例

**例 5-2** 概率树分析是在构造概率树的基础上，计算项目净现值的期望值和净现值大于或等于零的概率。

(1) 构造概率树。理论上概率树分析适用于所有状态有限的离散变量，根据每个输入变量状态的组合计算项目评价指标。

若输入变量有 $A$, $B$, $C$, …, $N$，每个输入变量有状态 $A_1$, $A_2$, …, $A_{m_1}$；$B_1$, $B_2$, …, $B_{m_2}$；…；$N_1$, $N_2$, …, $N_{m_n}$。各种状态发生的概率为 $P(A_i)$, $P(B_i)$, $P(C_i)$, …, $P(N_i)$。

$$\sum_{i=1}^{m_1} P\{A_i\} = P\{A_1\} + P\{A_2\} + \cdots + P\{A_{m_1}\} = 1$$

$$\sum_{i=1}^{m_2} P\{B_i\} = 1, \cdots, \sum_{i=1}^{m_n} P\{N_i\} = 1$$

状态组合共有 $m_1 m_2 m_3 \cdots m_n$ 个；相应的各种状态组合的联合概率为 $P\{A_i\}P\{B_i\}\cdots P\{N_i\}$。将所有风险变量的各种状态组合起来，分别计算在每种组合状态下的评价指标及相应的概率，得到评价指标的概率分布。然后统计出评价指标低于或高于基准值的累计概率，并绘制以评价指标为横轴，累计概率为纵轴的累计概率曲线。计算评价指标的期望值、方差、标准差和离散系数($\sigma\sqrt{x}$)。

由于计算量随输入变量或状态的增加呈几何级增长，在实际中一般限制输入变量数不超过 3 个，每个变量状态数不超过 3 个，这样组合状态被限制在 27 个内，可以减少计算量。

某项目的主要风险变量有建设投资、年销售收入和年经营成本，其估算值分别为 85 082 万元、35 360 万元和 17 643 万元。经调查认为每个变量有 3 种状态(见表 5-5)，其概率分布如图 5-10 所示。据此计算项目净现值的期望值。

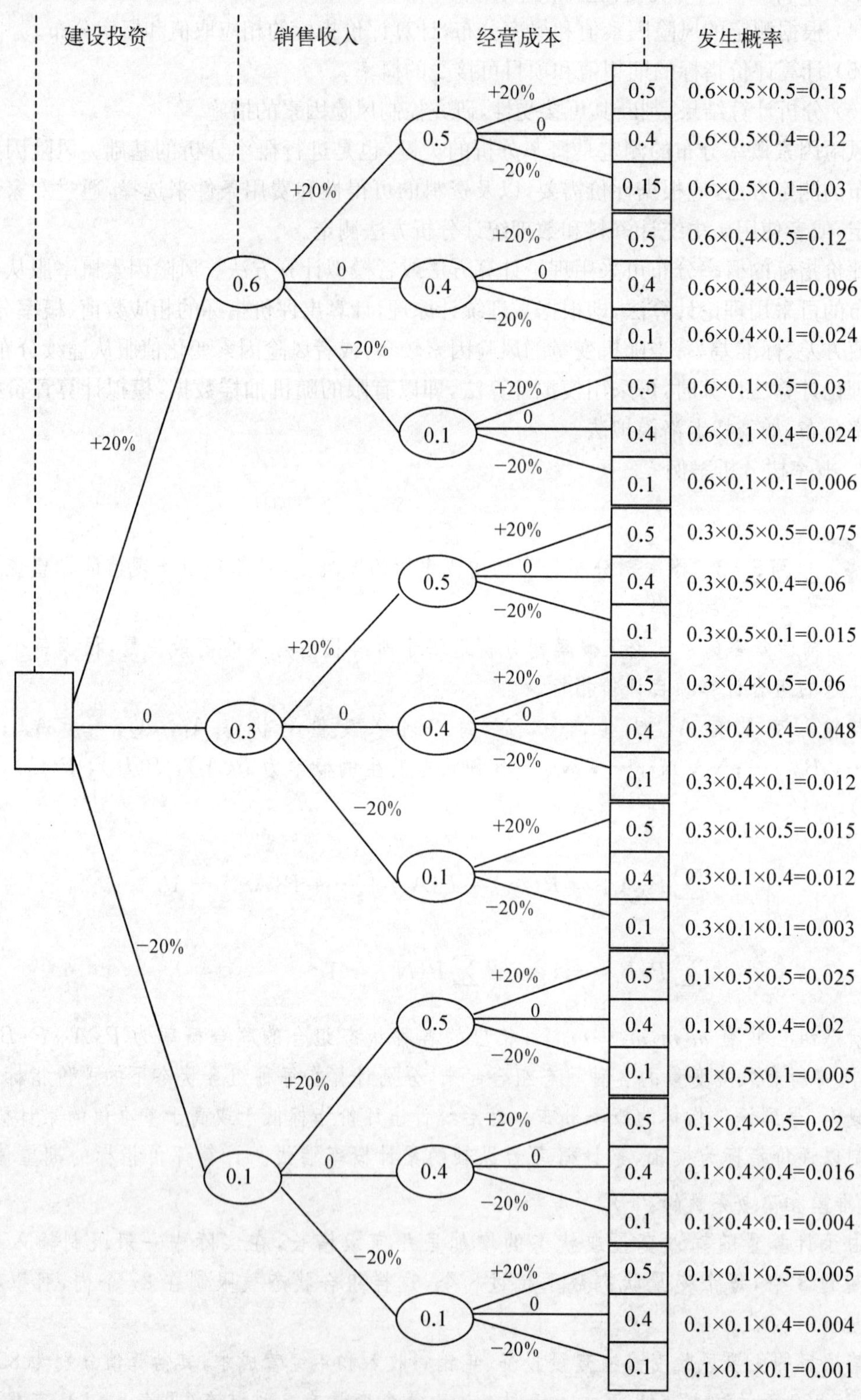
建设投资
销售收入
经营成本
发生概率
+20%
0
-20%
0.6
0.3
0.1
0.5
0.4
0.1
0.15
0.6×0.5×0.5=0.15
0.6×0.5×0.4=0.12
0.6×0.5×0.1=0.03
0.6×0.4×0.5=0.12
0.6×0.4×0.4=0.096
0.6×0.4×0.1=0.024
0.6×0.1×0.5=0.03
0.6×0.1×0.4=0.024
0.6×0.1×0.1=0.006
0.3×0.5×0.5=0.075
0.3×0.5×0.4=0.06
0.3×0.5×0.1=0.015
0.3×0.4×0.5=0.06
0.3×0.4×0.4=0.048
0.3×0.4×0.1=0.012
0.3×0.1×0.5=0.015
0.3×0.1×0.4=0.012
0.3×0.1×0.1=0.003
0.1×0.5×0.5=0.025
0.1×0.5×0.4=0.02
0.1×0.5×0.1=0.005
0.1×0.4×0.5=0.02
0.1×0.4×0.4=0.016
0.1×0.4×0.1=0.004
0.1×0.1×0.5=0.005
0.1×0.1×0.4=0.004
0.1×0.1×0.1=0.001

图 5-10 概率树

表 5-5　某项目风险变量及可能状态

|  | +20% | 计　算　值 | −20% |
|---|---|---|---|
| 建设投资 | 60% | 30% | 10% |
| 销售成本 | 50% | 40% | 10% |
| 经营成本 | 50% | 40% | 10% |

于是，共有 27 个组合，即图中所示 27 个分支，圆圈内数字表示输出变量各种状态发生的概率，如图上第一个分支表示建设投资、销售收入、经营成本同时增加 20%的情况，称为第一事件。

(2) 计算净现值的期望值。

① 计算各种可能发生事件的概率。

如第一事件发生的概率＝$P$(建设投资增加 20%)×$P$(经营成本增加 20%)×$P$(销售收入增加 20%)＝0.6×0.5×0.5＝0.15。

依此类推计算出其他 26 个可能发生事件的概率，如图中所示。

② 计算各可能发生状态的净现值。

将建设投资、产品销售收入、经营成本各年数值分别调增 20%，重新计算财务净现值，得财务净现值为 32 480 万元，依此类推计算出其他 26 个可能发生事件的净现值(表 5-6)。

③ 计算期望值。

将各事件的发生概率与其净现值分别相乘，得出加权净现值，再求和得出财务净现值的期望值为 24 481.83 万元。期望值计算见表 5-6。

表 5-6　各状态的期望值计算

| 事件 | 建设投资 | 销售收入 | 经营成本 | 概率 | 净现值/万元 | 加权净现值/万元 |
|---|---|---|---|---|---|---|
| 1 | +20% | +20% | +20% | 0.15 | 32 480 | 4 872 |
| 2 | +20% | +20% | 估计值 | 0.12 | 41 133 | 4 935.96 |
| 3 | +20% | +20% | −20% | 0.03 | 49 778 | 1 493.34 |
| 4 | +20% | 估计值 | +20% | 0.12 | −4 025 | −483 |
| 5 | +20% | 估计值 | 估计值 | 0.096 | 4 620 | 443.52 |
| 6 | +20% | 估计值 | −20% | 0.024 | 13 265 | 318.36 |
| 7 | +20% | −20% | +20% | 0.03 | −40 537 | −1 216.11 |
| 8 | +20% | −20% | 估计值 | 0.024 | −318 93 | −765.43 |
| 9 | +20% | −20% | −20% | 0.006 | −23 248 | −139.49 |

续 表

| 事件 | 建设投资 | 销售收入 | 经营成本 | 概率 | 净现值/万元 | 加权净现值/万元 |
|---|---|---|---|---|---|---|
| 10 | 估计值 | +20% | +20% | 0.075 | 49 920 | 3 744 |
| 11 | 估计值 | +20% | 估计值 | 0.06 | 58 565 | 3 513.9 |
| 12 | 估计值 | +20% | −20% | 0.015 | 67 209 | 1 008.14 |
| 13 | 估计值 | 估计值 | +20% | 0.06 | 13 407 | 804.42 |
| 14 | 估计值 | 估计值 | 估计值 | 0.048 | 22 051 | 1 058.45 |
| 15 | 估计值 | 估计值 | −20% | 0.012 | 30 696 | 368.35 |
| 16 | 估计值 | −20% | +20% | 0.015 | −23 106 | −346.59 |
| 17 | 估计值 | −20% | 估计值 | 0.012 | −14 462 | −173.54 |
| 18 | 估计值 | −20% | −20% | 0.003 | −5 871 | 17.45 |
| 19 | −20% | +20% | +20% | 0.025 | 67 351 | 1 683.78 |
| 20 | −20% | +20% | 估计值 | 0.02 | 75 996 | 1 519.92 |
| 21 | −20% | +20% | −20% | 0.005 | 84 641 | 423.21 |
| 22 | −20% | 估计值 | +20% | 0.02 | 30 838 | 616.76 |
| 23 | −20% | 估计值 | 估计值 | 0.016 | 39 483 | 631.73 |
| 24 | −20% | 估计值 | −20% | 0.004 | 48 127 | 192.51 |
| 25 | −20% | −20% | +20% | 0.005 | −5 675 | −28.38 |
| 26 | −20% | −20% | 估计值 | 0.004 | 2 969 | 11.88 |
| 27 | −20% | −20% | −20% | 0.001 | 11 614 | 11.61 |
| | | | 合 计 | 1.000 | | 24 481.83 |

(3) 净现值大于或等于零的计算。

概率分析应求出净现值大于或等于零的概率，从该概率值的大小可以估计项目承受风险的程度，概率值越接近1，说明项目的风险越小，反之，项目的风险越大。

计算步骤为：将计算的各可能发生事件的财务净现值按数值从小到大的排列，并将各可能发生事件发生的概率按同样的顺序累加，求得累计概率，如表5-7。

表 5-7　净现值大于等于零的计算

| 事　件 | 净现值 | 概　　率 | 累计概率 | 加权净现值 | 方　差(注) |
|---|---|---|---|---|---|
| 7 | −40 537 | 0.03 | 0.03 | −1 216.11 | 126 823 452 |
| 8 | −31 893 | 0.024 | 0.054 | −765.43 | 76 274 918 |
| 9 | −23 248 | 0.006 | 0.06 | −139.49 | 13 668 821 |
| 16 | −23 106 | 0.015 | 0.075 | −346.59 | 33 969 025 |
| 17 | −14 462 | 0.012 | 0.087 | −173.54 | 18 199 464 |
| 18 | −5 871 | 0.003 | 0.09 | 17.45 | 2 754 057 |
| 25 | −5 675 | 0.005 | 0.095 | −28.38 | 4 547 172 |
| 4 | −4 025 | 0.12 | 0.215 | −483 | 97 516 730 |
| 26 | 2 969 | 0.004 | 0.219 | 11.88 | 1 851 208 |
| 5 | 4 620 | 0.096 | 0.315 | 443.52 | 37 871 464 |
| 27 | 11 614 | 0.001 | 0.316 | 11.61 | 165 581 |
| 6 | 13 265 | 0.024 | 0.34 | 318.36 | 3 019 615 |
| 13 | 13 407 | 0.06 | 0.4 | 804.42 | 7 359 113 |
| 14 | 22 051 | 0.048 | 0.448 | 1 058.45 | 283 629 |
| 15 | 30 696 | 0.012 | 0.46 | 368.35 | 463 391 |
| 22 | 30 838 | 0.02 | 0.48 | 616.76 | 808 018 |
| 1 | 32 480 | 0.15 | 0.63 | 4 872 | 9 595 606 |
| 23 | 39 483 | 0.016 | 0.646 | 631.73 | 3 600 561 |
| 2 | 41 133 | 0.12 | 0.766 | 4 935.96 | 33 271 371 |
| 24 | 48 127 | 0.004 | 0.77 | 192.51 | 2 236 376 |
| 3 | 49 778 | 0.03 | 0.8 | 1 493.34 | 19 196 885 |
| 10 | 49 920 | 0.075 | 0.875 | 3 744 | 48 532 533 |
| 11 | 58 565 | 0.06 | 0.935 | 3 513.9 | 69 699 745 |
| 12 | 67 209 | 0.015 | 0.95 | 1 008.14 | 27 384 165 |
| 19 | 67 351 | 0.025 | 0.975 | 1 683.78 | 45 944 141 |

续 表

| 事 件 | 净现值 | 概 率 | 累计概率 | 加权净现值 | 方 差(注) |
|---|---|---|---|---|---|
| 20 | 75 996 | 0.02 | 0.995 | 1 519.92 | 53 074 192 |
| 21 | 84 641 | 0.005 | 1.000 | 423.21 | 18 095 628 |
| | 期望值 | 1.000 | | 24 481.83 | |
| | 方差 | | | | 756 206 659 |
| | 标准差 | | | | 27 499.21 |
| | 离散系数 | | | | 11 232 |

注：方差=(净现值－期望值)$^2$×概率

根据上表可以求得：

净现值小于零的概率=0.215+(0.219－0.215)×4 025/(4 025+2 969)=0.217

即项目不可行的概率为 0.217，净现值大于等于零的概率为 0.783(=1－0.217)；$\sigma^2$=756 206 659；$\sigma$=27 499.21；$\sigma\sqrt{x}$=27 499.21/24 481.83=1.123 2；项目有较大风险。

## 三、项目风险评价准则

风险评价是评价风险存在的影响、意义，及应采取何种对策处理风险等问题，一般要求遵循下述准则。

1. 风险回避准则

这是最基本的风险评价准则，它要求人们对风险活动采取禁止或完全回避的态度。

2. 风险权衡准则

风险权衡的前提是世界上存在着一些可接受的、不可避免的风险，风险权衡原则需要确定可接受风险的限度。

3. 风险处理成本最小原则

风险权衡准则中的可接受的风险有两种含义：其一是小概率或小损失风险；其二是付出较小的代价即可避免风险。对于第二类风险，其原则是处理成本越小越好，并且希望找到风险处理的最小值。因此，一般而言，若此风险的处理成本足够小，项目是可以接受此风险的。

4. 风险成本-效益比准则

效益总是与花费风险处理的成本成比例的，项目因为承担了风险，就应当有更高的利润。一定程度的风险对应一定程度的效益，这就是风险处理成本应与风险收益相匹配原则。

5. 社会费用最小准则

风险评价时还应遵循社会费用最小准则，这一指标体现了企业对社会应负的道义责任。企业进行经营活动时，承担了一定风险，并为此付出了代价，企业通过承担风险获得回报。同样，社会在承担风险的同时也将获得回报。因此在考虑风险的影响时，也应一并考虑风险带来的社会费用和收益。

# 第四节　项目风险管理

从理论上说，经过项目风险识别和度量分析可以确定项目全部的风险，通常有两种结论：一是项目整体风险超出了项目主体能够接受的水平；二是项目整体风险在项目主体接受的水平之内。

针对不同情况，项目风险管理的措施并不相同，第一种情况下，有两种基本的选择措施：

(1) 当项目整体风险超出可接受水平很高时，如果无论如何努力也无法完全避免风险所带来的损失，应该立即停止项目和全面取消项目。

(2) 当项目整体风险超出可接受水平不多时，项目主体应制定各种项目风险管理措施，尽量避免或消减项目风险损失。即使在第二种情形下，项目主体也应遵循最小成本原则，采取措施规避或控制风险，见图 5 - 11。

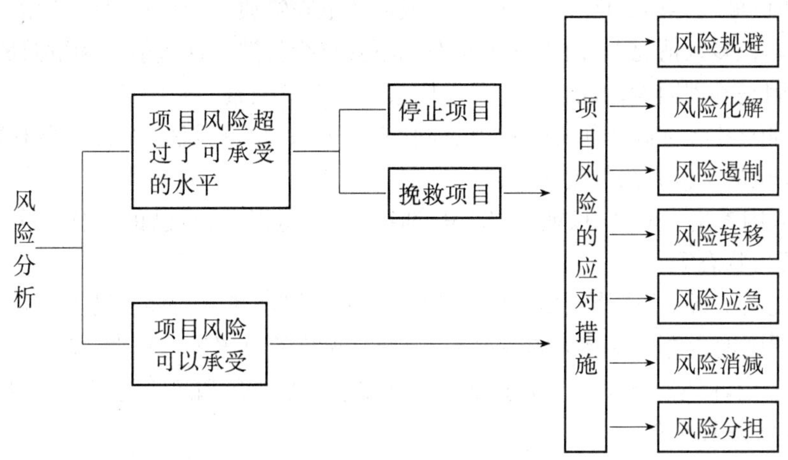


图 5 - 11　项目风险管理分析

资料来源：徐莉：《项目管理》，武汉大学出版社 2003 年版，第 265 页。

## 一、项目风险管理理论

风险管理措施的实质是在项目风险估测、分析、评价的基础上，针对项目存在的风险因素，积极采取措施以消除风险因素或减少风险因素的危险性。在事故发生之前，降低事故的发生频率，在事故发生时，将损失减少到最低限度。理论和实践都证明风险可以控制，事故可以预防，风险因素导致风险事故，事故导致损失，消除风险因素是控制风险的关键，不同的理论有不同的侧重点，常见的理论有多米诺理论、能量释放理论、多因果关系理论等。

1. 多米诺理论

多米诺理论是美国人海因里希在 1959 年提出来的，他首先提出一系列安全公理作为该理论的基础。安全公理包括：事故的因素关系理论，人和机械的相互关系，不安全行为的潜在原因，风险管理和其他管理作用的关系，在一个组织机构内实现安全的基本责任，风险的代价以及安全与效率之间的关系等。

海因里希把导致伤害的事故分为5个因素和阶段：人的素质、人的心理生理、人的行为缺陷、事故、伤害。人的素质是指由于先天或环境影响而造成的不良性格；人的心理生理和行为缺陷是指鲁莽、性格急躁、轻率以及对风险的无知等构成了产生不安全行为，造成物质性风险因素的直接原因；不安全行为和不安全状态是指人处于某种危险状态下和危险状态。

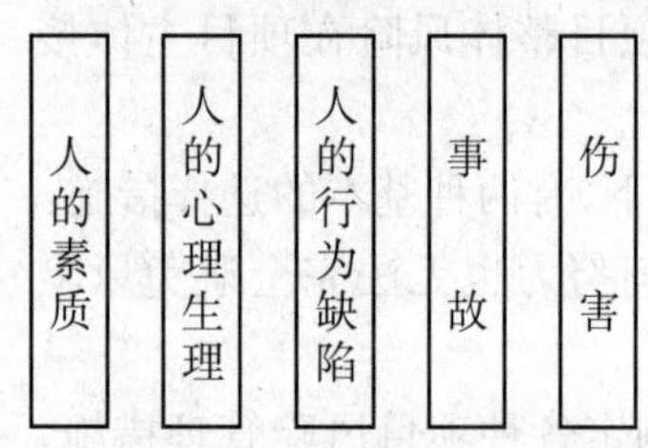

图5-12 多米诺理论示意

伤害事故的发生是这5个因素以一个固定逻辑顺序相继发生的结果。事故仅为这顺序中的一个环节，其前面的任何一个环节被消除将不再导致事故的发生，而在这个顺序里，不安全行为和不安全状态是关键，所以，控制风险或预防伤害事故的发生，关键在于消除不安全行为和事物不安全状态(图5-12)。

2. 能量释放理论

美国学者米歇尔·查皮塔基斯提出了能量释放理论，其理论是：大多数事故由于意外释放能量，如机械能、电能、化学能、热能等，或释放危险物质，如有毒气体、粉尘、放射性物质等所造成的。在多数情况下，由不安全状态和不安全行为造成这些能量和危险物质的释放，所以根本原因是管理因素、人的因素、环境因素和机器的因素。其中：

(1) 管理因素指与安全有关的管理意图，交流方法、检查方法、设备和器材的采购与维修、标准和安全的工作方法的制定等。

(2) 个人因素指人的动机、能力、知识、训练、风险意识，对自己的工作任务的态度和行为，体力和智力状态等。

(3) 环境因素指工作环境中的温度、湿度、压力、粉尘、气体、通风、噪声、照明等情况。

(4) 机器因素指与机器有关的各种因素，如有缺陷的机器等。据此，能量释放理论也被称为四因素理论，根据该理论，预防事故的重点在于限制能量和防止能量外逸等方面。

3. 多因果关系理论

多米诺理论认为许多事故是单一因素作用的结果，而实际上，一个事故可能是许多因素共同作用的结果。因此，对风险的控制就要着重于根本原因。

**例5-3** 建筑工程项目中工人从梯上摔下来，运用多因果关系理论分析：工人是否检查了梯子？他为什么使用坏了的梯子？他有没有受过安全教育？对此采取相应的措施：改进安全检查系统，加强安全教育，增加良好设备保证工人正常工作等。

## 二、项目风险的规避与监控

### (一) 风险规避的主要方法和技术

规避风险，可从改变风险后果的性质、风险发生的概率或风险后果大小三个方面考虑，提出多种对策。下面介绍减轻、预防、转移、回避、滞留和后备措施六种，重点具体采取哪一种或几种，取决于项目的风险形势。

1. 避免风险

避免风险指考虑到某项活动存在风险损失的可能性较大时、采取主动放弃或改变这次活动的方式，以避免与该项活动相关联风险的一种方式。这是一种最彻底的控制风险技术，它把风险因素消除在风险发生之前，相比之下，其他技术只能减少损失发生的概率和损失的严重程度。一般当项目风险潜在威胁的可能性极大，并会带来严重后果，损失无法转移又不能承受时，采用改变项目来规避风险是一种较好策略。如通过修改项目目标、项目范围、项目结构等方式来回避风险的威胁。具体的方法一是放弃或终止某项活动的实施，在尚未承担风险的情况下，拒绝承担风险；二是改变某项活动的性质：在已承担风险的情况下，通过改变工作地点、工艺流程等途径避免未来生产活动中承担的风险。

避免风险的优点是能彻底消除某种特定的风险造成的损失和可能产生的恐惧心理；当然，这种方式的缺点或限制是：

(1) 对某具体风险单位来说，有些风险是不可避免的，如自然灾害、人的疾病、突然死亡等。

(2) 放弃了该项目可能带来的高收益的机会。

(3) 可能会产生新的风险，譬如用新材料代替传统原材料，可能带来新材料的隐患。

(4) 如果项目主体不了解风险，就不能有效地避开风险。

通常，这种方法只在损失效率和损失幅度都相当高或应用其他风险管理技术的成本超过该项活动产生的效益时才采用。另外，这种方法最好在某一活动尚未进行以前实施，否则要放弃或改变正在进行的经济活动或正在兴建，甚至已经建成的某项工程，代价十分昂贵。所以对一些投资大的项目，必须事前进行风险分析和评价。

2. 减轻风险

此策略的目标是降低风险发生的可能性或减少后果的不利影响。具体目标是什么，则在很大程度上要看风险是已知风险、可预测风险还是不可预测风险。对于已知风险，项目团队可以在很大程度上加以控制，可以动用项目现有资源减少，如可以通过压缩关键工序的时间、加班或采取“快速跟进”来减轻项目进度风险。

3. 预防风险

预防策略通常采取有形和无形的手段。无形的风险预防手段一般有教育法和程序法等；工程法是一种有形的手段，它以工程技术为手段，消除物质性风险威胁。例如，为了防止山区区段山体滑坡危害高速公路过往车辆和公路自身，可采用岩锚技术锚住松动的山体，增加因为开挖而破坏了的山体稳定性。

4. 转移风险

转移风险又叫合伙分担风险，其目的不是降低风险发生的概率和不利后果的大小，而是借用合同或协议，在风险事故一旦发生时将损失的一部分转移到项目以外的第三方身上。转移风险主要有非保险转移方法和保险转移方法。非保险转移方法借助合同或协议，将损失的法律责任转移给非保险业的个人或群体。

实行这种策略要遵循两个原则：第一，承担风险者必须得到相应的回报；第二，对于具体风险，谁最有能力管理就让谁分担。采用这种方法付出的代价大小取决于风险大小。当项目的资源有限，不能实行减轻和预防策略，或风险发生频率不高，但潜在的损失或损害很大时可采用此策略。

### (二) 项目风险监控的技术

项目风险监控是通过对项目风险识别、估计、评估、应对全过程的监视和控制，从而保证项目风险管理达到预期的目标,项目得以顺利进行。项目风险监控技术可以分为两类:一类用于监控与项目、产品有关的风险;另一类用于监控与过程有关的风险。风险监控的技术主要有:

1. 审核检查法

审核检查法是一种传统的控制方法,它从项目建议书开始,贯穿至项目结束。项目建议书、项目产品或服务的技术规格要求、项目的招标文件、设计文件、实施计划、必要的试验等等都要审核。审核可以查出错误、遗漏、不准确、前后不一致的地方。审核可以在项目进行到一定阶段时,以会议的形式进行,审核会议要有明确的目标,问题也要求具体,同时需要多方面人员参加会议,为防止麻痹大意,参加者不审查自己的那部分工作。审核发现问题需要及时记录,及时反馈给相关负责人,并讨论出解决方案,解决后还需要进一步验收。

2. 监视单

监视单是项目实施过程中需要管理工作给予特别关注的关键区域的清单。这是一种简单明了又容易编制的文件,项目风险监视单的编制应根据风险评估的结果,一般应使监视单的风险数目尽量少,并重点列出那些对项目影响重大的风险,见表 5-8。随着项目进展,定期地开展评估,并及时对监视单进行调整。

**表 5-8 风险监视单**

| 潜在风险区 | 风险降低活动 | 启动代码 | 预计完成日期 | 完成日期 | 备注 |
|---|---|---|---|---|---|
| 风险区 1 | | | | | |
| 风险区 2 | | | | | |
| …… | | | | | |

还有一些其他方法如项目风险报告、费用偏差分析法(挣值法)(前面章节已做描述),这里就不一一介绍了。

(三) 项目风险监控的工具

项目风险监控的工具主要介绍以下几种。

1. 直方图

直方图是发生的频数与相对应的数据点关系的一种图形表示,是频数分布的图形表示。直方图可以形象化地描述项目风险,其主要应用就是确认项目风险数据的概率分布。同时,直方图也可以直观地观察和粗略估计出项目的风险状态,为风险监控提供一定的参考。

2. 因果分析图

因果分析图把对项目风险特性具有影响的各种主要因素加以归类和分解,并在图上用箭头表示其间关系,因而又称为特性要因图、树枝图、鱼刺图等。因果分析图主要用于揭示影响及其原因之间的联系,以便追根溯源,确认项目风险的根本原因,便于项目风险的监控。

因果分析图由结构特性、要因和枝干三部分组成。特性是期望对其改善或进行控制的某些项目特性,如进度、费用等;要因是对特性施加影响的主要因素,要因一般是导致特性异常的几个主要来源;枝干是因果分析图中的联系环节,主干把全部要因同特性联系起来,大枝把个别要因同主干联系起来；中枝、小枝和细枝把各个要因联系起来，逐层细分因素，细分到可以采取具体措施的程度为止，如图 5－13 所示。

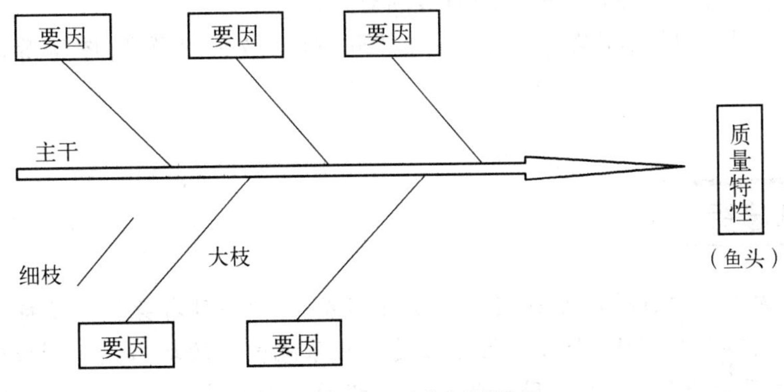


图 5－13 因果分析图结构

因果分析图的原理是，如果一个项目风险发生了，除非及时采取应对措施，否则它将再次发生。因此找到原因，吸取过去的教训，可以起到防患于未然的作用。使用因果分析图一般有三个步骤：

（1）确定风险原因。

（2）确定防范项目风险的对策措施。

（3）实施管理行为。

3. 帕累托图

帕累托图，又称“比例图分析法”，最早由意大利经济学家帕累托（V. Pareto）提出，用以分析社会财富的分布状况，并发现少数人占有大量财富的现象，即所谓“关键的少数与次要的少数”这一关系。帕累托图主要用于确定处理问题的顺序，其科学基础是“80/20”法则，即为 80%的问题找出关键的影响因素。在项目风险监控中，帕累托图用于解决对项目有重大影响的风险，如可用于确定进度延误、费用超支、性能降低等问题的关键因素，从而及时确定解决问题的途径和措施。

帕累托图一般将影响因素分为三类：A 类包含大约 20%的因素，但它导致了 75%～80%的问题，称为主要因素或关键因素；B 类包含了大约 20%的因素，但它导致了 15%～20%的问题，称为次要因素；其余因素为 C 类，称为一般因素，类似于 ABC 分析法。帕累托图显示了风险的相对重要性，同时，由于帕累托图的可视化特性，使得一些项目的风险控制变得直观且易于理解。

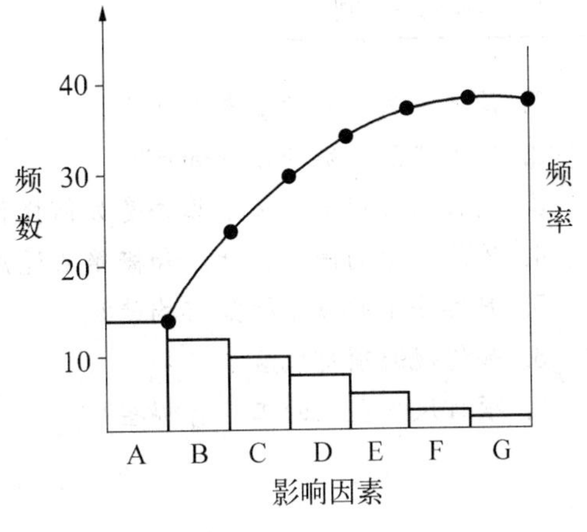


图 5－14 帕累托图

帕累托图由两个纵坐标、一个横坐标、几个直方柱和一条折线组成（见图 5－14）。左纵坐标表示频数，如件数、次数等；右纵坐标表示频率，横坐标表示影响质量的各种因素，按影响程度的大小从左到右依次排列；折线表示各因素大小的累计百分数，由左到右有逐步上升，这一曲线称之为帕累托线。帕累托图显示了每个项目风险类别的发生频率，便于了解出现最为频繁的风险和确定各项目的风险后果，有助于项目管理者根据项目目标及时采取有效的对策。

还有其他一些项目风险监控的工具，如关联图法、散布图、矩阵图等等，可参考相关资料。

## 本章总结

项目风险管理是项目得以顺利完成的重要环节，由于项目本身的诸多特性，项目风险管理所涵盖的内容十分广泛，项目风险管理是一种系统过程活动，是项目管理过程中的有机组成部分，涉及诸多因素，应使用一些系统工程的管理技术方法。作为项目经理，在项目管理过程中，应熟练掌握项目风险的识别、评估的各种方法，以及在项目实施过程中切实做好监控工作。本章系统介绍了项目风险的基本概念，描述了项目风险的基本属性特征，并分析了几大类常见的项目风险以及各种风险管理技术和方法。在项目风险识别一节，我们介绍了风险识别的一般流程，重点介绍了风险识别的常用方法，如问询法、核对表法、分解结构法等等，读者可以参照实际生活的案例，灵活运用不同的方法。在风险评估环节上，我们结合案例重点介绍了经典的评估方法，如概率树分析法等。

## 关键词

项目风险　风险事件　信用风险　完工风险　资金风险　项目风险成本　项目风险识别　问询法　核对表法　分解结构法　头脑风暴法　故障树分析法　德尔菲法　项目风险评估　简单估计法　概率法　概率树　直方图　因果分析图　帕累托图

## 本章习题

1. 简述项目风险的基本内涵。
2. 项目风险识别的流程如何？
3. 项目风险识别的德尔菲法是如何操作的？
4. 风险评估的简单估计法和概率法适用范围如何？
5. 概率法中的概率树如何构造？
6. 如何规避项目风险？
7. 项目风险监控的工具有哪些？

# 第 三 篇

# 产权投资篇

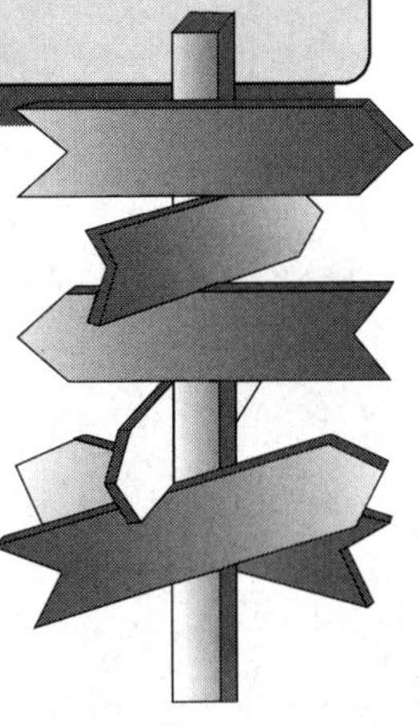

# 第六章

# 兼并收购概述

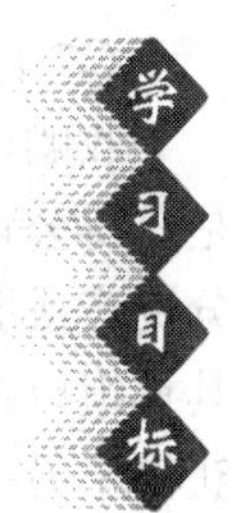


学习了本章后，你应该能够：

1. 理解兼并收购的概念；
2. 掌握并购的各种类型；
3. 理解十种并购动因分析，特别是协同效应；
4. 了解并购的主要法律问题。

## 第一节　兼并收购的基本概念

### 一、兼并、收购及相关概念

“并购”是兼并与收购的简称，这两者在概念上有着紧密的联系，也有各自的特点。习惯上，人们常常不加区分，直接使用“并购”这个概念。但是，在理论上，这两者是有差异的。

（一）兼并

兼并(merger)指在市场经济中，一家公司出于减少竞争对手、降低重置成本、产生规模效应等动机，采取各种方法进行产权交易和资产重组，来获得其他企业的产权，从而达到完全控制对方的目的。兼并后，兼并公司继续保持法人地位，并获得被兼并公司的资产和负债继续经营。而被兼并公司在法律意义上将不复存在。

**例 6-1**　A公司兼并B公司之后，A公司仍然存在，而B公司将不复存在，即A＋B＝A。一般来说，被兼并公司被称为目标公司，而实施兼并的公司称为兼并公司。典型的例子是1997年7月31日，世界航空制造业第一的美国波音公司(Boeing)宣布正式兼并航空制造业排行第三的美国麦道公司(McDonnel Douglas)，这次波音公司收购共出资160多亿美元，此例中，波音公司就是兼并公司，麦道公司就是目标公司，兼并后，麦道公司将会消失，而波音公司将继续存在。

合并与兼并在概念上是不同的，合并是指两家或者两家以上的公司以一定的方式结合成一家完全新的公司，这家新公司的法人地位是新创立的，重组后原来的公司的法人地位都将注销。

**例 6-2**　如果A公司与B公司合并形成C公司后，A公司与B公司将不存在，

取而代之的是新建立的C公司，即A+B=C。典型的案例是2000年12月31日，美国第三大银行大通曼哈顿公司与第五大银行J·P·摩根公司涉及360亿美元的合并，合并后新公司取名为J·P·摩根大通公司(J. P. Morgan Chase & Co.)，在此例中，大通曼哈顿公司和J·P·摩根公司分别为A和B公司，而J·P·摩根大通公司则为C公司。

通常，对于兼并行为来说，公司间往往有强弱之分，较强的公司会被认为是兼并公司，而较弱的则是目标公司；而对于合并行为来说，各个公司的地位往往更加平等。因此，当结合的公司规模相近时，应该用合并；而当两家公司规模相差很大时，则用兼并比较合适。

（二）收购

收购(acquisition)是指投资者购买一家公司的全部资产或股份，从而将其吞并，也可以是获得公司大部分的资产或股份，从而取得公司控制权的行为，更多的是只收购公司的少部分资产或股份，成为企业其中一个大股东，总之，收购目的是为了对被收购公司实行控制，对其重组以提高该公司的经营绩效，它和兼并的概念非常相近。如果发生一家公司通过收购获得了另一家公司的所有权，被收购公司成为子公司，那么这个收购行为与兼并行为是一致的。但是，经常发生的情形是，一家公司收购了另一家公司的部分股权，取得控股地位，但是被收购公司的法人地位并未消失，它仍然是一家独立的企业，而控股股东有权对其重组，以提高它的经营绩效，这就与兼并不一样了。美国第三次并购浪潮的管理层收购(managemen buy-out，MBO)，就是公司经理人等高级管理者收购本公司股份以取得控制权的行为。我国的四通集团在投资银行的协助下，实行了首例以MBO方式进行的资产重组。这些都是收购行为，而非兼并行为。

（三）接管

接管(takeover)是指在兼并与收购过程中，并购方完全取得了目标公司的控制权和经营权。接管是在并购行为成功后，并购方才能采取的行为。并购方要取得控制权，至少需要实现对目标公司的控股地位，若要取得经营权，并购方则需要控制董事会或者实现绝对控股，从而有权改组目标公司的管理层来实现。

（四）公司重组

公司重组(restructuring)是指为了提高公司的经营效率或者为了实现某战略目标，而采取措施调整公司的经营范围或改变公司的资产结构的行为。公司重组包括兼并收购、资产剥离、独立分立、股权出售、股权置换和股本分散等一系列行为。

通过兼并收购行为，并购方获得了目标公司的控制权，而获得控制权只是并购方的第一步，只有对目标公司进行接管，采取措施对其重组，将不符合公司发展计划、产生财务问题、没有发展前景、或与兼并公司业务产生冲突的部分出售，从而提高目标公司的经营效率，才是并购方的最终目标。

（五）资产剥离

如前文所述，资产剥离(divestitures)是公司重组中的一个行为，它指将公司的一部分向外界出售，缩小公司的经营范围，将出售资产所获得的资金投入到新的经营领域，从而实现经营范围的调整。资产剥离也可以根据公司向外出售资产的不同而做细分：公司可以将自己的子公司剥离出售，也可以将自己的某一部门剥离，还可以将公司的部分股份向外界出售，或者可以将自己的资产与其他公司的部分资产进行置换等。这些都属于资产剥离的行为，最终的目的是为了实现公司重组。当然，剥离出来的资产不一定要卖掉，可以将其组建成一家新公司，这个行为也叫做分立（spin-off）。

以美国企业为代表的整体并购活动随经济形势呈波浪变化（见图 6－1）。然而，在这些并购活动中，尤其是 20 世纪 60 年代末的第三次并购浪潮中，很多公司都是为了刺激本公司的股价而去收购其他企业，并没有考虑到收购该企业是否适合企业的长期发展，到了 1974—1975 年出现经济萧条时，很多大公司才发觉到问题的严重性，面对总需求不断下降，产能过剩的情况下，这些公司不得不把那些先前收购回来但缺乏市场竞争力的资产出售，大规模的资产剥离情况陆续出现，资产剥离占所有并购交易 40%左右，最高曾达到 54%，具体数据见表 6－1。

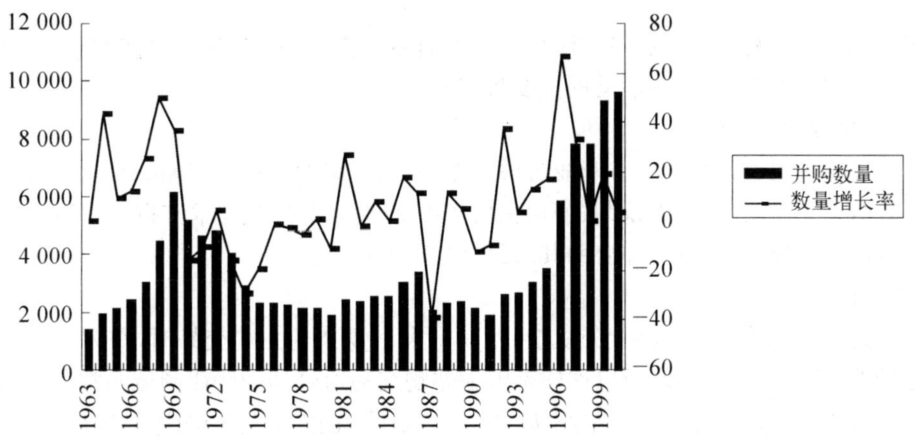


图 6－1　1963 年至 1999 年美国企业并购趋势

**表 6－1　美国资产剥离占并购交易的比率**

| 年　份 | 数　量 | 占所有并购交易的百分率/% | 年　份 | 数　量 | 占所有并购交易的百分率/% |
|---|---|---|---|---|---|
| 1966 | 264 | 11 | 1978 | 820 | 39 |
| 1967 | 328 | 11 | 1979 | 752 | 35 |
| 1968 | 557 | 12 | 1980 | 666 | 35 |
| 1969 | 801 | 13 | 1981 | 830 | 35 |
| 1970 | 1 401 | 27 | 1982 | 875 | 37 |
| 1971 | 1 920 | 42 | 1983 | 932 | 37 |
| 1972 | 1 770 | 37 | 1984 | 900 | 36 |
| 1973 | 1 557 | 39 | 1985 | 1 237 | 41 |
| 1974 | 1 331 | 47 | 1986 | 1 259 | 38 |
| 1975 | 1 236 | 54 | 1987 | 807 | 40 |
| 1976 | 1 204 | 53 | 1988 | 894 | 40 |
| 1977 | 1 002 | 45 | | | |

资料来源：W. T. Grimm & Co.，*Mergerstat Review*，1998，IL，p. 75。

可以看出，上述概念之间既有明显的区别，也有密切的联系。兼并与收购在概念上有着明显的不同，但是它们有着相同的最终目标，就是实现对目标公司的控制权。如果对目标公司实现了绝对的控制权，收购方就可以对其实施接管。接管后需要对目标公司进行重组，既有对公司资产结构的重组，也有对公司管理层的重组，而资产结构的重组往往会采取资产剥离的措施。从概念的源头抓住它们之间本质的区别与联系，才能深刻地理解，概念的清晰对公司并购的理论学习与实务的操作有着重要的意义。

## 二、兼并活动的参与者

兼并活动异常复杂，涉及金融、法律等多方面的事务，需要多方人士的参与。一般而言，在一个活跃的金融市场，并购活动的主要参与方如下。

### （一）投资银行家

投资银行家起着为并购双方牵线搭桥的作用，为并购双方提供战略和战术咨询，以及各种与并购相关的建议，还提供谈判、公司估值等并购流程中所需技术支持。一般来说，投资银行会为企业寻找目标公司，并协助其对目标公司的评估。

### （二）律师

并购交易涉及的法律问题十分复杂，尤其是大型复杂的并购交易时，需要一个 12 人律师以上组成的法律事务组，之所以这样是因为并购交易所牵涉的法律领域非常广泛，这些法律领域包括并购法、公司法、员工福利法、不动产法、反托拉斯法、证券法和知识产权法。法律事务组中的成员往往只是某个法律领域的专家，当遇到敌意收购的时候，事务组中还需要包括诉讼专家这样的专业人员。

### （三）会计师

在并购交易发生前，企业需要对目标公司进行详尽的调查，这对目标公司正确估值非常重要。会计师审查目标公司的财务报表，以了解其经营状况是调查环节中非常重要的步骤。在并购交易中，不同的交易方式，会产生不同的税收效果，会计师会为并购方提供最佳的税收结构，降低并购的税收成本。两家公司合并后，会计师将帮助确定新公司的财务结构并合并财务报表。

### （四）代理律师

委托书收购中，收购公司通过征求代理委托书，争取获得中小股东的股票代理权，以在股东大会上得到足够的表决权从而获得董事会的控制权。代理律师的职责就是代表收购方或者是防御方与中小股东有效沟通，并设计出策略方案来说服股东为何应当遵循代理律师所代表的那方提出的建议。

### （五）公共关系

兼并与收购是一种谈判交易，在交易过程中，保持连续的沟通是很重要的。对收购方而言，让本公司股东相信收购计划将增加股东的财富非常重要。对目标公司而言，常常雇佣私人调查机构对收购方的管理层的背景和收购动机，从而使其在谈判中处于相对有利的地位。

### （六）机构投资者

养老基金、证券投资基金公司、信托投资公司、对冲基金和投资公司等都被称为机构投资者。因为机构投资者往往持有目标公司相当数量的股份，一旦联合起来组成一个集团就可以对公司董事会产生一定的话语权。因此，机构投资者股东对公司控制权有着相当的影响力。

（七）套利者

当目标公司将被收购的消息被市场获知时，目标公司股价将会大幅上涨，因为市场预期收购方将支付高于公司市场价值的数额来实现对目标公司的控制，所以在每件并购交易中，都少不了套利者的身影，他们通过事先购买目标公司股票，在收购交易达成协议后，目标公司股价大涨时将股票卖出，赚取不少的差价。

## 三、并购类型

（一）横向并购、纵向并购与混合并购

"横向并购"是指处于相同的行业，具有类似经营范围的公司之间发生的并购行为。例如，联华超市并购华联超市。横向兼并能迅速扩大兼并方的生产规模，有利于降低成本，节约费用，提高公司的竞争力。但是由于横向兼并减少了一个行业的公司数目，这使许多人认为合并后的企业将大大提升市场支配力，并出现反竞争性的效应，所以政府在审批横向兼并时会特别留意合并后是否出现垄断情况，从而制止这种会出现"不公平"竞争的合并。

**例 6-3** 波音收购麦道案例中，由于当时航空业是由波音、空中客车和麦道所垄断，一旦波音收购麦道成功，波音将会占据大半的航空业，这不利于公平竞争，所以这项收购一开始时受到政府和企业各界的强烈反对，后来，波音公司为了能成功完成这次收购，做出多项协议和让步，最终得偿所望收购麦道公司。

"纵向并购"是指处于产业发展链不同环节的企业间的并购行为。例如，制造业企业与原材料企业间的并购行为。纵向并购分为向前并购和向后并购，向前并购是指产业上游企业并购下游企业，向后并购则是指产业下游企业并购上游企业。横向并购能使企业获得规模经济的好处而降低成本，纵向并购则能使企业内部交易代替市场交易，从而节约经营成本，提高经营效率，例如清华同方兼并江西无线电厂便是属于此类兼并。

"混合并购"指在经营中不相关行业的企业间的并购，如钢铁企业并购食品公司。美国联邦贸易委员会又将混合兼并分为三种类型：产品扩张型兼并、地域市场扩张型兼并和纯粹混合兼并。产品扩张型兼并是指通过兼并使企业能生产更多的产品，拓宽了企业的生产线；地域市场扩张型兼并是指通过兼并使两家在不重叠的地理区域上的企业，通过兼并来拓展企业的市场占有率；而纯粹混合兼并则是除上述两种混合兼并外的其他兼并，此类兼并不以产品扩张和市场扩张为目的，它们的原因各种各样，有可能是借壳上市，或是企业认为自己所处的行业未来的风险很大，便开拓新的行业来分散风险，通过兼并其他行业中的企业来达到其目的。

（二）善意收购与敌意收购

并购通常要进行满足一定技术和法律要求的谈判交易。在谈判中，气氛可能是友好的，也可能是敌对的，大多数的并购是善意的，但是有些交易则是绕开目标公司的董事会，在金融市场强行进行的恶意收购。

在善意收购中，并购方开出合理的价格向目标公司的股东和经营者协商收购股份，价格一般高于目标公司的市场价格，在得到目标公司管理层和董事会同意后才进行收购，并获得控股地位。如果目标公司的管理层对收购提议不满意，便会不支持收购行为，此时，就可能出现敌意收购。敌意收购就是指并购方在事先并未取得目标公司管理层或董事会同意的前提下，不理会对方的意愿而强行在股票市场上大量买进目标公司的股票，从而夺取目标公司的控制权。

**例 6-4** 敌意收购的例子一般不多，最有名的是在 1999 年，全球最大的移动电话公司英国沃达丰公司最终以 1 320 亿美元收购德国电信和工业集团曼内斯曼，这次收购谈判从一开始就非常不顺利，曼内斯曼管理层完全反对沃达丰提出的收购，在沃达丰多次提价仍得不到结果后，便最终爆发了这项高达 1 850 亿美元的巨大敌意收购案。

有时候，善意收购与敌意收购会相互转化。在谈判初，气氛可能是友好的，但是在谈判过程中，气氛可能会化友为敌，当然，也有可能从敌对的初始状态转化为友好的气氛，这些取决于谈判过程中双方提出的建议是否能做出让步，并符合并购双方各自的要求。

（三）上市公司收购方式

1. 协议收购

协议收购是指收购公司在证券交易所场外以协商的方式与被收购公司的股东签订购买其股份的协议，而不需要向所有股东公开发出收购意图的收购方式。这种收购多发生在目标公司股权收购协议，以达到控制该公司的目的，它多发生在目标公司股权较为集中，尤其是目标公司存在控股股东的情况下。因为在这种情况下，收购者通过与目标公司控股股东协商受让控股股东股权即可获取对该公司的控制权。在 2006 年前，我国多数上市公司的控股股东的股权是不能在二级市场流通的法人股、国家股，因此，我国的上市公司收购中主要采用的是协议收购。此收购方式主要针对非流通股股东。

2. 集中竞价收购

集中竞价收购是指收购者直接在证券交易市场上，向大众股东购买目标公司的股份。此收购方式主要针对流通股股东。

3. 委托书收购

委托书收购是指收购公司通过向股东征求代理委托书，便能代理股东出席股东大会并行使表决权，当征集到的委托书达到一定数量时，就可以通过重组董事会来获得控制权，达到收购目的。由于很多小股东不会在股东大会中使用表决权，因此，可以向小股东发出委托书，从而争取小股东手中股票的代理权。无论是西方还是中国，委托书收购都没有得到广泛的应用。

4. 要约收购

要约收购（tender offer）是西方市场最常见的一种上市公司收购方式，也称为公开收购或标购，是指收购公司通过金融市场向目标公司的所有股东发出购买其手中股份的要约，该要约将向目标公司股东表明，收购公司将以一定的收购价格在某段有效时期内买入全部或者一定比例的股份。这种收购方式主要发生在目标公司的股权较为分散，公司的控制权与股东分离的情况下。要约收购的具体做法可以分为以下几个步骤：收购公司先通过金融市场发布要约，说明其将在特定时期内，以怎样的价格收购目标公司的股票，在要约期间，收购公司将以要约价格在金融市场全力收购股票，要约期结束后，如果收购公司所掌握的股份低于法律规定的份额，则要约收购失败，收购方必须退回先前买入的股份。如果收购公司所掌握的股份超过了法律规定的份额，则要约收购成功，剩余的股份将以要约价格被强制收购，因为如果收购方不能完成整体收购，小股东就要完全听从控制集团的决定，即冻结；但是，如果小股东认为自己受到不公平待遇，他们有权通过法律来保护自己。

在要约收购中，以收购目标公司股份的数量为标准，可以划分为部分要约收购和全面要约收购，它们虽然都要向目标公司的全体股东发出要约，但在前者中，收购是占目标公司股份总数一定比例，如 20%的股份。在受要约人承诺售出的股份数量超过收购人计划购买数量时，收购者对受要约人的应约股份必须按比例接纳；后者计划收购的是目标公司的全部股份。通常，收购者可以自愿进行全面要约收购，也可能因收购目标公司股份达一定比例而有义务做出全面收购的要约，这就是强制收购要约，即当收购者收购目标公司股份达法定比例时，法律强制其在规定时间内向目标公司的剩余股份持有者发出全面收购要约。

（四）杠杆收购

杠杆收购是一种通过举债融资而实现收购的方式，收购公司通常先向金融机构融资，被收购公司的资产可以作为借债的抵押，在收购公司借入现金后，就可以对目标公司进行收购。20 世纪 80 年代杠杆收购的数量急剧增加，因为当时，股票市场空前繁荣，目标公司的股价也急剧上升，所以应用杠杆手段，不动用自身资金就可实现对目标公司的收购，待到目标公司股价大涨之后，再将其卖掉，归还负债的同时，还能发一笔横财。管理层收购(MBO)是一种特殊的杠杆收购，指公司管理层以本公司作为抵押，向金融机构融资，从而收购本公司的股份，再利用未来公司的现金流逐渐偿还负债，或将还未上市的公司在金融市场上市，卖出部分股份，以归还负债。

## 第二节 并购动因分析

### 一、协同作用

协同作用最直观的表达就是 1+1>2，也就是说两家企业合并后的经营效果要好于两家企业单独经营。一般从两个角度来解释协同作用：经营协同效应与财务协同效应。

（一）经营协同效应

经营协同效可细分为收入提升的经营协同效应和成本降低的经营协同效应。收入的提升、成本的降低、规模经济的收益以及效率的提高可以通过横向或者纵向兼并实现。对于存在规模经济效应的行业，其中的企业如果经营活动水平达不到实现规模经济的要求，那么采取横向并购，扩大公司经营规模就可以获得经营协同效应的好处。

规模经济由于生产要素的不可分性而产生，当公司的经营规模扩大时，能提高生产要素的使用效率，从而降低单位产能的经营成本。规模经济主要从两方面使企业得益，第一个方面为工厂规模经济，并购可让企业将工厂进行重组，使各工厂只生产它们具有比较优势的产品，更好地利用资源，提高效率，从而减低成本；另一方面为企业的规模经济，企业可以统一集中管理兼并进来的工厂，减低管理费用；另外，更可集中研究、设计新产品和技术，更快地提升企业产品的质素和竞争力。如果采取纵向兼并,将位于产业链不同位置的企业合并经营,也可以由于节约各种联络费用和交易费用而实现规模经济。

范围经济是引起经营协同效应的另一个原因。有时尽管行业不同,但是在生产过程中所使用的核心技术却是类似的。比如手机企业与生产 MP3 的企业,虽然处于不同行业,但是它们的技术能力可以扩展到对方的产品上,此类企业间的并购也会带来经营的协同效应。

(二) 财务协同效应

并购扩大了公司的经营范围,大大增强了公司的现金流来源。这使得公司在经营过程中,具有丰富的现金流入期限结构,能够避免过多高成本的外部融资。这是财务协同效应的一个重要来源。例如,A 公司在经营过程中会产生丰厚的现金流,但是其没有很好的投资机会,而 B 公司有着很好项目资源,却缺乏资金支持,如果 A 公司与 B 公司合并,那么 A 公司的现金流就可以支持 B 公司的投资项目,这比 B 公司外部融资降低了成本。再例如:C 公司在经营过程中具有明显的周期性,夏季有巨额资金需求,在冬季则资金充沛,而 D 公司正好相反,那么两家公司如果合并就可以优化公司的现金流期限结构,不必在缺乏资金的季度进行高成本的外部融资。

财务协同效应的另一个观点认为,合并后的企业向外举债的成本和能力都将强于单独两个企业。因为企业规模的扩大,违约风险降低,这可以降低融资利息。如果是 IPO 融资,就可以获得证券发行费用和交易成本方面的规模收益。

## 二、多样化经营

多样化意味着企业向现有产业以外的领域发展。一般而言,有四个因素影响了企业的多样化经营活动:

(1) 第二次世界大战以来的管理技术革命。

(2) 美国经济技术变革速度的加快。

(3) 为从事管理工作的职务所支付的固定成本的增加。

(4) 股票市场的变化加大了其他因素的作用。

多样化经营的企业的动机是,企业预期自己拥有或将会拥有相对于目前产品与市场经营活动而言过剩的一般管理能力。而且,还存在这样一种预期,即在一般管理活动相互作用的过程中,尤其是在总体策划和控制与财务策划和控制相互作用的过程中,随着时间的推移,进行多样化经营的企业将会发展自己行业专有的管理经验和企业专有的组织资本。在第三次并购浪潮——混合并购时期,这类动机在并购当中扮演了重要的角色。

企业的增长和多样化经营既可以从其内部获得,也可以从外部获得。从某些经营业务来说,内部发展可能更有利,而另外一些业务进行外部多样化经营也有正确的商业理由。通过并购来实现外部增长和多样化经营的有利因素包括:

(1) 通过外部收购可以更迅速地实现企业的某些目标。

(2) 企业从内部新建一个组织的成本可能会超过收购的成本。

(3) 通过外部途径实现增长或多样化经营可能风险更小、成本更低或者获得经济合理的市场份额所需的时间更短。

(4) 企业可以用证券来获得其他企业,而它可能没有足够的资金以内部方式获取相等的资产和生产能力。

(5) 可以有效地运用其资产或管理能力。

(6) 可以获得税收优惠。

(7) 可能有补充其他企业能力的机会。

从实际经营的角度来看,通过兼并与多样化经营实现增长是在经营决策中可以进行考虑的一种可供选择的、稳妥而明智的主要方案。如果其他条件不变,那么更好的战略就是以现有生产能力为基础或核心而转向多样化经营。企业之所以要多样化经营基于以下两个理由:一是涉足于不同行业的多样化经营能使公司的总收入稳定,降低股东风险。如果两个公司的现金流没有相关性,那么合并后的企业的现金流将比独立的两个公司所产生的现金流更加稳定,这降低了公司营运风险。二是公司所在行业的发展潜力已到极限,为了企业能进一步的发展壮大,可以将公司的资源转移至具有更高潜在增长率的行业中。通过公司并购,企业可以迅速地涉足新兴的行业,投入自身多余的资源,获取更高的收益。但是在理论研究中,多样化经营的动机却有着很大的争议,很多实证研究的结果表明,多元化经营不会给股东带来好处,只有更加集中化的主营业务是与股东价值最大化相一致的。不过多样化经营也有成功的例子,那就是通用电气,20 世纪八九十年代,当通用公司进行一系列并购和剥离交易时,其总体收益迅速增长。市场对这些带来收益增长的多样化并购给予了强烈的反应。

## 三、托宾 $q$ 和资产价值低估

托宾 $q$ 定义为企业市场价值与重置成本之比,一般用股票市值代表企业市场价值,而用账面价值代表重置成本。对于一家希望扩张的企业来说,当托宾 $q$ 小于 1 时,购买一个企业比自己投资建设一个企业来得更便宜。所以,按照托宾 $q$ 理论,购买所有 $q$ 小于 1 的企业都可以获得超额收益。20 世纪 70 年代股市下跌使得公司市场价值普遍下降,通胀率高又使得公司账面价值增加,这导致很多公司的托宾 $q$ 小于 1。这使得该理论在解释 20 世纪 70 年代的兼并与收购交易时十分有用。

## 四、企业战略性重组

当企业生存的外部环境发生不可逆转的结构性变化时,为了生存和发展,企业可以利用并购作为对外部环境变化进行快速调整的战略手段。20 世纪 90 年代以来,经济全球化,企业所处的环境日新月异,以下两个因素对企业环境的变化起到至关重要的作用。

1. 科学技术的变革

科学技术的进步以令人炫目的速度不断催生出新的行业,也不断地宣告旧行业的衰亡。技术的变革使得任何一家公司都越来越不可能始终保持垄断地位,新的竞争者不断出现,在新的行业里,所有的企业都处于同一起跑线。企业要生存要发展,就必须跟上科学技术的变革,努力在新的行业取得领先地位。除了靠自身的潜力来实现这个目标外,并购有潜力的公司是一条捷径。20 世纪末,美国经济界流传着这样一个说法:传统行业的企业巨头将被新兴的小企业赶上,它们的地位将被新兴的企业所取代。当然,今天在商界具有崇高荣誉的公司依然是那些我们过去耳熟能详的企业,其间一个重要的原因就是这些传统企业依靠自身的资金优势,不断地并购这些新兴企业,最终实现了经营范围的扩张，适应了新的环境。

2. 规制的变革

由于经济环境的不断变迁，各国的法律法规和监管条文也作出了相应的调整。法规的变化使得过去不可能的经营范围成为可能，这为企业通过跨行业、跨区并购进行战略性重组提供了有利的机会。例如，在过去，美国法律规定银行必须要分业经营，而自 1999 年后，随着法律上允许银行业混业经营，金融行业的兼并交易此起彼伏，20 世界末至今的银行并购浪潮就是例证之一。这是企业重新确立其竞争优势的有利机遇，抓住机会的企业就能获得由此带来的好处，确立其在行业中的优势地位，这样确立的优势往往会维持很长时间，此所谓“赢在起跑线，也会赢在终点线”。

## 五、管理者自大

在兼并收购交易中，收购方对目标公司的支付往往会大于目标公司的市场价值。罗尔(1986)指出，竞价者的较高股价来自自大，他们的过分自信才会出高价去并购目标公司。自大假设也许能解释并购产生的原因，由于自负，管理层认为他们自己对目标公司的评估将优于市场评估，因此，过于乐观的收购方往往为购买目标公司而支付高价；同时，也因为过度自信，认为自身管理才能或天赋足以实现企业多样化经营管理，从而导致了第三次并购浪潮的失败。

## 六、代理问题

公司管理层与股东的利益函数并不一致，这将会导致委托代理问题。代理理论假设管理层更倾向于注重如何保住工作和过一种奢侈的生活，而不是使股东利益最大化。当代理问题严重时，管理者需求与股东的需求相分离，使得公司长期处于管理不善的状态，而这会引起公司股票价格下跌，当外界认为该公司的实际价值高于其市场价值时，该公司就会沦为目标公司。而收购公司认为，其获得该公司的控制权，能解决该公司代理问题，并提升该公司的市场价值，于是，就会引发并购交易。如果公司不想沦为目标公司，那么它就必须解决代理问题，提升自己的市场价值，使其不易被收购。从这个角度来说，兼并往往能控制代理问题的程度。

## 七、管理主义

与兼并能控制代理问题的观点相反的是，管理主义的观点认为兼并活动只是代理问题的一个表现形式。如果公司高级管理层的薪酬是由公司的规模决定的，那么自利的管理者将会倾向于进行不当的并购活动，来扩大本公司的规模，这提供了并购发生原因的另一种解释。

并购交易的产生可能是因为收购企业的管理层确信自己能够更好地管理目标企业的资源。出价人可能认为，如果控制了目标企业，根据自己的管理技能，目标企业的价值将因此而提高。这导致收购企业支付超出目标企业现有市场价值的价格。

提高管理水平的理由适用于大型企业收购小型的处于发展中的企业。较小的企业通常由企业家领导，它们带来的独特的产品或服务在市场上销售良好，这促使目标公司自身迅速发展。发展中的企业会发现自己需要更加广阔的分销网络，还可能需要采用完全不同于以往的市场营销战略,大企业制定各种决策时使用的管理技能是那些小企业不可能具备的。缺乏专业管理可能成为企业发展的绊脚石,也会限制企业在广阔的市场上进行竞争的能力,而大企业能为目标企业提供这些管理资源。

## 八、市场支配力

该理论是指公司借并购以提高市场垄断力,从而在激烈竞争的市场获取垄断利润。早期的实证研究并不能证明这个理论。另一项研究假设如果市场支配力理论是正确的,那么并购就有可能遭到质疑,被认为是反自由竞争而被当局调查,因此当并购首次被宣布,其显示负的异常收益。一些经济学家认为,无论怎么样衡量,高的集中度均会引起某种程度的垄断,而另一些经济学家则认为集中度的提高常常是活跃的市场竞争造成的。如果公司并购带有垄断因素,那么公司利润中就可能有垄断利润,如果要对垄断利润进行衡量,就必须证实兼并所带来的规模收益有多少,但是结果往往差异很大。

## 九、税收因素

税收效应在资本运营中是非常重要的,净营业亏损和税收减免的递延,逐渐增加了的资产税收基础以及用资本利得来代替一般所得都是兼并在税收方面的动机。即将发生的遗产税还可能促使老企业主将其私人企业出售。一些专家认为即使两家企业都盈利,兼并同样可以减少税收义务,因为在合并后现金流量的变动性降低。如果两家企业现金流量相关性小,这一效应就更大。企业现金流量的分散性会通过税收效应影响公司价值。这是非对称性征税的结果,政府通过非对称性征税分享了营业收入但不分担营业损失。政府的税收要求权相当于一个对每年营业现金流量买入期权的组合,当公司有收益时,政府就行使期权,对企业收税,否则政府就放弃期权。

在企业所有权的生命周期模型中,当一项资产年轻时,其折旧费和其他税收抵扣额会超过其税前现金流量,此时公司应采取合伙企业形式,由较高税收等级的投资者所有。当公司到达一定阶段,即当公司的折旧避税很小以至于在提取折旧后会留下正的但数额不大的营业利润时,若公司税率低于高税率等级投资者的所得税率,公司的所有权就可能是最优的。当公司变老时,折旧降低,税前现金流量增加,税收负担沉重,这时公司可由税率较低的投资者所有。公司还可以与其他公司合并以达到使资产税基增长的目的。实证证据表明从兼并中获得的税收好处可能是巨大的,然而,也有证据表明税收优势不是兼并的一个主要原因,在正确的兼并交易中,税收更可能是一个次要的因素而非促使兼并的主要动因。

## 十、提高研究能力

研究和开发对许多企业未来的发展起着极其重要的作用,尤其是制药企业,这是第五次并购浪潮中制药产业发生大量并购的原因之一。

**例 6-5** 1999 年美国葛兰素药厂与史克公司价值 73 亿美元的并购交易形成该产业最大的公司,也将两个企业的研发预算合并到了一起。这笔预算预计每年高达 40 亿美元，比其他竞争对手，如辉瑞公司和默克公司的预算高出两倍多。其他企业对此做出了回应，纷纷开始寻求自己的并购目标，以期维持具有竞争力的研发水平。2000 年的辉瑞公司与华纳—兰伯特公司的并购交易就是例证之一。

## 第三节 并购中的法律问题

### 一、美国对并购行为的管制

1929 年，美国股市崩溃之后，监管机构对证券市场、银行业等施加了更多的限制。由于美国实行的是联邦制，美国各州都有很大的立法权，下面将从联邦法和各州立法分别介绍美国对并购的法律管制。

（一）美国联邦证券法和反托拉斯法

1. 1933 年证券法

该法案最初由联邦贸易委员会(FTC)监管，它要求所有上市公司证券必须到政府部门注册。注册要求但不保证注册声明中的事实和说明书是准确的。但是如果在对公众销售证券中，提供虚假或具有误导性陈述的公司，将被处于罚款、监禁或两者并罚。1933 年证券法试图使投资者有机会真正地评估他们欲购买的证券的价值。注册程序要求必须详细描述公司性质和业务，描述公司管理层的情况，以及由注册会计师审核过的财务报表。

2. 1934 年证券交易法

证券交易法建立了证券交易委员会(SEC)来管理公开证券市场，它延伸了 1933 年证券法下的披露要求，覆盖了新的发行主体，包括在国内证券市场上已经交易的证券。1964 年，法案的效力延伸到柜台交易市场(OTC)。此外，法案禁止从事该公司证券交易的证券经纪公司和其他与该公司证券交易相关的公司，有诸如内幕交易等欺诈和不公正的行为。法案也涵盖了由公司后者股东进行的代理要求。

3. 威廉姆斯法案

该法案实施前，多数并购是通过收购公司和目标公司之间的谈判而解决。到了 20 世纪 60 年代晚期的混合并购时代，并购变得充满敌意，股权要约收购盛行，管理当局官员越来越关心目标公司股东是否有足够时间对这些要约收购做出明智的决定。

1968 年通过的威廉姆斯法案由一系列 1934 年证券法修正案组成，它试图保护目标公司不被收购公司以突然袭击的方式收购。在这种收购中，目标公司的股东缺少足够的信息或时间以正确的评价收购公司的价值，目标公司可以要求收购方给予更多的信息披露来达到以上目的，并给予最低的时限。在此阶段股权要约收购将保持悬而未决的状态，准许目标公司起诉竞价公司。威廉姆斯法案的披露要求适用于所有公司，包括适用于那些请求其股东接受或拒绝要约收购的目标公司。

4. 反托拉斯法

在美国，反托拉斯法不是一部专门的法典，它是由几个独立的法规共同组成的，这些独立的法规例如谢尔曼法、克雷顿法和联邦交易委员会法案等被统称为反托拉斯法，反托拉斯的行使权属于联邦交易委员会。

联邦反托拉斯法是为了防止公司获得市场垄断力，从而限制产品和提高价格，不利于市场竞争。根据 1914 年联邦交易委员会法案成立了联邦交易委员会，以执行诸如谢尔曼法、克雷顿法和联邦交易委员会法案等法律。政府法规管理当局的态度在不断发生变化。20 世纪 60 年代，并购通常会受到司法部和联邦交易委员会的挑战；80 年代，美国对兼并的反托拉斯质疑相对较少；90 年代后半期，当局更为严格地执行反托拉斯法。

然而在衡量市场份额或市场集中度时，通过考虑近些年间国际贸易的迅猛发展，国外类似产品的涌入，仅对国内公司采取行动限制其规模以提高产品价格的做法是行不通的。此外，技术变化能迅速创造许多新替代产品或服务，从而使在快速变化市场中占主导地位的公司一夜之间防不胜防。这也是反托拉斯法的一大局限。

（二）美国地方州对并购的法律管制

1. 第一代反收购法律

第一代法律适用于所有的公司，不管这些公司在某一州内有多少业务。1982 年，联邦最高法院推翻了这些州政府反托拉斯法律，因为最高法院发现伊利诺伊州的某一条法律违反了州际贸易的规定，因此这条法律是违宪的。

2. 第二代反收购法律

第二代法律一般只适用于在某一州内合并的公司，或者在某一州内经营着大量业务的公司。这些法律包含有公平价格条款，并要求要约收购中的所有目标公司股东获得的出价，与实际提供股票的那家公司股东出售的价格相同。为了防范诸如杠杆融资收购等高度杠杆化交易，一些州政府的法律还包含了业务合并条款。该条款规定在某一特定时间内不允许出售目标公司的资产。由于在高杠杆化交易中，一些公司常利用出售目标公司的资产来减少负债，这些条款将有效地排除这些交易。

3. 州政府反托拉斯法

作为 1976 年哈特-斯科特-诺丁格法案的一部分，州政府被赋予了比过去更多的反托拉斯权力。州政府法律与联邦法律极为相似。根据联邦法律，州政府有权起诉以阻止他们认为有反竞争作用的兼并，哪怕司法部和联邦贸易委员会没有对这些兼并提出质疑。

除了对并购进行管制的一些法律法规外，美国还有很多的同并购相关的法规，例如员工福利法、环境相关法律等。这里就不再详述。

## 二、一些欧洲国家对并购的法律管制

（一）英国

英国的收购监管是一种以公司和证券业自我管制为主的体系，这种监管体系基于一系列守则，它主要涉及与收购和兼并相关的标准，由收购和兼并委员会实施。委员会由英格兰银行成员、伦敦证券交易所成员和其他许多享有盛名的金融人士组成，主要职责是保证“公平游戏场”的存在，也就是说，所有投资者都有同等的机会获得与收购要约相关的信息。委员会同时试图阻止目标公司不经过原股东的允许就采取反收购措施的行为。英国监管系统的特殊性在于公司遵守守则出于自愿，收购和兼并委员会实施的监管并不由法律规定。不过，它的监管最有影响力，并且被普遍接受。

（二）德国

通常，德国倾向于更支持管理层，并且采取更多的反收购措施。在德国，如果收购方购买了超过法定标准数量的股票,就必须向整个公司发出强制性股权收购要约。要约必须在规定的全国性报纸上公布,至少在28天内保持公开,但不能超过60天。目标公司则必须在收到要约之后的两周内做出答复。

(三)法国等其他国家

法国的要约收购要遵守类似的有效期规定——至少在25天内保持公开,但不得超过35个交易日;在西班牙要约最长可以有4个月的有效期;在爱尔兰,最短要约期为21天。许多欧洲国家,关于收购的规则在某种程度上都是比较相似的,如对于强制要约收购的要求。荷兰和葡萄牙规定了最低要约价格,类似于美国在收购法规中提到的公允价格。由于各国对于收购的法律规定差别很大,为了成功地完成收购,收购方应当清楚地意识到各国规定的复杂性。在统一市场中,欧盟制定的统一收购法有望改善这一状况。

## 三、中国的并购法律规定

我国对并购的法律限制主要是针对上市公司的并购活动,《公司法》、《证券法》、《上市公司收购管理办法》、《上市公司股东持股变动信息披露管理办法》等共同组成了我国上市公司收购的基本法律框架。此外,证监会还制定了与上市公司并购相关的配套文件及规范并购行为的法律法规。

(一)《公司法》

《公司法》对公司并购规定如下:并购必须经过目标公司的股东大会来取得控制权;股东大会的召开及提案的制定要受《公司法》的规范;《公司法》对表决权和代理投票权的规定使得“委托书收购”在法律上得到了认可;如果在协议收购活动中的出让方是公司发起人且持股不满3年的话,股份转让将收到份额限制;《公司法》还对公司分立与合并的规定使得上市公司可以直接兼并目标公司的控股股东。

(二)《证券法》

《证券法》为上市公司并购创造了较为宽松的法律环境,主要表现为:

(1) 扩大了收购主体的范围,允许自然人直接控股上市公司,这是我国证券立法的一大突破。

(2) 鉴于我国上市公司股权结构与国外上市公司相比有很大的特殊性,2006年前,国有股占绝对控股地位且非流通股比例较大,因此《证券法》认可协议收购的条款,推动了我国上市公司收购活动的展开。

(3)《证券法》放宽了收购中股份增持比例的规定,从原来规定的2%提高到了5%。

(4) 允许豁免发出要约收购,其第81条规定当收购人持有目标公司30%股份后,如果不继续收购,可以不发出收购要约。

(5)《证券法》对于要约收购中的收购价格、收购方式都没有做出明确限制,使得收购方的收购策略更加灵活。

(6)《证券法》没有对要约收购失败做出明确定义,从而使得收购人可以从容应对要约收购无法实现后的后续收购活动。

(三)《上市公司收购管理办法》

2006年后,实施了3年多的原《上市公司收购管理办法》已经不能满足兼并市场的需要,2006年9月1日正式实行新的《上市公司收购管理办法》。该办法对上市公司收购做出了重大调整，几个重要特点为：

（1）将强制性全面要约收购方式调整为由收购人选择的要约收购方式，赋予收购人更多的自主空间。

（2）通过强制性信息公开披露、程序公平、公平对待股东、规范收购人主体资格、加大对控股股东和实际控制人的监管力度等多方面的措施，切实维护市场公平。

（3）监管部门由过去的事前审批转变为适当的事前监管与事后监管相结合，加大持续监管的力度。

（4）强化了财务顾问等中介机构的责任要求，提高市场效率。

（5）强化公司治理，对管理层收购严格监管。

（6）明确外资收购应符合国家产业政策和行业准入规定，不得危害国家安全和社会公共利益。

修订后的《上市公司收购管理办法》要求持股介于5%～20%之间的第一大股东或实际控制人按照收购人的标准履行信息披露义务；进一步细化要约收购的可操作性，取消了区分为流通股和非流通股不同要约价格底线的规定，增加了换股收购在专业机构意见和操作环节等方面的原则规定等。新办法的制定较好地体现了公平原则，首先对收购人的资格限定较少，并未限制国内的自然人及外国投资者收购国内上市公司，只要其具有收购能力即可。由此大大放宽了收购人的条件，有利于上市公司在更大范围内进行重组。在新办法中，对要约收购规定较多，其原因在于，国有股、法人股等股份在我国上市公司股权结构中占主导，尽管一些公司协议转让股份的比例在30%以上，但基本上都获准全面豁免要约收购义务，由此导致协议收购的成本大大降低。此次公布的管理办法中，对要约收购义务的豁免条件作了明确规定，缩小了全面收购义务的豁免范围，这在一定程度上增加了上市公司收购的难度。

管理层收购问题是国内证券市场上收购活动中出现的新问题，但一直没有明确的法规对其进行规范。此次公布的《上市公司收购管理办法》首次对管理层收购的问题进行了规范：当收购人为被收购公司的高级管理人员或者全体员工时，应当由被收购公司的独立董事聘请具有证券从业资格的独立财务顾问，就被收购公司的财务状况进行分析，对收购要约的条件是否公平合理等事宜提出报告。

以往国内上市公司的股权收购主要是以现金形式支付，此次规定，投资者可以采用现金、依法可转让的证券以及法律、行政法规允许的其他合法支付方式进行收购。对于国内投资者来说，除了现金外，最容易成为上市公司收购支付对象的是股票，这意味着收购方持有的股份可作为上市公司收购的工具，国外证券市场比较盛行的换股收购也将在国内证券市场上出现。现金收购需要动用大量的现金，资产重组的难度较大，而采用股票收购，则要灵活得多。

新的办法对上市交易股份的协议收购程序进行了规范，可委托证券公司办理股份锁定、转让、过户和恢复交易等手续。上市交易的股份的协议收购，对于机构投资者来说尤为重要，机构投资者通过协议收购，可实现大宗股票交易。

管理办法明确规定收购人应当聘请具有证券从业资格的财务顾问，对收购人履行要约收购的能力以及所采用的非现金支付方式的可行性进行分析，出具财务顾问报告，确认收购人有能力实际履行本项收购要约，并对此予以担保。被收购公司的董事会应当聘请具有证券从业资格的独立财务顾问，就被收购公司的财务状况进行分析，对收购要约的条件是否公平合理等事宜提出报告。

新规定指明了上市公司收购活动的三种公开征集行为：

(1) 公开征集投票代理权，公开征集投票代理权所出现的共同提案、共同推荐董事、全权委托行使表决权等情形不构成一致行动行为。

(2) 征求购买股份，收购人在连续 30 日内，以通过证券交易所的集中竞价交易以外的方式，向同一被收购公司的 25 名以上股东征求购买股份，且所征求购买股份的总和达到被收购公司已发行股份的 5%以上的，应当按照要约收购的相关规定执行。

(3) 征集受让人，经中国证监会和证券交易所同意，上市公司股东通过公开征集方式确定受让人的，应当委托具有经纪业务资格的证券公司代为办理。

(四)《关于外国投资者并购境内企业的规定》

新的《关于外国投资者并购境内企业的规定》(以下简称《规定》)于 2006 年 8 月 8 日起施行。与 2003 年颁布的《外国投资者并购境内企业暂行规定》相比，此次修改主要包括外国投资者并购境内企业的基本制度、审批与登记程序、跨境换股规定、反垄断审查等内容。总则规定中明确了外国投资者并购境内企业存在两种情况——股权并购或资产并购，提出了并购应遵守的法律法规及相关政策。基本制度规定中分别对股权并购和资产并购中外商投资企业的投资总额与注册资本比例做出了明确限制：注册资本在 210 万美元以下的，投资总额不得超过注册资本的 10/7；注册资本在 210 万美元以下至 500 万美元的，投资总额不得超过注册资本的 2 倍；注册资本在 500 万美元以下至 1 200 万美元的，投资总额不得超过注册资本的 2.5 倍；注册资本在 1 200 万美元以上的，投资总额不得超过注册资本的 3 倍。以股权作为支付手段(跨境换股)，按规定境外公司应为最近 3 年未受监管机构处罚的上市公司，被并购的境内公司或其股东应当聘请在中国注册登记的中介机构担任顾问。外国投资者跨境换股应报送商务部审批。

为实现境内公司实际拥有的权益在境外上市这一特殊目的进行的并购，境内公司在境外设立特殊目的公司，应向商务部申请办理核准手续；特殊目的公司境外上市交易，应经国务院证券监督管理机构批准；特殊目的公司境外上市的股票发行价总值，不得低于其所对应的被并购境内公司股权的价值；特殊目的公司的境外上市融资收入，应根据现行外汇管理规定调回境内使用。反垄断审查单独作为一章，专门提出对于外国投资者并购涉及市场份额巨大，或存在严重影响市场竞争等重要因素的，应就所涉及情形向商务部和国家工商行政管理总局报告，由上述机构决定是否批准并购。

《规定》首次明确提出换股并购，并且将离岸公司纳入监管范围。它提出了“外国投资者以股权作为支付手段并购境内公司”的条件和申报程序。首次在法规中允许境外公司的股东以其持有的境外公司的股权或者增发股份作为支付手段，购买境内公司股东的股权或境内公司增发的股份。换股并购在国内的法规中一直是空白，此次从法规和审批程序上加以规范，使换股并购尤其是离岸公司被纳入监管，对资产流失、假外资等问题可以通过正规渠道进行管理，同时通过离岸公司方式进行的并购行为也可以得到法律的保护。而且，它首次引入了尽职调查制度，要求“外国投资者以股权并购境内公司，境内公司或其股东应当聘请在中国注册登记的中介机构担任顾问”，这将直接刺激并购市场的发展，通过独立第三方的并购顾问的方式来保护被收购公司的权益，如果做得好，可以溢价，反之评估机构被利用，就可能产生许多隐患。

## 本章小结

本章介绍了并购的基本概念、并购的类型、并购的特征与发展趋势。与并购相关的概念包括兼并、收购、接管、上市公司收购、要约收购等等。由于并购活动的复杂性，通常涉及投资银行家、律师、会计师、代理律师、甚至公共关系等参与者，他们之间既存在一定联系，又有一定分工。并购类型按照并购企业与目标企业所从事业务的关联程度可分为横向并购、纵向并购和混合并购；按照并购意图，有善意并购和敌意并购；按照并购进行的方式又可划分为协议收购和要约收购等，其中要约收购是当今不少公司进行兼并活动的主要方式。

以频繁发生的大规模兼并收购狂潮为背景，经济学家从多种角度对企业的并购活动加以解释，进而形成了多种理论，这些理论从多个角度和方面分析说明了企业并购现象。它们当中主要有协同作用、多样化理论、代理问题、企业重组等理论。协同作用、企业重组和多样化理论认为通过对商业经营活动进行重新组合，可以创造正的投资净现值。代理问题是由于经理与所有者之间的合约不可能无成本的签订和执行而产生的，代理理论就是要解决在这样的情况下，如何通过并购来减少代理成本。

## 关键词

兼并收购　横向并购　纵向并购　混合并购　善意收购　敌意收购　要约收购　协议收购　集中竞价收购　委托书收购　协同作用　多样化经营　战略性重组　代理问题　并购法律

## 问　题

1. 投资银行家在并购中的作用是什么？
2. 经营的协同作用和财务的协同作用主要区别是什么？举例说明你的观点。
3. 你认为收购公司在评估目标公司时，为什么通常会高估潜在的协同作用？
4. 20 世纪 90 年代与 20 世纪 80 年代兼并浪潮的主要区别是什么？资产剥离与兼并活动的关系是什么？
5. 美国的州和联邦的法规如何影响兼并企业的收益？
6. 管理主义、无效率的管理者、协同效率等兼并理论对于兼并活动中买方和卖方超常收益间的相关关系的预测分别是什么？

# 第七章

# 并购流程

学习了本章后，你应该能够：

1. 了解整个并购流程；
2. 掌握收购的主要形式；
3. 熟悉对非上市并购公司的估价方法；
4. 熟悉并购目标公司的选择；
5. 了解公司重组的过程和需要注意的地方。

## 第一节 目标公司的选择

### 一、收购的整体流程

收购流程包括规划阶段和实施阶段两大部分。规划阶段由商业和收购计划的发展过程组成，商业计划流程包括了解公司外部经营环境、评估内部资源、回顾一系列合理的选择，及清晰阐述公司未来的远景和实现这个远景的现实战略。要了解规划在并购流程中的作用，理解收购公司的任务、战略和策略目的是必要的。实施阶段包括寻找、筛选、接触目标公司，谈判，整合计划，结束交易，整合和评估。图 7-1 说明了一般的收购流程。其中，谈判过程是反复进行的，直至找到双方都认为合适的价格和成交方式为止，否则兼并就不成功。最终收购与否，是由组成谈判阶段的四项活动的持续循环作用决定的。

### 二、制定企业战略规划

并购行为作为企业扩张、调整经营范围而采取的一种外部发展手段，与企业的发展战略有着直接的联系，它是为实现企业未来的战略目标服务的，所以，企业的战略规划将直接决定企业是否应该进行并购，如果应该并购，则需要选择怎样的目标公司才能实现企业的战略目标，这就是企业战略评估。一般而言，战略评估可概括为战略分析评估、战略选择评估和战略绩效评估三个环节，如图 7-2 所示。

（一）战略分析评估

战略分析评估阶段评估企业内外部环境状况，以发现最佳机遇。此种评估也称作现状分析评估，常采用的是 SWOT 分析法。它一方面要检查企业现行战略是否能为企业带来经济效益，如果不能增效，就要重新考虑这种战略的可行性；另一方面要考察外部环境，看在

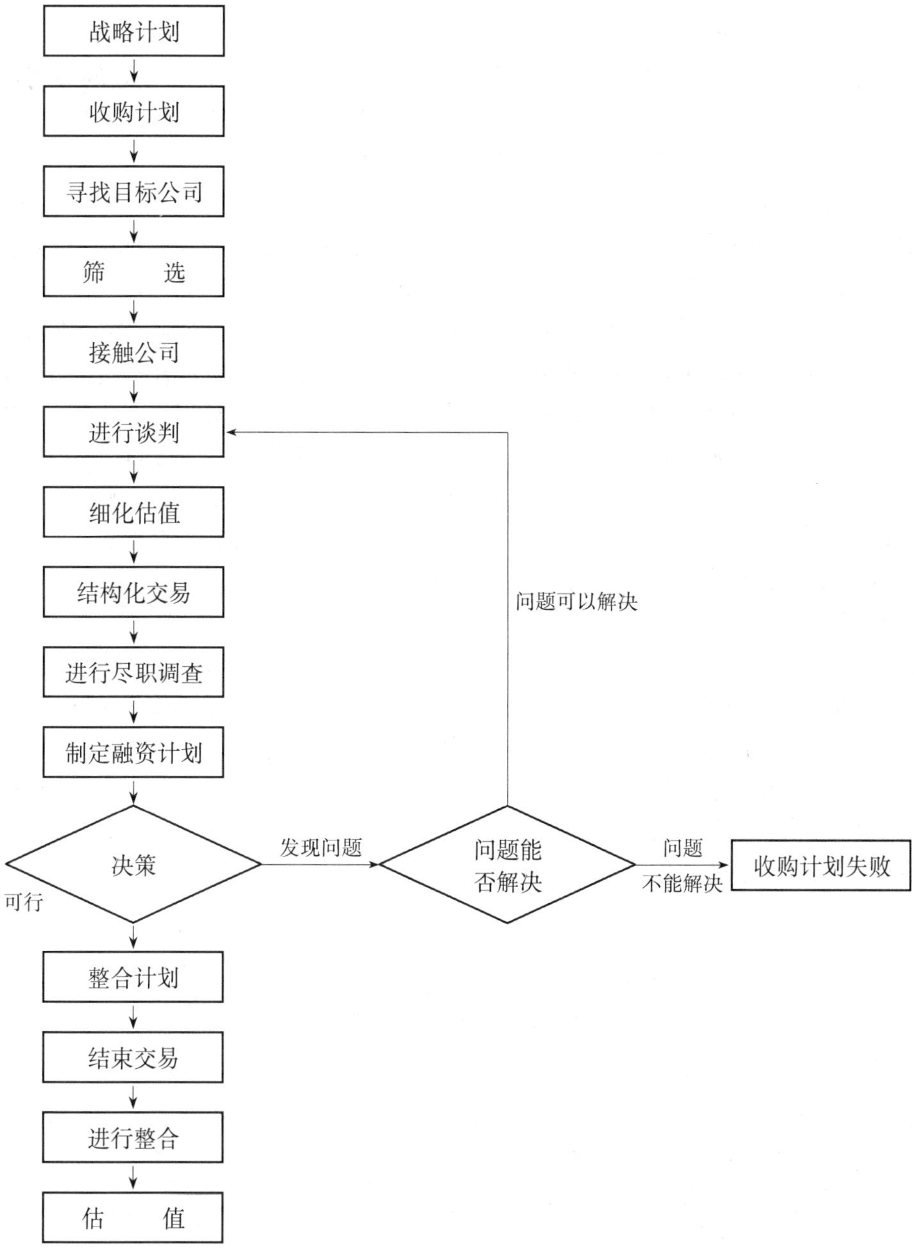

战略计划
↓
收购计划
↓
寻找目标公司
↓
筛　　选
↓
接触公司
↓
进行谈判
↓
细化估值
↓
结构化交易
↓
进行尽职调查
↓
制定融资计划
↓
决策 —发现问题→ 问题能否解决 —问题不能解决→ 收购计划失败

问题能否解决 —问题可以解决→ 进行谈判

决策 —可行↓
整合计划
↓
结束交易
↓
进行整合
↓
估　　值

图 7-1　收购流程

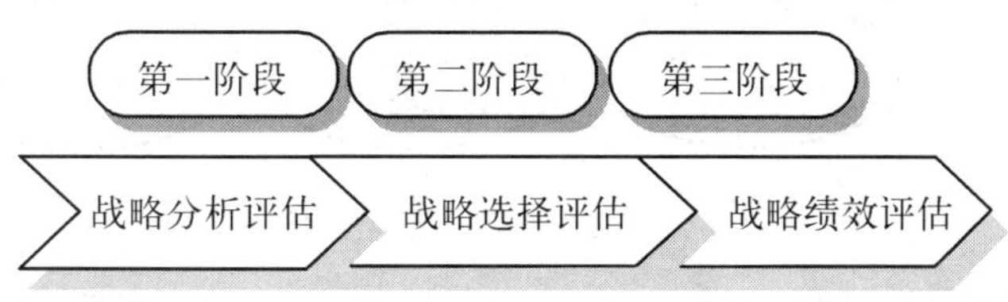


图 7-2　战略评估流程

现行环境下，企业是否有着新的机遇。最后综合两方面的结果，企业或继续执行原战略，或采取适应环境要求的新战略。

战略分析评估主要包括以下几个方面的内容：企业的现行战略和绩效的分析；不同战略方案的制定；对企业相关利益备选方案的评估；竞争力的评估，即产品、市场、技术、人才、制度竞争力的评估。并且，需要重点把握以下三点。

1. 确定企业未来竞争力

确定企业未来要在何处竞争是以对目标市场细分为基础的。确定目标市场首先要建立一套评估标准，以区分目标市场和潜在的目标市场。管理层进行市场细分，判断哪些因素会影响公司的吸引力。评估标准包括市场规模和增长率、利润率，周期性，顾客的价格敏感度，管制的宽松程度，以及进出行业的难易程度等。然后根据评估标准来分析这些市场的吸引力，在此基础上继续细分行业和在这些行业内细分市场。最后，计算出每一市场的加权平均分，根据它们各自得分来进行排列。具有最高得分的市场被认为是最具有吸引力的市场。此过程的辛苦程度取决于公司管理层要进行分析的行业和市场的数量。一些经理要求在选择目标市场之前必须分析很多行业。这种方法的优点是公司管理层不会错过具有高度吸引力的市场，但是方法的风险是非常耗时，往往会延迟作出决策。

2. 确定企业潜在市场的竞争策略

要在潜在市场获得成功，企业需要明确在目标市场上获得竞争成功的关键因素。首先，要准确地评价目标市场内公司的竞争环境，这需要进行市场描述，通过收集足够的数据准确地评价目标市场内公司的竞争环境，并分析其特性。习惯上运用迈科尔波特的五种力量模型，通过公司客户，供应商(包括资本供应商)，当前竞争者、潜在竞争者以及产品和服务替代品来描述公司竞争环境。复杂的模型会增加其他因素，诸如工会团结程度、政府管制的严格程度、全球影响所产生的作用(例如，汇率变动)来修改这个模型，见图 7-3。

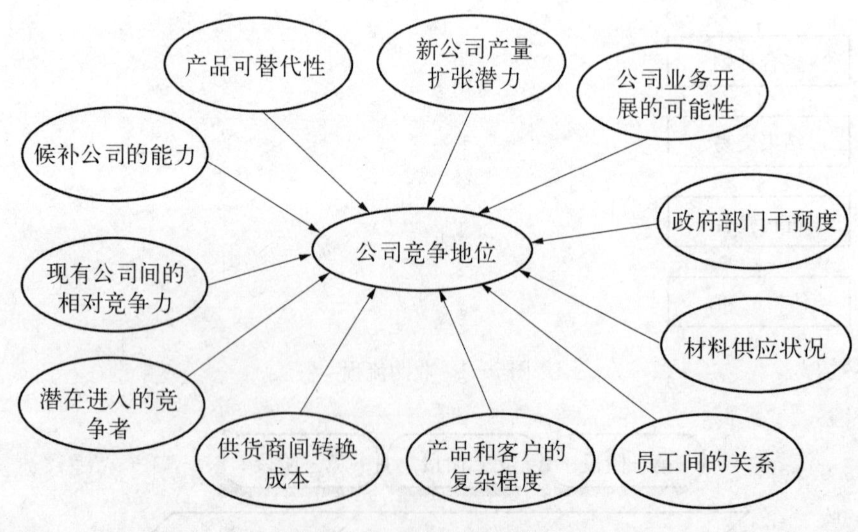


图 7-3 波特的五力模型延伸

当然，公司还必须了解其客户作出购买决定的主要原因，并根据重要性进行排序。对国内和国外的当前竞争者进行分析，发现他们成功的因素，是确定企业发展计划的重要环节，务必做到知己知彼，百战不殆。最后，对于潜在市场中的产品和替代品的分析、对潜在市场所特需的人才寻找和培训，以及政府在该行业中的政策分析等因素都值得考虑。

3. 正确评估自身

制定企业发展战略时，企业要清楚：同竞争对手相比，自身的优势和劣势在哪里？公司的主要优势是否容易被竞争对手模仿，或被竞争对手超越？公司可以利用其优势在其选择的潜在市场上获得优势吗？公司的主要劣势会被竞争对手利用吗？进行自我评估需要确定企业在潜在市场内获得成功的优势或竞争力，即成功因素。成功因素包括：企业文化和利润率、有效的分销渠道，生产设备的新旧程度和地理位置，产品质量，与竞争者相比的高市场份额，价格竞争力，研发效率，客户服务效率。确定了公司在目标市场的成功因素，就可以根据成功因素确定企业在潜在市场将处于何种竞争位置。其中，在确定公司的成功因素时，有效定义企业的核心竞争力十分关键。

总之，公司所选择的目标市场，应当能反映出公司的主要优势和竞争力与其竞争者相比，能更好地与满足顾客需求。这样才能最后设立战略性或长期性的公司目标以及实现具体实现目标的时间限制。

（二）战略选择评估

战略选择评估指战略执行前对战略的可行性进行分析。该阶段涉及很多评估模型，如SAM模型、定量战略规划模型（QSPM）、Eletre方法（E法）、战略规划评估模型（SPE）等，它们都是首先对环境因素进行分析，然后制订判断标准并打分最后计算出结果。SAM方法中所包含的数学方法主要有层次分析法、熵权系数法、主观概率和效用理论等，它们用数学的方法对不同的战略方案所面临的机会与威胁设定标准，计算机会与威胁的权重，并以所得风险与收益的结果选择最优的战略方案。它具体包括两个重要阶段。

1. 战略选择

所有战略选择是基于一些市场假设条件的，如市场增长率，客户需求和影响顾客购买决策的因素等，也包括投资的金额、时间及融资要求。根据不同选择，竞争者可能有不同的反应。收购战略被竞争者视为具有攻击性的，因此，这样的战略可能引起竞争者更为激烈的反应。所以，高级管理人员在分析可选的战略时，应先分析有关的假设合理性后，再做出决策。

公司应当从一系列合理的可选方案中选择能使其在资源限制内，在一定可接受的时间内达到预定目标的战略。资源限制包括对管理人才和资金的限制。通常，企业战略有四个基本类别：价格领先者或成本领先者、产品差异、集中化或立基战略、混合战略。

(1) 价格领先者或成本领先者战略反映了所引进的一系列工具产生的影响，并由波士顿咨询公司普及。这些工具包括经验线、产品生命周期、组合平衡技巧。成本领先者是指通过建立有效的生产设备，严格控制间接费用和消除边际赢利的客户账户，来使公司成为成本领先者。

(2) 产品差异化战略中，公司的产品或服务可以被顾客与市场中其他产品或服务区分开来，差异性的获得可以通过品牌形象、技术特点或可选的分销渠道等方式。

(3) 集中化或立基战略往往集中精力在单一的市场上销售几种产品或提供一些服务，这要求比竞争者能更好地了解客户需求，通过这种战略，公司寻找与某类客户，某个狭窄地理位置，或与某个产品使用相关的立基市场。例如航空公司、飞机制造商（例如波音公司）、主要国防工程承包商。许多公司一开始专注于单一的业务，后来多元化拓宽了销售收入的基础。

(4) 混合战略涉及以上战略的某种组合。例如，可口可乐公司追求差异和高度市场集中化的战略。该公司通过专注于世界范围内的软饮料市场获得了巨大的销售收入。它的产品是有差异的，因为顾客觉得它有与众不同的口味。此外，顾客可以预期这种口味将持续永恒。其他追求业务集中而又有差异战略的公司包括快餐行业巨人麦当劳，它在整洁、舒适的环境中提供质量始终如一的快餐。

2. 实施战略

一旦公司确定了合适的公司战略，就要采取最好的方式实施所需的战略。实施战略通常有五种选择：建立内部资源实施战略，合作与合资，投资，收购，互换资产。建立内部战略要相当长的时间来实现关键的战略目标，根据现金流的大小和时间安排，与其他方式相比较，这个选择所产生的净现值相当低。通过收购获得控制权所付出的代价也是非常高的，因为收购方通常必须支付溢价才能获得另一家公司的控制权，但是收购的优势在于其无可比拟的速度。合资代表了一种实际的建立或收购战略，使公司以较低的费用获得诸如技术，产品分销渠道，私有的工艺流程和专利等。合资通常是被收购对象的前身，因为它给予双方时间来判断他们各自的公司文化和战略目标是否可以兼容。资产互换相对于其他选择而言比较具有吸引力，但是在大多数行业内很难应用，除非涉及的资产具有极大的相似性。

(三) 战略绩效评估

战略绩效评估指在战略执行过程中对战略实施的结果从财务指标、非财务指标等进行全面的衡量。它本质上是一种战略控制手段，即通过战略实施成果与战略目标的对比分析，找出偏差，并采取措施纠正。

该阶段，经理们通常从四个重要方面来观察企业：

(1) 顾客角度——顾客如何看企业？

(2) 内部角度——企业的核心能力和擅长是什么？

(3) 学习与创新角度——企业能否继续提高并创造价值？

(4) 财务角度——企业怎样满足股东？

目前，平衡计分测评法被广泛使用，它从多个角度测评绩效的指标，解决了传统管理体系的一个严重缺陷，弥补了财务指标的不足。它从顾客、内部业务流程以及学习和发展角度，使企业在了解财务结果的同时，对自己未来发展能力的增强和无形资产收购方面取得的进展进行监督。当然，平衡计分法并不是取代财务指标，而是对其加以补充。

通常，战略绩效评估指标设置遵循如下原则。

1. 系统优化原则

用若干个指标对企业的综合绩效进行评价。这些指标必须互相联系、互相制约。同时，每个指标应尽可能边界分明，避免互相包含，减少对同一内容的重复评价。为实现系统优化原则，设计评价指标体系的方法应采用系统方法，例如系统分解和层次分析法，由总指标分解成次级指标，由次级指标再分解成第三级指标，并组成树状结构的指标体系，使体系的各个要素及其横向结构和层次结构能满足系统优化要求。

2. 通用可比原则

通用性和可比性原则涉及两个方面：一是纵向比较，不同时期的企业自身作比较，评价指标体系要有通用性、可比性，这一点比较容易做到，其条件是指标体系和各项指标、各种参数的内涵与外延保持稳定，用以计算各指标相对值的各个参照值不变，但是，即使评价指标体系不改变，由于参加评价的专家群体的变化，主观性仍会导致差异。二是横向比较：不同企业使用评价指标体系评价时，指标体系要有通用性、可比性。其主要办法是找出各企业的共同点，按共同点设计评价指标体系。

3. 实用性原则

为了满足设计者及相关部门的使用要求，评价指标体系要做到：

(1) 指标体系要繁简适当，计算评价方法简便易行，在基本保证评价结果的客观性、全面性的条件下，指标体系尽可能简化，减少或去掉一些对评价结果影响小的指标。

(2) 评价指标所需的数据要易于采集，适应目前的科技管理水平，要尽量与计划口径、统计口径、会计核算口径相一致。

(3) 各项评价指标及其相应的计算方法、各项数据，都要标准化、规范化，计算方法、表述方法要简便、明确、易于操作。

(4) 要能够实行评价过程中的质量控制，这主要依靠评价数据的准确性、可靠性、计算评价方法的正确实施。

## 三、寻找并选择目标公司

寻找潜在的收购对象由两个步骤组成。

第一步是建立筛选或选择标准。在寻找阶段，最好是使用相对少的标准。主要的标准包括行业和交易的规模。对地理位置进行限制也是恰当的做法。交易的规模最好是用公司愿意支付的最大收购价格来表示。这可以用最大收购价格与收益、账面价值、现金流之比或销售收入比例，或最大收购价格来表示。

第二步是制定寻找战略。这种战略通常使用计算机化的数据库和目录服务，如Discloure，Dun & Bradstreet等确定收购对象。公司也要询问它们的律师、银行家和会计师确定其他的收购对象。尽管他们可能要收咨询费或查询费，但是投资银行、经纪公司和杠杆融资公司是寻找潜在收购对象的很好渠道。

网络使得寻找比以前更容易。以美国为例，诸如雅虎、GOOGLE等服务使得寻找者很快收集到有关竞争对手和客户的数据。这些网址使得公司很容易进入需在证券交易委员会备案的一系列公开文件，如表7-1所示。

**表7-1　公司对外公开的文件**

| | |
|---|---|
| 10—K | 提供关于公司每年经营情况、业务状况、竞争者、市场状况、法律诉讼、所拥有主要的风险和其他相关情况的详细信息 |
| 10—Q | 每一季度更新投资者所获得的有关公司经营的信息 |
| s—1 | 当公司想要注册新股票时需要备案。备案的内容可以包括公司经营的历史和经营风险的信息 |
| S—2 | 当公司达成诸如并购等重大交易时需要备案。提供有关交易费用和条件的非常详细的说明，详细说明导致交易达成的事件以及进行并购的原因 |
| 8—K | 当公司面临"重大事件"时需要备案 |

筛选流程是对寻找流程的细化。它以减少初始潜在收购对象为起点，这些潜在收购对象是通过应用诸如行业类型和最大交易规模等主要标准挑选出来的。因为采用了相对少的主要标准，因此初始潜在收购对象的数量很多，需要使用第二重选择标准缩短名单，应当谨慎地限制所使用选择标准的数量。只要有可能，选择标准应当量化。除了使用最大收购价格、行业或地理位置标准来决定初始潜在收购对象，第二重选择标准可以包括行业内某个细分市场，或细分市场内某个产品线。其他的衡量标准包括公司的利润率、杠杆程度和市场份额。

一般说来，目标公司具备以下几类特点：营业亏损的公司，可以以其之长补己之短的公司，低市盈率公司，有潜力的公司。具有这些特点的企业容易成为目标公司，而且这种企业的数量通常很多。

但对于某一特定公司而言，只有那些满足公司特定需要的目标公司才是可行的目标。也就是说，目标公司与兼并方公司实施兼并的目的有关。如果收购的目的在于扩大市场份额，则目标公司必须与兼并方公司的业务相关。但如果目的仅在于一般意义上的公司增长，则其他领域经营的公司也可在考虑范围之内。如果兼并方的目的在于获得协同效应，则其关注的重点必然在于目标公司的业务与兼并方公司业务的适应性。如一家在生产方面具有强大优势的公司往往把销售力量强的公司作为兼并的目标。如果兼并的目的在于通过多样化减少经营风险，而目标公司的经营领域与兼并方公司的业务相关程度越少越好。如果兼并的目的在于改善兼并方公司的财务状况，则各种财务影响因素需要认真考虑。但单一的财务指标作为衡量兼并是否成功的标志是不可取的。而且，如果财务指标的目标值设定得过高，实际可行度将降低。

目前，目标公司的规模仍是决定兼并是否能够成功的重要因素。出于规模经济的考虑，兼并方公司通常也设定目标公司规模的下限。因为无论目标公司规模的大小，兼并方公司在选择和评估目标公司时总是要花费一些固定的时间和费用。如果兼并的目标公司过小，则这种兼并对目标公司而言相对成本较高。

兼并公司在兼并目标公司时必须考虑目标公司管理人员与职工的态度。如果目标公司管理人员与职工持不合作态度，则兼并成功的可能性很小，即使能够达成兼并，兼并后也可能达不到预期的经济效益。实践中，机会是稍纵即逝的，因此，成功兼并的前提是迅速发现和抓住适合本企业发展的兼并目标。现在，投资银行在兼并收购活动中扮演着越来越重要的角色。投资银行家与公司经常性地保持私人联系，由于熟悉公司的具体情况和发展目标，他们就能为公司高层决策人员提供适合公司具体情况的兼并建议和目标。而一旦公司采纳了他们的建议并成功地实施了兼并，投资银行也获利匪浅。

## 四、接触公司并进行谈判

接触公司，然后开始谈判阶段是一个与许多活动相交互式的、反复的过程，这些活动同时由不同收购团队成员实施。收购业务的实际收购价格就是在这个阶段决定的，而且该收购价格通常与在尽职调查前和基于粗略的公共信息基础上对目标公司所作的初始估值有很大的不同。

## 五、并购评估

并购方选中目标公司以后开始审查、核实目标公司的真实情况。审查可以自己进行，也可以聘请专业的机构进行。主要的审查内容包括：财务报表、经营状况、税收以及法律等。其中价值评估是并购中的关键环节，主要包括三个方面：评估目标公司的价值；评估协同效应；评估企业合并以后的总价值。

1. 评估目标公司的价值

对目标公司的价值评估是确定支付价格的重要依据，通常采用现金流贴现法，但有时也可以采用可比公司分析法。价值评估的具体方法将在下一节详细介绍。

2. 协同效应的评估

获得协同效应是企业进行并购的主要目的，只有协同效应为正，才有并购的必要。协同效应的大小是决定并购成功与否的关键，对协同效应的评估是非常困难的，并购方收购目标公司后，不仅目标企业的价值在并购方的控制和影响下会发生变化，并购公司自身的企业价值也会由于并购行为而产生变化，协同效应对于并购双方企业来说都至关重要。

3. 企业合并后的价值评估

在评估协同效应的基础上，需要预测并购后联合企业的经营绩效，并评估其价值。在并购交易中，目标公司不会接受低于自身价值的价格，并购方必须支付比目标公司市场价值更多的溢价。制定收购价格时，协同效应就是这个溢价的上限，而协同效应一般是从合并企业的价值与合并前企业价值之差中得来的。

4. 并购的可行性分析

并购的可行性分析建立于并购价值评估的基础之上。一般说来，只有在合并后的协同效应大于兼并所付出的成本时，并购行为是可行的。对于并购公司的股东来说，协同效益与兼并溢价之间的差额越大，并购的潜在收益越大，进而更加支持并购行为。

## 六、尽职调查

任何交易的参与方应进行尽职调查，以获得对潜在风险和收益的最准确的评估。主要内容有：

1. 买方尽职调查

这是指确认构成估值假设有效性的过程，主要目的是识别和确认“价值的来源”，通过寻找降低价值的缺陷来减少实际或潜在的责任。尽职调查涉及三个主要方面的审查：

（1）由高级运营和营销管理人员所进行的战略、运营和营销审查。

（2）由财务和会计人员指导进行的财务审查。

（3）由买方法律顾问进行的法律审查。

严格的尽职调查需要制定全面的核对清单。战略和运营审查问题主要集中于卖方管理团队，运营与销售和营销战略。财务审查问题集中于卖方财务报表的准确性、及时性和全面性。最后，法律问题处理公司记录、财务纠纷、管理人员和员工的纠纷、卖方有形和无形资产及重要合同和卖方诸如诉讼和赔偿等义务。

2. 选择尽职调查团队

进行尽职调查的最重要因素之一是要问对问题，这要对所要调查的部门与行业有深刻的认识，需要经过多次尽职调查经验的积累。团队成员应当包括拥有解决环境、法律和技术问题的专业人员。这通常要聘用顾问，选择正确的顾问在近年来变得越来越具有挑战性。主要会计师事务所之间开始进行兼并、审计与咨询捆绑式服务，这些将增加潜在的利益冲突。过去的10年里，8大会计公司已经减少到普华永道、毕马威、安永和德勤事务所等几家。此外，较大的会计师事务所正在迅速地收购小型区域公司，并对会计计量业务感兴趣，将与诸如战略规划、系统整合、养老金规划、软件开发、福利管理和法律服务等其他类型咨询服务有关的客户关系杠杆化。

3. 限制尽职调查

尽职调查是花费较高，并且令人疲乏不堪的。买方通常想要用尽可能多的时间进行尽职调查。与此相对应，卖方想要尽可能地限制尽职调查的时间长度和范围。尽职调查的特点是具有高度入侵性，牵涉管理者相当多的时间和精力。特别地，长时间的详细尽职调查可能揭示买方可以用来作为借口降低收购价格的信息，所以尽职调查很少对卖家有利。因此，卖方在买方确定尽职调查进行得差不多之前就尽快结束尽职调查。为了维持谈判阶段的合作关系，在最短的时间内进行透彻的尽职调查几乎总是最符合买方的利益，这样就不会中断业务和疏远了卖方。有些情况下，买方和卖方同意一个简短的尽职调查期限。理论上是买方能够通过编写得当的购买和出售协议获得一定的保护。在协议中，买方要求卖方作出声明和保证它们是真实的。这种"声明和保证"包括卖方承认他们拥有协议中所列出的所有资产，并且这些资产都没有用于担保和附有其他条件。如果声明被发现不是真实的，协议通常包括弥补买方任何重大损失的机制。

4. 卖方尽职调查

尽管大量的尽职调查是买方对卖方进行的，但是谨慎的卖方也应当对买方进行尽职调查。这样，卖方就能够判断买方是否有必需的财务资金为收购公司融资。此外，卖方，作为自己尽职调查过程的一部分，通常要求它的所有管理人员签字声明尽其所知，与他们各自责任部门相关的合同所陈述的内容是真实的。通过内部调查，卖方希望减少因卖方在购买和出售协议中作出不准确的声明和保证而产生的责任。

## 七、收购形式

收购形式是一种转移机制，通过它可以实现资产或股票所有权从目标公司向收购公司的转移。常用的基本收购形式主要有：直接资产收购、股票收购、法定兼并、股票换股票收购以及股票换资产收购。

### (一) 收购形式界定

1. 直接资产收购

直接资产收购包括收购公司以现金、资产或以承担目标公司全部或部分债务作为现金和资产的替代支付方式收购目标公司的全部或部分资产。收购完成后目标公司仍然存在。但为了使股东得到销售的收益，目标公司也常进行清算。图7-4表示兼并公司以直接资产收购方式获得了目标公司的全部资产。

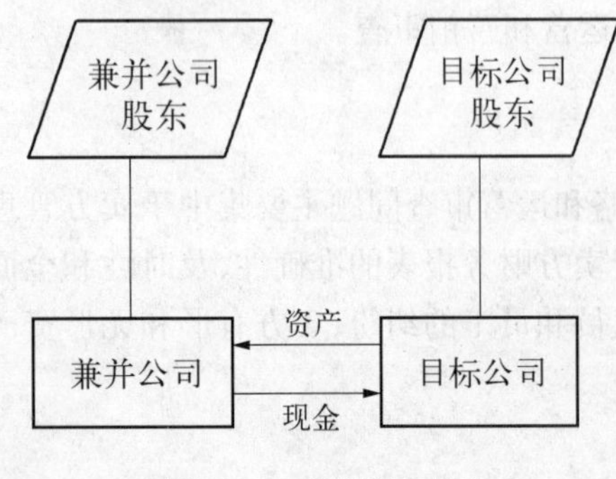

图7-4 直接资产收购

2. 股票收购

股票收购是收购公司用自有现金、债务或股票交换目标公司股票的交易形式，这是一种比较简捷的收购方式。图 7-5 表示兼并公司以股票收购方式直接收购目标公司所有的股票。

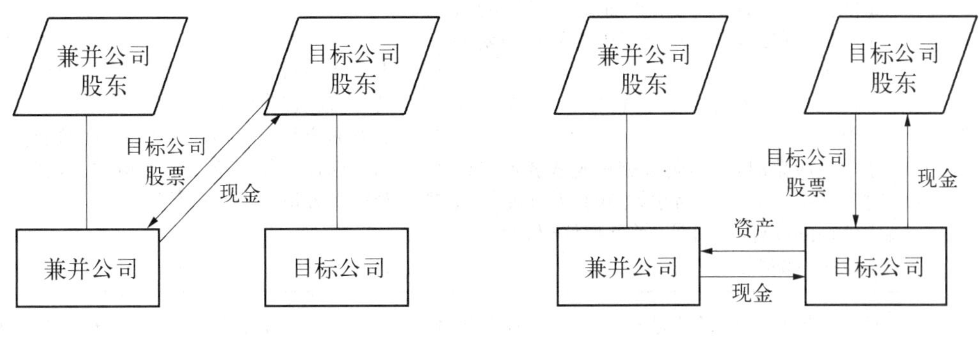


图 7-5 股票收购方式

图 7-6 法定兼并方式

3. 法定兼并

当两个或两个以上的公司合并，其中的某个公司继续存在，而其他公司全部消失，这种合并方式称为法定兼并。出于纳税方面的考虑，目标公司经常用它的资产来换取现金、债券、股票等回报。目标公司依法清算，目标公司的股东能以其持有的股票向目标公司换取回报。图 7-6 表示目标公司被兼并公司兼并，根据法律，只有兼并公司存续，目标公司将不复存在。目标公司把资产受让给兼并公司，并把得到的回报分给它的股东，以收回其股票。

4. 其他收购形式

除兼并之外，收购公司还可以用自己的股票与目标公司的股票进行交换，交易完成后，目标公司完全作为收购公司的一个子公司来管理。通常在一段时间之后，母公司可以选择再把该子公司并入。通过如此操作，目标公司的股东可以获得免税的实惠，这种模式的主要缺点是延误了母公司对整合子公司所作的任何努力，因此也就妨碍了协同运营收益的实现。换出的股票可能会对收购公司股东的所有者地位造成严重损害。

收购公司也可以用自己股本变换目标公司的重要资产。虽然在一般情况下，交易对目标公司的股东是免税的。但如果要被迫迁移目标公司的话，这种免税将不复存在。另外，用股本交易会损害收购股东的所有者地位。

(二) 收购形式比较

以上各种收购形式的优劣比较见表 7-2。

**表 7-2 各种收购方式优缺点比较**

| | 优　　点 | 缺　　点 |
|---|---|---|
| 直接资产收购 | 1. 买方可以选择购买目标公司的资产类型。买方一般不对卖方的负债负责，除非在契约里做出特殊规定<br>2. 可以采取程度较高的折旧和较低的分摊费用。这些支出的缩减可以看作是税前收入保护。买者一般不对未公开的或关联的债务负责 | 1. 买方没有得到卖方的一些资产的所有权，如经营许可证、经营特许权和专利<br>2. 卖方有可能面临着双重征税 |

续 表

| | 优　　点 | 缺　　点 |
|---|---|---|
| 股票收购 | 1. 如果目标公司的所有资产都是以股票的形式进行转移的,买卖双方完成交易只需要签署较少的文件<br>2. 通过收购股票的方式也可以避开资产转移税<br>3. 在购买股票时,净运营亏损和税收凭证也同时转移给买方。交易也赋予了买方使用目标公司的商标、许可证、经营特许权、专利及其他许可的权力 | 1. 买方必须对所有未知的、未公开的负债以及所有相连带的责任负责<br>2. 卖方的税基全盘地转移给买方,除非卖方同意选择一部分税收来承担,但这种选择会给卖方造成潜在的税收负担 |
| 法定兼并 | 1. 兼并的最基本的好处是资产和股票在收购者和目标公司之间的转移是在法律规定的框架下自动发生的<br>2. 在兼并过程中,因为没有签订任何资产转移文件,所以不用支付转移税 | 兼并上市公司可能代价很高,并且非常耗时,因为必须事先征得股东同意和管制代理机构的批准。这样就会给其他投标者进入赢得了时间,创造了进行拍卖的条件,这样无疑会抬高收购价格 |

## 第二节　非上市的目标公司价值评估

价值评估是兼并活动中至关重要的部分,如果收购方支付过多,一项从商业角度来看是很好的交易从财务的角度来说并不一定合理。价值评估分析的目的是为了提供一种能得出合理收购价的规律性程序。如果收购方报价过低,目标公司也许会抵制收购,并通过经营引起其他收购者的兴趣;如果报价过高,收购溢价也许永远不能从收购后的协同效应中得到补偿。

由于获得上市交易公司和非上市公司的信息途径并不相同,而只有得到足够的财务信息后,才能够有效地应用评价技巧。即使非上市公司和上市公司完全公开其财务状况和前景,它们之间仍然存在重要的差别:即上市公司有一个公开的市场价,而非上市公司没有。因此,通常在评估目标公司的价值时,要把上市公司和非上市公司进行区分,分别采用合适的方法作出价值评估。对于上市公司价值评估,我们重点将在本书第九章中阐述,在此我们主要针对非上市的目标公司价值评估进行分析。

### 一、收益资本化法

资本化流程可以帮助估价师计算公司未来收益流的现值,它可以应用于无限期下的情形,这一点与预测现金流或收益有所不同。一种观点认为公司不可能无限期存在,因此该方法受到质疑;但是另一种观点认为根据货币时间价值理论,距离当前时刻越远的现金流,其折现后的现值就越小,对于收购者来说就越没有价值。

通常,资本化率和折现率不加区别。但是具体而言,如果现金流或是收益的折现期是有限时段的话,一般用折现率;而如果现金流或是收益的折现期是无限期,则用资本化率。资本化流程在计算普通股和优先股价值的时候非常常用。

**例 7-1** 假设某优先股每股每年支付股利 4 元，且无限期支付，若资本化率为 0.15，则该优先股的每股价值为：$P_S=4/0.15=26.67$（元）。这样，26.67 元即为永续的 4 元年收入流的现值（这里不考虑优先股被赎回的可能性）。为了将 4 元的稳定收益流资本化，资本化率 0.15 可能就是公司的股权收益率。

1. 收益的选择

资本化过程中，如何定义公司的收益至关重要。关于公司的收益指标，有不同的定义方法，如自由现金流、息税、折旧、摊销前收益（EBITDA）、息税前收益（EBIT）和税后收益（EAT）。资本化的结果将随着所选公司收益定义的不同而不同。

2. 资本化率的选择

资本化率应该能够反映市场上能够产生类似收益流的投资的回报率，从这个意义上说，资本化率体现了一种机会成本，即将购买公司的资金用于其他类似的投资机会的回报率。有关资本化率的选取，必须依据具体的公司量身定做，与公司预期产生的收入流相一致。

投资回报率（ROI）和股权收益率（ROE）对资本化率的选取有重要意义。*ROI* 指的是公司全部投资资本的收益率，其中的投资资本包括债务资本和股权资本；债务资本可以只包括长期债务，也可以既包括长期债务又包括短期债务。如果公司的短期负债是每年滚动增加的，那么应将这部分短期负债看做是长期负债，作为公司永久债务资本的一部分。相反，如果短期债务的短期限特征非常明显，则可以不包括在公司的永久债务资本之中。*ROE* 体现的是公司股东权益的收益率，与 *ROI* 相比，该收益率所涉及的资本范围较小。税前收益、税后收益都可以用来计算 *ROI* 和 *ROE*。但是，由于私人持有公司的税后收益可信度较低，因此计算私人持有公司的收益率时一般采用税前收益，对公众持股公司则采用税后收益。

**例 7-2** 假设某私营公司的税前收益为 200 万元，公司股东权益为 2 500 万元，全部债务资本为 2 000 万元，则 $ROI=200/4\,500=0.04=4\%$；$ROE=200/2\,500=0.08=8\%$。即如果使用 *ROI* 作为资本化率，则公司的价值为 200/0.04=5 000（万元）；使用 *ROE* 作为资本化率，则公司的价值为 200/0.08=2 500（万元）。

3. 以资本成本作为资本化率

资本成本也被用做资本化率对公司的未来收益进行折现，因为这是公司可以接受的最小收益率。该收益率满足两部分要求：债务的利息支付以及预期的股权收益率。

## 二、收益法

一个企业的价值取决于投资人最终所能获得的投资回报，估价方法有多种，与前面的可比公司法或可比交易法类似，其中之一是将该企业与同行业中另外一家或几家可比公司进行比较，或者是看同类型项目的投资额。收益法是可以解决非上市公司的定价问题的其中一种方法。就评估的程序而言，它与上市公司的 $P/E$ 比率评估程序非常相近，基本步骤有：

(1) 确定目标公司的可保持收益。

(2) 在市场上找一个或一组与目标公司相近的上市公司。

(3) 以它们的平均 $P/E$ 比率作为目标公司的 $P/E$ 比率。

(4) 对平均后的 $P/E$ 比率进行必要的调整，并应用于对非上市公司的评估。

可见，收益法与上市目标公司的 $P/E$ 法基本上是一致的，除了在最后一步中，由于非上市公司的股票缺少市场能力，从而提高了要求达到的收益水平，降低了资本化率，因此要对这 $P/E$ 比率进行调整，才能利用于非上市公司。

目标公司的价值是通过与类似公司的比较取得的，而这些公司的特殊情况与目标公司可能会有很大的差异，而且，两家主要企业的合并往往会改变整个行业的竞争态势，并影响到该行业在将来的价值。一些情形下，收益可能不是价值的最好指标，如对于一些新兴高技术企业和拥有贵重资产但没有账面收入的自然资源公司。但是，该方法在理解和应用上较简单，这有助于获得收购方股东的支持。并且，它是基于市场对可比公司的财务前景所作的综合分析，而不是某个人的预测，因而具有一定的可靠性。

## 三、折价现金流法

目标公司在未来产生的现金流或收益经过贴现后的现值减去收购价格，所得数值即为净现值，该方法与前面介绍的上市公司的净现值法完全相同，这里不再赘述。基本公式如下：

$$NPV = I_0 - \sum_{i=1}^{n} \frac{FB_i}{(1+WACC)^i}$$

式中：$FB_i$ 为公司第 $i$ 年产生的现金流或收益；$WACC$ 为折现率；$I_0$ 为零时刻的投资。

需要注意的是，对非上市公司而言，该方法的使用前提和使用范围较上市公司有所不同。无论是使用现金流还是收益来计算 $NPV$，在预测之前都要做一系列精心调整，以使预测结果与购买方所获价值相等，如公司业主或是管理层所获得的超额奖金就应严格剔除。使用折价现金流法最关键之处在于确定一个合理的折现率，该折现率必须能够恰当地反映目标公司的风险。折价现金流法基于对公司未来现金流的预测，公司未来的现金流或是收益通过适当的折现率进行折现，就可以确定其在当前时点上的价值。

$$BV = \frac{FCF_1}{(1+WACC)} + \frac{FCF_2}{(1+WACC)^2} + L + \frac{FCF_5}{(1+WACC)^5} + \frac{FCF_6}{(1+WACC)^5(WACC-g)}$$

式中：$BV$ 为公司价值；$FCF_i$ 为第 $i$ 期的自由现金流量；$g$ 为第 5 年后的现金流增长率。

上式中的分子表示的是公司的现金流。值得注意的是第 5 年以后的现金流作为增长率为 $g$ 的永续年金处理。这也是一种独立的商业估价方法：首先，预测公司第 6 年现金流，该数值可以通过公司第 5 年现金流量 $FCF_5$ 乘以 $(1+g)$ 得到，所得结果除以资本化率，即得到第 6 年及以后所有现金流量在该年的现值，再除以 $(1+WACC)^5$，即为第 6 年及其以后所有现金流量在第 0 年初的现值。有时，该值也叫“残差”(residual)，即在第 5 年末将其出售的价值，将其与前5年现金流量的现值相加，即可得到公司的当前价值。

## 四、资产导向法

资产导向法是指通过对目标公司所有的资产进行估价的方式来评估价值的方法。这些资产包括财务资产、有形资产和无形资产。同时，如要求评估的是企业净资产值，则还需评估负债，通常涉及的资产与负债有以下各项。

(1) 财务资产：现金、应收账项、预付费用等。

(2) 有形动产：机器设备、家具与固定装置、汽车和存货等。

(3) 不动产：土地使用权、建筑物、构筑物等。

(4) 无形不动产：租赁权益、通行权、矿产开采权、用气和用水权、开发权等。

(5) 无形动产：专利、商标、版权、计算机软件、商业机密、与客户的联系、商誉等。

(6) 流动负债：短期借款、应付账款、应交税金、应付工资等。

(7) 长期负债：长期借款、应付债券等。

(8) 或有负债：未解决的税负争议、未判决的诉讼、未解决的环境污染问题等。

要确定公司资产的价值，关键是要选择合适的资产估价指标。目前国际上通行的资产价值估价方法极其资产估价标准如下。

1. 账面价值

账面价值是指在会计核算中账面所记载的资产价值，它是一个向后看的历史价值指标。这种估价方法不考虑现时资产市场价格的波动，也不考虑资产的收益状况，很少反映实际市场价值。例如，资产负债表上的土地价值通常被低估，而如果存货的时间较久或比较陈旧，那么存货通常是被高估的。尽管账面价值不反映制造行业实际的市场价值，但是对有着高存货周转率的分销公司较为准确。账面价值也被广泛用来评估财务服务公司，该种公司的有形账面价值主要是现金或流动资产，有形资产价值是账面价值减去商誉。

**例7-3** 用账面价值来估值公司：(Target Company)有总资产($TA$)1 500万元，其中商誉($GW$)为200万元。总债务($TL$)为900万元。发行在外的股票总数($S$)为200万。估计每股有形资产账面价值(BVS)：$BVS=(TA-TL-GW)/S=(15-9-2)/2=2$(元/股)。

在同行业中，与目标公司规模、客户群、利润率大致相同的另一家公司以等于其每股账面价值5倍的价格被收购。用每股有形资产账面价值(BVS)来估计目标公司(Target Company)的隐性市场价值，每股市场价值$=5\times2=10$(元)。

2. 清算价值

清算价值是指在公司出现财务危机面临破产或歇业清算时，把公司中的实物资产逐个分离而单独出售时的资产价值。清算价值是在公司作为一个整体已丧失增值能力情况下的一种资产估价方法。当公司的预期收益令人不满意，其清算价值可能超过了以收益资本化为基础的价值时，公司的市场价值已不依赖于它的赢利能力，此时以清算价值为基础评估公司的价值可能更有意义。

20世纪70年代后期至80年代，投资者评估高度多元化投资的公司时，若它的各个业务部门被分别被遣散或出售，那么清算或遣散价值以此进行估算。尤其对于在各个经营单位之间缺乏真正的协同作用的公司，或其资产具有高度增值潜力的公司，当它被遣散时，该方法较有价值。

某些情况下，法律费用、评估费用和咨询费用也会占资产出售收益中更大的比例。为确定在破产这种最坏的情形下公司的最小价值，分析人员通常估计目标公司的清算价值，他们假设资产能以有序的方式出售，也就是需要合理的时间来使得合格的买家竞价。

"有序的方式"通常被规定为 9～12 个月，有时，高质量的应收账款可以以 80%～90%的账面价值出售；存货能否以 80%～90%的账面价值出售取决于存货的状况和存货的陈旧程度。更快速的清算会使得存货的价值变低，降至 60%～65%的账面价值。设备的清算价值取决于新旧程度，需要审查不动产来看它们真正的市场价值。土地是价值的一个隐性来源，因为通常在一般公认会计准则(GAAP)的资产负债表上，它的价值被低估。诸如保险费等预付费用有时可以通过收回部分保险费来进行清算。如果资产不得不在火灾受损而使物品进行拍卖的情况下进行清算时，在这种情况下资产出售给第一个出价者，而不是出售给出价最高的人，清算价值将大幅度降低。如果收购公司的目的在于获得某项特殊的资产，那么以清算价值或市场价值为标准可能是一个恰当的选择。

3. 续营价值

续营价值与清算价值相反，是指公司资产作为一个整体仍然有增值能力，在保持其继续经营的条件下，以未来的收益能力为基础来评估公司资产的价值。由于收益能力是在众多资产组合运用的情况下才可能产生，因此续营价值标准更适用于公司整体资产的估价。

4. 公平价值

公平价值则反映了续营价值和市场价值的基本要求，它是指将公司所有的资产在未来继续经营情况下所产生的预期收益，按照设定的折扣率，如市场资金利润率或平均收益率折算成现值，并以此来确定其价值的一种估价标准。它把市场环境和公司未来的经营状况同公司资产的当前价值联系起来，因此非常适合于在收购时评估目标公司的价值。因此，如果收购目标公司的目的在于其未来收益的潜能，那么公平价值就是一个重要的标准。

## 第三节 公司重组与整合

### 一、公司重组方式

公司重组通常是指剥离等出售资产的活动。公司希望出售部分资产，可能是因为该部门业绩不佳，出现了财务危机，或是公司的战略重点发生的转移。公司出售资产有多种形式，剥离是其中一种，股权出售则是资产出售的另一种方法。

并购行为常见的动机之一是追求协同效应，负协同效应是公司重组的可能动机，它指某一部门单独衡量时的价值要超过它在公司整体结构中的情况。公司出售某些部门仅因为该部门的盈利无法超过公司最低要求收益率，而此时，外部收购者的开价可能超过该部门相对于母公司所体现的价值。

（一）资产剥离

资产剥离是指出售企业一部分资产给其他企业以获得现金收入，它是常见的重组活动。进行剥离的出售方通常将重点集中在核心业务上，而剥离中的购买方则是为增强它的战略计划。企业可以出售一些低值的、非战略性的或与企业核心运营联系不大的运营业务，用出售所得投资于潜在收益较高的机会。另外，企业也可以把剥离资产所得以流动红利的方式或派股的方式返还给股东。

剥离交易可能是主动也可能是被动进行的。如公司遭到司法部的调查而且裁决结果不利，被要求出售某一部门，这种情况被称为被动剥离。主动剥离比被动剥离更为普遍，其原因也更为多样。例如，母公司可能希望脱离某一行业，觉得该行业已不再符合公司的发展规划，或者对其经营已无利可图，但这并不意味着其他在此行业更有经验的公司也无法从这部门的经营中获利。这样，剥离就成为有效市场过程的一部分，即通过资产的重新分配，使其流向那些能够利用这些资产创造最大价值的企业。通常出售者选择进行资产剥离的是不相关的业务或者是那些自认为没有效率的业务。高度不相关的业务经营容易发生资产剥离的结论也被最近的研究所支持。越是与母公司主营业务无关的运营资产，越容易被剥离。剥离的资产对购买方而言要比出售方更有价值，这是资产剥离的关键原因。在一个事前准备非常充分的资产剥离中，双方的股票价格都会上升。

（二）分立

分立是指母公司直接创建一个合法的子公司，并把其在子公司拥有的股票分配给母公司当前的股东，这些子公司的股份是按母公司股东所持股份的比例分配的，于是新公司的所有权结构与母公司的所有权结构相同。新实体独立于母公司的自主管理权。与资产剥离不同的是，独立分拆母公司不产生现金流收入。

从表面上看，如果出售资产所得税后收益超过对企业的税后权益价值，选择剥离一般要比独立分拆要好。与独立分拆不同，剥离能够给企业带来现金流收入，然后可以把这些收入重新投资或作为红利及股票分配给股东。实际上，分立可能会创造出更大的股东价值，因为：第一，如果交易结构设计合理，对股东来说分立是免税的，相反，资产剥离要按全部出售所得征税，另外管理层往往会把税后收益重新投资到他们认为的高增长项目。第二，分立后的子公司股东可以得到选择何时出售股票的权利，而在资产剥离分配红利的情况下却无法实现这种选择。第三，分立比资产剥离可以更好地保护运营单位。

在第五次并购浪潮中，分立变得更加流行。出现这一趋势的部分原因是由于受到投资者希望释放公司股价未能实现的内部价值的压力。

（三）股权转让

股票转让，又称为混合交易或媒介交易，它具有多种交易的特点：有时像分立一样导致子公司的股票独立交易；像资产剥离一样产生现金流；像首次公开发行一样通过股票上市实现融资。然而与分立和资产剥离不同的是，在股票转让中，母公司继续保持公司的控制权。之所以称之为媒介交易是因为它可能只是在为其他交易做准备。股票转让有两种基本形式：子公司股票转让和分拆上市。许多公司将股权出售视为降低企业高经营风险的一种方式。在子公司股票转让交易中，母公司创立一个完全独立的合法子公司。该子公司在市场上发行部分股票，且其管理层独立于母公司。通常情况下，只有一小部分母公司在子公司中持有的股票上市发行。尽管母公司保留对子公司的控制权，基于子公司的股东由于股票的上市发行与母公司的股东可能会有所不同。剥离现金收入可保留于公司之内或者作为红利、股票回购及公司内部债务转移给母公司。分配给股东的任何收益都属于应税收入。股票上市可以分成几个阶段进行：先出售一部分股票，股票的市场价格一旦建立，子公司剩余的股票可以随它上市发行。当然，母公司也可以把剩余的股票作为红利分配给母公司的股东。

股权转让与分立之间存在许多重要差异：前者将引入新的股东，而分立出的新公司其股东组成与母公司股东相同；股权出售给公司带来正的现金流，而分立不会对母公司的现金流状况产生任何影响；与分立相比实施股权转让成本更高，而且必须披露更多信息方能满足证券法律的披露要求。

（四）跟踪股票

跟踪股票或目标股票是指一种代表对公司某个部门收益的所有权的权益性证券，也被称作子母股票。跟踪股票是母公司普通股中单独的一类股票。1984 年，通用汽车公司购买 EDS 时，它发行了一种被看作是 E 股的普通股票，当时叫做信股，也就是跟踪股票。

跟踪股票与股权出售的主要区别之一在于出售将建立独立的法人实体，而追踪股票的股东按照法律规定对于其一部门的收益享有权益，但该部门仍是整个公司的一部分。即追踪股票的股东仍保留整个公司的投票权，当然在某些情况下，他们的投票权要根据追踪股票的市场价值进行一定的调整。通过跟踪股票，公司可以利用金融市场机制评估在同一个母公司内的某些子公司的运营业绩，并为母公司提供了一种可选的融资方式。如果母公司的特定业务运营或进行收购需要资金，它可以选择出售一部分股票，如 20%的股权，却仍然持有公司的控制权。

## 二、公司重组的程序

当公司现有结构不能产生符合市场或管理层预期的价值时，公司重组是一种常见的做法。决定进行资产出售可能比较困难，因为这意味着管理层必须承认公司当初收购这些资产的做法是错误的。当母公司的主要业务不可能对分部有所贡献时，最好进行分立。母公司的管理层必须首先做出剥离或分立决策，这种决策必须是在对各种可能方案进行了详尽的财务分析之后才能做出。

决定对公司重组后，管理层必须制定重组或改组计划，母子公司之间可能需要谈判以达成协议，在分立的情况下尤其如此，因为分立后母子公司之间仍可能存在某些关系。重组计划应当包括诸如子公司的资产与负债怎样处理等，如果子公司只能保留部分资产而要将其他资产转移给母公司，重组计划还应当为资产处置提供详细的安排。其他如员工的安置、养老金的支付以及未来可能发生的保健支出等也应该涉及。

重组计划在什么程度上需要获得股东批准取决于交易的重要性以及所在地区的法律。对母公司主要部门的分立很可能需要股东的批准，这样，重组计划需要在定期举行的股东会议或者专门为此事召开的特别股东大会上提交股东讨论批准。

为分立发行的股票必须向证券交易委员会注册。作为常规注册程序的一部分，必须编制招股说明书。招股说明书是注册文件的组成部分，必须分发到所有获得分立公司股票的股东手中。

完成上述基本步骤后，交易就可以完成了。双方相互支付报酬，被出售的部门则按照预先确定的时间表从母公司中分立出去。

## 三、公司整合

通常，收购者分成两大类：战略收购者和财务收购者。典型的财务收购者指那些最终将公司再次出售给他人的收购公司，他们并不想把被收购的企业整合进公司；此外，他们不是管理企业，而是监控当前的管理效率。而战略收购者感兴趣的是将合并企业经营一段时间，获得赢利。战略收购者会选择将被收购公司作为控股公司中的独立子公司进行管理，或者将它兼并到另一家企业，此时，整合是交易结束后战略收购者要实现的目标。

### （一）整合在并购中的作用及成功因素

并购行为是否能获得最后的成功，最终还是取决于对合并公司的整合是否有效，是否能实现最初的并购动机。如果执行得当，整合过程将减少人才和管理人员的流失，减少对员工士气和生产力潜在的打击。

在进行公司整合时，要计划细致，行动迅速。快速的变化能减少不确定性和阻止生产率的降低。在结束交易前，确保有人负责进行整合，并且权责划分明确。引进项目管理，整合应当作为经过充分协调的项目来管理，有着众所周知的目标、支持时间表和负责达成每一个目标的负责人。在组织中进行自上而下的沟通。尽快地向人们讲述尽可能多的情况。要对整合过程给予明确的领导。定义和沟通合并公司未来的发展方向。不夸张，也不过多承担义务。确保满足或超过你所承诺的目标。在整合时，要专注于客户。兼并会导致销售受到损失，客户服务质量的恶化。必须谨慎地采取措施促进销售的增长和提高客户服务质量，但是执行的速度要快。公司管理层要尽早地做出困难的决定。在整合阶段，尽早地对组织结构、报告关系、控制的范围、人员的选择、角色和责任、人员裁减做出决定。同时，专注于能最大限度发挥杠杆作用的事项。仔细地对目标区分优先次序，将资源集中在能够首先获得最大回报的项目上。

### （二）整合过程

整合过程不能简单地归到一个定义明确的过程中。一些活动在逻辑上有先后顺序，而其他一些活动是持续的，在某些方面是无终止的。主要的活动大致可以按照以下的顺序：兼并前规划，阐述沟通事项，定义新的组织，制定员工安置计划，职能和部门整合，建立新的公司文化。与主要利益相关者的沟通和建立新的公司文化在很大程度上是持续不断的活动，贯穿整个整合过程。

在交易达成以前应当开始考虑兼并后整合如何实施。在交易结束前开始进行整合规划以完成许多重要的目标。这个过程使得收购公司进一步改善它最初对目标公司的估值，根据购买和出售协议来处理过渡中出现的问题。而且，买方有机会将恰当的陈述和保证，以及促进兼并后整合过程的结束交易条件写入协议中去，如联想并购 IBM 手提电脑部时，不解雇其雇员等。最后，规划过程创建了一个兼并后的整合组织，以加速交易结束后整合过程的完成。

在交易结束之前就应当建立拥有明确定义的目标和责任的兼并后整合组织。就善意收购而言，组织，包括辅助性的工作小组，应当由来自收购公司和目标公司的员工组成，这些员工要对新成立的公司很感兴趣。由于交易的双方缺乏信任，因此，在某种程度上，在敌意收购中形成的这样的组织是有问题的。在这种情况下，收购公司可能觉得难以获得所需的信息。在交易实际结束前,难以在规划过程中参与目标公司的管理。

兼并后整合组织应当由管理整合团队和一系列整合工作团队构成。每一个工作团队专注于实施整合计划中的某个具体部分。管理整合团队是由来自两个兼并组织的高级管理人员组成,负责处理在交易前尽职调查中确定的销售和经营协同作用。工作团队也应当是由来自收购公司和目标公司的员工组成。其他团队成员可能包括外聘的顾问,诸如投资银行家、会计师、律师和咨询员。在整合过程中,管理整合团队应强调能为股东创造最大价值的那些活动。团队不应当陷入细枝末节停滞不前。管理整合团队主要的责任是专注于诸如长期利润、业绩目标和成本管理,以及产品和客户战略等主要关心的问题。尽管管理整合团队不能做所有的事情,但是它负责确保每件事得到落实。专注的整合工作团队着手详细的整合工作。除了促进整合工作进展以外,管理整合团队确保没有涉及整合工作的管理人员仍然专注于经营企业。管理整合团队将专用的资源分配到整合工作中去,阐明非团队成员的作用,使日常业务得以以兼并前的水平持续经营下去。管理整合团队应当仔细赋予工作团队不仅仅是执行某些任务的责任,而且是授予他们权力来将工作完成。应当通过鼓励提出解决方案而不是下命令指示如何处理来鼓励团队动脑筋,促进创新。为了取得效果,工作团队必须获得准确的、及时的信息,以及收到坦率的、及时的反馈。团队也应当获得适当的资源来完成要求他们完成的任务,保持消息灵通,从更广泛的角度来看待总的整合工作,这样他们的专注面就不会太窄。

在公开通告收购之前,收购公司应当准备一份沟通计划。计划应当由管理整合团队和公共关系部门或外聘的公共关系顾问来共同制定。它应当包括主要的信息以及详细规定目标公司利益相关者和传达信息的合适的媒体。主要的利益相关者群体应当包括员工、客户、供应商、投资者和社会大众。

这些信息中的主题应当反映出新组织想实现对主要利益相关者承诺的意愿。这是在新公司管理者和它的利益相关者之间建立信任的第一步。这不意味着继续履行在被收购公司原先管理制度下的所有做法。它仅仅强调需要新公司管理层采取的行动与向新公司利益相关者所作的承诺相一致。并且,新组织应当从字面上和实质上兑现所有以前的合同承诺。在某些情况下,应当建议新公司的管理人员也要兑现由以前管理人员向利益相关者承诺的某些没有书面记载或隐含的承诺。

(三)企业文化的整合

文化指的是影响行为举止的共同的价值、传统和信念。大型多元化公司有其主流文化和反映当地情况的亚文化。当不同文化的两家公司兼并时,新成立的公司会容纳几乎不同于收购公司文化和目标公司文化的新文化。文化差异不是先天就有好或有坏。它们为新公司带来创造性,或建立一种喧闹的环境。

企业文化问题的范围包括从着装要求到薪酬问题。它们的差异来自公司的规模和成熟度、行业和地理位置。语言障碍和不同的风俗习惯、工作条件、工作道德规范和法律框架,在整合跨国界的交易中,导致产生了一系列全新的问题。如果文化极其不同,那么整合也许是不合适的。因此,在国际交易中的收购公司和被收购公司通常在更长的一段时间内,保持各自的公司总部、股票行情表和首席执行官。

当两个独立的文化合并时,从一开始就认识到合并公司会产生某些方面完全不同于前两个文化的新文化,这一点是很关键的。而且,也不可能预测新文化的独特特点。一般而言，在相同行业规模大致相当的两个公司兼并，与跨行业或跨国界的交易相比，或与两个在规模和成熟度方面具有显著差异的公司兼并相比，前者会产生较少的文化问题。

由于公司文化演化了较长一段时间，人们怀疑公司在改变文化方面是否小心谨慎。更为现实的期望是鼓励新公司的员工共享公司远景，接受核心价值观和高级管理层认为重要的行为举止。然而，要使得员工完全拥护管理层希望的公司文化也许需要比较长的时间，也许实际上是不可能的。随后应采取的步骤是促使员工接受新文化所要求的远景、价值观和举止行为。

整合文化的第一步是制定收购公司和被收购公司的文化介绍材料。可以通过员工调查、面谈和观察两个公司的管理风格和做法来获得这些信息。然后运用这些信息进行比较两种文化如何相像或如何不同，每一种文化的相对优点和缺点是什么。一般的差异包括一种文化崇尚个人主义，而另一种文化崇尚团队精神。在审查过这些信息之后，高级管理层必须决定新公司文化应当强调这两种文化中的哪些特点。

共享共同的目标、标准、服务和空间，会是整合不同文化的非常有效和实用的方法。设立公共目标是促使不同的部门共同合作。例如，在职能层面，制定新产品开发的确切时间表和步骤，使得组织的不同部门作为项目团队共同工作，在规定的时间内发布新产品。在公司层面，提高公司股价的多年计划在计划执行期间内，促使公司上下共同做出业绩。尽管共享共同目标在整合流程中是有用的，但是个人也必须有具体的目标，尽量减少有些人从中鱼目混珠的现象。共享标准或实践做法可以使得一个部门"最好的做法"被另一个部门采用。标准包括合并公司内的操作步骤、技术说明、伦理价值、内部控制、员工绩效衡量指标和相对报酬。而一些职能服务可以由中央统一提供。

最后，必须要注意的是，将目标公司的员工分离到一个单独的大楼内，或仅仅是同一大楼的一层楼板之隔，都会破坏整合流程；共享同一个办公室，或把被收购公司员工安排在紧邻母公司办公室的地方，能促进交流和意见交换，这种做法是非常可取的。共享实验室、计算机房或图书馆也能够促进沟通和合作。

## 本章小结

本章介绍了企业发展战略的相关知识以及选择并购目标的基本过程。企业是否采取并购作为其发展战略，取决于企业的经营环境和战略规划。企业实施并购应当以企业的核心竞争力为中心，不应贸然开展无关联多元化。选择目标公司的一般过程包括：企业自身评估，选择与审查并购目标，并购价值评估和并购的可行性分析。价值评估是企业兼并与收购的重点，只有价值评估为正的目标公司才值得投资，价值评估方法的选择决定了目标公司的估值。本章重点针对非上市目标公司评估进行分析。

## 关键词

并购流程目标公司　并购评估　尽职调查　价值评估　收益资本化法　收益法　垃圾

债券 公司重组 公司整合

## 问 题

1. 计划的制订是如何促进收购流程的完成的？
2. 制定商业计划需要做哪些主要的事情？
3. 为什么让高级管理人做员在收购流程的早期就介入很深是重要的？
4. 通常使用什么资源来寻找潜在的收购目标公司？
5. 在谈判阶段同时进行的各种活动是如何影响收购价格的确定的？
6. 买方和卖方进行尽职调查的目的是什么？
7. 如何对并购公司进行整合？

# 第八章

# 公司接管、防御与反收购

学习了本章后，你应该能够：

1. 了解善意收购和敌意收购的种类及它们之间的区别；
2. 理解杠杆收购所需要的条件和各种方式，以及对合并后公司的影响；
3. 掌握员工持股计划，及其在并购中的作用；
4. 理解预防收购的九种方法；
5. 了解主动性反收购的七种方式。

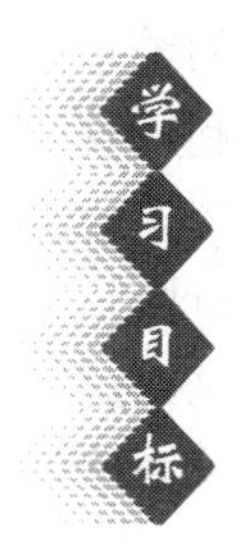


## 第一节　公司接管策略

并购按目标公司与收购方的关系分为善意收购和敌意收购。善意收购是通过谈判达成一致意见，以讨价还价为其特征，直到收购方和出售方签订协议后，该收购才为人知晓。敌意收购通常被认为是不被目标公司管理层接受的收购公司主动提出的收购。敌意收购通常被新闻界披露。尽管看起来容易区分善意收购和敌意收购，但这种区分有时似乎更多是感觉到的，而不是真实存在的。

公开拒绝要约收购通常是过程中的第一步，其后将进入谈判解决阶段。公开通告通常是谈判战略的一部分。有时在竞价公开通告或交易达成之前，公司要对谈判保密。在这种情况下，该交易被认为是善意的。在另一种情况下，该交易一开始是善意的，但后来就变得有敌意起来。如果竞价者觉得公开宣布谈判能够使得压力公布于众，并迫使目标公司的管理层同意它的要求，竞价者会采取这种做法。同样地，目标公司管理层可以提示谈判的存在，以引出其他的竞价者。

敌意收购者所采取的策略主要有三种：要约收购、熊抱以及代理权之争。要约收购使用最频繁。熊抱是最不具有侵略性的，经常在敌意收购开始的时候被使用，如果目标公司反收购的态度不是很坚决，使用熊抱策略就足够了。代理权之争做为增强股权收购效果的手段在20世纪90年代初的并购交易中被广泛使用。下面将对这几种并购策略一一进行介绍。

### 一、善意的公司接管

善意收购可以被认为是有可能通过谈判解决，同时又不会使得收购方诉诸诸如熊抱、代理竞争或要约收购等具有攻击性的策略。善意的收购最先是由潜在的收购方提出与目标公司的管理层进行一次非正式的对话。善意收购中,收购方和目标公司的高级管理人员早先就同意合并公司的长期战略,同意合并公司在短期内如何经营以及谁将占据重要的管理岗位。通常通过谈判达成停顿协议,在该协议中,收购方同意在规定的一段时间内不对目标公司的股票做进一步的投资。这就迫使收购方只能依据友好条款进行收购,至少在协议所提及的时间内。该协议也使得谈判得以进行,而不用担心受到诸如股权要约收购或代理竞争等更具有攻击性策略的威胁。就目标公司而言,停顿协议是收购公司真实意图的体现。

但是,一旦使用了善意收购,收购方就放弃了出其不意进行收购的机会。甚至提前几天的警示也会使目标公司的管理层有时间采取防御措施,以阻止收购方的行动。由于套利者利用收购公司的股份与目标公司的股份之间的差额以从中获利,所以谈判也可能泄露目标公司的股价。由于竞价者提出的要约出价通常包括超过目标公司当前股份的溢价,因此对目标公司股份的投机显然会增加交易的成本。因为溢价通常表现为目标公司股价的百分比,对目标公司当前股价的投机会增加收购公司支付的总价格。所以潜在的收购方会选择较为敌意的收购方式。

## 二、敌意的公司接管

成功的敌意收购取决于目标公司当前股份的溢价、董事会的组成、目标公司当前股东的看法、目标公司的规章制度和目标公司采取收购防御措施的可能性。

高溢价使得目标公司董事会觉得拒绝高出目标公司当前股价很多的要约收购将更加困难。对受托责任的顾虑和对股东法律诉讼的担忧增加了目标公司董事会压力,可能迫使他们接受要约收购。但有时,尽管受到溢价的诱惑,董事会的构成却会影响董事会做决策的时间。例如,由独立董事、职工、或家庭成员占主导的董事会更可能拒绝要约收购,以诱使收购者提高收购价格,或争取时间引出其他竞价者,而不是保护自己和管理层。

敌意收购的最终结果在很大程度上取决于目标公司股票所有权的构成和股东对管理层业绩的评价。为了评估这些因素,收购方必须对股票所有权分门别类进行统计:管理层、主管、员工持股计划、员工和诸如养老金和共同基金等机构。一旦确定了这些类别,收购方要判定每一类别持有股票的时间长短。这些信息可以用来估计目标公司的“股票浮标”。浮标指的是最容易被收购公司收购的股票数量。对那些业绩一直不佳的公司和股东对负有义务的管理层感到失望的公司而言,这个浮标可能是最大值。因此,通常是对那些业绩欠佳的公司提出股权要约收购。

最后,目标公司的规章制度也会产生很多障碍增加收购成本。这些条款可能包括阶段性的董事会,缺乏在没有原因的情况下就驱逐董事的能力,或兼并需要获得超级大多数投票的规定。

## 三、熊抱策略

熊抱是熊式拥抱的简称,指事先没有警告就给目标公司的董事会邮寄一封信提议收购,并要求对方快速做出决策。在发动股权收购之前,出价者经常设法向目标公司管理层施压。比如他们会接触董事会以表达收购的兴趣,并且暗示如果建议不被采纳就会直接向股东发起股权收购。通过熊式拥抱,目标公司董事会被迫处于公开地位而必须应对出价者可能发起的收购;如果不接受这些建议,出价者将会立刻对股东进行股权收购。熊式拥抱对董事会施加了压力,因为他们必须对此加以考虑,否则董事会就会被认为违反了受托责任。

一旦熊式拥抱公开,套利者会囤积目标公司的股票。基于实施要约收购的出价者其股价在消息公布之后将下滑这一事实,他们甚至会对出价者的股票做卖空交易。投机者大量囤积股票使得发起熊式拥抱的出价者或者其他任何出价者想要大规模购买目标公司股票变得容易。这常造成目标公司“入局”,从而使其维持独立变得更加困难。

在目标公司管理层拒绝被收购之后,出价者为了在股东法律诉讼中划定一个可能的损失范围,往往会提供一个特别的价格,这就是效用更强大的标准熊式拥抱策略。这种策略对目标公司管理层施加了更大的压力,使其更有可能成为法律诉讼的对象。拒绝被收购的目标公司的董事会典型的应对措施是从投资银行取得公平意见以证明出价不够高,这给了董事会拒绝收购的“合理”依据。

从战略角度看,如果出价者看到交易谈判具有实际可行性,那么熊式拥抱对于股权收购来说是较有吸引力的选择。它是进行敌意收购的一个省时省力的手段,也可以降低敌意收购带来的消极影响,勉强进行高成本股权收购的出价者们经常使用熊式拥抱作为发起点,相对来说这是一种比较便宜的收购工具。优点是施加在目标公司董事会上的压力有时候足以完成收购。

## 四、股权收购

### (一) 基本概念

股权要约收购是指收购方绕过目标公司的董事会和管理层,直接向目标公司的股东提出收购其股票的一种策略。从法律角度来看,如果收购方涉及以下行为可以被认为是股权收购:

(1) 主动地向大众股东广泛征求表决权。

(2) 征求发行公司巨额百分比的股份。

(3) 收购价格与当前市场价格之间差额是其溢价。

(4) 股权收购的条款是明确固定的,而不是可以协商的。

(5) 股权收购取决于所提出的确定的股票数量。

(6) 股权收购的有效期是有一定期限的。

(7) 股东被迫出售股票。

(8) 公开通告收购股票计划要先于公司股票的迅速积累,或与其同时发生。

如果实施友好协商交易没有可能,企业常常会采取股权收购这一方式。通过股权收购,即使管理层反对收购,出价者也可以获得目标公司的控制权。进行股权收购的成本,加法律申报费用和公布成本相对于协商交易来说是比较贵的。股权收购一旦发起,通常就意味着这家目标公司将被收购,即使最后并不是由发起的这家公司完成收购。股权收购一般会使目标公司入局,并且使其很可能被另一家进入出价竞争试图收购目标公司的出价公司所收购。这个拍卖过程将明显地增加股权收购的成本,同时也增加目标公司股东的回报。

发起股权收购的公司可能进行现金收购,也可能部分或者全部使用有价证券作为收购的支付方式。有价证券对目标公司的一部分股东来说可能更有吸引力,因为在这种情况下可以免税。出价公司可以使用双重支付方式向目标公司股东提供灵活的支付机制,使其具有选择现金或证券支付的权利。

收购公司如果用证券进行股权收购，那么这种收购要约就称为互换要约。无论哪种情况，收购方都是直接向目标公司股东提出收购要约。收购要约的有效期将延展一段时间，提出该要约的收购公司不受限制或受限制只能收购某一数量的目标公司的股票。受限制的要约收购可能会出现超额认购的情况。当这种情况发生时，收购方选择或者收购所发行的目标公司所有的股票，或者只收购某一部分这样的股票。如果竞价公司选择修改收购要约，等候期将自动延长。

（二）实施股权收购的完整团队

收购公司需要组建一支包含骨干力量的队伍实施股权收购，并在整个过程中不断调整自己的行动。这支队伍可以由下述成员构成，包括公司管理层之外的其他成员以及公司内部顾问：股权收购过程中，投资银行在提供必需的金融和咨询服务方面扮演了关键的角色。投资银行可以提供搭桥融资，允许收购者“先买后支付”。它可以通过发行债券例如垃圾债券或者通过担保债务协议对收购提供融资。投资银行的并购专家在激烈的敌意收购战中是最为重要的，因为目标公司一般会雇佣更老练的防御专家。

经验丰富的律师是实施股权收购的重要咨询力量。20 世纪 90 年代，一大批法律机构开始在并购咨询领域扮演重要的角色。情报代理是劝诱目标公司股东最主要的代理公司之一，负责把股权收购资料提供给股东。他们还会通过电话或邮件积极劝说股东们加入到股权收购过程中去。

寄存银行负责股权收购的接收工作并对收购的股票进行支付。银行要确定这些股票是否通过正确的方式收购。他们同时为收购者准备一张进度表以确定股权收购成功的可能性。收购方在寄存银行之外还可以选择设置接收代理。接收代理扩大了寄存银行的活动范围，并把接收的股票转到寄存银行。在股票集中而寄存银行服务又不完善的地方尤其需要接收代理。

（三）两阶段股权收购

有时候两阶段股权收购被认为是一个倾向前期结束的股权收购。它为第一阶段出售股权的股东提供了高额补偿，而为第二阶段或者结束交易后期的那些股东提供了劣等补偿。对于那些担心沦落到第二阶段的股东以及如果他们不及时进行第一阶段的股权出售就只会得到劣等补偿的股东们，这种技术给他们施加了更大的压力。如果第一阶段就收购到了足够的股份，并且收购或合并已经得到相关部门的批准，那么剩下的股东将会被困在现有的地位上并只能在劣等补偿的条件下出售其股份。两阶段补偿中的第一阶段是对目标公司51%的股份进行较高价格的全现金出价，第二阶段则是以较低价格且可能提供非现金如债券的方式进行补偿。相对于现金来说，价值不确定且没有什么吸引力的债券形式的非现金补偿被认为是比较低劣。

恶意购买者必须在两个主要的可选方案中进行抉择：全部股票的全现金出价或者两阶段股权收购。在 20 世纪 80 年代初两阶段股权收购在敌意收购中比较流行。但是，在第四次并购浪潮过程中，敌意购买者通过垃圾债券市场找到了获得大量资本的渠道，发现全部股票的全现金出价是更为有效的进攻战略。目标公司董事会发现抵制全现金出价的诱惑很困难。换句话说，董事会发现很难证明拒绝含有高额溢价的固定价格出价这一做法的正确性。当购买者较易获得垃圾债券的融资渠道时，他们可以很容易地为更高的全现金溢价融资。

没有大额资本融资渠道的购买者有时候会使用两阶段股权收购。他们选择相对有限的资本使之达到最大效果，在两阶段股权收购的第一阶段集中进行现金的储存，而在第二阶段使用证券出价。

（四）公开市场认购

司法部门对股权收购有着严格的法律规定，如果要进行股权收购需要符合一系列的法律程序，然而公开市场购买股票只要不超过一定限额则不受法律约束，但是一旦超过了法律规定的持股限额，则公开市场认购会被视作股权收购，从而需要受到法律的限制。因此，公开市场认购与股权认购有密切的联系，但是也有着本质的区别。

收购者在公开市场购买股票可能是股权收购的前身，也是其有效替代方案。潜在的收购者通常在正式收购之前购买目标公司的股票，以低于最终的收购价的价格来累积股票。这样的收购通常是秘密进行，目的是不使股价上升，从而不增加该股票的平均支付价格。在正式收购以前，累积目标公司股票的收购方的主要优势是获得潜在的杠杆作用。该杠杆作用与投票权有关，而该投票权是与其购买的股票相关。这个投票权在消除收购防御的代理对抗中是重要的，在根据收购法律赢得股东许可或选举目标公司董事会成员中也是重要的。而且，在收购前就累积目标公司股票，万一收购方不能成功收购目标公司，收购方日后也可以出售这些股票。

公开市场收购不总是产生要约收购。收购方会得出这样的结论，即股票牢牢地被对方持有，或者目前的股东是长期的投资者，或者要约收购不可能储备那么多收购方想要的股票。在这种情况下，收购方可能会选择采用席卷的战略，收购尽可能多的股票，尽可能快地取得控制权。

当敌意收购者断定股权收购不可能成功时，他会放弃发起股权收购，其结果可能是收购者开始在公开市场大规模地购买股票。这些购买行为的目标是设法收购足够多的股票以取得目标公司的控制权。敌意收购者的投资银行通过提供给购买者必要的融资和锁定所需购买的大量股票来协助购买者。股票的囤积由购买者的投资银行通过各种公司成合作伙伴秘密进行。

一旦收购方通过公开市场收购而拥有一定具有投票表决权的股票，收购方就会试图召开特殊的股东大会。会议的目的是更换董事会或解除收购防线。这种会议的召开需要一定的条件，该条件由公司法来决定。

公开市场认购与股权收购相比似乎存在许多优势，比如购买者不会因此而陷入复杂的法律诉讼，不会像股权收购那样产生大量成本。股权收购的成本比公开市场认购所发生的佣金费用高得多。但是公开市场认购有一个很明显的缺点——它无法与股权收购很好地结合起来。在公开市场上认购股票的购买者很有可能收集不到足够的股份来获得目标公司完全的控制权。如果不能明确地取得目标公司51%的控制权股份，购买者可能会陷入到无法预期的劣势地位。而股权收购的一个优势是，如果股东提供的股票达不到期望的数量，那么收购者可以不购买这些股票。

一旦在公开市场购买不到足够的可以获得控制权的股票，那么收购公司要么进行股权收购，但在这种情况下，除公开市场认购计划成本外，购买者还需要承担股权收购费用；要么发起代理权之争，这是取得控制权的另外一种昂贵的方式，不过，在已经获得大量具有投票权的股份之后，购买者将在代理权之争中处于有利地位。

## 五、代理权之争

### (一) 基本概念

代理权之争是指一个或者一群持不同意见的股东试图在董事会上通过公司投票权的代理机制取得公司的控制权或者给公司带来其他的变化。实质上,代理权之争是一个类似政治的博弈策略。收购公司将试图利用他的投票权和其他股东的支持去取得董事会和管理层的控制权。一般做法是,企图获得公司控制权的一方在股东大会上寻求其他对立股东的支持,在董事会席位选举中获得多数,从而变更管理层,获得对目标公司的控制权。

上市公司每年或每季度都要召开股东大会,但是并非所有的股东都会去参加投票。但是在代理权制度下,股东们可以授权别人代行他们的投票权。大多数投票都是通过代理人进行的。收购公司可能企图撤掉原有的董事并选举对自己有利的董事会,这样就会批准其收购目标公司。

代理过程一般始自于收购方,收购方是目标公司的股东。其试图召集一场特殊的股东会议,或在常规召开的股东大会上建议替换董事会或管理层。在开会之前,收购方会采取更为主动的公关宣传活动,直接向股东发出请求和公开发布广告来劝说股东支持收购的提议。目标公司也会采取类似的行为,但由于它能与其股东进行直接的沟通,因此会有明显的优势。收购方会起诉目标公司以获得股东名单和地址。通常这些股份以银行或经纪公司的名义持有,这些存放的单位通常是没有权利进行投票。一旦股东收到代理权委托书,股东会签字并将其代理权委托书直接送到指定的地点,如银行或经纪公司。然后统计这些投票,通常是在投票检验员的严格监督之下进行以确保准确性。目标公司和收购公司在此阶段都有自己的代理律师出席。

### (二) 代理权竞争的形式

典型的代理权竞争形式主要有以下两种。

(1) 董事会席位竞争。持反对意见的股东们可能会使用这种方式来取代管理层,如果他们被选举为董事会成员,将会行使权力替换原有管理层。

(2) 针对管理层提议进行争辩。这些提议可以是批准管理层反对的并购活动,其他的提议可能是反对对公司章程做反收购的修改,因为他们认为修改将造成股票价格的下跌和减少被收购的可能性。

代理权竞争中,反对者们试图获得足够的支持,这样就能通过选举新的董事会取代现任董事会,最终夺取目标公司的控制权。通常,增加代理权之争成功的因素有:管理层得不到充分的投票支持、经营业绩不佳、反对方提出了可行的能够阻止公司下滑趋势的运营计划替代方案。

### (三) 代理权之争与股权收购

代理权之争是一个比较便宜的选择,它不涉及股权收购所需的大额资本外流,其主要成本包括专家成本、打印、邮寄和"沟通"成本、诉讼成本以及其他费用。但是,也有可能招致巨额费用,尤其是代理权之争的失败者一般没有弥补他们损失的途径。因此,购买者在收购目标公司时经常把代理权之争与股权收购相结合。与股权收购一同使用时,代理权之争是一个有效的辅助工具。敌意购买者使用代理权之争使股东支持取消目标公司反收购防御措施的建议，随后就可以发起有效的股权收购。

### 六、收购策略组合

高明的收购方会在收购过程中使用多种策略，在选择某种策略或某一系列策略前，仔细筹划。在尽职审查过目标公司目前的防御措施，评估在股权收购提出后会被目标公司采纳的防御措施，及与目标公司股票相关的利润空间的大小后，收购方可能会选择善意收购。如果熊抱不能成功地使目标公司管理层同意谈判，收购方可以在公开市场上收购相当大数量的目标公司股票。如果代理权对抗被认为在更换管理层、董事会成员，或肢解目标公司的防线方面是必需的，则这样做可以使得收购方积累足够数量的表决权股票以召开股东大会。如果目标公司的防线被认为是相当弱的，收购方可以不采用代理对抗，而采用对目标公司的股权要约收购。与此相反，如果目标公司的防线显得强大，收购方可以同时实施代理对抗和股权要约收购。

## 第二节　杠杆收购与员工持股计划ESOP

杠杆收购基于其特殊的融资方式而得名，它被各种收购实体广泛采用，包括外部收购公司、内部管理层、公司员工或者其他的投资集团。杠杆收购运用债务资本来收购目标公司的股份，用被收购公司的有价值的资产作为借款担保。由于杠杆收购公司为财务型买主而非战略型买主，其员工大多为财务专家，一般缺乏专门的行业背景和经营知识，为了降低风险，他们一般与目标公司管理层结成联盟，共同完成对目标公司的收购。因此，杠杆收购一般为管理层收购。管理层收购和杠杆收购基本上是从不同角度界定同一种收购形式，前者是指收购主体，后者是指收购的融资形式。当一个上市公司被管理层或者内部员工杠杆收购后通常被看作是私有化。偿还杠杆收购引发的债务通常有两种途径：一是通过管理层的努力工作，用增加的企业利润来偿还债务；二是改善公司经营后，重新上市，出售股份来还债。

### 一、杠杆收购的融资方式

管理层收购，由于下述原因，收购主体往往需要外部融资：

（1）收购的价格一般超过收购主体的支付能力，管理层往往只能支付收购价格中的一小部分，其差额就要通过融资来弥补。

（2）即使管理层有能力支付收购价款，管理层收购风险与收益的权衡往往也会选择一定程度的杠杆融资。这样，一方面对于管理层个人财富而言，可以分散风险；另一方面可以提高期望投资收益率。

（3）中国国有企业管理者还面临一个特殊问题：即使他们能够，并且愿意全部用自有财产支付收购价款，他们也不会这样做。由于管理层收购问题的敏感性，某些国企领导人即使拥有足以支付收购价款的合法收入来源，也会明智地选择某种形式的外部融资。

杠杆收购时，目标公司的资产被用于为收购融资而借的债务提供抵押。具有较高抵押价值资产的公司比较容易得到这种贷款，所以，杠杆收购多发生于一些资本密集型产业。那些没有充足抵押资产的企业也可以进行抵押收购，如果它拥有很高的现金流来支付债务本金和利息。

杠杆收购融资种类大部分是债务类型的，如贷款和发行债券；也有少数情况收购方会引入风险投资基金，不过需要以放弃大量的目标公司股份为代价。对于杠杆收购的债务融资来说，无论是贷款还是债券融资，抵押担保都是决定是否能够成功融资的重要因素，从杠杆收购的历史来看，杠杆收购债务融资的担保对象可以分成两类：一是用公司未来的现金流作为偿还利息和本金的担保；二是用目标公司的有形资产作为偿还债务的担保；相对来说，用有形资产作为担保要比利用公司未来不确定的现金收入更安全一些，因此应用得也更广泛。

（一）贷款抵押担保资产的种类

典型的杠杆收购贷款融资抵押担保资产的种类有以下三类。

1. 应收账款

应收账款常常作为短期融资担保。因为应收账款具有很好的流动性，贷方一般都愿意接受应收账款作为担保。不过，如果借方提供作为担保的应收账款目前并不存在，贷方也会面临一些问题，应收账款的担保能力取决于它的兑现可能性，一般情况下，贷方愿意贷出的资金是应收账款价值的75%～80%。

2. 库存

与应收账款相同，存货也具有很好的流动性。存货包括原材料、半成品和成品。正常的情况下，只有原材料和成品才能作为贷款担保。相对存货的账面价值，贷方愿意出借的比例取决于存货的特征：可识别性、流动性及市场可销售性。一般情况下，贷方愿意贷出的资金是存货账面价值的50%～80%。

3. 固定资产和公司不动产、房产

这样的抵押品一般用于中长期的贷款，对于杠杆收购方来说，倾向于长期贷款，因为他们最终的还贷希望取决于对目标公司经营状况的长期改善上。杠杆收购中，长期贷款会降低总的贷款成本。

（二）现金流抵押

在杠杆收购借贷方看来，公司的资产是防止违约的担保，而公司的未来现金流才是偿还债务的源泉。如果一家公司预期未来会有可观的现金流量，而贷款额又相对较少的话，那么贷款成本就会相对低廉。

（三）债券融资

需要长期融资的杠杆收购一般会选择发行债券。发行债券也需要规定特定的抵押品，有时也会发行无抵押的次级债券，但是利息一般会非常高，臭名昭著的垃圾债券就是代表之一。垃圾债券是指风险级别很高以至于没有投资价值的债券。穆迪评级公司将Ba或者Ba以下的债券定义为垃圾债券。垃圾债券被认为是导致很多不合理的杠杆收购的原因之一。在杠杆收购中，收购方通常会设立一个空壳公司，让该公司向投资者出售垃圾债券，用所获资金来购买目标公司的股份，而这些垃圾债券靠目标公司的资产抵押来保证信用。在投资银行的中介下，收购方可以迅速的获取足够的资金，向目标公司发动突然袭击，提高收购的成功率。

## 二、杠杆收购程序

杠杆收购程序一般如下。

1. 对目标公司进行财务评估

这对最后的成功收购是至关重要的，评估的核心是要确定目标公司是否有足够的能力依靠自身未来的经营来偿还杠杆收购中所承担的债务。如果结果是否定的，那么杠杆收购现在就宣告结束了，因为它在财务上是不可行的，是无法赢利的。评估时要重点分析三个指标：目标公司的账面价值、重置价值和清算价值。

2. 确定目标公司的购买价格

购买价格一般是公司市场价值加上一个溢价。公司的市场价值一般是指公司的股票市值，而溢价的多少要取决于双方的谈判。谈判能力强的一方就会得到对自己有利的溢价。

3. 评估目标公司的未来现金流

对目标公司的未来现金流进行评估，以分析目标公司的偿债能力有多大，因为未来的现金流是偿还债务的源泉，从而确定在杠杆收购中合理的债务融资额度。这将决定杠杆收购融资中，债务融资与股权融资的组合结构。

4. 寻找贷款方

如果贷款额比较小，那么一个贷款者就可以了，但是碰到大型的交易，就需要组建一个贷款集团来共担风险。通常，贷款集团需要投资银行家的帮助。在确定了目标公司的现金流情况和相关的抵押资产，贷款方就会决定是否贷款，以及贷款具体数额等。

5. 寻找外部股权投资者

有时候仅仅靠债券融资难以获得足够的收购资金，也许是由于贷款数额太大，风险太高，从而难以寻求足够的贷款，这时寻找股权投资者就很有必要了。

6. 管理层收购

管理层收购(MBO)是一种特殊的杠杆收购，当公司的管理者想要将这家上市公司或公司的一个部门私有化的时候经常使用杠杆收购。由于完成这笔交易需要大量的资金，管理者通常会依靠借债来达到这个目标。为了说服股东出售他们的股票，管理者们必须在市场价格之上向他们提供额外的溢价。为此，管理者必须使这家私有公司创造出比过去更多的利润。在实践中，目标公司管理层有时请外来投资者组成投资集团来实施 MBO，以降低收购成本，分散投资风险。一般认为，MBO 成功的必要条件之一是目标公司存在足够的“潜在管理效率空间”，即存在通过控制权的转移大规模节约代理成本的可能性。

## 三、杠杆收购与私有化

杠杆收购的关键在于对债务的有效偿还，而债务的偿还则取决于目标公司未来的现金流的大小，以及目标公司的抵押资产价值。所以，那些未来现金流来源稳定，容易预测的行业中的公司比较适合杠杆收购，比如制造业。而有些行业，比如高风险高增长的生物、IT 行业发展过程中会遇到很大的不确定性，从而公司的现金流预测会变得很困难，误差会很大，这会导致很大的偿债风险，很可能导致收购后公司发生财务困难而破产。

除了公司的行业特征，公司私有化的主角——管理层其本身的经营管理能力也是杠杆收购成功的重要保证。因为公司未来的现金流大小直接受到管理层经营绩效高低的影响，经营管理不善会最终导致私有化失败，公司破产。从这个角度出发，目标公司所在行业的竞争程度，其在行业中的地位都将对杠杆收购的最终成功产生影响。

总而言之，凡是对公司经营，对公司未来现金流有影响的因素都将对公司的偿债能力发生作用，最终决定杠杆收购是否成功。

## 四、员工持股计划(ESOP)

### (一) 概述

员工持股计划，即 ESOP，最初是出于员工福利计划的打算，运用股权激励员工，同时提高员工的福利待遇。但是，随着杠杆化 ESOP 出现后，它在公司私有化、资产剥离、防御接管等事件中的地位变得越来越重要。

公司实行员工持股计划原本是为了提高员工的忠诚度和工作效率，但是在并购交易中，由于它能影响公司的所有权结构，从而有着重要的地位。作为一种融资工具，ESOP 提供了一种介于债务融资与股权融资之间的方式。ESOP 可以给高杠杆企业提供额外的负债能力，或者为被紧密持有的企业提供股权融资市场。它们是非常有用的转移所有权的工具。从这个角度来说，它可以作为杠杆收购的融资手段。对于目标公司来说，通过杠杆 ESOP 的操作，可以将那些不坚定股东的股份转为员工持股，而员工一般对目标公司保持较高的忠诚度，这样就可以提高收购公司的收购成本。从这个角度来说，ESOP 又可以作为目标公司的接管防御策略。

ESOPs 分为已运用杠杆的，可运用杠杆的，不可运用杠杆的，以及可进行纳税抵免的四种主要类型，它们在美国被一些企业使用。已运用杠杆的 ESOP 通过借款来购买雇主企业的证券，雇主企业每年对 ESOPs 信托的捐献被用来支付贷款利息及偿还部分本金，并可以将利息作为免税费用的，但本金不行；但公司捐赠给 ESOPs 用来支付利息和本金的资金(在一些限制条件下)，在计算应纳税时，都是可以扣减的项目。可运用杠杆及不可运用杠杆的 ESOPs 都没有运用杠杆，后者不允许进行借款，它们本质上是一种股票奖励计划，只不过被要求投资于雇主企业的证券。美国《1975 年税收减免法案》提出了税收抵免的 ESOP，这类计划被称为“税收减免法类型 ESOPs”。

### (二) 杠杆化的 ESOP

所谓杠杆化 ESOP 就是由本公司担保，为公司员工借债，所得资金用于员工购买本公司的股份。一般的操作流程为，公司的养老金托管部门向某金融机构贷款，该贷款由公司担保，养老金托管部门利用这笔贷款购买公司的股份，该股份法律上是由公司员工所有的。对于贷款的偿还往往来自每年公司向养老金注入的资金。

当员工持股计划作为并购及杠杆收购的一种工具出现时，其涉及的股份是否具有投票权就成为一个非常重要的因素。员工持股计划拥有的股份都委托给了养老金托管部门并不受员工直接控制，这与员工从经纪人手中购买股票不同。员工持股计划所拥有的公司股票由董事会控制且由其委任受托人。因此，投票权实际上掌握在公司的董事会手中，而与员工没有多大关联。

公司对 ESOP 的股利支付一般是免税的，但需满足一定的条件：如股利要求直接支付给员工持股计划的参与者等。公司通过员工持股计划借债，相当于在借款的同时又发行了股票，站在公司原股东的角度上，这就等同于稀释了股权。这些参与员工持股计划的员工成为公司的新股东，将享受新的债务资本带来的一切收益，即便在公司偿还完毕债务之后，他们也仍然能够享受由所持股份带来的收益。因此，要想准确估计员工持股计划的举债成本，必须充分考虑到股权的稀释效应。员工持股计划支付于公司股份的价格可能会引发收入分配效应。如果员工以低于当前股票市价的价格接收股份，那么就会发生收入的再分配，这相当于以非员工持股计划股东的损失来换取员工持股计划员工的收益。员工持股计划的另外一个缺陷与股权稀释效应有关，即非员工持股计划股东对公司的控制权会被侵蚀。公司由于实施员工持股计划而增发新股，公司的非员工持股计划股东无疑将会失去一定的所有权和控制权。

（三）ESOP 与杠杆收购

杠杆收购创造性利用了 ESOP 的融资功能，从而为管理层收购开辟了一条捷径（见图 8－1）。管理层利用 ESOP 来对本公司进行 MBO 的一般途径为：

（1）目标公司创立一家空壳公司，这家公司的员工是目标公司的管理层。

（2）在这家新公司内部实行员工持股计划，向金融机构贷款。

（3）将资产注入目标公司，管理层用 ESOP 获得的资金购买这家新公司的股份。

（4）将新公司的有价值资产向贷款方抵押，同时，公司享受 ESOP 带来的免税效用。

（5）杠杆收购获得的股票将暂时放在一个临时账户，等管理层归还了债务后获得这些股份。

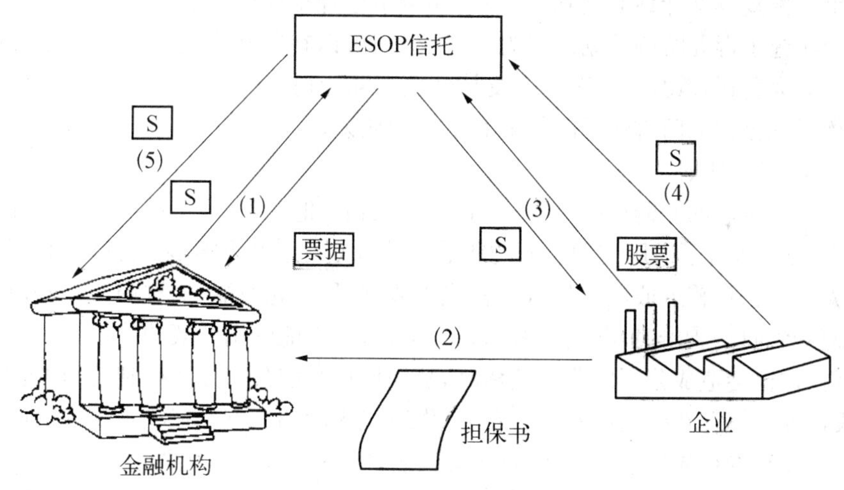


图 8－1　杠杆化的 ESOP 示意

注：(1) 金融机构贷款给 ESOP，ESOP 签署本票；(2) 捐赠企业出具担保书；(3) ESOP 信托从捐赠企业购买股票；(4) 企业捐赠现金给 ESOP 信托；(5) ESOP 用现金偿付贷款本息。

资料来源：美国 GAO，“雇员持股计划：为增加持股范围而进行的 ESOP 纳税优惠刺激的收益与成本”，华盛顿，DC，1986 年，第 49 页。

# 第三节　防御与反收购措施

## 一、预防性的反收购措施

预防性的反收购措施在美国很盛行。影响目标公司价值的特征包括稳定的高现金流、低负债水平、低于资产价值的股票价格等等，这些因素的存在使公司容易成为收购的目标。因此，一些预防性的措施就提前或在敌意收购完成前改变这些特征，使攻击者想要获得目标公司的财务动机降低。

预防性反收购措施的第一步是分析所有者的构成：特定的群体，比如公司员工，忠诚度较高，很可能对敌意收购投反对票；机构投资者可能希望敌意收购使价格升高并从中获得收益。如果一家公司认为自己正在成为敌意收购的目标，就需要严格监控其股份的交易。一个突然的未预料到的交易量的增长可能是买家在宣布自己的企图前积累股份的信号。收购消息一旦公布，股票价格一般上升，所以买家总是希望能在公布前尽可能多地收购股票。

### (一)"毒丸"计划

毒丸是指目标公司发行一种在触发事件发生时具有特殊权利的新证券，用以降低企业在敌意收购方眼中的收购价值。典型的毒丸有：优先股毒丸、掷出和掷入毒丸计划等，都是让敌意收购方头疼的有效防御措施。毒丸计划即使不能完全阻止公司被收购，也能提高目标公司的谈判地位，从而为股东争取更高的收购溢价。

目标公司的董事会可以解除毒丸计划，收购方于是可以通过发起股权收购来消除毒丸计划。溢价越高，董事会就会越感到需要解除毒丸计划。永久性条约给予收购发生前的目标公司董事会恢复毒丸计划的权利，即使这些董事已经被驱除。收购者很难简单地判断目标公司是否实施了毒丸防御计划。因为，目标公司可以在收购方提出报价后很方便地采用毒丸计划。对大公司来说，如果董事会支持使用毒丸计划，一天之内就能实施完成。所以收购者在权衡目标公司的防御体系时需要有足够的认识。

#### 1. 优先股毒丸计划

毒丸计划是著名的并购律师马丁·利普顿发明的，他在1982年首次使用毒丸计划帮助EI帕索电气公司防御了通用美洲石油的收购。该计划之所以称作优先股计划，因为它是目标公司事先向本公司普通股股东发行一种优先股，此种优先股能赋予持有人一种权利，就是当本公司遭受到收购袭击时，在满足激活条件下，持有人能够用低廉的价格购买本公司一定数量的股份，这样会造成公司的股权被稀释，从而使得收购公司无法得到公司的控制权。但是，优先股毒丸计划存在很大的不足。首先，发行优先股的一方要在相当长的时间后才能将其赎回，而且发行的优先股会立即对资产负债表产生负面影响，优先股会被加入到长期负债，这样就会使得实行优先股计划的公司的杠杆率提高，令投资人以为其存在较高的经营风险。

#### 2. 掷出毒丸计划

掷出毒丸可以理解成一份带有期权性质的证券，行权条件是目标公司被外部实体完全收购，满足这个条件之后，持有掷出毒丸证券的人就可以按照约定价格来购买公司股票，而这个时候，公司股票都已经被收购方持有了，一般来说，这个约定价格要比市场价格低很多，比如说50%，从而大大提高了收购者的收购成本。

美国一些新的毒丸计划不再包含优先股的发行，这样就更容易使用并且更加有效，还能够减少因发行优先股而给资产负债表带来的不利影响，因为优先股会被看做是固定收益证券，其数量的增加会被理解成增加了公司的财务杠杆和风险。

#### 3. 掷入毒丸计划

掷入毒丸计划的原理就是发行另一种带有期权性质的新证券，行权条件是一旦当公司遭遇外部收购，这个权利就被激发，它赋予了持有人用低廉的价格购买目标公司股份的权利。例如有些毒丸计划中会规定这样的触发条件：公司 25%股份被任何个人、公司或者组织收购时，毒丸就将被实行。它会给收购者制造很大的麻烦，提高其收购成本。

掷出毒丸计划只有在收购方获得 100%的股份时才生效，但是当收购方不打算全部收购目标公司的情况下，收购公司只要不购买目标公司所有的流通股份就可以规避掷出毒丸计划，掷出毒丸计划就不起作用；与此相对的，掷出毒丸计划仅仅允许持有人获得收购方的股票，掷入计划被设计来稀释目标公司的股权，而无论收购方是否把目标公司并入本公司。一般来说，在收购公司希望获得目标公司控制权又没有获得大多数股份的时候，掷入毒丸计划是有效的。对于股权分散的目标公司，实际上只要获得一部分不大于 51%的目标公司股份就能获得控制权，而掷入毒丸计划会使得这类控制权的获得变得非常昂贵。

上述三种毒丸计划原理上是相同的，就是通过发行一份新证券用以在公司被收购时稀释公司股权，提高对方的收购成本。掷出毒丸计划和掷入毒丸计划发行的此类新证券在公司未遭到收购袭击时，是没有任何用处的，也不会给本公司造成不必要的成本。而优先股计划中的毒丸证券在公司没有被收购时，被归于固定收益债券一类，它会对资产负债表产生直接的影响。所以，掷出毒丸和掷入毒丸计划被更广泛的使用。

4. 后端计划

这种毒丸计划也被称作票据购买权益计划。此类毒丸计划在 1984 年第一次被使用，它规定股东会获得一个权利，就是股东可以在董事会的保证下，将手中的股票交换成等价的现金或是其他的证券。这个权利在收购公司持有目标公司股份超过了一定比例时被触发。一般来说，计划中规定的股票价格要比市场价格高，这其实也就给收购公司设立了一个最低价格。后端计划经常被使用于对两步股权收购的防御。

5. 投票计划

投票计划在 1985 年最早被使用，它主要是通过获得被收购公司的投票控制权的方式防止外部收购。这个计划在实施时也会发行公司优先股，优先股赋予持有人如下的权利：在公司的一定比例的股份被外部个人或者公司收购的时候，优先股的持有者就有优先表决权，这就可以阻止收购公司获得目标公司的投票控制权。

（二）错列董事会

董事会任命管理层负责公司日常的运营，而自己通常只负责公司整体的运作方向，并对公司的主要问题和重大变化做出表决。如果股东想更换公司的管理层，他们必须先更换董事会。

错列董事会的策略就是改变董事的任期，使得在给定年份只有一部分董事需要选举。这在收购战役中非常重要，因为传统的董事会一般由和管理层意见一致的成员组成，事实上，也许就是有管理层的成员加入。获得董事会的支持非常重要，因为他们既能向股东推荐收购，也能决定这个收购是否值得让股东投票。如果买方已经获得了大多数的控制权，错列董事会会妨碍他们选举与自己具有相同目标的管理层。

董事会的错列选举延长了购买者想要获得董事会大多数席位需要等待的时间，这就减弱了购买者在公司运作方向上做重大修改的能力。再考虑到货币的时间成本，购买者是不愿意为获得目标公司的控制权而等上几年时间的。

（三）公平价格条款

公平价格条款是对公司条款的修订，要求收购方购买少数股东的股票时，至少要以一个公平的市场价格购买。这个公平的市场价格可以是一个给定的价格，也可以按照P/E比率的倍数。当购买者提出报价时，公平价格条款就被激活。如果公平价格条款以一个具体的价格表达，这就说明当收购方购买股票时，股东一定会收到至少这个价格。当目标公司受到两步股权收购时，公平价格条款是最有效的。它有效地保证了在第二阶段股权收购中的股东的利益，一定程度上减弱了收购方的攻势。

（四）双重资本化

双重资本化是对股权进行重组，把所有的股权分成两类具有不同投票权的股票：如A类有更高的红利；而B类有更多的投票表决权。从反收购的角度来看，双重资本化的目的是给那些与管理层有一致目标的股东们更大的投票权，管理层也经常在双重资本化中通过获取有更大投票权的股票，增加自身的投票权。典型的双重资本化包括发行另外一类股票，其投票权高于现有的股票，这种有高级投票权的每份股票可以行使10票或100票的权利。这类股票通常面向全体股东发行，而一般股东都把它们换成普通股，因为这类股票缺乏流动性且发放的股利较低。但同样作为股东的管理层仍持有这种具有高级投票权的股票，其结果是管理层增加了他们在公司的投票权。

（五）金色股份

在一些国家国有企业的私有化进程中，政府并不愿意将企业全部推向市场，他们采用金色股份的方式。金色股份是指当企业私有化时那些由政府持有的股份，赋予政府一定的权利，比如一些重要的投票权。政府认为这是必需的，特别是当政府看到存在一些战略利益时。政府担心如果外部人获得控制权，这些利益就会失去。另外有一种方法可以用来替换政府实际拥有股份这一方式，即通过立法限制外部股东可以控制的股份数或投票权。

（六）金色降落伞

金色降落伞是公司给予高级管理层的一种特殊的补偿性条款。“金色”意味着管理层在此协议下将收到丰厚的补偿金。不管金色降落伞是预防性的还是主动性的，都会具有一定的反收购效果。金色降落伞可以在敌意收购出价之前使用，这会使得目标公司缺乏吸引力，当然它也可以在收购战的中期使用。需要指出的是，特别是在一些大型的收购中，金色降落伞的费用只占总购买价的一个很小的比例，这意味着这项措施的反收购效果可能相对较弱。

有时候，金色降落伞是收购中重要的一环。很多公司使用金色降落伞计划使得公司的管理层对工作感觉更安全，设计合理的金色降落伞计划会使得管理层在收购时有足够的动力为目标公司寻求更高的溢价。典型的金色降落伞计划为一些高级管理人员提供一次性的支付，无论是自愿离职还是被迫离职。当离职发生在控制权变化的1年之内时，金色降落伞协议有效。赔偿金的数额一般由员工的年薪决定。金色降落伞通常会在外部收购者持有目标公司股票达到一定比例后自动生效。金色降落伞计划在法律上受到了股东们的质询，他们认为这些协议违背了董事和管理层的受托责任，因为金色降落伞计划在实施前通常不需要经过股东投票批准。

与金色降落伞相对应，银色降落伞也是公司给予员工的一种特殊的补偿性条款，属于一种退职安排，但它针对的是一些范围更广的低级员工。比起金色降落伞的补偿金额，银色降落伞要少得多，一般只支付所有受到影响的员工半年至1年的工资。

（七）剥离“皇冠上的珍珠”

从资产价值、盈利能力和发展前景诸方面衡量，在混合公司内经营最好的企业或子公司被喻为“皇冠上的珍珠”。这类公司通常会诱发其他公司的收购企图，成为兼并的目标。目标企业为保全其他子公司，可将“皇冠上的珍珠”这类经营好的子公司提前卖掉，从而达到反收购的目的。作为替代方法，也可把“皇冠上的珍珠”抵押出去。

（八）焦土战术

这是公司在遇到收购袭击而无力反击时，所采取的一种两败俱伤的做法。例如，将公司中引起收购者兴趣的资产出售，使收购者的意图难以实现；或是增加大量与经营无关的资产，大大提高公司的负债，使收购者因考虑收购后严重的负债问题而放弃收购。

## 二、主动的反收购措施

预防性的反收购措施可能会使收购变得困难和昂贵，但并不能确保公司的不被收购。已经实施了预防性措施的目标公司，在遇到敌意收购公司时，也需要更主动地去抵御袭击者。

（一）绿票讹诈

绿票讹诈是指目标公司付给目标公司大股东相当高的溢价以换取他不参加对目标公司收购的承诺。支付一定的溢价将目标公司大股东的股份进行回购，从而使得收购者无法获得足够的目标公司股份。

一般认为，对大股东进行差别化支付，只要是出于正当的商业目的，就应被视为合法。然而正当的商业目的的范畴太过宽泛，以至于管理层拥有相当大的自由权采取让管理者而非股东受益的行动。管理者会声称，为了达到公司未来的增长目标，他们必须采取一切行动来防范公司被其他实体所收购，因为一旦收购之后公司的经营方向就会发生改变。对合法商业目的的解释包含了有责任感的管理者与收购者在经营理念上的差别。管理者一般希望保持其经营战略的持续性，他们需要拥有制定公司长期战略计划的能力，很多公司的管理层相信，法院的立场让他们能够采取必要的措施来防范敌意收购，因为收购者在获得公司之后，往往就是简单地变卖资产牟取短期利益。

（二）中止性协议

中止性协议是指目标公司与潜在收购者达成协议，协议规定这一收购者将不会在未来的一段时间内增加对该公司的股票持有量。这种策略一般发生在收购公司已经持有目标公司大量的股票并且形成收购威胁之时。目标公司在中止性协议中允诺收购方，在他们卖出当前持有的公司股票之时会给予他们优先选择权。这一协议可以用来防止股票落入其他潜在收购者之手。

另一种中止协议是收购方允诺在达到一定的持股比例后将不增加持股量。换言之，目标公司设置了一个持股上限，达到该水平之后收购方就不能再增加持股比率。持股公司遵循这些限制，并为此获得报酬。与绿票讹诈类似的是，在中止性协议中目标公司为使收购方不进行收购必须给予相应的补偿。因此，中止性协议往往伴随着绿票讹诈。

（三）白衣骑士与白色护卫

公司面临敌意收购或是存在被收购的潜在威胁时，它可以寻求白衣骑士的帮助。白衣骑士是另外一家目标公司更加愿意接受的买家。白衣骑士会以比原始收购者更加优惠的条件来购买全部或者部分的公司股票。这些更加有利的条件可能是更高的价格,但是管理层也有可能会寻找一个承诺不会解散公司或是辞退管理层和其他雇员的白衣骑士。有时要寻找这样一位愿意接受这些限制条件的善意购买者并不是一件容易的事情。目标公司的内部管理者通过与白衣骑士达成协议,让白衣骑士允许他们保留现有的职位而保持其对公司的控制。他们还可以向白衣骑士出售相应的资产从而保持对公司剩余部分的控制权。

目标公司可以通过接触本行业的公司或者寻求投资银行家的帮助来寻找白衣骑士。可能的白衣骑士会要求有利的条件以及其他报酬来作为参与交易的条件。但是,如果这些报酬只给予白衣骑士而不给敌意收购者,并且这报酬大到足以使敌意收购者主动撤退的程度,那么与白衣骑士达成的交易可能会违背公司的原则。

白色护卫计划与白衣骑士计划类似,是目标公司寻求一家同意购买大部分目标公司股权的公司。它们购买的股票往往是可转换的优先股,这些优先股可能在公司条款修订中早已经以空白支票优先股的形式获得了批准。当然,这首先需要得到股东的同意。白色护卫一般不希望得到该公司的控制权。从目标公司来看,白色护卫的吸引力在于带有控制权的公司股票交由了不会将这些股票出售给敌意收购者的公司或投资者,交易的基础是白色护卫不会出售股票。

运用白色护卫的另一种方式是把其与白衣骑士结合起来共同使用。目标公司可以提出以股票或者期权来换取白衣骑士拥有的带投票权的股票,这一策略可以使白衣骑士与初始投标者相比更加有利。目标公司寻求与一些善意的集团比如白衣骑士达成协议,在这个过程中目标公司会向他们提供一定的好处,以激励他们参与投标过程。这些激励方式可以是锁定期权,最高酬金或者竞争性补偿。通过善意集团的加入,敌意收购会变得比较困难或是更加昂贵。

### (四) 改变资本结构

这是一种非常激烈的反收购措施,改变资本结构之后,公司的财务状况会发生巨大的变化。在一些财务会计中,资产通常采用历史成本来估价。普通的通货膨胀,使历史成本往往低于资产的实际价值。多年来,许多公司定期对其资产进行重新评估,并把结果编入资产负债表,提高了净资产的账面价值。由于收购出价与账面价值有内在联系,提高账面价值会抬高收购出价,抑制收购动机。

#### 1. 杠杆资本结构调整

通常目标公司会通过举债向股东大量派发股息的做法被称为杠杆资本结构调整。当用债权代替股权后,公司的杠杆率会急剧上升。资本结构调整之所以能用来防御敌意收购,是因为股东手中的股票其价值将因此而远远高于历史股价,这些收益要比接受一项敌意收购更为有利。对于目标公司管理层而言,资本结构调整的另一个优点在于进行资本结构调整之后它能给予管理层更大的投票权。

虽然进行资本结构调整会导致公司承担更多的债务,但是公司也可以通过直接增加债务的方式来抵御收购而无须进行资本结构调整。公司的债务权益比率偏低会使其更容易成为收购的对象,敌意收购者可以利用公司的债务空间来为收购融资。虽然有人认为较低的负债水平有利于公司的发展,但同时应该承认那样也会增加公司被并购的可能。另一方面,债务偿付会影响公司的现金流,所以增加债务将增加公司的财务风险。增加负债以防止并购的策略，即所谓的焦土政策，可能导致公司在未来破产。

2. 增发股票和 ESOP

增发股票可以在保持现有债务水平的基础上增加股权从而使公司的资本结构发生改变。通过这种股本扩张方法，想要收购目标公司大部分的股票就变得比较困难和高成本。员工持股计划(ESOP)为了让员工有能力购买股票，可以通过公司担保来借款。公司也可以将减免的税收投入到 ESOP 来偿还债务。

3. 股票回购

股票回购可以使敌意收购者不容易获得股份。公司一旦回购股票，这些股票就不再会落入收购者手中。股票回购也可以使套利者难以获得股份，因为套利者可以给予敌意收购者以极大的帮助，他们获取股票是出于低价买入高价卖出的目的，而买方往往是那些敌意收购公司。只要目标公司想方设法使得股票不落入敌意收购者手中，就会让并购过程变得更加困难。目标公司利用一些闲置的现金来回购股票，那么收购方就不能使用这些现金来偿还其收购过程中所借的债务。回购股票有时是利用白色护卫防御战术时必需的第一步。如果公司需要大量有投票权股票，它必须首先采用股票回购来获得股票。

虽然股票回购对于目标公司而言具有很多显著的优点，同时它也存在一些缺点。股票回购使得公司流通在外的股票数量减少，从而使得收购者只要购买少量的股票就能获得公司 51%的股份。解决这一困境的一种方法就是将不坚定的股东手中的股票购回，再将这些股份卖给白衣骑士，这就是一个很好的策略。

(五) 防御性公司重组

防御性公司重组既是一种预防性防御，也是一种主动的反收购防御。如果公司认为其将成为他人收购的对象，它就可以通过重组来防止这一事件的发生。如果在收购战中间阶段，公司认为只有采取激烈的行动防止被收购，它也可以进行重组。

1. 目标公司私有化

通过将目标公司私有化，例如 MBO，能保证管理层不失去控制权。

2. 出售有价值的资产

该方法将目标公司有吸引力的资产卖掉，这样就会使得收购公司对目标公司失去兴趣，从而停止收购。有时候，目标公司股东会对这个做法持强烈反对的意见，但是如果资产出售的价格比较合理，那么目标公司就会处于一个比较有利的地位。

3. 收购其他公司

目标公司如果收购了与收购公司有相同经营范围的公司，那么收购公司就要考虑是否有可能陷入违反反垄断法的诉讼之中。然而，如果收购者将目标公司收购后，剥离有相同经营范围的部门，这个防御策略的效果就会减弱。另外，目标公司收购了其他公司后，会导致自身的经营和财务状况恶化，从而降低了其对收购公司的吸引力。

4. 公司清算

在证券市场低迷的时候，收购公司出价较低，目标公司可以将自己清算，卖出所有的资产，在偿还了所有债务之后，再给股东派发红利，一般来说，这样做必须要保证股东所得要比公司被收购后的所得要多。

(六) 反噬计划

反噬计划指的是目标公司以收购袭击者的方式来回应其对自己的收购企图。当收购公司企图收购目标公司时，目标公司也对收购公司进行报价，宣布打算收购对方。反噬防御虽然很具威胁性但却很少被使用。

## 本章小结

根据目标公司愿意与否，并购可分为善意并购和敌意并购，反并购措施主要针对那些恶意并购与不当的敌意并购。目标公司若不想被突如其来的并购打乱阵脚，就应该采取一些预防性的措施，并制定可以立即实施的应急措施。

当前，市场上的并购行为越来越激烈，这就迫使越来越多的公司从自身利益出发，在投资银行等外部顾问机构的帮助下，开始重视采用各种积极有效的防御性措施进行反收购，以抵制来自其他公司的敌意收购。反并购主要可采取经济和法律两种手段，经济手段包括提高收购者的收购成本、降低收购者的收购收益、反收购收购者等。具体地说，主要有资产重估、股份回购、白衣骑士、绿票讹诈、金色降落伞、毒丸计划、焦土战术等。而法律手段是利用反垄断法和证券交易法对收购者提起诉讼，其目的是使收购者不能继续执行要约收购，拖延了收购的进程。借此利用这段时间进入收购行列，收购价格可能因此而提高，亦可聘请反收购专家，分析收购者提出的收购条件和收购方资信、经营状况及收购后的管理能力、战略方向等，进而采取有效的措施与收购方进行抗争。

## 关键词

敌意接管　善意接管　熊抱策略　毒丸计划　金色降落伞　银色降落伞　焦土战术　绿票讹诈　白衣骑士

## 问　题

1. 简要概述几种主要的并购融资方式及其特点。ESOP 的优点和局限是什么？
2. ESOP 在增加雇员持股和为雇主筹资方面作用如何？
3. MBO 与 ESOP 的主要区别在哪里？
4. 从目前来看，国内进行 MBO 的作用具体表现在哪几个方面？
5. 解释杠杆化 ESOP 与非杠杆化 ESOP 的区别。其对每股收益和控制权稀释的影响有什么不同？
6. 试述什么企业比较适用 MBO？
7. 预防性反收购措施是如何防止目标公司被恶意收购的？其主要类型有哪些？
8. 比较几种毒丸计划的使用条件，它们对反收购的作用。
9. 主动性反收购措施有哪些？它们各自的作用如何？比较它们的优缺点。

# 第四篇

# 金融投资篇

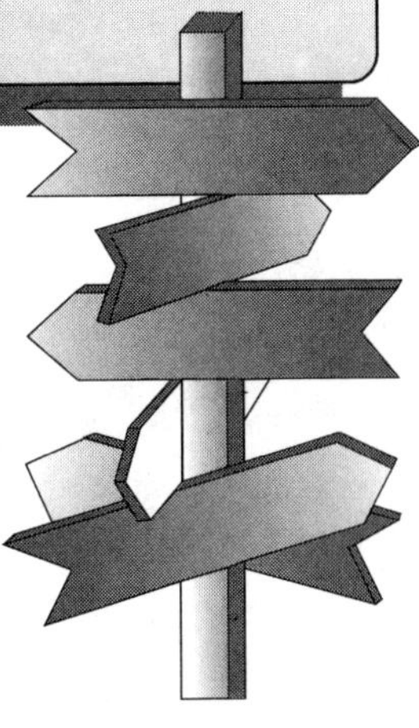

# 第九章

# 金融市场与投资工具

学习了本章后，你应该能够：

1. 了解金融市场体系及其主要功能；
2. 掌握证券市场的不同分类；
3. 熟练掌握权益证券、固定收益证券、共同基金和衍生证券等证券市场四种投资工具及其不同投资工具的特性。

## 第一节 金融市场

### 一、金融市场体系

在投资领域，投资者面对的投资场所是金融市场。概括而言，金融市场（financial markets）是资金需求者和供给者进行融通资金的场所。按照资金配置渠道不同，金融市场具有不同种类。不同金融市场资金储蓄—投资转化流程，主要是按照风险收益关系进行配置的，即呈现风险配置特点，例如信贷市场、债券市场、股票市场、衍生品市场的风险特点不同。

在金融市场中，资金融通是通过各种金融工具（例如股票、公司债、国债、商业票据等）的买卖，将社会资金从盈余部门配置到资金需求部门，从而实现储蓄到投资转换。在所有的金融工具中，股票和债券是最重要的两类。其中，股票通常称为权益证券（equity securities），因为这类金融工具代表着对一个公司的所有权。而债券，通常又称固定收益证券（fixed-income securities），因为这类金融工具能够提供固定数额或根据固定公式计算出现金流。例如，公司债券的发行人将承诺每年向债券持有人支付一定固定数额的利息，其他所谓的浮动收益债券则以当期的市场利率为基础支付利息。然而，固定收益证券的期限或支付条款却是多样的。货币市场证券主要是短期性、高流动性证券，例如银行拆借市场、票据承兑市场、回购市场等。而固定收益资本市场中交易的则是长期债券。

股票、债券、期货、期权等金融工具统称为有价证券，而股票、债券等有价证券发行和交易的场所就是证券市场。在现代金融体系中，证券市场的作用和功能日渐突出。这是因为现在经济发展的一个重要趋势就是所有权与经营权的分离，直接融资演变成为储蓄向投资转化，推进社会资本形成的重要方式。而证券市场则是在直接融资中扮演着核心功能，这一点我们将在本章证券市场功能中重点阐述。

与证券市场密切联系的一个概念是资本市场。资本市场的划分是相对货币市场而言的。一般来说，货币市场(money market)是包括短期的(1年之内)可转让、具有高流动的低风险证券组成，具体包括回购协议、定期存款、商业票据、银行承兑汇票、短期国库券、储蓄存款和货币市场基金等。而资本市场(capital market)则包括长期的(1年以上)以及风险更高的证券。这样，资本市场可以进一步细分为：长期固定收益市场、股票市场以及期权和期货等衍生市场。

不同层次的子市场，构成一个完整有序的资本市场体系。这一多层次的资本市场体系，是按照资本风险配置的特点在市场机制的作用下自然形成的。由于资本体系本质上是一种风险传递机制，只有这种风险传递是市场化的、公平的和有效率的，资本市场才能发挥其应有的作用。资本市场的出现和发展，本身就是金融体系趋向完善的一种必然。股票市场、债券市场、基金市场和金融衍生市场，是社会资本按照不同风险的要求，进行不同层次风险配置的产物。通过资本市场的风险配置能力，为整体社会经济运行风险的最优配置提供可能。

## 二、证券市场的功能

通过金融市场结构分析可知，证券市场是金融市场的一部分，而证券市场本身包括股票市场、债券市场、金融衍生市场等子市场。而证券市场的存在，对于企业和政府部门(资金需求者)、投资者(资金供给者)以及整个社会具有重要的作用。证券市场在现代经济体系中的功能，主要体现在以下四方面。

### (一) 筹资功能

证券市场最基本功能是筹资功能，也称融资功能。它是指证券市场为资金需求者筹集资金的功能，即将缺乏直接投资机会的资金盈余方的资金引入到有直接投资机会但缺乏资金的融资方。在经济运行过程中，既有资金盈余者，又有资金短缺者。资金盈余者为使自己的资金价值增值，必须寻找投资对象；而资金短缺者为了发展自己的业务，就要向社会寻找资金，证券市场因此成为媒介，为资金需求者提供资金的同时，也为资金供给者提供投资对象。在证券市场上交易的任何证券，既是筹资的工具，也是投资的工具。为了筹集资金，资金短缺者可以通过发行各种证券来达到筹资的目的，资金盈余者则可以通过买入证券而实现投资。证券市场因而提供了储蓄等闲置资金转化为生产性投资的直接渠道，实现社会闲置资金向生产领域的转移。

### (二) 定价功能

证券市场的定价功能就是为资本决定价格。证券是资本的存在形式，证券的价格实际上是证券所代表的资本的价格，它是证券市场上证券供求双方共同作用的结果。证券市场的运行形成了证券需求者和证券供给者的竞争关系，能产生高投资回报的资本，市场的需求就大，相应的证券价格就高；反之，证券的价格就低，这是竞争的必然结果。因此，证券市场提供了资本的合理定价机制。

证券市场的定价能力是通过市场有效性来表现的。由于资产价格反映的是资本资产所带来的未来收益与风险的一种函数关系，所以市场有效性的最主要特征在于证券价格能对各种可获得的信息做出迅速的反应，证券价格与证券的内在价值保持基本一致，从而资本市场发挥着资产定价功能。

（三）资本配置功能

关于资源配置效率，经济学迄今所能给予的明确界定就是“帕累托效率”（Pareto efficiency），也称为“帕累托最优”（Pareto optimum），其基本含义是这样一种情况：这是所考察的经济已不可能通过改变产品和资源配置，在其他人（至少一个人）的效用水平至少不下降的情况下，使得任何其他人的效用水平有所提高。否则，就是帕累托无效率（Pareto inefficiency）。在帕累托无效率条件下，若进行了资源重新配置，从而使得某些人效用水平在其他人效用不变情况下有所提高，这种重新配置就称为“帕累托改进”（Pareto improvement）。

证券市场的一个重要基本功能就是提高资源配置效率，即通过价格信息的导向作用，以及与之相联系的信息传递和价格形成能力，有效聚集并分配资本，引导社会资源在市场机制作用下在生产者之间进行优化配置。证券市场的这种信息导向功效，是依靠市场信息定价能力引导的。按照市场经济作用机制，证券市场有效运行对市场信息予以反映，市场信息形成价格。通过市场定价效率，实现价格信号的有效传导，既保证市场价格的合理形成，又能够实现资本的高效流动，以此发挥市场对社会资源的动员作用与配置效能。在有效率证券市场上，股票价格的信息含量较高，投资者根据股票价格信息所作出的投资决策就会引导资金及资源向需要融资的公司流动，而且，投资者也能对融资的公司实行有效监控，以保证所投入资金的使用效率，这实质上就是社会经济资源的有效配置。这样，证券价格的定价机制就使得证券市场的收益率等于厂商和储蓄者的边际收益率，从而使稀缺的储蓄（金融资源）被配置到有效率的生产性投资上。

（四）公司治理优化功能

公司治理（corporate governance）或公司治理结构，是指用以在公司中有重大利害关系的当事人——投资者（股东和债权人）、经理人员以及其他利益相关者之间有效制衡、协调、监督和赏罚的一套制度安排，包括公司的内部结构和市场结构。在股份公司内部，股东大会和董事会经理层的任免、监督、评价是公司治理的内部结构；通过来自债权人的监督和股票市场的压力对公司经理行为施加影响的是外部结构。内部治理和外部治理功能的发挥，都离不开高度发达的证券市场，其中内部治理主要是通过股份公司的相互制约的机制实现，而外部治理是依靠竞争性资本市场、公司控制权之争和高度发达的经理人市场来实现。当然，内部治理和外部治理并不是分割的，高度发达的竞争市场机制可以通过外部治理影响内部治理，推动公司内部治理水平提高。

## 三、证券市场的分类

证券市场可从不同的角度，依据不同的标准进行分类。

（一）按市场职能分类，可划分为证券发行市场和证券流通市场

1. 证券发行市场

证券发行市场又称“一级市场”（primary market）或“初级市场”，是发行人以筹集资金为目的，按照一定的法律规定和发行程序，向投资者出售新证券所形成的市场。在发行过程中，证券发行市场作为一个抽象的市场，其买卖成交活动并不局限于一个固定的场所。为了在一级市场上发行证券，公司必须向公众投资者公布招股说明书（prospectus），这是包含了公司经营计划和其他信息的法律文件，有助于投资者作出谨慎的投资决策。

在一级市场上，普通股的发行有两种方式：新发（seasoned new issue）和增发（unseasoned new issue)。新发是指一种证券第一次提供给公众投资者,增发是指增加发行一种已发行的证券。新发通常被称为(initial public offering, IPOs)。

在债券市场上,一级市场的债券发行也有两种方式:公募(public placement)和私募(private placement)。前者是指债券面向广大公众发行,这些债券可在二级市场上交易;后者则是指债券发售给一个或特定机构投资者,通常这些投资者要持有债券到期。

证券在一级市场公开发行一般由投资银行(investment banks)负责,通过承销(underwriting)方式协助投资者和筹资者达到各自的目的。证券承销商是由投资银行组成的证券承销团,在新证券的买方和卖方之间充当中介,以确保新证券的成功发行。

2. 证券流通市场

证券流通市场又称"二级市场"(secondary market)或次级市场,是已发行的证券通过买卖交易实现流通转让的市场。证券流通市场一般由两个子市场构成,即交易所市场和场所交易市场。

（二）按交易组织形式的不同,可划分为交易所市场和场外交易市场

1. 交易所市场

交易所市场是以证券交易场所作为流通市场的核心。交易所交易必须根据国家有关的证券法律规定,有组织地、规范地进行,其交易一般采用持续双向拍卖的方式,是一种公开竞价的交易。证券交易所有严密的组织管理机构,只有交易所会员才能在市场内从事交易活动,投资者则必须通过会员经纪人进行交易。

投资者可在这类交易场所为证券交易提供证券集中竞价交易,其主要职责是提供交易场所与设施、制定交易规则、监管在该交易所上市的证券以及会员交易行为的合规性、合法性,确保市场的公开、公平和公正等。

证券交易所的组织形式分为会员制和公司制。目前我国的证券交易所是不以营利为目的的事业法人,属会员制,其职责的发挥是通过对证券交易活动的管理、对会员的管理和对上市公司的管理来实现的。而在国外,证券交易所的公司化改制和上市以及购并重组是世界范围证券市场激烈竞争的一个表现,这一趋势已从欧美市场向亚太新兴市场蔓延。从1993年斯德哥尔摩证券交易所挂牌上市到2002年12月6日芝加哥商业交易所(CME)在纽约证券交易所IPO并上市,近10年来已有33家证券交易所实现了公司化改制。

2. 场外交易市场

场外交易市场(over-the-counter market,即OTC市场)又称柜台交易市场、店头交易市场,是指证券交易所以外的证券交易场所。柜台交易一般通过证券经营机构进行,采用协议价格成交。柜台交易市场主要是为未在交易所上市的证券及一部分上市但交易不活跃的证券的变现性而开设,交易场所分散,交易时间一般也比交易所交易的时间要长。

在流通市场中,既然有了场内交易市场,何必又存在场外交易市场呢?其实,场外交易市场存在,在多层次的资本市场体系中扮演着重要角色。首先,与场内市场相辅相成,共同构成一个完整的证券市场。对于任何一家发行证券的公司,其证券不能同时在上市、上柜交易,所以场内市场与场外市场两者具有垂直分工的关系。其次,为场内市场的后备市场。再次,有利于中小企业筹资。规模小、标准低。最后,可为投资者提供更多的投资选择。

美国的纳斯达克市场是全球最著名的场外交易市场。纳斯达克市场成立于1971年,其全称是"全国证券商协会自动报价系统"(National Association of Securities Dealers Automated Quotation System,NASDAQ),主要职能是利用计算机联网为各种交易商提供股票买卖的即时报价信息。买方报价(bid price)是交易商愿意购买某一证券的价格;卖方报价(asked price)是交易商出卖某一证券的价格。该系统允许交易商接受来自投资者符合现行所有买卖报价的购买或出售指令,通知交易者最理想的报价并执行客户的具体指令。

(三)按证券的性质不同,可划分为股票市场、债券市场、基金市场和衍生市场

1. 股票市场

股票市场是股票发行和买卖交易的场所。股票市场的发行人为股份有限公司。股份有限公司通过发行股票募集公司的股本,或是在公司营运过程中通过发行股票扩大公司的股本。股票市场交易的对象是股票,股票的市场价格除了与股份公司的经营状况和盈利水平有关以外,还受到其他如政治、社会、经济等多方面因素的综合影响,因此,股票价格经常处于波动之中。

2. 债券市场

债券市场是债券发行和买卖交易的场所。债券的发行人有中央政府、地方政府、金融机构、公司和企业。债券发行人通过发行债券筹集的资金一般都有固定期限,债券到期时债务人必须按时归还本金并支付约定的利息。债券是债权凭证,债券持有者与债券发行人之间是债权债务关系。债券市场交易的对象是债券。债券因有固定的票面利率和期限,其市场价格相对股票价格而言比较稳定。

3. 基金市场

基金市场是基金证券发行和流通的市场。封闭式基金在证券交易所挂牌交易,开放式基金是通过投资者向基金管理公司申购和赎回实现流通的。

4. 衍生市场

衍生市场是发行和交易衍生产品的市场,具体包括远期市场、期货市场、期权市场、互换市场等。目前,世界范围内的从事衍生产品的交易所已经近百家。部分交易所是从事综合衍生产品交易,如芝加哥交易所,从事利率产品、贵金属和农产品的期权期货交易。但多数交易所专门从事一种或两种类型的期货或期权交易所。例如,芝加哥期权交易所(CBOE)主要从事利率期权和股票指数期权交易;伦敦金属交易所则是主要从事贵金属的期权和期货交易;我国的郑州商品期货交易所,主要从事粮食商品期货交易。

## 第二节　投 资 工 具

证券市场一般由四种投资工具构成:权益证券(equity securities)、固定收益证券(fixed securities)、共同基金(mutual funds)和衍生证券(derivative securities)。

通常,投资工具主要有四类,即

(1) 股票,它是证明投资者的股东身份和权益并据此获取股息的凭证。

(2) 债券,它是表示债务人和债权人之间关系的金融资产,是一个公司的负债凭证。

(3) 基金,即共同基金(mutual funds),它是在投资信托制度下,由专业的证券投资信托公司发行的受益凭证,并将募集资金投资于金融工具。

(4) 衍生证券,是指其价值由其他资产衍生出的相关证券,包括远期、期权、期货等。

在以上四类资产中，债券风险最小，而收益也最低；股票相对而言，收益较高但风险较大；由于共同基金是将投资资金在不同资产之间进行分配，其风险收益关系介于股票和债券之间；衍生证券可能风险最高，但同时潜在收益也最高。表 9－1 描述了这四类基本投资工具的风险收益、变现能力、股息或现金流量等特性。

**表 9－1　主要投资工具的特征比较**

| 投资工具 | 潜在风险 | 潜在收益 | 变现能力 | 股息和利息现金流量 |
|---|---|---|---|---|
| 债券* | 低 | 低 | 低 | 高 |
| 股票 | 中/高 | 中/高 | 良好 | 低 |
| 基金 | 低/中 | 低/中 | 良好 | 低 |
| 衍生证券 | 很高 | 高 | 低 | 无 |

注：这里债券为中短期债券，长期债券的特征介于短期债券和股票之间。

## 一、权益证券

权益证券即股票，它是股份有限公司发行的，用以证明投资者的股东身份和权益，并据以获取股息和红利的凭证。股票一经发行，购买股票的投资者即成为公司的股东。股票实质上代表了股东对股份公司的所有权，股东凭借股票可以获得公司的股息和红利，参加股东大会并行使自己的权力，同时也承担相应的责任与风险。

（一）股票的性质

1. 股票是有价证券

有价证券是财产价值和财产权利的统一表现形式。持有有价证券，一方面表示拥有一定价值量的财产，另一方面也表明有价证券持有人可以行使该证券所代表的权利。股票具有有价证券的下述特征：第一，虽然股票本身没有价值，但股票是一种代表财产权的有价证券，其包含着股东可以依其代表的股票要求股份公司按规定分配股息和红利的请求权；第二，股票与其代表的财产权有不可分离的关系，它们两者合为一体。换言之，行使股票所代表的财产权，必须以持有股票为条件，股东权利的转让应与股票占有的转移同时进行，股票的转让就是股东权的转让。

2. 股票是要式证券

股票应记载一定的事项，其内容应全面真实，这些事项往往通过法律形式加以规定。在我国，股票应具备《公司法》、《证券法》规定的有关内容，如果缺少规定的要件，股票就失去法律效力。而且，股票的制作和发行须经证券主管机关的审核和批准，任何个人或者团体，不得擅自负责制作和发行股票。

3. 股票是资本证券

股份公司发行股票是一种吸引认购者投资以筹措公司自有资本的手段，对于认购股票的人来说，购买股票就是一种投资行为。因此，股票是投入股份公司资本份额的证券化，属于资本证券。

4. 股票是综合权利证券

当公司股东将出资交给公司后，股东对其出资财产的所有权就转化为股东权。股东权是一种综合权利,包括资产交易权、重大决策权、选举管理权等。

(二) 股票的特征

1. 收益性

收益性是股票最基本的特征,它是指持有股票可以为持有人带来收益的特性。持有股票的目的在于获取收益。股票的收益来源可以分成两类:一是来自股份公司。认购股票后,持有者即对发行公司享有经济权益,这种经济权益的实现形式是从公司领取股息和分享公司的红利。股息红利的多少取决于股份公司的经营能力和盈利水平。二是来自股票流通。股票持有者可以持股票到市场上进行交易,当股票的市场价格高于买入价格时,卖出股票就可以赚取差价收益。这种差价收益称为资本利得。

2. 风险性

风险性是指持有股票可能产生经济利益损失的特性。股票风险的内涵是预期收益的不确定性。股票可能给股票持有者带来收益,但这种收益是不确定的,股东能否获得预期的股息红利收益,完全取决于公司的盈利情况,利大多分,利小少分,无利不分;公司发生亏损时股东要承担有限责任;公司破产时可能血本无归。股票的市场价格也会随着公司的盈利水平、市场利率、宏观经济状况、政治局势等各种因素的影响而变化,如果股价下跌,股票持有者会因股票贬值而蒙受损失。

3. 流动性

流动性是指股票可以依法自由地进行交易的特征。股票持有人虽然不能直接从股份公司退股,但可以在股票市场上很方便地卖出股票来变现,在收回投资(可能大于或小于原出资额)的同时,将股票所代表的股东身份及其各种权益让渡给受让者。所以,股票是流动性很强的证券。

4. 永久性

永久性是指股票所载有权利的有效性是始终不变的,因为它是一种无期限的法律凭证。股票的有效期与股份公司的存续期间相联系,两者是并存的关系。这种关系实质上反映了股东与股份公司之间稳定的经济关系。股票代表着股东的永久性投资,当然股票持有者可以出售股票而转让其股东身份,而对于股份公司而言,由于股东不会要求公司退股,所以通过发行股票筹集到的资金,在公司存续期间是一笔稳定的自有资本。

5. 参与性

参与性是指股票持有人有权参与公司重大决策的特性。股票持有人作为股份公司的股东,有权出席股东大会,通过选举公司董事来实现其参与权。不过,股东参与公司重大决策的权利大小取决于其持有股票数额的多少,如果某股东持有的股票数额达到决策所需的有效多数时,就能实质性地影响公司的经营方针。

(三) 股票的分类

权益证券按股东享用权利的不同,可以分为普通股票和优先股票。

1. 普通股票

普通股票,也称为股权证券(equities securities)或股权(equities),代表着公司股份中的所有权份额。

普通股票是最基本、最常见的一种股票,其持有者享有股东的基本权利和义务。普通股票的股利完全随公司盈利的高低而变化,在公司盈利较多时,普通股股东可获得较高的股利收益，但在公司盈利和剩余财产的分配顺序上列在债权人和优先股票股东之后，故其承担的风险也较高。

从投资者监督看，普通股具有两个最大的特点：剩余请求权（residual claim）和有限责任（limited liability）。剩余请求权意味着普通股持有人与公司的资产与收益的要求权是排在最后一位的。在公司清算资产时，普通股股东只有在其他索赔人（如税务机构、信贷机构、债券持有人与其他债权人等）都得到索赔后，才能得到剩余资产请求索赔。正常运营的公司，则在收入扣除利息和税收后，普通股股东采用有对运营收入的要求权。有限责任，则意味着在公司经营破产时，股东最多只损失最初的投资额，无需对公司债务承担个人责任。

2. 优先股票

优先股票（preferred stock）是一种特殊股票，在其股东权利义务中附加了某些特别条件。优先股票的股息率是固定的，其持有者的权利受到一定限制，但在公司盈利和剩余财产的分配上比普通股股东享有优先权。优先股拥有股权和债权的双重属性。承诺付给持有人固定收入，并无表决权；属于一种股权投资，公司具有向优先股持有分红的决定权。

## 二、固定收益证券

固定收益证券即债券，是发行人依照法定程序发行，并约定在一定期限还本付息的有价证券，是证券债权债务关系的凭证。它包含四个方面的含义：发行人是借入资金的经济主体；投资者是出借资金的经济主体；发行人需要在一定时期付息还本；债券反映了发行者和投资者之间的债权、债务关系，而且是这一关系的法律凭证。

通常，债券票面上有四个基本要素：债券的票面价值、债券的偿还期限、债券的票面利率、债券发行者名称。

### （一）债券的基本性质

1. 债券属于有价证券

首先债券反映和代表一定的价值。债券本身有一定的面值，通常它是债券投资者投入资金的量化表现；另外，持有债券可按期取得利息，利息也是债券投资者收益的价值表现。其次，债券与其代表的权利联系在一起，拥有债券也就拥有了债券所代表的权利，转让债券也就将债券代表的权利一并转移。

2. 债券是一种虚拟资本

债券尽管有面值，代表了一定的财产价值，但它也只是一种虚拟资本，而非真实资本。因为债券的本质是证券债权债务关系的证书，在债权债务关系建立时所投入的资金已被债务人占用，债券是实际运用的真实资本的证书。债券的流动并不意味着它所代表的实际资本也同样流动，债券独立于实际资本之外。

3. 债券是债权的表现

债券代表债券投资者的权利，这种权利不是直接支配财产权，也不以资产所有权表现，而是一种债权。所以债权人不同于财产所有人，债权人除了按期取得本息外，对债务人不能作其他干预。

### （二）债券的特征

1. 偿还性

偿还性是指债券有规定的偿还期限，债务人必须按期向债权人支付利息和偿还本金。

债券的偿还性使得资金筹措者不能无限期地占用债券购买者的资金，换言之，他们之间的借贷经济关系将随偿还期结束、还本付息手续完毕而消失。这一特征与股票的永久性有很大的区别。

2. 流动性

流动性是指债券持有人可按自己的需要和市场的实际状况，灵活地转让债券，以提前收回本金和实现投资收益。流动性首先取决于市场对转让所提供的便利程度；其次还表现为债券在迅速转变为货币时，是否在货币计算的价值上蒙受损失。

3. 安全性

安全性是指债券持有人的收益相对固定，不随发行者经营收益的变动而变动，并且可按期收回本金。一般来说，具有高度流动性的债券同时也是较安全的，因为它不但可以迅速地转换为货币，而且还可以按一个较稳定的价格转换。债券投资不能收回有两种情况：

(1) 债务人不履行债务，即债务人不能充分和按时履行约定的利息支付或者偿还本金。

(2) 流通市场风险，即债券在市场上转让时因价格下跌而承受损失。

4. 收益性

收益性是指债券能为投资者带来一定的收入，即债权投资的报酬。在实际经济生活中，债券收益可以表现为两种形式：一种是利息收入，即债权人在持有债券期间按约定的条件分期、分次取得利息或者到期一次取得利息；另一种是资本损益，即债权人到期收回的本金与买入债券或中途卖出债券与买入债券之间的价差收入。

（三）债券的分类

债券种类很多，在债券的历史发展过程中，曾经出现过很多不同品种的债券，各种债券共同构成了一个完整的债券体系。债券可以依据不同的标准进行分类：

1. 按发行主体划分

按发行主体分类，可分为政府债券、金融债券和公司债券。

政府债券一般称为“公债”，它是政府为筹集资金而向投资者出具并承诺在一定时期支付利息和偿还本金的债务凭证。金融债券是由银行和其他金融机构经特别批准而发行的债券。公司债券是企业为筹集长期资金而发行的债务凭证，一般期限较长，大多为5～10年。公司债券风险也相对较大，因而其利率一般高于政府债券和金融债券。

2. 按偿还期限的长短划分

按偿还期限的长短，可分为短期债券、中期债券和长期债券。但对具体年限的划分，不同的国家又有不同的标准。

短期债券，一般而言，其偿还期在1年以下。例如，美国的短期国库券的期限通常为3个月或6个月。中期债券的偿还期一般为1～10年。而长期债券的偿还期一般为10年以上。

3. 按计息与付息方式划分

按计息与付息方式分类，可分为附息票债券和贴现债券。

附息票债券是指在债券上附有各期利息票的中、长期债券。债券的持有人于息票到期日，凭从债券附带的息票领取本期的利息。与此相对应，贴现债券则是无息票债券或零息债券，这种债券在发行时不规定利息率，券面也不附息票，发行人低于债券票面额出售债券，即折价发行，债券到期时发行人按债券面额兑付。

4. 按债券持有人收益方式划分

按债券持有人收益方式分类，可分为固定利率债券、浮动利率债券、累进利率债券和免税债券等。

固定利率债券是指在发行时就规定了固定收益利息率的债券，一般每半年或1年支付一次利息。浮动利率债券则是为避免利率风险而设计的一种债券，其利息率随着市场利率的变化而变动。累进利率债券是指按投资者持有同一债券期限长短计息的债券，一般债券期限越长，利率相应越高。免税债券则是债券持有人免交债券利息的个人所得税的债券，这类债券一般是政府公债。

(四) 债券与股票的不同

1. 权利不同

债券是债权凭证，债券持有者与债券发行人之间的经济关系是债权债务关系，债券持有者只可按期获取利息及到期收回本金，无权参与公司的经营决策。股票则不同，股票是所有权凭证，股票所有者是发行股票公司的股东，股东一般拥有表决权，可以通过参加股东大会选举董事、参与公司重大事项的审议和表决，行使对公司的经营决策权和监督权。

2. 发行目的不同

发行债券是公司追加资金的需要，它属于公司的负债，不是资本金。发行股票则是股份公司创办企业和增加资本的需要，筹措的资金列入公司资本。而且，发行债券的经济主体很多，中央政府、地方政府、金融机构、公司企业等一般都可以发行债券，但能发行股票的经济主体只有股份有限公司。

3. 期限不同

债券一般有规定的偿还期，期满时债务人必须按时归还本金，因此债券是一种有期投资。股票通常是不能偿还的，一旦投资入股，股东便不能从股份公司抽回本金，因此股票是一种无期投资，或称永久投资。但是，股票持有者可以通过市场转让收回投资资金。

4. 收益不同

债券通常有规定的收益，可获固定的利息。股票的股息红利则不固定，一般视公司经营情况而定。

5. 风险不同

股票风险较大，债券风险相对较小。这是因为：

(1) 债券利息是公司的固定支出，属于费用范围；股票的股息红利是公司利润的一部分，公司有盈利才能支付，而且支付顺序列在债券利息支付和纳税之后。

(2) 公司破产清算时，债券偿付在前，股票偿付在后。

(3) 在二级市场上，债券因其利率固定，期限固定，市场价格也较稳定；而股票无固定的期限和利率，受各种宏观因素和微观因素的影响，市场价格波动频繁，涨跌幅度较大。

图9-1是1899—1998年100年间不同类别债券和股票的风险收益特征。其中最后一列的投资组合，是将资金一半配置在公司债券，一半配置在普通股票，此组合的收益率为8.67%，其收益介于股票和公司债券之间，其风险为12.19%，也是介于两种投资工具之间。

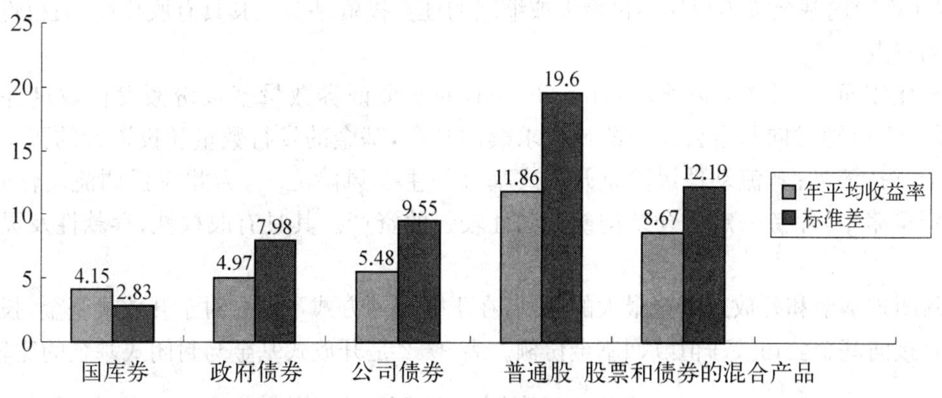


图 9-1 1899—1998 年不同证券的风险和收益

资料来源：http://www.Globalfindata.com.

## 三、共同基金

共同基金(mutual funds)是在证券投资信托制度下，由专业的证券投资信托公司发行受益凭证的方式，募集公众投资人资金，并将资金管理权授予专业投资管理人进行运作，投资于金融工具。其中，出资者按出资比例获得投资收益并承担投资风险，投资管理人则按协议规定获得相应的收益。图 9-2 说明共同基金的基本框架。

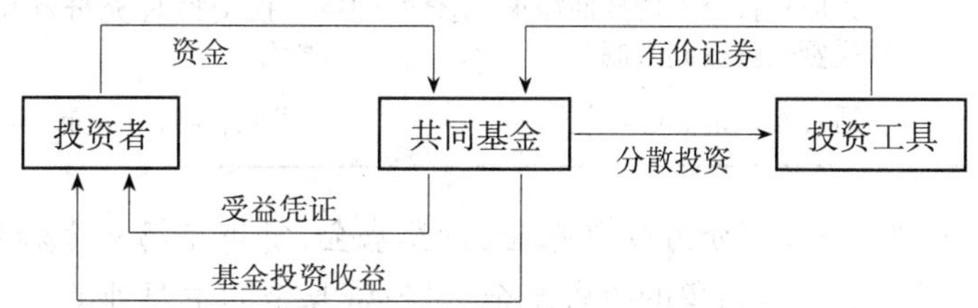


图 9-2 共同基金的基本架构

共同基金是当今世界最流行的金融投资工具之一。共同基金品种繁多，有按产业、地区以及收益与风险的不同组合划分的各类品种，目前基金的多样性仍在发展之中。证券投资基金是指证券投资基金组织为募集资金以投资于证券市场，实现证券投资的目的，而向社会公开或向特定投资者发行的、证明持有人按其持有份额享有资产所有权、收益分配权和剩余资产分配权及其他权益的一种证券类凭证。证券投资基金在组织体系上是由基金持有人、基金组织、基金管理人、基金托管人等通过信托关系构成的。

### (一) 按基金的组织形式，可分为公司型基金和契约型基金

公司型基金，在组织上是指按照公司法(或商法)规定所设立的、具有独立法人资格，并以营利为目的的证券投资基金或类似法人机构，在证券上是指由证券投资基金公司发行的证券投资基金证券。契约型基金，在组织上是指按照信托契约原则，通过发行带有受益凭证性质的基金证券而形成的证券投资基金组织，在证券上是指由证券投资基金管理公司作为基金发起人所发行的证券投资基金证券。

### (二) 按基金证券的规模是否变动，可分为封闭式基金和开放式基金

封闭式基金(closed-end fund)是指基金证券的预定数量发行完毕，在规定的时间内(也

称“封闭期”)内基金资本规模不再增大或缩减的证券投资基金。其具有股权性、债权性及监督性的特点。

相比较而言,开放式基金(open-end fund)的基金证券数量基金份额发行数量并不固定,投资人可随时向基金公司申购或要求赎回基金,基金的发行数量随投资者的买卖而变动。为维持流动性,流动性风险是开放式基金的主要风险之一,为此应强调流动性管理。在投资策略中,保持一定持仓结构或流动性较强的资产。其具有股权性、存款性及灵活性的特点。

封闭式基金和开放式基金最大的区别,在于变现的方式不同。对于开放式基金,投资者可以直接向基金公司按净值赎回基金份额。表 9-2 是开放式基金与封闭式基金的比较。

**表 9-2 开放式与封闭式基金的比较**

| | 开放式基金 | 封闭式基金 |
|---|---|---|
| 受益凭证的发行数量 | 不固定,随投资人申请或赎回基金而变动 | 在存续期内固定不变 |
| 基金交易价格的确定 | 根据资产净值(NAV)而定 | 根据市场供求而定 |
| 基金的买卖方式 | 投资人可随时向基金公司申请或赎回 | 如同买卖股票一样进行基金交易 |
| 基金的主要风险 | 主要面临流动性风险和投资风险 | 主要面临投资风险 |
| 基金投资收益 | 为应对投资人的赎回需求,基金经理的投资仓位受到限制 | 投资经理充分利用资金进行投资操作 |
| 适合市场 | 适合开放的金融市场 | 适合保守和正起步的金融市场 |

(三)按投资对象不同,可分为股票基金、债券基金、货币市场基金和指数基金等

股票基金是以股票为投资对象的投资基金,是投资基金的主要种类。股票基金作为一种投资工具,在股市中占有重要地位。以美国为例,1993 年美国股票基金为 7 490 亿美元,占美国共同基金总值的 36%,占全部股票市值的 13%,1996 年增加到 17 501 亿美元,占美国共同基金总值的 49%,占全部股票市值的 17%。

债券基金是指全部或大部分投资于债券市场的基金。假如全部投资于债券,可以称其为纯债券基金;假如大部分基金资产投资于债券,少部分可以投资于股票,可以称其为债券型。债券基金具有低风险且收益稳定的特点,利息收入是债券基金的主要收益来源。

货币市场基金(money market funds)是指投资于货币市场上短期有价证券的一种基金。该基金资产主要投资于短期货币工具如国库券、商业票据、银行定期存单、政府短期债券、企业债券等短期有价证券。

指数型基金是采取指数化的投资方式,以跟踪目标指数的变化、拟合目标指数为投资目标的基金产品。即按照某种指数构成的标准购买该指数包含的证券市场中的全部或者一部分证券的基金,其目的在于达到与基础指数同样的收益水平。

(四)按投资风险与收益的不同,可分为成长型基金、收入型基金和平衡型基金

成长型基金主要投资于资本和收益的增长均高于平均速度的公司股票,基金经理人强

调的是谋求最大资本增值，而不是股利收入，根据投资的进取态度，还可分为“积极成长型基金”、“成长收益型基金”等。例如，“积极成长型基金”的投资目标在于追求本金最大的增长，因此股利和利息的收入不是投资的重点，但“成长收益型基金”则因为要兼顾本金成长和年度的配息，因此会选择配股/配息比较高的股票来投资。

收入型基金主要投资于可带来现金收入的有价证券，以获取当期的最大收入为目的。收入型基金资产成长的潜力较小，损失本金的风险相对也较低，一般可分为固定收入型基金和权益收入型基金。

平衡型基金的投资目标是既要获得当期收入，又要追求长期增值，通常是把资金分散投于股票和债券，以保证资金的安全性和赢利性。

## 四、衍生工具

衍生工具，又称金融衍生工具或金融衍生产品，是与基础金融产品相对应的一个概念，指建立在基础产品或基础变量之上，其价格取决于后者价格或指数变动的派生金融产品。近年来，金融市场最重要的发展就是期货、期权以及相关衍生工具市场的成长。这些工具为我们提供了取决于其他资产其他各类资产价值的支付手段，这些资产价值由商品价格、债券与股票价格或市场指数值所派生。由于这一原因，这类工具有时称为衍生资产（derivative assets）或潜在要求权（contingent claims）。

远期、期货和期权是最基本的衍生工具，各种各样的合成衍生工具都可以通过这三种基本工具以及某些基础资本的组合创造出来。

### （一）远期

远期合约是在将来特定的时间以特定的价格购买或销售一定资产的合同。该合约是在OTC（即交易所以外的市场）中由交易双方直接通过商谈达成协议。在远期交易中，典型的参与者是充当做市商的商业银行或投资银行，客户直接与这些商业银行或投资银行联系（虽然客户之间也可以联系并进行远期交易）。远期合约是根据不同客户需要而逐个设计的，它可以充分满足不同客户的需要。

### （二）期货

期货，或期货合约（futures contract）是交易双方按照事先约定的价格，在约定的交割日或到期日对某项资产（有时是该项资产的现金）进行价格的合约。同意在交割日按约定条件购买资产的交易者称为多头，相反同意在交割日交割资产的交易者称为空头。持有多头的交易将从价格上涨中获利。相反，持有空头的交易将从价格下跌中获利。

按照交易标的不同，期货合约可划分为商品期货和金融期货。商品期货是以商品为标的物，如原油期货、金属期货、粮食期货等；而金融期货则是以金融产品为标的物，包括股指期货、利率期货等。

### （三）期权

期权（options）是契约的买方在付出权利金后，即享有权利在特定的期间向契约的卖方以履约价格买入或卖出一定资产的合约。

在此，我们以看涨期权和看跌期权进行说明。其中，看涨期权（call option）是赋予持有者在到期日（或之前）按特定价格购买一项资产的权利，这种特定价格称为施权价（exercise price）或约定价（strike price）。当市场价格超过施权价，期权持有者可能会“提前赎回”资产，并获得股价与施权价两者之间相等的支付额。否则，不会发生期权的实施。如在到期前不发生期权的实施，期权过期作废，不再具有价值。因此，当股票价格上升时，期权可提供更多盈利，因此被视为一种看涨的投资工具。与此相反，看跌期权(put option)是赋予持有者在到期日(或之前)按特定价格售出一项资产的权利。即使股价下跌，持有者仍可按照事前约定的价格出售资产。

## 本章小结

本章重点讲述证券市场与投资工具的基础知识。证券市场在资本市场中占有重要位置，具有筹资功能、定价功能与资本配置功能。各种不同的市场参与者的共同活动形成了全部证券市场的运转，包括证券发行人、证券投资人、证券市场中介机构、自律性组织及证券监管机构。证券市场从不同的角度可以进行多种分类，不同的交易机制所产生的交易价格也是不同的，报价驱动方式与指令驱动方式具有不同的交易特点及适用性。证券市场中的投资工具按大类可分为股票、债券、衍生证券、共同基金及国际债券等。其中股票和债券是最基本的投资工具，其他的投资工具都是在其基础上发展或延伸产生的。每一种投资工具都有其固有的特性，适应于不同的投资需求和投资偏好。

## 关 键 词

金融市场体系　证券市场　场外交易市场　投资工具　股票　债券　共同基金　开放式基金　封闭式基金　衍生工具

## 本章问题

1. 简述证券市场在金融市场中的地位如何?
2. 证券市场的主要功能有哪些?
3. 证券交易所市场和柜台交易市场各有什么特点，它们的不同之处在哪里?
4. 投资银行在证券发行中的职能是什么?
5. 比较不同交易机制及其对市场运行的影响。
6. 简述债券与股票有何不同。
7. 开放式基金和封闭式基金的主要区别有哪些?
8. 简述共同基金与股票、债券的风险-收益关系。
9. 金融衍生工具主要包括哪些种类? 它们各自都有怎样的特点?
10. 证券市场的主要投资工具包括哪些? 它们的主要特征差别是什么?

# 第十章

# 债券投资分析

学习了本章后，你应该能够：

1. 熟悉零息票债券、即期利率、远期利率等重要概念；
2. 掌握债券估值的影响因素，以及债券定价原则；
3. 掌握债券的久期和凸性；
4. 熟悉利率期限结构理论。

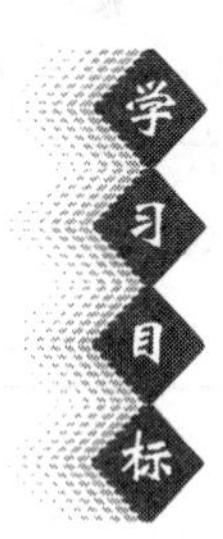


## 第一节　债券价值分析

### 一、债券价值评估

（一）债券内在价值分析

债券评估建立在收益的资本化定价方法基础上，即收入资本化定价方法（capitalization of income method of value）。根据该种方法，任何资产的内在价值（intrinsic value）都等于投资者对持有该资产预期的未来现金流的现值。

1. 零息票债券

零息票债券（zero-coupon bond），又称贴现债券（pure discount bond），或者贴息债券，是一种以低于面值的贴现方式发行，不支付利息，到期按债券面值偿还的债券。债券发行价格与面值之间的差额就是投资者的利息收入。由于面值是投资者未来唯一的现金流，所以贴现债券的内在价值有以下公式决定：

$$V = M\left(\frac{1}{1+r}\right)^n \tag{10-1}$$

式中：$V$ 代表贴现债券的内在价值；$M$ 代表面值；$r$ 代表市场利率；$n$ 是债券到期时间。

假定某种贴现债券的面值为 100 万美元，期限为 20 年，利率为 10%，那么它的内在价值应该是：$V=100/(1+0.1)^{20}=14.8644$ （万美元）。

2. 定息债券

定息债券，又称直接债券或固定利息债券，是一种按照票面金额计算利息，票面上附有作为定期支付利息凭证的戏票，也可不附息票的债券。投资者不仅可以在债券期满时收回本金（面值），而且还可以定期获得固定的利息收入。所以，投资者未来的现金流包括了两部分：本金和利息。直接债券的内在价值公式如下：

$$V=\frac{C}{(1+r)}+\frac{C}{(1+r)^2}+\cdots+\frac{C}{(1+r)^t}+\frac{M}{(1+r)^n}$$

$$=\sum_{t=1}^{n}C\left(\frac{1}{1+r}\right)^t+M\left(\frac{1}{1+r}\right)^n \tag{10-2}$$

式中：$C$ 是债券每期支付的利息；其他变量与式(10－1)相同。

**例 10－1** 美国政府 1992 年 11 月发行了一种面值为 1 000 美元，年利率为 13% 的 4 年期国债。由于传统上债券利息每半年付一次，即分别在每年的 5 月和 11 月，每次支付 65 美元(130/2)。那么，1992 年 11 月购买该债券的投资者未来的现金流可以用表 10－1 表示。

**表 10－1 投资者未来的现金流**

| 日期 | 1993 年 5 月 | 1993 年 11 月 | 1994 年 5 月 | 1994 年 11 月 | 1995 年 5 月 | 1995 年 11 月 | 1996 年 5 月 | 1996 年 11 月 |
|---|---|---|---|---|---|---|---|---|
| 现金流 | 65 美元 | 65 美元 | 65 美元 | 65 美元 | 65 美元 | 65 美元 | 65 美元 | 65 美元＋1 000 美元 |

3. 统一公债

统一公债(consols)是一种没有到期日的特殊的定息债券。最典型的统一公债是英格兰银行在 18 世纪发行的英国统一公债(English consols)，英格兰银行保证对该公债的投资者永久地支付固定的利息。直至如今，在伦敦的证券市场上仍然可以买卖这种公债。历史上美国政府为巴拿马运河融资时也曾发行过类似的统一公债。但是，由于美国政府在该种债券发行时还附有赎回条款，所以美国的统一公债已经退出了流通。在现代公司企业中，优先股的股东可以无限期地获得固定的股息，所以，在优先股的股东无限期地获得固定股息的条件得到满足的条件下，优先股实际上也是一种统一公债。统一公债的内在价值的计算公式如下：

$$V=\frac{C}{(1+r)}+\frac{C}{(1+r)^2}+\frac{C}{(1+r)^3}+\cdots=\frac{C}{r} \tag{10-3}$$

(二) 价值分析

在上述三种债券中，定息债券是一种最普遍的债券形式。下面就以定息债券为例，说明如何根据债券的内在价值与市场价格的差异，判断债券价格属于低估还是高估。

第一种方法，比较两类到期收益率的差异。式(10－1)，(10－2)，(10－3)中的 $r$ 是市场的利率水平，即根据债券的风险大小确定的到期收益率(appropriate yield-to-maturity)；另外一类到期收益率，是债券本身承诺的到期收益率(promised yield-to-maturity)，用 $r^*$ 表示。

假定债券的价格为 $P$，每期支付的利息为 $C$，到期偿还本金(面值)$M$，那么债券价格与债券本身承诺的到期收益率之间存在下列关系式：

$$P=\frac{C}{(1+r^*)}+\frac{C}{(1+r^*)^2}+\cdots+\frac{C}{(1+r^*)^n}+\frac{M}{(1+r^*)^n} \tag{10-4}$$

如果 $r > r^*$，则该债券的价格被高估；如果 $r < r^*$，表现为该债券的价格被低估；当 $r = r^*$ 时，债券的价格处在比较合理的水平。

**例 10－2**　某种债券的价格为 900 美元，每年支付利息为 60 美元，3 年后到期偿还本金 1 000 美元，利用内在收益率的计算方法，根据式(10－4)可得：

$$900 = \frac{60}{(1+r^*)} + \frac{60}{(1+r^*)^2} + \frac{60}{(1+r^*)^3} + \frac{60+1\,000}{(1+r^*)^3}$$

可以算出该债券承诺的到期收益率 $r^*$ 为 10.02%。如果市场利率为 9%，那么，这种债券的价格是被低估的。

第二种方法，比较债券的内在价值与债券价格的差异。我们把债券的内在价值($V$)与债券的价格($P$)两者的差额，定义为债券投资者的净现值(NPV)。当净现值大于零时，意味着内在价值大于债券的价格，即市场利率低于债券承诺的到期收益率，该债券被低估；反之，当净现值小于零时，该债券被高估。这种方法用公式表示为

$$NPV = V - P \tag{10-5}$$

**例 10－3**　沿用第一种方法中的例子，可以发现该债券的净现值为 24.06 美元，所以该债券的价格被低估了，具体计算如下：

$$NPV = \left[\frac{60}{(1+r^*)} + \frac{60}{(1+r^*)^2} + \frac{60}{(1+r^*)^3} + \frac{1\,000}{(1+r^*)^3}\right] - 900 = 24.06(\text{美元})$$

当净现值大于 0 时，对于投资者来说是一个买入信号。相反，如果市场利率 $r$ 不是 9%。而是 11%，那么，该债券的净现值将小于 0(—22.19 美元)，表明它被高估了，对于投资者构成了一个卖出信号。只有当市场利率水平近似地等于债券承诺的到期收益率时，债券的价格才处于一个比较合理的水平。

## 二、债券价值分析与债券属性

债券具有六个主要性质，它们在债券定价中起着十分重要的作用。这些性质分别是：距离到期日的长短、票面利率、附加选择权、税收待遇、流动性、违约风险。

### (一) 到期时间

如果其他因素不变，则当市场利率变动时，债券价格波动与到期期限直接相关。一般而言，长期债券价格波动大于短期债券，即期限越长，债券价格波动幅度越大。当期限延长时，单位期限引起的债券价格波动幅度递减。

**例 10－4**　假定存在 4 种期限分别为 1 年、10 年、20 年和 30 年的债券，它们的息票率都是 6%，面值均为 100 元，其他属性也完全一样。如果起初的市场利率为 6%，根据内在价值的计算公式可知这 4 种债券的内在价值都是 100 元。如果相应的市场利率上升或下降，这 4 种债券的内在价值的变化如表 10－2 所示。

表 10-2 内在价值(价格)与期限之间的关系

| 期限(年) | 相应的市场利率下的内在价值/元 | | | 内在价值变化率/% | |
|---|---|---|---|---|---|
| | 4% | 6% | 8% | 6%→4% | 6%→8% |
| 1 | 102 | 100 | 98 | +2 | −2 |
| 10 | 116 | 100 | 86 | +16 | −14 |
| 20 | 127 | 100 | 80 | +27 | −20 |
| 30 | 135 | 100 | 70 | +35 | −23 |

表 10-2 反映了当市场利率由现在的 6%上升到 8%时,四种期限的债券的内在价值分别下降 2%,14%,20%和 23%;反之,当市场利率由现在的 6%下降到 4%,四种期限的债券的内在价值分别上升 2%,16%,27%和 35%。同时,当市场利率由现在的 6%上升到 8%时,1 年期和 10 年期的债券内在价值下降幅度相差 12 元,10 年期和 20 年期的债券内在价值下降幅度相差 6 元,20 年期和 30 年期的债券的内在价值下降幅度相差 3 元。可见,由单位期限变动引起的边际价格变动率递减。

(二) 票面利率

债券的到期时间决定了投资者取得未来现金流的时间,而息票率决定了未来现金流的大小。在其他情况不变的情况下,债券价格与其息票利率的高低呈现正向的关系,但是,债券价格的波动与息票率呈反向关系。

首先,由债券价格定价公式(10-2)可以看出,债券价格和票面利率之间存在正向的线性关系。在给定利息及面值的供求决定了债券的市场价格,债券的市场价格又反过来也决定了债券的到期收益率。到期收益率是债券的未来现金流量的现值恰好等于该债券现行价格的贴现率,在下式中用 $y$ 表示。这样,债券价格可表达为

$$P=\sum_{t=1}^{n}\frac{C}{(1+y)^{t}}+M\left(\frac{1}{1+y}\right)^{n} \tag{10-6}$$

式中: $P$ 为债券的市场价格; $C$ 为每期支付的利息; $n$ 为时期数; $M$ 为债券面值。

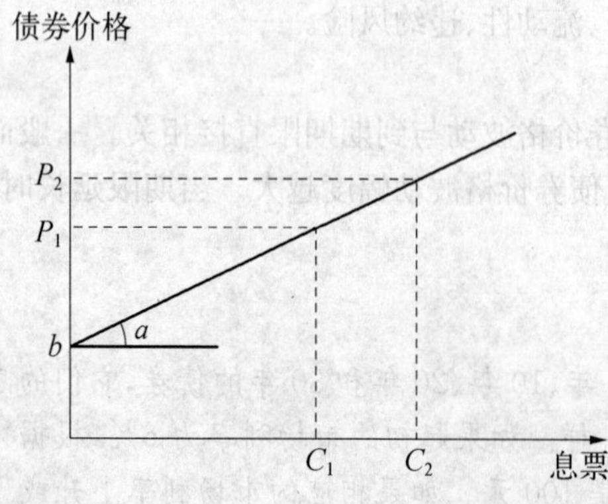

图 10-1 债券价格和息票之间的线性关系

若定义 $a=\sum_{t=1}^{n}\frac{1}{(1+y)^{t}}$, $b=\sum_{t=1}^{n}\frac{M}{(1+y)^{n}}$,则债券价格函数可表达为如下线性关系:

$$P=aC+b$$

公式中的参数 $a$ 和 $b$ 是收益率 $y$ 和年数 $n$ 的函数。假定存在两种债券,期限 $n$ 和到期收益率 $y$ 都相同,但息票利率不同,则息票越高,债券价格也越高。例如,两种期限和到期收益率都相同但息票额分别为 $C_1$, $C_2$ 的债券价格分别为 $P_1$, $P_2$(图 10-1)。

其次,债券价格的波动与息票率呈反向关系。

**例 10-5** 存在 5 种债券,期限均为 20 年,面值均为 100 元。唯一的区别在于票面利率,即它们的票面利率分别为 4%,5%,6%,7%和 8%。假设初始的市场利率水平为 7%,那么,可利用公式(10-2)分别计算出各自的初始内在价值。如果市场利率发生变化(上升到 8%或者下降到 5%),相应地可以计算出这 5 种债券的新的内在价值(具体结果见表 10-3)。

**表 10-3 内在价值(价格)变化率与息票率之间的关系**

| 票面利率 | 相应的市场利率下的内在价值/元 | | | 内在价值变化率/% | |
|---|---|---|---|---|---|
| | 7% | 8% | 5% | 7%→8% | 7%→5% |
| 4% | 68 | 60 | 87 | −11.3 | +28.7 |
| 5% | 78 | 70 | 100 | −10.5 | +27.1 |
| 6% | 89 | 80 | 112 | −10.0 | +25.8 |
| 7% | 100 | 90 | 125 | −9.8 | +25.1 |
| 8% | 110 | 100 | 137 | −9.5 | +24.4 |

从表 10-3 中可以发现,面对同样的市场利率变动,无论市场利率上升还是下降,5 种债券中票面利率最低的债券(4%)的内在价值波动幅度最大,而随着票面利率的提高,5 种债券的内在价值的变化幅度逐渐降低。所以债券的票面利率越低,市场利率变化引起的债券价格的波动幅度越大。

(三) 附加选择权

为避免利率变动损失,或使债券对投资者更具有吸引力,债券发行人常常在债券上附加一些条款。如可赎回债券(callable bond)和可转换债券(convertible bonds,CB)就是这类债券。赎回某种债券的选择权和债权转股的选择权将极大地改变了债券的基本价格形态。

1. 可赎回特征

所谓可赎回债券,是指债券发行契约中附有所谓的赎回条款(call provision),发行者有权按某一设定的赎回价格购回债券。当债券持有者愿意继续持有该种债券时,投资者也将面临被赎回的风险。

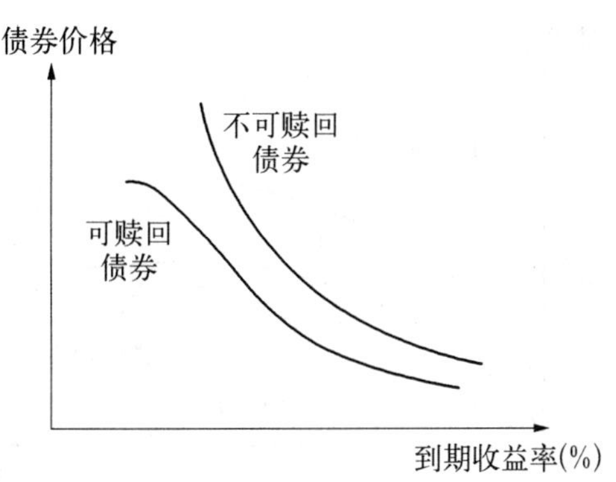

图 10-2 可赎回特征对债券价格的影响

假定债券的其他方面(期限、利息等)都相同,可赎回特征对到期收益率有关的债券价格动态的重要影响如图 10-2 所示,没有赎回权的债券价值总是高一些。尤其是在利率下跌时,可赎回债券与不可赎回债券的价格偏离越趋明显。因为对不可赎回债券而言,利率下降将导致债券价格不断上升;而对可赎回债券而言则情况不同,可赎回条款其实为由利率下降带来的债券价格上升设置了最高点,这从图 10-2 的左侧可以看出。

既然可赎回债券的价值总低于不可赎回债券的价值,那么投资者为何还有意愿购买这类债券呢?答案很简单,这就是投资者在风险(可赎回特征)和收益(较高的最初到期收益率)之间的权衡。为什么公司要发行可赎回债券呢?因为可赎回特征是公司在融资政策上有了更多的灵活性。特别地,公司无须卷入昂贵的债务问题中去。

由于可赎回债券属性是"到期日等于赎回日,面额等于赎回价格",因此可赎回债券的定价模型可以表达为

$$P=\sum_{i=1}^{n}\frac{C}{(1+r)^{i}}+\frac{P_c}{(1+r)^{n}} \tag{10-7}$$

式中:$P_c$ 为赎回价格;$n$ 为距赎回日的期限。

2. 可转换特征

所谓可转换债券是指在一段时期后,持有者有权按照约定的转换价格(conversion price)或转换比率(conversion ratio)将公司债券转换成普通股股票。可见,可转换债券是一种混合债券,它既包含了普通债的特征,也包含了权益特征,同时,它还具有相应于标的股票的衍生特征。对于标准的可转换债券,在价值形态上,可转换债券赋予投资人一个保底收入,即债券息票支付与到期本金偿还构成的普通付息债券的价值,同时,它还赋予了投资人在股票上涨到一定价格的条件下转换成发行人普通股票的权益,即看涨期权的价值。对于发行人而言,为了在公司股票上涨或者市场环境发生变化的情况下实现低成本融资,发行人可在一定的条件下行使赎回权利,即发行人提前赎回的期权。

与普通债券相比,可转换债券的价值包含两部分:纯粹债券价值和转换权利价值,即

可转换债券价值=纯粹债券价值+转换权利价值

其中,纯粹债券价值来自债券利息收入,定价方式与前面介绍的基本债券并不差异。转换权利价值,即转换价值(conversion value),是指立即转换成股票的债券价值。转换价值大小,须视普通股的价格高低而定。股价上升,转换价值也上升;相反,若普通股的价格远低于转换价格,则转换价值就很低。

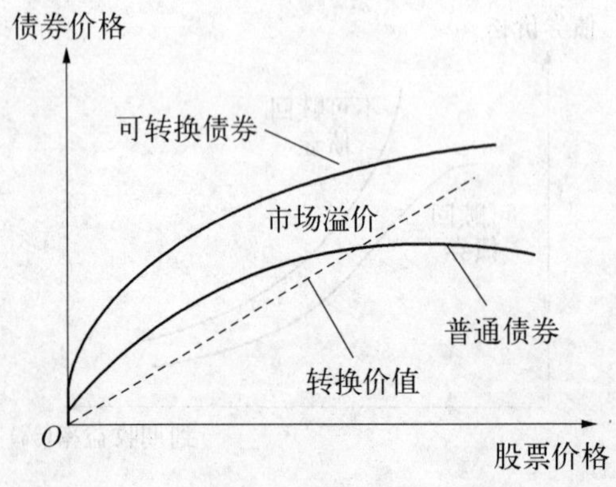

图 10-3 可转换特征对债券价值的影响

可转债的市场价值表现在二级市场上可转换债券的市价,可转债的市场价值通常高于其债券价值和转换价值。其中,可转债市场价值超过债券价值或转换价值的部分称为市场溢价。市场溢价越大,转换价值越接近债券价值。即使转换价值低于债券价值,基于期望的股价升高的溢价依然存在。当转换价值高于债券价值时,市场溢价出现。关于这种溢价存在的合理性,可以归结为可转换债券购买者的期望。可转债的市场价值、转换价值和市场溢价的关系,可用图 10-3

表达。

以上分析的债券可转化特征对债券价值的影响。其实，对可转换债券而言，发行这种转债的基本条款是影响债券价值的重要因素，这些条款主要包括转换价格(转换比率)、转换期间、赎回条款、回售条款等(见表 10－4)。

**表 10－4 可转换债券的要素**

| | | |
|---|---|---|
| 标的股票 | 发行公司自己的股票 | |
| 转换价格(转换比率) | 转换成每股股票所支付的转换债券的金额 | 在国外成熟市场，可转换债券的转换价格一般高于其定价时的股票市值 |
| 转换期间 | 发行后(日)某日至到期日的前一交易日；发行后(日)某日至到期日 | |
| 赎回条款 | 在赎回期满足赎回条件时，按照事先约定的赎回所有发行债券 | 发行人在到期之前买回债券的权利在发行人的股票价格升至超过赎回价值时才生效。它促使投资者将债券转换为股票，也为公司在其他融资成本较低时行使期权，或者在公司股票大幅升值时，公司为避免支付可转换债券持有人过多的企业盈利而行使期权 |
| 回售条款 | 在回售期满足回售条件时，按事先约定的回售所有的可转债给发行企业 | 投资人卖出债券的权利在股票价格大幅下跌超过一定幅度时才生效。许多可转换债券的售回价格高于面值 |

（四）税收待遇

由于投资者关心的主要是税后实际收益率而不是票面利率，所以税收待遇成为影响债券市场价格和收益率的一个重要因素。

$$R_{AT} = R_{BT}(1-T) \tag{10-8}$$

式中：$R_{AT}$表示税后实际收益率；$R_{BT}$表示税前收益率；$T$表示税率。

换言之，对投资者而言，票面利率为 10%但需要缴纳 20%利息所得税的债券与票面利率为 8%但不需缴纳所得税的债券吸引力是相同的。

债券类型不同，其税收待遇也不同。有些债券为免税债券，如市政债券。除此之外，对利息所得和资本利得的不同待遇，如在美国对低票面利率应税债券的资本利得课税，可以推迟到债券卖出或债券期满进行，因而具有税收递延方面的优势。

在其他条件不变的情况下，这些债券的收益率比应税的高票面利率债券要略低一些，也就是说，免税或税收优惠债券的内在价值比高票面利率债券要略高一些。

（五）流动性

债券的流动性或者流通性，是指债券投资者将手中的债券变现的能力。如果变现的速度很快，并且没有遭受变现所可能带来的损失，那么这种债券的流动性就比较高。反之，如果变现速度很慢，或者为了迅速变现必须承担额外损失，那么，这些债券的流动性就比较低。

通常用债券的买卖差价的大小反映债券的流动性大小。买卖价差较小的债券的流动性比较高。反之,流动性较低。这是因为绝大多数的债券的交易发生在债券的经纪人市场,对于经纪人来说,买卖流动性高的债券的风险低于买卖流动性低的债券,故前者的买卖价差小于后者。所以,在其他条件不变动情况下,债券的流动性与债券的名义到期收益率之间呈反比例关系,即流动性高的债券的到期收益率比较低,反之亦然。相应地,债券的流动性与债券的内在价值成正比例关系。

(六) 违约风险

债券的违约风险(default risk)又叫信用风险(credit risk),是指债券发行人未按照契约的规定支付债券的本金和利息,给债券投资者带来损失的可能性。债券评级是反映债券违约风险的重要指标。

信用评级机构对发行者的信用风险进行评级。主要四家评级机构为:穆迪投资者服务公司(Moody's Investor Service)、标准普尔公司(Standard & Pool's)、菲奇投资者服务公司(Fich Investor Service)、多弗和菲尔普斯公司(Duff & Phelps)。信用评级机构一般按照从低信用风险到高信用风险进行债券评级。尽管这些公司的债券评级分类有所不同,但是基本上都将债券分成两类:投资级和投机级,投资级的债券被评定为最高的四个级别。

**例 10-6** 标准普尔公司和穆迪公司分别将 AAA,AA,A,BBB 和 Aaa,Aa,A,Baa 四个级别的债券定义为投资级债券,将 BB 级以下(包括 BB 级)和 Ba 级以下(包括 Ba 级)的债券定义为投机级债券。投机级债券又称垃圾债券(junk bonds),垃圾债券市场中大约 25%的债券是以前投资级债券但后来被降到 BBB 级(或 Baa)以下的债券,有时人们将有发行时的投资级转变为投机级的债券形象地称为"堕落天使"(fallen angels)。这一市场中另 25%的债券是那些原本信用级别就不高的公司发行的债券,除此之外的 50%的债券则是由重大重组如杠杆收购(leveraged buyout)组合的公司发行的债券。

**例 10-7** 标准普尔公司的债券评级标准详见表 10-5。在政府债券与公司债券之间,包括 AAA 级在内的公司债券的违约风险高于政府债券;在政府债券内部,中央政府债券的违约风险低于地方政府的债券;在公司债券内部,AAA 级的债券的违约风险最小,并随着评级的降低,违约风险不断上升。

**表 10-5 公司债券的信用等级**

| 级 别 | 评 级 标 准 |
|---|---|
| AAA | 标准普尔公司评定的债券的最高级别,说明完全具备支付利息和偿还本金的能力 |
| AA | 说明支付利息和偿还本金的能力很强,与最高级别相比稍逊一点 |
| A | 尽管 A 说明环境变更和经济条件变更比上述两种级别更容易引起负面影响,但其支付利息和偿还本金的能力依然相当强 |
| BBB | 被定义为 BBB 级的债券被认为有足够的能力支付利息和偿还本金。尽管在通常情况下其能得到足够的保护,但与前几级相比,变化的环境更可能削弱该级债券的还本付息能力 |

续　表

| 级　别 | 评　级　标　准 |
|---|---|
| BB—C | 定义为BB,B,CCC,CC和C的债券被认为还本付息有明显的投机特征。BB表示最低程度的投资性,而C则表示最高程度的投机性。尽管这种债券很可能质量尚可,并且有些保护性条款,但是其不确定性和可能受不利条件影响的程度则更为严重 |
| CI | 是为没有利息收入的收入债券(income bonds)准备的 |
| D | 被定为D级的债券现在已经处于违约状态 |

以上分析可见,债券信用风险或违约风险会影响债券价值。那么,如何衡量债券的违约风险与债券的收益率之间的关系呢?既然债券存在违约风险,投资者必然要求获得相应的风险补偿,即较高的投资收益率。所以,违约风险越高,投资收益率也应该越高。在此,为度量违约风险与投资收益之间的关系,将某一风险债券的预期到期收益率与某一具有相同期限和票面利率的无风险债券的到期收益率之间的差额,称为风险溢价(risk premium)。承诺的到期收益率和预期到期收益率之间的差异,称为违约溢价(default premium)。

**例10-8**　某一债券承诺的到期收益率为12%,但由于存在很大的违约风险,预期的到期收益率只有9%。这样,承诺的到期收益率与预期的到期收益率有3%的差异就是违约溢价(见图10-4)。每一种带有违约可能性的债权都应该提供这种违约溢价,而且违约可能性越大,违约溢价也就越大。

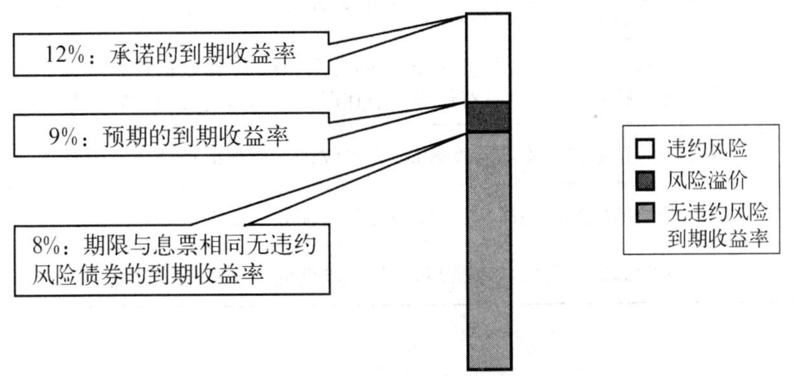


图10-4　风险债券的到期收益率

既然违约风险水平会对公司债券的到期收益率造成影响,那么如何对风险债券进行定价才是合理呢?在此,假定某一债券每年发生违约的概率相同,该概率值为$P_d$。假如该债券某年发生违约,那么债券持有人所获得的支付将等于$(1-\lambda)$乘以债券去年的市场价格。根据这一模型,若其承诺得到期收益率等于公式(10-9),则该债券的定价基本是合理的。

$$y=\frac{\bar{y}+\lambda P_d}{1-P_d} \tag{10-9}$$

式中:$\bar{y}$表示债券的预期到期收益率。则承诺的到期收益率和预期到期收益率的差值,

即违约溢价 $d$ 表达为

$$d = y - \bar{y} = \left(\frac{\bar{y} + \lambda P_d}{1 - P_d}\right) - \bar{y} \tag{10-10}$$

**例 10-9** 考察图 10-4 中的债券，假定该债券的年违约可能性为 6%，同时在债券发生违约时，债券持有者将获得债券上一年市场价格 60%的支付，即 $1-\lambda=0.6$ 或 $\lambda=0.4$。利用公式(10-10)，如果违约溢价等于下面的计算结果时，那么，该债券的定价就是基本公平的。即：

$$d = \left[\frac{0.09 + (0.4 \times 0.06)}{1 - 0.06}\right] - 0.09 = 0.031\,3$$

对比结算结果(3.13%)和图 10-4 中的违约溢价估计值(3%)，可以看出两个数值基本相近。因此，根据以上公式，实际的违约溢价是合理的。

综上所述，以上六方面的债券属性会对债券收益率造成影响。表 10-6 是对本节内容的总结，综合了上述两个方面的债券属性与债券价值分析之间的关系。

**表 10-6 债券属性与债券收益率**

| 债券属性 | 与债券收益率的关系 |
| --- | --- |
| 期　限 | 当市场利率调整时，期限越长，债券价格波动幅度越大。但是，当期限延长时，单位期限的债券价格的波动幅度递减 |
| 息票率 | 息票越高，债券价格也越高；当市场利率调整时，息票率越低，债券价格波动幅度越大 |
| 附加选择权 | 当债券被赎回时，投资收益率降低，同时作为补偿，被赎回债券的名义利率较高；当债券具有可转换特征，由于具有债券和潜在股权双重属性，债券名义利率较低 |
| 税收待遇 | 享受税收待遇的债券收益率较低，无税收优惠待遇的债券收益率较高 |
| 流动性 | 流动性高的债券收益率较低，流动性低的债券收益率较高 |
| 违约特征 | 违约风险高的债券收益率较高，违约风险低的债券收益率较低 |

# 第二节 债券收益率曲线

## 一、收益率曲线

任何债券的到期收益率都与固定收益证券市场的总体情况紧密相连，这个市场中的所有的收益率都趋于协同变化。然而，所有债券的收益率并不是恰好相同。债券之间收益率的差异在某种程度上可以由各种债券具有不同的信用等级来解释。只有高质量比低质量的债券价格更高才是正常的。然而，质量并不能完全解释我们观察到的债券收益率的变动。

另一个能部分解释不同债券的收益率差异的是到期期限。一般规则是：长期债券（有很长的到期期限的债券）倾向于比"短期"的有相同质量的债券提供更高的收益率。我们把描述债券到期收益率和到期期限之间关系的曲线叫做收益率曲线（yield curve）。

在此，我们可以将收益率 $Y(T)$ 表示为 $T$ 年到期的债券现在应支付的年利率，也就是说在时间区间 $[0, T]$ 上的平均年利率。对到期前不支付利息的债券而言，收益率是由债券目前的价格和面值（到期价格）的比值求出。如果 $P(0, T)$ 表示该比值，则

$$P(0, T) = e^{-TY(T)} \tag{10-11}$$

若表示成算数平均形式，则为

$$P(0, T) = [1 + Y(n)]^{-n} \tag{10-12}$$

式中：$n$ 表示到期的年数。

收益率曲线一般具备以下特点：

(1) 短期收益率一般比长期收益率更富有变化性。

(2) 收益率曲线一般向上倾斜。

(3) 当利息率整体水平较高时，收益率曲线会呈现向下倾斜（甚至是倒转的）形状。图 10-5 描述的是 2006 年 9 月 30 日上交所固定利率国债的收益率曲线。

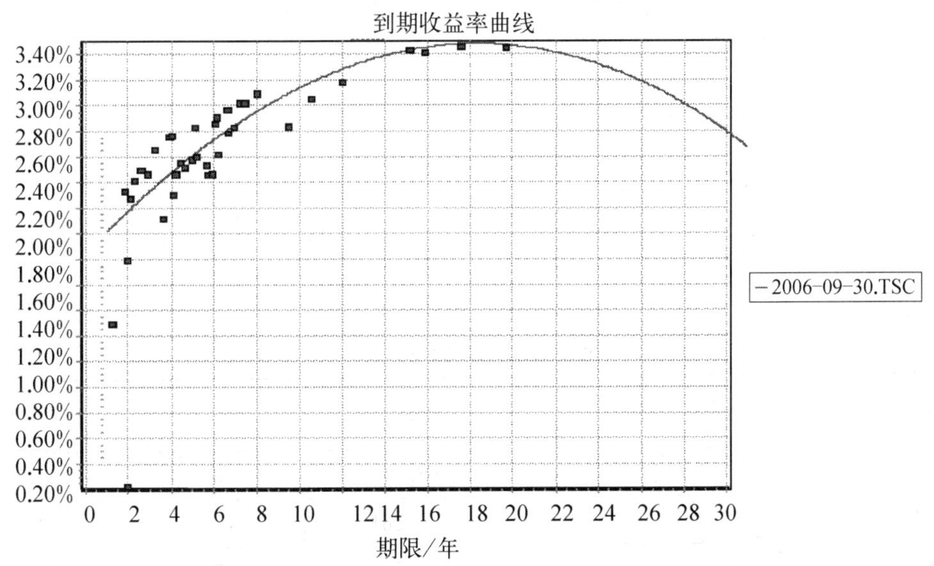


图 10-5　债券收益率曲线

## 二、期限结构

期限结构理论把收益率这个概念放到一边而关注于纯理论的利率，认为债券的收益率取决于债券持有的时间长度，这是期限结构理论的基础。因此，在对收益率曲线各种假说讨论之前，我们首先有必要对债券收益率相关的几个重要概念进行定义和解释。

### （一）即期利率

即期利率（spot rates）是定义期限结构的基本利率，即期利率 $s_t$ 是指已设定到期日的零

息票债券的到期收益率，它表示的是从现在($t=0$)到时间 $t$ 的货币收益。利率和本金都是在时间 $t$ 支付的。因此，$s_1$ 是一年期的利率，它表示对持有一年的货币所支付的利率。类似的，利率 $s_2$ 表示对持有 2 年的货币支付的利率。

即期利率的定义隐含了复利计息规则的假设，由于复利计息采取一年计息，或一年 $m$ 期复利计息，以及连续复利计息。这样，即期利率的表达方式存在：

(1) 按年复利：$s_t=(1+s_t)^t$，其中 $t$ 必须为整数，否则需要调整。

(2) 每年 $m$ 期复利：$s_t=(1+s_t/m)^{mt}$，其中 $mt$ 必须为整数，即 $t$ 必须是 $1/m$ 的整数倍数。

(3) 连续复利：$s_t=e^{s_t t}$。

从理论上即期利率一般由零息票债券的收益率来衡量(为消除违约风险的影响，最好只考虑国债)，因为零息票债券承诺在未来固定的某日支付固定的金额，所以固定的支付金额和现行价格的比率就是该债券持有到期时的即期利率。通过这一测度过程，就可以得到一条与收益率曲线相似的即期利率曲线(spot rate curve)。图 10-6 和表 10-7 给出了这样的一条曲线以及相应数据。

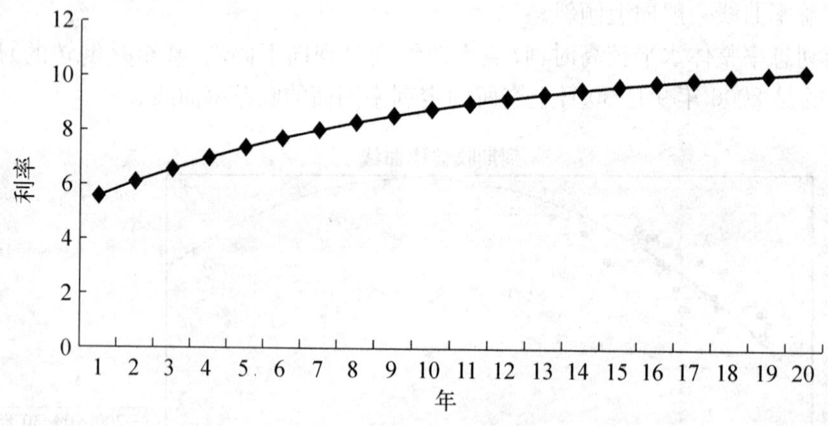


图 10-6 即期利率曲线

**表 10-7 即 期 利 率**

| 年 | 即期利率 | 年 | 即期利率 | 年 | 即期利率 |
|---|---|---|---|---|---|
| 1 | 5.571 | 8 | 8.304 | 15 | 9.661 |
| 2 | 6.088 | 9 | 8.561 | 16 | 9.789 |
| 3 | 6.555 | 10 | 8.793 | 17 | 9.904 |
| 4 | 6.978 | 11 | 9.003 | 18 | 10.008 |
| 5 | 7.361 | 12 | 9.193 | 19 | 10.103 |
| 6 | 7.707 | 13 | 9.365 | 20 | 10.188 |
| 7 | 8.020 | 14 | 9.520 | | |

## 三、利率期限结构的理论假说

收益率曲线是在以期限长短为横坐标，以收益率为纵坐标的直角坐标系上显示出来。

一般而言收益率曲线形状主要有三种类型:第一类是正收益曲线(或称上升收益曲线),其显示的期限结构特征是短期国债收益率较低,而长期国债收益率较高。第二类是反收益曲线(或称下降收益曲线),其显示的期限结构特征是短期国债收益率较高,而长期国债收益率较低。这两种收益率曲线转换过程中会出现第三种形态的收益曲线,称水平收益曲线,其特征是长短期国债收益率基本相等。通常而言,上升的收益率曲线是一种正常形态,而其他两类则是非正常的。

目前,解释不同期限债券利率之间关系的利率期限结构理论主要有三种:预期假说、流动性偏好假说、市场分割假说。

(一) 预期假说

预期假说(expections hypothesis)是指投资者的预期决定未来利率走向的一种理论,该理论认为,远期利率等于市场整体对未来短期利率的预期。换句话说,流动性溢价为零。我们可以将长期债券收益率与远期利率的预期相联系。另外,我们可以用从收益率曲线中得出的远期利率来推断未来短期利率的预期。

**例 10-10** 考虑 $s_1=7\%$,$s_2=8\%$ 的情形,发现隐含的远期利率 $f_{1,2}=9.01\%$。根据无偏的预期假说,9.01% 即为明年 1 年期利率的市场预期值。同理,当考虑其他即期利率时,这些利率定义相应的下一年的远期利率。具体而言,当 $s_1$, $s_2$ 和 $s_3$ 一起决定远期利率 $f_{1,2}$ 和 $f_{1,3}$。远期利率 $f_{1,3}$ 是从明年开始 2 年期贷款的利率。假设这个利率与 1 年后的 2 年期即期利率 $s_2'$ 的预期相等。那么,当前的即期利率曲线导出一组远期利率 $f_{1,2}, f_{1,3}, \cdots, f_{1,n}$,确定了下 1 年的预期即期利率 $s_1', s_2', \cdots, s_n'$。这一预期是由当前即期利率结构所内生的。

尽管这种预期假说能够对即期利率曲线提供了一个很好的解释,但这一假说存在一些重要缺陷。因为根据预期假说,只要即期利率向上倾斜,市场便会预期利率向上倾斜,事实上并非如此。大量证据表明,远期利率是未来即期利率的有偏估计。具体而言,远期利率一般都会高估未来的即期利率。对于这种情况,人们又提出了下面假说——流动性偏好假说,

(二) 流动性偏好假说

流动性偏好假说(liquidity preference hypothesis)认为,相对长期债券而言,投资者通常更偏好短期债券。因为长期债券的流动性比短期债券要差,持有长期债券的投资者担负着更大的市场风险——价格波动和难以变现的风险,因此这类债券持有者必须要求相应的更高的收益补偿。这种由于增加市场风险而产生的对长期债券收益的报酬称为流动性贴水。

流动性偏好假说所揭示的收益率曲线是一条稍微向上的倾斜的曲线。即使即期利率不一定呈现上升趋势,但是加上流动性贴水后,债券收益率曲线变得向上倾斜,见图 10-7。

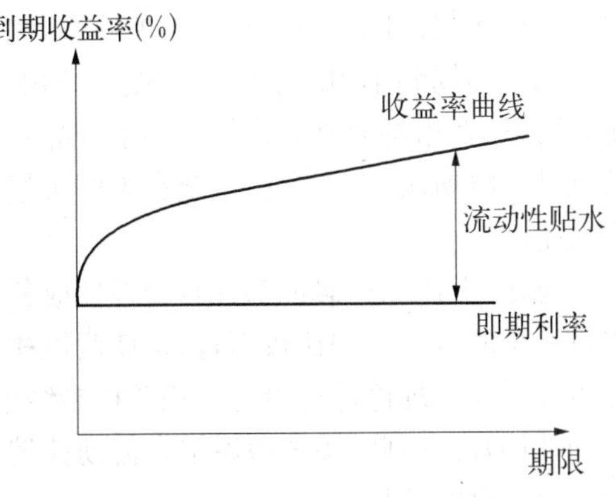

图 10-7 流动性偏好假说

（三）市场分割假说

市场分割假说(market segmentation hypothesis)认为，固定收益证券市场根据不同的到期日进行细分，短期利率与长期利率相对独立进行运动。这一假说认为，长期债券市场的投资者群体不同于短期债券市场中的投资者群体，例如商业银行倾向参与期限较短的债券市场，而保险公司和养老基金等投资者则倾向于参与期限较长的债券市场。收益率曲线的形状就是由这些不同的偏好综合而成的(图 10－8)。

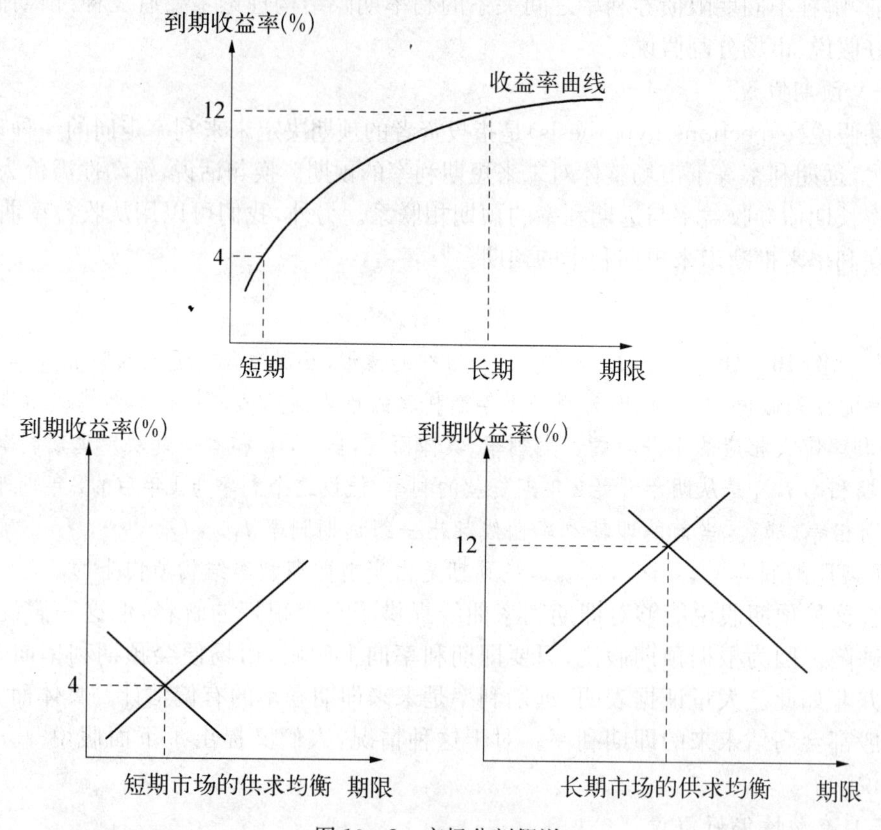


图 10－8 市场分割假说

这样，在每一个期限区间内市场参与者的供求偏好就决定了均衡利率，从而导致两种金融工具的价格之间并不存在必然的联系，因而两种利率相当独立地变化。其中，一种极端的观点认为即期利率曲线上的所有点都是相互独立的，它们都是由各自的市场供求力量所决定。可见，在市场分割假说的框架下，期限结构的形状并非由市场对未来利率走势的预期或流动性溢酬所决定，而是由资金在不同市场上的参与者间流动的方向以及投资项目的性质所决定的。

总之，上述三种假说都具有合理性成分，但没有一种理论可为我们所实际观测到的现象提供完全的解释。相比较而言，预期假说相对最具有解释性，它提供了预期的具体数值，因此可以对这一理论进行检验。相关检验结果显示，预期假说相对有效，而其偏差可以归结为流动性偏好。因此，预期假说结合流动性偏好假说考虑的风险因素可为收益率曲线提供一种简单可靠的解释。

# 第三节　债券定价与风险管理

## 一、债券定价原理

1962年,麦尔奇(Malkiel)最早系统地提出了债券定价的五原则,至今这五个原理仍被视为债券定价理论的经典①。

定理1:债券价格和债券收益率之间反方向变化。换句话说,债券收益率曲线总是凸向原点的,当债券价格上升时,债券收益率下降;反之,当债券价格下降时,债券的收益率上升。

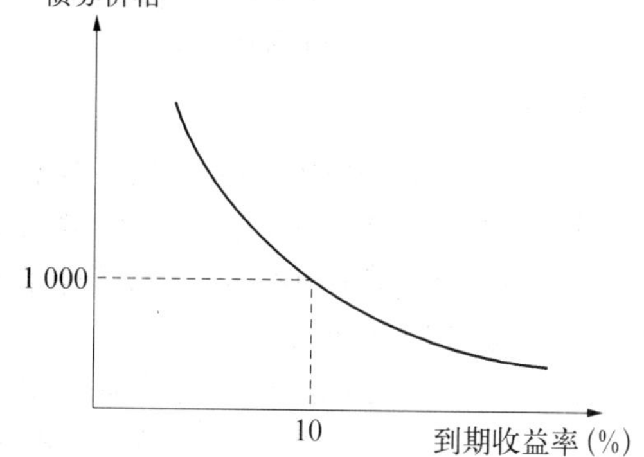

图10-9　债券价格和到期收益率之间的关系

图10-9正是反映了债券价格和债券收益率间的这种反向关系。图中的债券面值为1 000元,20年到期,半年付息,年息票利率为10%。图中的曲线因到期收益率的变化而呈凸形。当到期收益率小于10%时,债券价格逐步上升;当到期收益率大于10%时,债券价格逐步下跌。

定理2:在给定利率水平下,债券价格变化直接与期限相关。期限越长,债券价格对到期收益率变动的敏感程度也就越高。

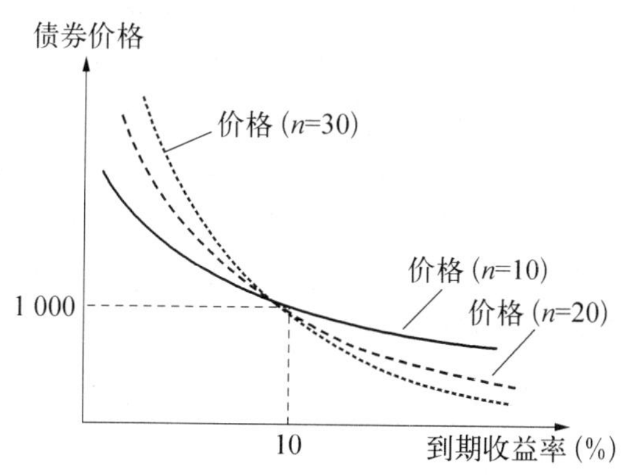

图10-10　期限不同债券的价格和到期收益率之间的关系

图10-10反映的是期限分别为10年、20年和30年的债券价格变化情况(在此,$n=10,20$和30)。在该图中,当到期收益率为10%,票面利率为10%时,三种债券都以面值进行交易。因此,假定息票利率不变,只考虑到期收益率的变动对期限不同的债券价格的影响。无论到期收益率向哪个方向变动,30年期($n=30$)债券价格的变动最为明显。

定理3:随着债券到期时间的临近,债券价格的波动幅度减小,并且是以递增的速度减小;反之,到期时间越长,债券价格波动幅度增大,并且是以递减的速度增大。这个定理同样适用于不同债券之间的价格波动的比较,以及同一债券的价格波动与到期时间的关系。

---

① Burton G. Malkiel. Expectation, Bond Prices, and Term Structure of Interest Rates, *Quarterly Journal of Economics*, May 1962, pp. 197 - 218.

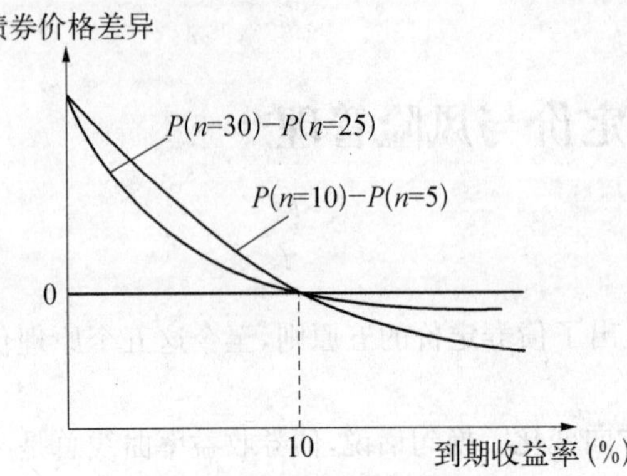


图 10－11　期限不同债券在到期收益率不同时的价格差异

**例 10－11**　在图 10－11 中，对 5 年期债券和 10 年期债券的价格差异与 25 年期债券和 30 年期债券的价格差异进行比较。两种债券息票利率都是 10%。根据定理 1 和定理 2，当收益率小于 10%时，$P(10)-P(5)>0$，$P(30)-P(25)>0$；当收益率大于 10%时，$P(10)-P(5)<0$，$P(30)-P(25)<0$。但是，从图中可以看出，曲线 $P(10)-P(5)$ 比曲线 $P(30)-P(25)$ 更陡峭，这说明对短期债券而言，其价格差异对到期收益率变化的敏感度更高。

定理 4：对于期限既定的债券，由于收益率下降导致的债券价格上升的幅度，大于同等幅度的收益率上升导致的债券价格的下降的幅度。换言之，对于同等幅度的收益率变动，收益率下降给投资者带来的利润大于收益率上升给投资者带来的损失。对于定理 4 的进一步讨论，我们将在资产凸度部分进行。

定理 5：对于给定的收益率变动幅度，债券的票面利率与债券价格的波动幅度反向变动。票面利率越高，债券价格的波动幅度越小。

**例 10－12**　图 10－12 中，对 20 年到期，到期收益率为 10%，面值为 1 000 元，息票利率分别为 5%，10%和 15%（或 $C=25$，50 和 75，半年付息）的债券价格变化情况进行了比较。该图表示，当到期收益率上升时，票面利率高的债券下降幅度小于票面利率低的债券。相反，当到期收益率下降时，票面利率高的债券上升幅度小于票面利率低的债券。这表明息票利率低的债券，其价格对利率变化的敏感度相应高。而息票率高的债券，则债券价格变动相对平缓。表 10－8 是这三种不同票面利率债券对到期收益率变化的敏感度分析。例如，对息票率为 5%的债券而言，当到期收益率从 5%下降至 0%时，其价格变化比为 100%；而息票率为 10%和 15%的债券价格的变化率分别为 84%和 77%。

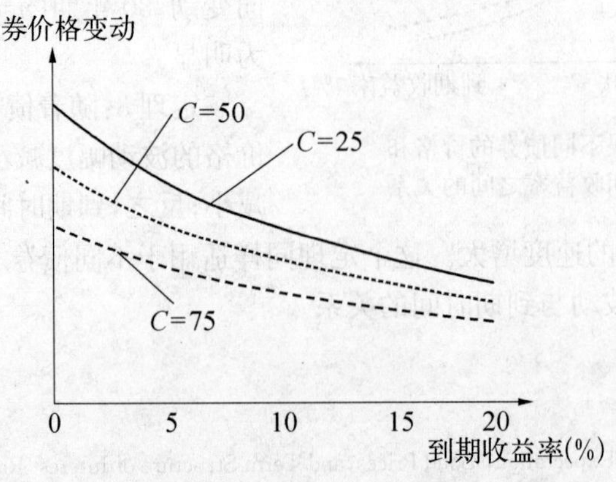


图 10－12　不同票面利率债券的价格对到期收益率变化的敏感程度

表 10-8　不同票面利率债券对到期收益率变化的敏感度

| 到期年收益率 | 息票率 | | | | | |
|---|---|---|---|---|---|---|
| | 5% | | 10% | | 15% | |
| | 价格/元 | 变化率 | 价格/元 | 变化率 | 价格/元 | 变化率 |
| 0 | 2 000 | 100 | 3 000 | 84 | 4 000 | 77 |
| 5 | 1 000 | 75 | 1 628 | 63 | 2 255 | 58 |
| 10 | 571 | 54 | 1 000 | 46 | 1 429 | 43 |
| 15 | 370 | 39 | 685 | 34 | 1 000 | 32 |
| 20 | 267 | | 511 | | 756 | |

## 二、债券风险管理

尽管影响债券价格的因素很多，但是最主要的是利率变化所产生的风险。这里，我们把由于利率因素变化引起的债券价格的变动称为债券的波动性。本节的主要内容是分析债券价格波动性特征及其度量。

（一）久期

1. 麦考利久期的计算公式

尽管到期期限是度量债券寿命的传统指标，但它仅仅考虑了到期日本金的偿还，并不是衡量债券的充分性指标，因此有必要引入一个新指标来度量债券寿命中的现金流模式（数量和时间）。1938 年，麦考利（Macaulay）为评估债券平均还款期限，引入久期（duration）概念①。债券久期又称为存续期，指的是债券的平均到期时间，它是从现值角度度量了债券现金流的加权平均年限，将每次支付现金所用时间的加权平均值，而权重为每次支付的现金流的现值占现金流现值总和（即债券价格）的比率。久期的计算公式为

$$D=\frac{\sum_{t=1}^{T} PV(C_t)\times t}{P_0} \tag{10-13}$$

式中：$D$ 称为麦考利久期；$PV(C_t)$ 表示在时间 $t$ 可收到现金流的现值，计算时所用的贴现率为该债券的到期收益率；$P_0$ 表示当前债券的市场价格；$T$ 表示债券到期所剩余的时间年限。

**例 10-13**　某 3 年期债券的面值为 1 000 元，票面利率为 8%，每年付息一次，现在市场收益率为 10%，其市场价格为 950.25 元，则其久期的计算如表 10-9 所示。

① F. R. Macaulay. Some Theoretic Problems Suggested by the Movement of Interest Rates, *Bond Yields and Stock Prices in the United States Sinece 1856*, *NBER*, Columbia, New York, 1938.

表 10-9 债券期限与现金流

| 债券到期时间 | 现金流数量 | 现值(贴现)因子 | 现金流现值/元 | 平均期限的计算/元 现金流现值×时间 |
|---|---|---|---|---|
| 1 | 80 | 0.909 1 | 72.73 | 72.73 |
| 2 | 80 | 0.826 4 | 66.12 | 132.23 |
| 3 | 1 080 | 0.751 3 | 811.40 | 2 434.21 |
| | | | 950.25 | 2 639.17 |

$D=\frac{2\,639.17}{950.25}=2.78$

久期最初表示平均还款期限,但是实际运用中久期表示的是债券价格的波动性。下面,我们对久期的性质进行数学上的推导。

根据债券的定价公式(10-6),即 $P=\sum_{t=1}^{n}\frac{C}{(1+y)^{t}}+M\left(\frac{1}{1+y}\right)^{n}$,对 $y$ 求一阶导数得

$$\frac{\mathrm{d}P}{\mathrm{d}y}=-\sum_{t=1}^{n}\frac{Ct}{(1+y)^{1+t}}-\frac{nM}{(1+y)^{1+n}}$$

$$=-\left[\frac{\frac{C}{(1+y)}+\frac{2C}{(1+y)^{2}}+\cdots+\frac{n(C+M)}{(1+y)^{n}}}{(1+y)}\right]$$

$$=\frac{\text{Macaulay 久期}\times P}{(1+y)} \tag{10-14}$$

将上式变形得

$$\frac{\mathrm{d}P/P}{\mathrm{d}y}=-\frac{\text{Macaulay 久期}}{1+y} \tag{10-15}$$

在此,定义 $D^{*}$ 为修正久期(modified duration),$D^{*}=\frac{\text{Macaulay 久期}}{1+y}$,则等式(10-15)左边就是单位收益率变动下债券价格变化的百分比,右边是负的修正的久期。修正久期越大,则债券价格波动率也就越大。具体的数量关系式为

$$\frac{\Delta P}{P}=-D\times\Delta y \tag{10-16}$$

式中,$\frac{\Delta P}{P}$是由给定到期收益率变化 $\Delta y$ 引起的债券收益率风险。显然,久期越长,由利率变化所引起的风险就越大。在此需要注意的是,当为此目的而使用久期时,$\Delta y$ 假定是一个很小的定量。当 $\Delta y$ 的值越大,准确值就越小。具体原因我们将在后面关于债券凸度的部分讨论。

上面介绍的是单个债券久期的计算,对于债券组合的久期计算,可以用组合中所有

债券的久期的加权平均来计算，权重即为各个债券在组合中所占价值比率。用公式表示为

$$D_P = W_1 D_1 + W_2 D_2 + \cdots + W_n D_n \tag{10-17}$$

式中：$D_p$ 为债券组合的久期；$W_i$ 为债券 $i$ 的价值在组合总价值中所占的比率；$D_i$ 为债券 $i$ 的久期。

2. 久期法则

我们知道，影响债券价格对市场利率变化敏感性主要包括三个要素：到期时间、息票利率和到期收益率。这些决定价格敏感性的因素对于决定债券的久期也至关重要。下面，我们就给出决定久期的主要法则：

久期法则 1：贴现债券或者零息票债券的久期等于它们的到期时间。由于该种债券一般以贴现方式发行，期间不支付利息，到期一次偿还本金。

久期法则 2：到期日不变时，债券的久期随着票面利率的降低而延长。由于票面利率越高，较早支付的权重就越大，从而支付的加权平均期限也就越小。

久期法则 3：当票面利率不变时，债券的久期直接与到期时间(maturity)长短相联系。除零息票债券外，大多数债券都具有期限越长久期越长的特性。但这并不意味着长期债券一定有较长的久期，因为久期不仅受到期限的影响。当投资者变动债券投资组合的久期时，久期法则 3 和法则 4 是非常有用的。若投资者希望延长久期，那么他就应选择票面利率较低而期限较长的债券。

久期法则 4：在其他因素都不变，债券的久期和到期收益率呈反方向变化。收益率较高时，较长期的现金流将用较高的贴现率进行贴现。因此，那些现金流量获得的权重较小，从而久期较短。久期是收到现金流量时以现值为权重的加权平均数。

久期法则 5：统一公债，即无限期债券的久期为$(1+y)/y$。该法则表明，虽然无限期债券的到期日是无限的，但是其久期却是有限的。无限期债券的现值加权现金流的早晚决定了它的久期。

3. 久期在债券投资中主要有三方面应用

久期在债券组合管理中主要应用于以下三个方面：对冲策略(hedging)、免疫策略(immunization strategies)和利率互换(interest rate swap)。

(1) 对冲策略。所谓对冲策略，就是指投资者持有某种证券的头寸，通过持有另一种证券的反向头寸来抵补前者的某种风险暴露。显然，投资者在进行组合的时候，必须是两者的价值波动大小相等，方向相反。

持有债券头寸的时候会面临利率风险，此时投资者可以持有另一种债券的相反头寸来对利率风险进行对冲。久期可以表示债券的波动性，所以我们可以利用久期来进行对冲策略。

假设被对冲的债券为 A，其久期为 $D_A$，对冲债券为 B，其久期为 $D_B$，那么以单位债券 A，现考虑需要多少单位的 B 债券(即对冲比率)来对冲?

如果债券 A 的收益率变化为 $\Delta_A$ 时，B 债券的收益率变化为 $\Delta_B$，那么以单位债券 A 的价值变化为 $D_A\Delta_A$，1 单位债券 B 的价值变化为 $D_B\Delta_B$，那么对冲比率为$\dfrac{D_A\Delta_A}{D_B\Delta_B}$。$\dfrac{\Delta_A}{\Delta_B}$为两种债

券收益率之间的关系，我们称为收益率 $\beta$(采用两种债券的历史收益率数据进行回归得到)，对冲比率就可以化为

$$对冲比率=\frac{D_A}{D_B}\times 收益率\ \beta \tag{10-18}$$

(2) 免疫策略。我们知道，债券的收益率来自三个部分：利息收入、将利息继续投资所带来的再投资收益、资本利得(损失)。当利率上升时，利息的再投资收益会增加，但是如果投资期限小于债券的久期，那么由于债券价格的下降，就会有资本损失；当利率下降时，利息的再投资收益会减少，不过由于债券的价格会升高，会有资本利得。

可见，利率风险和再投资风险对于投资者的收益作用是相互抵消的，那么我们就有可能找到一种债券或者债券组合，使得投资者在购买债券的时候就可以锁定收益率，而不论未来的利率如何变化。也就是说，债券或组合对于利率的免疫。免疫的方法就是债券的麦考利久期等于投资期限。

**例 10-13** 某投资者希望在 6 年后支付 177 万元的一笔投资，它可以用 100 万元投资于一种到期收益率为 10%，期限为 6 年的债券，6 年后就可以得到：$100\times(1+10\%)^6=177.1561$ 万元。如果市场收益率曲线呈现下降趋势，一两年内市场利率下跌，则再投资收益就会下降，到期就无法获得 177 万元的收入。因此，投资者就需要选择适当的债券使得在投资收益和资本利得的变化恰好互相抵消。

如前所述，投资者应该考虑持有久期为 6 年的某种债券来实现对利率风险的免疫。

**例 10-14** 现在考虑下面一种债券：面值为 1 000 元，票面利率为 8%，每年付息一次，当前市场利率为 10%，当前价格为 893.3 元，则根据久期计算公式，它的久期为 6。

现在对其免疫能力进行验证。假设市场利率向低于或者高于 10% 的方向变动，看其 6 年后收益的变化情况。假定利率向低变动到 5%。向高变动到 15%，其结果如表 10-10 所示。

**表 10-10 利率变动与免疫能力**

| | 利 率 5% | 利 率 10% | 利 率 15% |
|---|---|---|---|
| 再投资收益/元 | $80\times(1.05)^5=102.1$<br>$80\times(1.05)^4=97.24$<br>$80\times(1.05)^3=92.61$<br>$80\times(1.05)^2=88.2$<br>$80\times(1.05)^1=84$<br>$80\times1=80$ | $80\times(1.1)^5=128.84$<br>$80\times(1.1)^4=117.13$<br>$80\times(1.1)^3=106.48$<br>$80\times(1.1)^2=96.8$<br>$80\times(1.1)^1=88$<br>$80\times1=80$ | $80\times(1.15)^5=160.914$<br>$80\times(1.15)^4=139.92$<br>$80\times(1.15)^3=121.67$<br>$80\times(1.15)^2=105.8$<br>$80\times(1.15)^1=92$<br>$80\times1=80$ |
| 再投资收益小计/元 | 544.15 | 617.15 | 700.30 |
| 6 年后债券市场价格/元 | 1 055.78 | 965.29 | 866.21 |
| 两项合计/元 | 1 599.93 | 1 582.44 | 1 586.51 |

从上述验证可以看出，不管利率发生什么样的变化，这种债券的收益在6年后都能保持不变，完全符合投资者的预期要求。以上所知该债券的价格为893.3元，投资者可以用100万元可以购买1 119份该债券。6年后投资者可以稳定地获得177万元左右的收益。计算结果见表10－11。

**表10－11　应用免疫策略的投资者收益**

| 收　益　率 | 利　率　5% | 利　率　10% | 利　率　15% |
|---|---|---|---|
| 购买份数 | 1 119 | 1 119 | 1 119 |
| 6年后收益/元 | 1 599.93 | 1 582.44 | 1 586.51 |
| 6年后总收益/元 | 1 790 321 | 1 700 750 | 1 775 304 |

(3) 利率互换。利率互换是指交易双方签订合约，定期交换收到的利息支付。利息支付的数额按照预先确定的本金(称为名义本金 nominal principal amount)计算，等于双方约定的期间利率乘以名义本金。通常一方支付对方按固定利率计算，而另一方则支付对方按浮动利率计算的利息。

**例10－15**　交易者A，B签订了互换协议，A同意按9%的固定年利率支付B利息，而B则按每半年期的LIBOR支付A浮动利息，假设名义本金为1 000万美元，每半年结息一次，即A每半年支付45万美元的固定利息给B，而B则支付给A利息1 000×(LIBOR/2)万美元。

从交易者A的角度来看，他实际上是持有了固定利率债券的空头和浮动利率债券多头组成的债券组合；相反，交易者B则是持有了固定利率债券的多头和浮动利率债券空头组成的债券组合。

显然，利率互换可以看作一种债券组合，其价格的波动性会随着利率波动，而且久期就是用来反映债券价格的变化对利率变化敏感性的。那么，根据债券组合久期计算方法，可以知道互换的久期为

$$\text{互换的久期}=\text{浮动利率债券修正久期}-\text{固定利率债券修正久期} \quad (10-19)$$

因为浮动利率债券的修正久期较小(浮动利率债券根据市场利率变化调整利息支付，所以市价一般等于面值不变)，所以互换对于利率变化的敏感度大部分源于固定利率债券的久期。

(二) 凸度

1. 凸度的概念与计算

根据债券定价的原则4，债券价格与收益率呈反比关系。但这种反比关系是非线性的，即债券收益率下降所引起的债券价格上升的幅度大于收益率同比上升所引起的债券价格下降的幅度。

债券价格与收益率之间的反方向变动关系，称为债券价格的凸度(convexity)。在图10－13中，债券的持有期限收益率和债券价格分别用$y$和$P$表示。当债券的持有收益率增

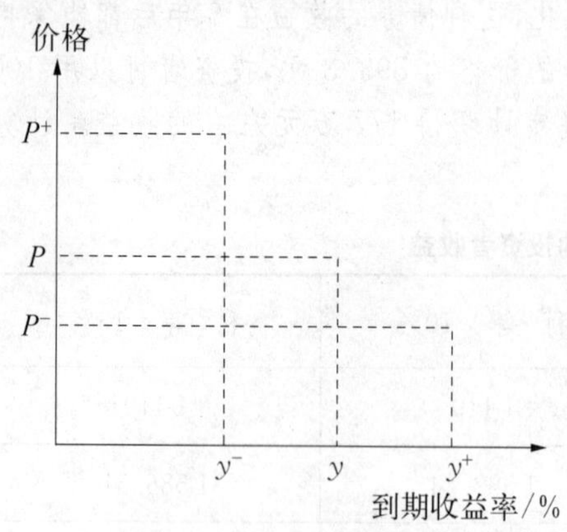


图 10－13 债券的凸度

加或减少同样的比率，分别表示 $y^+$、$y^-$，而债券价格则呈现不同幅度的变化特征。从图 10－13 可以看出，当债券收益率从 $y$ 增加到 $y^+$，债券价格相应地减少到 $P^-$。相反，当债券收益率从 $y$ 减少到 $y^-$，债券价格相应地增加到 $P^+$。但是，债券价格与收益率反向互动过程中，债券价格的上升幅度大于债券价格下降的幅度，这也与第 4 条债券定价原则相吻合。

从前面对于久期的数学推导可以看出，利用久期来估计债券价格的波动性实际是用价格收益率曲线的切线作为价格收益率曲线的近似。只有在收益率变动较小时，此种方法才适用，现在我们就来考察债券价格与收益率变化之间更精确的关系。

在此，将债券价格可以看作是收益率的函数，然后把它用二阶泰勒公式展开，可得到

$$\mathrm{d}P=\frac{\mathrm{d}P}{\mathrm{d}y}\mathrm{d}y+\frac{1}{2}\cdot\frac{\mathrm{d}^2P}{\mathrm{d}y^2}(\mathrm{d}y)^2+\varepsilon \tag{10－20}$$

即债券价格的变动，取决于久期、凸度和误差项三个变量。等式(10－20)右边的第一项表示债券久期变动导致的价格变动，第二项是凸度导致的价格变动。

等式(10－20)得出的到期收益率的变化引起的债券价格的变化量。要得到变化的百分比，需要在等式两边同时除以债券价格：

$$\frac{\mathrm{d}P}{P}=\frac{1}{P}\cdot\frac{\mathrm{d}P}{\mathrm{d}y}\mathrm{d}y+\frac{1}{2}\cdot\frac{1}{P}\frac{\mathrm{d}^2P}{\mathrm{d}y^2}(\mathrm{d}y)^2+\frac{\varepsilon}{P} \tag{10－21}$$

上式右边第一项是用修正久期来估计债券价格的百分变动，第二项是用来表示价格收益率曲线的凸度特征项，并将$\frac{1}{P}\cdot\frac{\mathrm{d}^2P}{\mathrm{d}y^2}$称为凸度。

下面我们来推导凸度的计算公式。根据公式(10－14)可以得到

$$\begin{aligned}\frac{\mathrm{d}^2P}{\mathrm{d}y^2}&=\frac{\mathrm{d}\frac{\mathrm{d}P}{\mathrm{d}y}}{\mathrm{d}y}=\sum_{t=1}^{n}\frac{Ct(1+t)}{(1+y)^{2+t}}+\frac{n(n+1)M}{(1+y)^{2+n}}\\&=\left[\frac{\frac{1(1+1)C}{1+y}+\frac{2(2+1)C}{(1+y)^2}+\cdots+\cdots\frac{n(n+1)(C+M)}{(1+y)^n}}{(1+y)^2}\right]\end{aligned} \tag{10－22}$$

这样，根据公式(10－22)凸度可表示为：

$$\frac{1}{P}\cdot\frac{\mathrm{d}^2P}{\mathrm{d}y^2}=\left[\frac{\frac{1(1+1)C}{1+y}+\frac{2(2+1)C}{(1+y)^2}+\cdots+\cdots\frac{n(n+1)(C+M)}{(1+y)^n}}{(1+y)^2P}\right] \tag{10－23}$$

**例 10－16**　表 10－12 列示了息票利率为 12%、贴现率为 9%、每年付息 1 次的 3 年期债券的凸度计算。

**表 10－12　凸 度 计 算**

| (1)<br>年 | (2)<br>现金流 | (3)<br>贴现率为 9%<br>的贴现系数 | (4)<br>现金流<br>现值 | (5)<br>$n(n+1)$ | (4)×(5) |
|---|---|---|---|---|---|
| 1 | 120 | 0.917 4 | 110.09 | 2 | 220.18 |
| 2 | 120 | 0.841 7 | 101.00 | 6 | 606.00 |
| 3 | 120 | 0.772 2 | 92.66 | 12 | 1 111.92 |
| 3 | 1 000 | 0.772 2 | 772.20 | 12 | 9 266.40 |
| | | | $P$=1 075.95 | | 11 204.50 |

$$\frac{1}{(1+y)^2}=\frac{1}{(1+0.09)^2}=\frac{1}{1.19^2}=0.84$$

$$11\,204.50\times 0.84=9\,411.78$$

$$\text{凸度}=\frac{\mathrm{d}^2P/\mathrm{d}y^2}{P}=\frac{9\,411.78}{1\,075.95}=8.75$$

2. 凸度的特性

总的来说，凸度有四个特征：

(1) 债券凸度具有“正凸性”特征。如前面对债券久期和凸度的描述，久期是债券价格关于收益率的一阶导数($\mathrm{d}P/\mathrm{d}y$)，即价格收益率曲线的切线斜率的绝对值；而凸度衡量的是债券价格对于收益率的二阶导数($\mathrm{d}^2P/\mathrm{d}y^2$)除以债券价格。根据特定收益率下 $\mathrm{d}P/\mathrm{d}y$ 线与价格—收益率曲线相切图（见图 10－14），对于收益率的微小变化，这条直线可以较准确地估计实际价格的变化。但在收益率变化很大时（即从 $y^*$ 变动到 $y_1$ 或 $y_2$ 时），该直线所估计的债券价格将会低于价格-收益率曲线显示的实际价格，这种误差产生的原因在于修正久期是曲线关系的线性估计。并且，受凸度的影响，收益率上升或下降时价格的变化是非对称的，这就是我们前面所讨论的债券价格波动的“正凸性”特征：收益率同等变化幅度下，债券价格增加的幅度要超过债券减少的幅度。

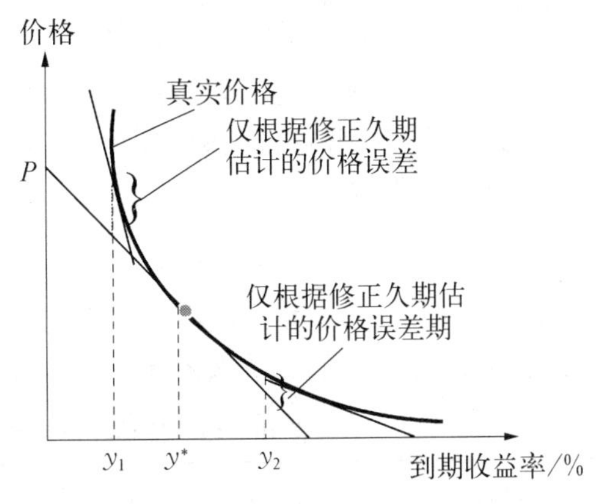


图 10－14　债券的久期变化

(2) 对于给定的收益率和久期，票面利率越低，债券的凸度越大。为说明票面利率和债券凸度的关系，在此应用凸度的公式进行展开：

$$convexity=\frac{1}{P}\cdot\frac{\mathrm{d}^2P}{\mathrm{d}y^2}=\frac{\sum_{t=1}^{n}\frac{t(t+1)C}{(1+y)^t}+\frac{n(n+1)M}{(1+y)^n}}{(1+y)^2\left[\sum_{t=1}^{n}\frac{C}{(1+y)^t}+\frac{M}{(1+y)^n}\right]}$$

$$=\frac{\sum_{t=1}^{n}\frac{t(t+1)}{(1+y)^t}+\frac{n(n+1)M/C}{(1+y)^n}}{(1+y)^2\left[\sum_{t=1}^{n}\frac{1}{(1+y)^t}+\frac{M/C}{(1+y)^n}\right]} \tag{10-24}$$

由于 $M/C$ 为票面利率 $c$ 的倒数，对上式两边对 $c$ 求导数可得到

$$\frac{\mathrm{d}convexity}{\mathrm{d}c}=\frac{-\frac{n(n+1)}{(1+y)^nc^2}\left[\sum_{t=1}^{n}\frac{1}{(1+y)^t}+\frac{1/c}{(1+y)^n}\right]+\frac{1}{(1+y)^nc^2}\left[\sum_{t=1}^{n}\frac{t(t+1)}{(1+y)^t}+\frac{n(n+1)/c}{(1+y)^n}\right]}{(1+y)^2\left[\sum_{t=1}^{n}\frac{1}{(1+y)^t}+\frac{1/c}{(1+y)^n}\right]^2}$$

$$=\frac{\sum_{t=1}^{n}\frac{t(t+1)}{(1+y)^t}+\frac{n(n+1)}{(1+y)^n}-\sum_{t=1}^{n}\frac{n(n+1)}{(1+y)^t}-\frac{n(n+1)}{(1+y)^n}}{(1+y)^{n+2}c^2\left[\sum_{t=1}^{n}\frac{1}{(1+y)^t}+\frac{1/c}{(1+y)^n}\right]^2}$$

$$=\frac{\sum_{t=1}^{n}\frac{t(t+1)-n(n+1)}{(1+y)^t}}{(1+y)^{n+2}c^2\left[\sum_{t=1}^{n}\frac{1}{(1+y)^t}+\frac{1/c}{(1+y)^n}\right]^2} \tag{10-25}$$

由于 $t<n$，因此 $\frac{\mathrm{d}convexity}{\mathrm{d}c}<0$，这说明了在收益率和存续期一定时，票面利率越大，债券的凸度越小；票面利率越小，债券的凸度越大。

(3) 给定收益率和修正久期，票面利率越低，债券凸度就越小。为对此进行说明，我们用一个例子来说明这一点。

**例 10-17** 在此，表 10-15 列示了三种收益率和修正久期相等的债券，可以求其凸度。从该表可以看到，在收益率和修正久期相等的情况下，零息债券的凸度最小。

**表 10-15 三种收益率和修正久期相等的债券凸度**

| 票面利率 | 存续期 | 收益率 | 修正久期 | 凸 度 |
|---|---|---|---|---|
| 11.625% | 10.00 | 10% | 6.05 | 50.48 |
| 5.5% | 8.00 | 10% | 6.02 | 44.87 |
| 0 | 6.33 | 10% | 6.03 | 39.24 |

资料来源：Frank J. Fabozzi, *Fixed Income Mathematics Analytical & Statistical Techniques*, 3nd, New York, NY, USA: McGraw Hill, 1997, p. 207.

(4) 久期增加时，凸度以加速度增加。当久期增加时，凸度增加的速度不断增快。图 10-15 正是描述了凸度和久期的这种非线性关系。

### （三）免疫策略在债券管理中的应用

如果债券管理者能够较好地确定持有期，那么就能够找到所有的久期等于持有期的债券，并选择凸性最高的那种债券。这类策略称为免疫策略（immunization strategies）。选择免疫策略，就是在尽量减免到期收益率变化所产生负效应的同时，还尽可能从利率变动中获取收益。常用的免疫策略主要包括：所得免疫（income immunization）、价格免疫（price immunization）和或有免疫（contingent immunization）。

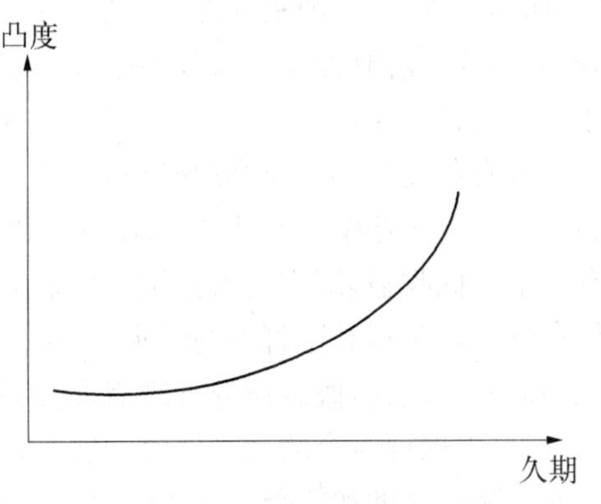


图 10－15　债券久期和凸度之间的非线性关系

1. 所得免疫

所得免疫策略保证投资者有充足的资金可以满足预期现金支付的需要。这对于养老基金、社保基金、保险基金等机构投资者具有重要的意义，因为这类投资者对资产的流动性要求很高，其投资成败与否的关键在于投资组合中是否有足够的流动资产可以满足目前的支付。

为此，有效的投资策略可以投资于债券投资组合获得利息和收回本金恰好满足未来现金需求。这种方法被称为现金配比策略（cash matching strategy）。现金配比策略限制性强，弹性很小，这就可能会排斥许多缺乏良好现金流量特性的债券。另一种可选择的策略是久期配比策略（duration matching strategy），这种策略只要求负债流量的久期和组合投资债券的久期相同即可，因而有更多的债券可供选择。但是，这一策略也存在一定不足之处，例如为了满足负债的需要，债券管理者可能不得不在极低的价格时抛出债券。

为此，有必要将两种配比策略的优点结合起来，即水平配比策略（horizon matching strategy）。按照这一策略要求，投资者可以设计出一种债券投资组合，在短期内运用现金配比策略，在较长的时期内运用久期配比策略。这样，既有现金配比策略中的流动性强的优点，又有久期配比策略中的弹性较大的优点。

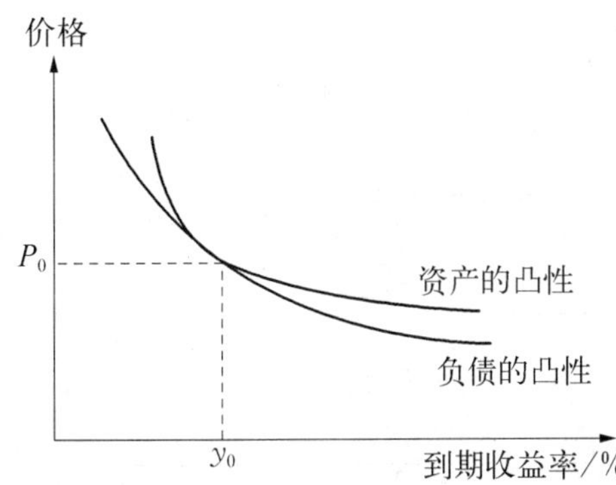


图 10－16　资产凸性与负债凸性的匹配策略

2. 价格免疫

价格免疫由那些保证特定数量资产的市场价值高于特定数量资产负债的市场价值的策略组成。价格免疫使用凸性作为衡量标准，实现资产凸性与负债凸性相匹配。

图 10－16 展示了债券投资组合的价格免疫策略。例如，一家保险投资基金有足够的资金支持，可以使债券投资组合（资产）的市场价值等于未来的支出（负债）的现值。只要资产凸性高于债券的凸性，两者间差额的市场价值就将随着利率的变化而增减。而且凸性越大，从利率变化所获得的利得也就越大。因此，在这种情况下，就可以判断这家保险投资基金“价格免疫”了。

3. 或有免疫策略

不同于所得免疫和价格免疫，或有免疫策略并不是一个严格意义的消极策略或积极策略,而是一种积极-消极的混合投资策略或结构性积极管理策略。该策略是指投资者允许组合在一定限度内(保证最低收益率或价值)进行积极管理,一旦触及该限度,投资者应立即停止运用这种方法,而是市场利率来免疫剩余资产,以确保资产的终值。

或有免疫最早是由利伯维茨和温伯格(M. L. Liebotiwz & A. Weinberger,1982)提出的①。它是投资者在运用积极策略追求高收益率的同时,依靠传统免疫方法确保投资期内有一个最低收益,即它是由传统免疫来提供安全保障的积极管理策略。这种策略既可满足债券管理者实行激进管理的要求,又可以满足投资组合使用者将利率方向运动的风险最小化的需要。现在,假定债券管理者愿意从事更积极的投资,但是只愿意承担有限的风险损失,即可以保证组合的最终价值。这样,管理者可在开始时采取一些积极的策略,并增加相应的风险容忍度和承受一些风险损失,而不用立即采取利率免疫策略。

为说明这种策略,假定现行利率为 10%,管理者的资产组合为 1 000 万元,管理者通过常规的利率免疫技术锁定现有利率,2 年后的资产价值为 1 210 万元。现在,假定资产管理者更愿意从事更积极的投资,但只愿意承担有限的风险,即保证资产的最终价值不低于 1 100 万元。由于在现行利率下只要有 909 万元(1 100 万元/$1.10^2$)就可以在 2 年后达到最小可接受的最终价值,而资产组合的现值为 1 000 万元,管理者可在开始时承受一些风险损失,因此开始时可采用积极策略,而不立即采取利率免疫策略。

实施或有免疫策略的关键,在于设定触发点,以锁定利率波动风险,以保证未来获得 1 100万元。如果 $T$ 代表到期的剩余时间,$r$ 为任一特定时间的市场利率,那么必须要保证达到最低可接受的最终价值 1 100 万元/$(1+r)^T$,因为资产组合如果免疫就会在到期无风险增至 1 100 万元。这个值就是触发点:如果实际资产价值跌至到触发点,积极管理立即停止;或达到触发点,会导致最初的免疫策略的变换,以保证最低的可接受业绩得以实现。

图 10-17 表明或有免疫策略的两种可能结果。在 10-17a 中,资产组合价值下降并在点 $t^*$ 点触及触发点,并在该点资产组合获得利率免疫,其资产组合价值将平滑地升至 $A$,即 1 100 万元。在图 10-17b 中,资产组合表现很好,并未触及触发点,因而资产组合值也高于 1 100 万元。

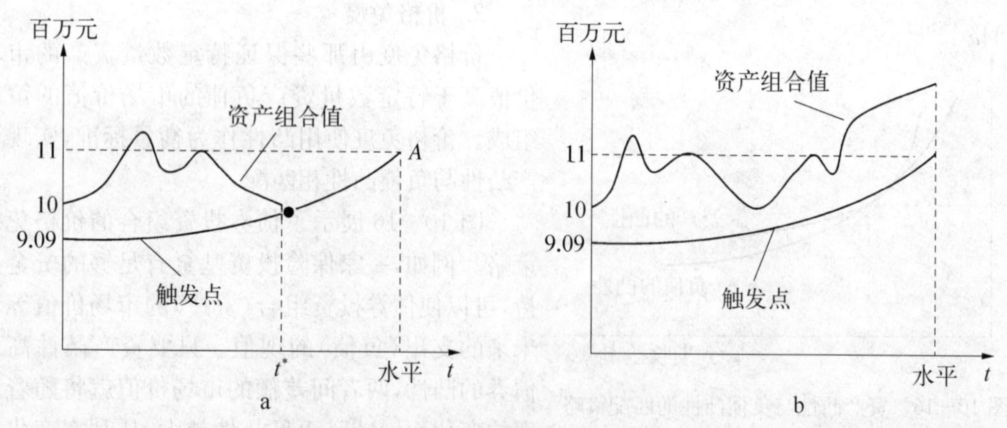


图 10-17 或有免疫策略的两种可能结果

① M. L. Liebotiwz & A. Weinberger, Contingent Immuziton -Part Ⅰ: Risk Control Procedures, *Financial Analysts Journal* 38. Nov. -Dec. 1982.

## 本章小结

债券价值分析部分，我们重点介绍了影响债券价值的六个因素，即到期时间、票面利率、附加选择权、税收待遇、流动性和违约风险。在债券收益率曲线部分，我们从即期利率和远期利率这两个重要概念出发，提出了收益率曲线的相关理论。本章最后，介绍了麦尔奇(Malkiel)债券定价五原则，并针对债券价格波动性讨论债券风险管理的主要方法，即久期(duration)、凸度(convexity)和免疫策略。

## 关键词

零息票债券　可赎回债券　可转换债券　收益率曲线　麦尔奇(Malkiel)债券定价五原则　久期　凸度　免疫策略

## 复习思考题

1. 影响债券定价的因素有哪些？这些因素如何影响债券价值？
2. 收益率曲线的理论假说有哪些？
3. 简述收益率曲线的构造模型。
4. 简述麦尔奇(Malkiel)债券定价五原则。
5. 什么是麦考利久期？决定久期的主要影响法则有哪些？
6. 久期在债券投资中主要有何应用？
7. 凸度有何主要特征？
8. 简述免疫策略在利率风险管理中的作用。

# 第十一章

# 股票投资分析

学习了本章后，你应该能够：

1. 掌握股票投资分析的“自上而下”分析方法；
2. 掌握股票的主要估值模型及其应用；
3. 财务报表分析在股票投资中的应用；
4. 股票投资的主要配置策略。

要确定股票的合理价值，投资者必须对公司未来的经营业绩和盈利水平进行预测。我们把诸如分析预期收益等价值决定因素的分析方法称为基本面分析（fundamental analysis），而公司未来的经营业绩和盈利水平正是基本面分析的核心所在。由于公司的未来经营业绩和宏观经济因素密切相关，所以基本面分析也应将公司所在的经营环境考虑进去。对于许多公司而言，宏观经济和行业环境对公司利润造成重要影响。因此，对于公司前景预测来说，“自上而下”的层次分析法（三步估价法）是比较适用的。这种分析法是从宏观的经营环境出发，主要考察国内外的经济环境及其影响因素，确定外部经济环境对公司所处经营行业的影响；然后，分析行业类型和竞争程度，对公司所在行业位置进行确定；最后，利用权益证券估值模型对公司进行综合评价，从而确定公司的合理市场价值。可见，权益证券评估是考虑众多影响公司价值因素的一项复杂评价系统，这一系统涵盖了宏观经济因素、行业因素和公司因素（见图 11-1）。

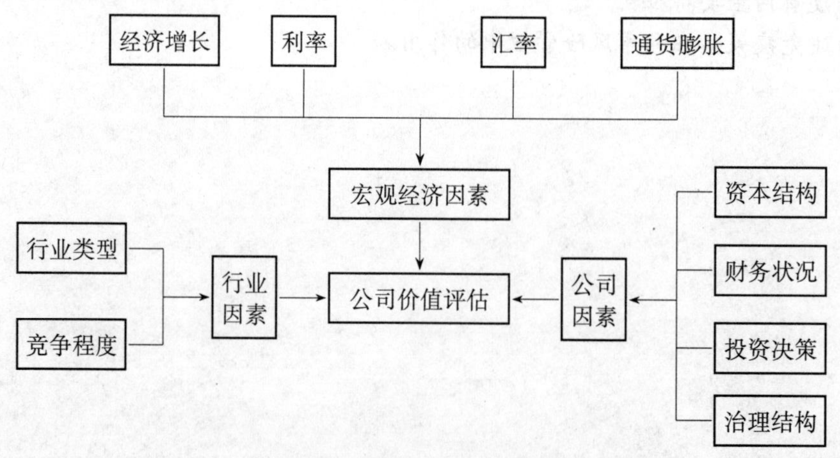


图 11-1　公司价值分析系统

# 第一节　宏观经济与行业分析

## 一、宏观经济分析

对上市公司前景的"自上而下"的分析,必须从宏观经济分析入手,因为所有的公司都在宏观经济这个大环境中运行,宏观经济状况是决定企业业绩的重要因素。按照"自上而下"的权益证券分析法,宏观经济与股票市场之间应该存在密切的正相关性,并且股票市场能够提前反映宏观经济状况,因此,股票市场有时被称为是宏观经济的"晴雨表"。对宏观经济分析,主要分析宏观经济指标、预测经济周期和宏观经济政策变化。

(一) 宏观经济指标

对一个国家或地区的宏观经济进行评估,首先要对该国家或地区的主要宏观经济指标(变量)进行分析。在此,我们将描述宏观经济的关键经济统计量,主要包括以下经济变量:

国内生产总值:衡量一个国家或地区的综合经济状况的常用指标是国内生产总值(GDP)。它是指某一特定时期内在本国(或本地区)领土上所生产的产品和提供的劳务的价值综合。国内生产总值由四部分构成:消费、投资、净出口(出口额减进口额)和政府支出。通常表达为

$$GDP = C + I + (X - M) + G \tag{11-1}$$

式中:$C$代表消费;$I$代表投资;$X-M$代表净出口;$G$代表政府支出。快速增长的GDP表示该国经济正在迅速扩张,公司的经营环境较为有利。另一个应用较广的经济产出测度指标是工业增长率,它表示工业生产总值的增长速度。

1. 通货膨胀率

它指物价全面上涨的程度,通常用居民消费物价指数(CPI)表示。通货膨胀一般与经济过热相联系,也就是说,当产品与劳务的需求超过该经济的生产能力时,会导致价格升高的压力。

2. 利率

高利率会减少未来现金流的现值,因而减少投资机会的吸引力。正是基于这种原因,真实利率才成为企业投资成本的主要决定因素。

3. 汇率

它指的是按照购买力平价测度的两国货币的比例关系,汇率的变动直接影响着本国产品在国际市场的竞争能力,从而对本国经济增长造成一定影响。

4. 预算赤字

政府的预算赤字是政府支出和政府收入之间的差额。任何一个预算差额都会通过政府借债进行消除。而大量的政府借债会抬高利率,因为这样就会增加经济中的信贷需求。一般认为,过量的政府借债会对私人部门的借债产生"挤出"效应,从而使得利率上升,进一步阻碍企业投资。

5. 失业率

这是一个评价一个国家或地区失业状况的主要指标,它测度了经济运行中生产能力极限的运用程度。虽然失业率是一个仅与劳动力有关的数据,但从失业率可以得到有关其他生产要素的信息,从而对该经济生产能力进行深入评价。

（二）经济周期

经济周期(business cycle)是根据实际国内市场总值将宏观经济运行划分为扩张期和收缩期。如图 11－2 所示，经济周期包括经济扩张期和经济收缩期。从长远经济走势看，总体经济增长随时间推移而向上移动，代表长期经济增长趋势。当经济处于收缩期，实际国民生产总值低于长期正常增长率，最低点称为波谷(trough)，最终经济扩张达到经济周期的最高点，即波峰(peak)。从波谷到波峰，经济处于扩张阶段；从波峰到波谷，经济处于收缩阶段。由于证券市场与经济周期存在密切关系，如果投资者不能准确预测经济周期，就可能会遭受投资损失。尤其投资者购买随经济周期变动的股票(通常称为“周期性股票”)，一旦经济不景气，这些股票就会使投资者损失惨重。

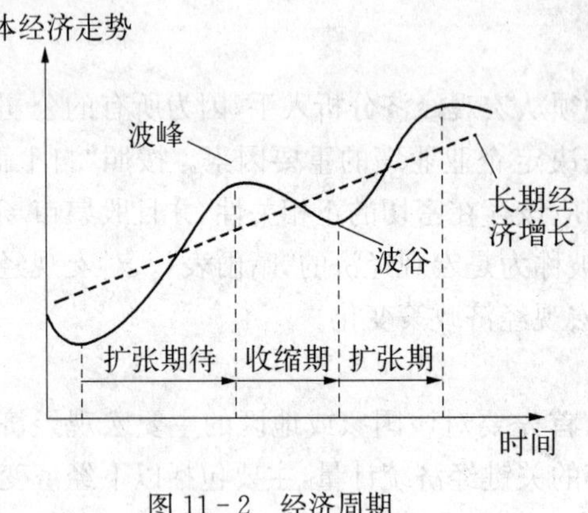

图 11－2 经济周期

尽管经济周期分析对股票投资决策具有重要影响，但是经济周期的变化是不规则的。因而如何对经济周期进行预测和判断，成为投资者证券分析的重要环节。一般而言，国际经济研究机构通过构建综合指数来衡量经济周期，综合指数是根据其目的选择特定的经济指标编制而成。预测经济周期制表方法是基于这样的一个基本前提：宏观经济的扩张时期和收缩时期是可以辨别的。这种经济观点是美国国家经济研究局(National Bureau Economic Research, BNER)进行研究调查后提出来的，该机构试图用科学、公正的态度来解释各种重要的经济现象。NBER 检验了众多与过去经济周期相关的经济时间序列性态，在此基础上，将不同的经济序列根据他们与经济周期的关系划分为以下三个主要类型：

(1) 领先指标(leading indicators)：是指那些通常在总体经济活动到达高峰或低谷前，先达到高峰或低谷的经济序列。

(2) 同步指标(coincident indicators)：是指那些高峰或低谷与经济周期的高峰或低谷几乎同步的经济序列。

(3) 滞后指标(lagging indicators)：是指那些高峰或低谷滞后于经济周期的高峰或低谷的经济序列(具体见表 11－1)。

**表 11－1 NBER 经济周期预测指标序列**

| | 领先(－) 或滞后(＋) (以月为单位) | | |
|---|---|---|---|
| | 高 峰 | 低 谷 | 所有转折点 |
| A. 领先指标序列 | | | |
| (1) 制造业工业每周平均工作小时数 | －2 | －3 | －3 |
| (2) 平均每周初次申请失业保险的人数(反向指标) | －5 | －1 | －3 |
| (3) 制造业新订单，包括消费品和原材料 | －2 | －2 | －2 |
| (4) 地方建筑部门批准建造的私人住房单位指数 | －9 | －6 | －7 |

续　表

| | 领先(－)　或滞后(＋)　(以月为单位) | | |
|---|---|---|---|
| | 高　峰 | 低　谷 | 所有转折点 |
| (5) 500种普通股票价格指数 | －4 | －4 | －4 |
| (6) 货币供应量 | －5 | －4 | －5 |
| (7) 卖方状况(未按时发出货物的公司所占的比重) | －3 | －4 | －3 |
| (8) 为偿付的商业贷款和消费者信贷的变动状况 | －4 | －6 | －5 |
| (9) 利息差,即10年期国库券收益率减去联邦基金收益率 | －2 | 0 | －1½ |
| (10) 消费者期望指数 | －4 | －3 | －3 |
| B. 同步指标序列 | | | |
| (1) 工资册上的非农业雇员 | －2 | 0 | 0 |
| (2) 个人收入减转移支付 | 0 | －1 | －½ |
| (3) 工业产量指数 | －3 | 0 | －½ |
| (4) 制造业和商业销售额 | －3 | 0 | －½ |
| C. 滞后指标序列 | | | |
| (1) 以周计算的平均事业持续时间(反向指标) | ＋1 | ＋8 | ＋3½ |
| (2) 制造业和商业存货/销售额比率 | ＋2 | ＋3 | ＋3 |
| (3) 银行收取的平均优惠利率 | ＋4 | ＋14 | ＋5 |
| (4) 未偿付的商业和工业贷款 | ＋2 | ＋5 | ＋4 |
| (5) 消费者未偿付的分期付款和个人收入比率 | ＋6 | ＋7 | ＋7 |
| (6) 制造业中单位产量的劳动成本(以百分比表示) | ＋8½ | ＋11 | ＋10 |

资料来源：Geoffrey H. Moore, "*The Leading Indicator Approach — Value Limitation, and Future*," First Boston Series in Money, Economics and Finance: FB-8-3, June 1984.

图11-3是美国1960—2005年间这三组综合指标数据的时间序列图。与真正的经济周期相比,各组指数的转折点都是提前期或滞后期。从图中可见,先行综合经济指数总是早于其他经济指标,同时它对于波峰的提前期总是大于波谷的提前期。在表11-1中,股市的价格指数是一个先行指标。这是因为股价本身就是公司未来盈利能力的预报器。但对于投资决策而言,这大大缩小了先行经济指标的作用:当先行指标预测经济上升时,股市往往先行一步。因此,根据综合指标可以对经济周期进行预测,但股市的周期却是更难预测。这也是对有效市场假说的进一步证明。货币供应量是另一种先行指标,但货币政策对经济运行的影响却相当滞后。这是因为货币政策的扩张或紧缩,需要在今后半年左右时间才能影响经济。所以,现在的扩张性货币政策很可能预示着经济活动的复苏。

### (三) 宏观经济政策

在市场经济体制下,财政政策和货币政策是政府宏观经济调控的最重要的两大政策工具。政府通过运用财政政策和货币政策"熨平"经济周期波动对经济运行的负面冲击,促进国民生产总值的稳定增长,从而实现充分就业和物价稳定的宏观经济目标。

财政政策是指政府的支出和税收行为,通常采用的宏观财政政策为扩大或缩减财政支

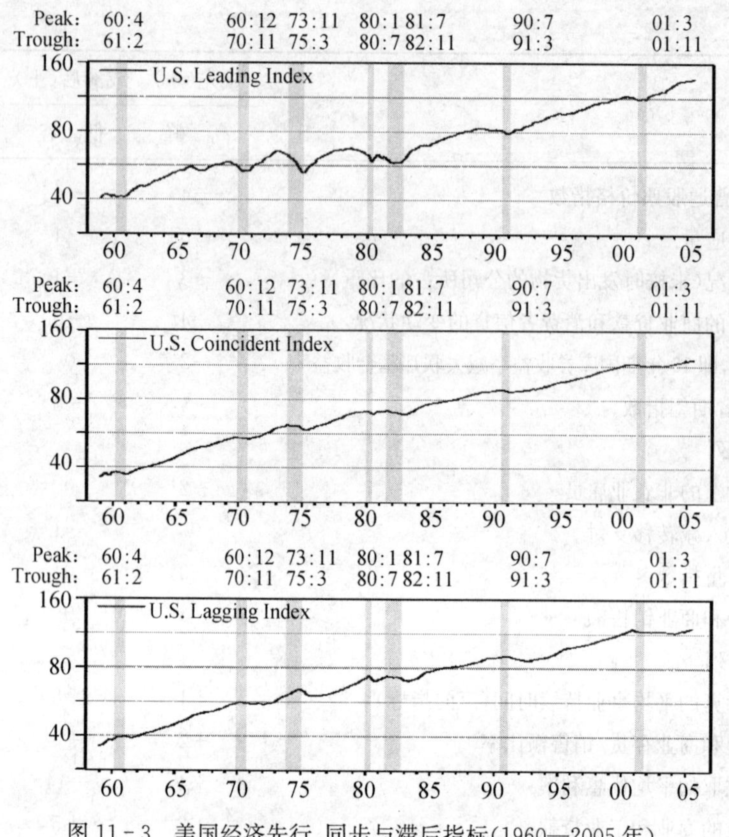


图 11-3 美国经济先行、同步与滞后指标(1960—2005 年)

注：Composite Index(1996=100).

出、减或增税，政府希望通过这种方法能扩大或控制社会的投资和消费水平，从而提高经济增长的比率，增加就业水平或降低通货膨胀率。作为需求管理的一部分，财政政策可能是刺激或减缓经济发展的最直接的方式。政府支出的上升直接增加了对产品和劳务的需求；同样，税率的下降也会立即增加消费者的收入，从而导致消费水平的快速提高。

货币政策是另一种重要的需求管理政策，它是通过控制货币供应量和影响市场的利率水平对社会总需求进行管理。中央银行的货币政策采用三项政策工具：

(1) 公开市场运作，其主要内容是央行在货币市场上买卖短期国库券。

(2) 利率水平的调节。

(3) 法定准备金比率的调节，法定准备金是商业银行和储蓄机构按照有关法律的要求将存款的一定百分比存入中央银行的专门账户中以应付银行和储蓄机构可能出现的资金流动性问题。

在上述三种主要货币政策工具中，利率是最重要的调节工具。

在经济调控过程中，政府往往运用货币政策与财政政策组合搭配，进行“逆经济周期”调控。针对经济不同特点，政府常常采取财政政策与货币政策“双紧”、“双松”或“一松一紧”的政策搭配组合，对宏观经济变量进行调节。

### (四) 宏观经济变量对股价的影响

股价的运动表面是股票供求因素所决定，但背后是各种因素共同影响的结果。从宏观经济角度而言，股价变化能够及时反映甚至提前反映宏观经济变量的变化，体现股市是“宏观经济的晴雨表”的作用。图 11－4 显示了宏观经济指标变化及其宏观经济政策因素，对股票价格变动的影响方向和作用机制。

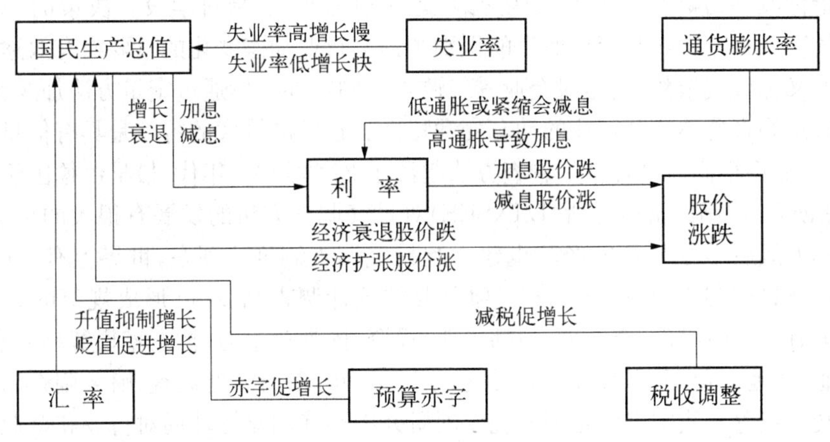


图 11－4　宏观经济指标变化对股价的影响

## 二、行业分析

行业因素(industry factor)，又称产业因素，其影响范围只涉及某一特定行业或产业中所有上市公司的股票价格。这些因素包括行业生命周期、行业景气变动、行业法令措施以及其他影响行业价值面发生变化的因素。

(一) 行业周期变化

任何一个行业都要经历开创、扩张、停滞和衰退的行业周期(见图 11－5)。同行业不同的公司的业绩虽有不同，但与该行业所处的整体发展阶段有很大关联。当公司所处行业处于上升阶段时，该行业所有公司的成长性都看好。相反，当公司所处行业开始衰退时，即使有些公司能够做到经营有方，但行业内的大多数公司的整体状况则并不乐观。

公司在不同的行业生命周期的表现也不同：

(1) 在行业开创期：大量的新技术被采用，新产品被研制但尚未大批量生产。这阶段，公司的垄断利润很高，但风险也较大，公司股价波动也较大。

(2) 在行业扩张期，各项技术已经成熟，产品的市场也基本形成并不断扩大，公司利润开始逐步上升，公司股价逐步上涨。

(3) 在行业的成熟期，产品逐步饱和，公司的利润可能达到高峰，但增长缓慢甚至停滞。公司股价开始下滑。

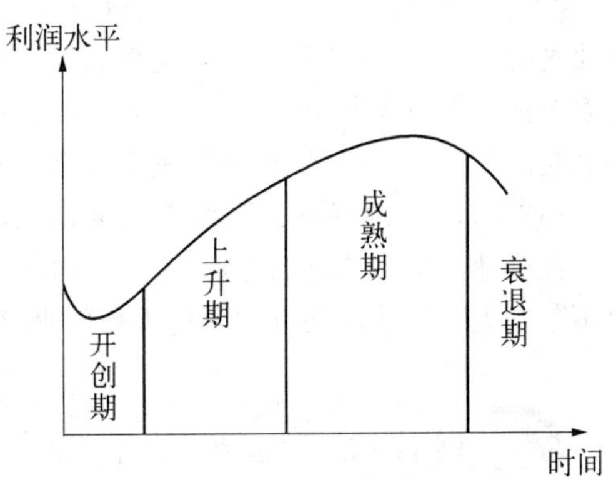


图 11－5　行业生命周期变化

(4) 在行业衰退期，产能过剩，公司利润下滑。公司股价逐步下跌。

（二）行业景气度变化

股市对行业关注的热点会随着行业景气变化而发生变化。不同行业经营对经济周期的敏感度以及经营环境不同，其各种经济指标和增长速度经常呈起伏波动之态。如何正确识别各行业指标波动的幅度和频率，识别行业运动动态变化，是科学投资决策的一项重要内容。而景气度调查方法正是应运而生的识别和预测行业动态变化的重要而有效途径。

景气度又称景气指数，它是对企业景气调查中的定性指标通过定量方法加工汇总，综合反映某一特定调查群体或某行业的动态变动特性。景气度最大的特点是具有信息超前性和预测功能，可靠性很高。这种景气调查方法起源于20世纪20年代，最早由德国伊弗研究所(IFO)研究创立，法国经济研究所(L'INSEE)对景气调查方法的发展有很大的贡献，日本在第二次世界大战后学习IFO的经验也建立起景气调查制度。现在，世界上有50多个国家都在进行企业景气调查，并把它作为一项重要的统计调查制度，已形成规范的景气调查体系。如法国有16项景气调查制度，包括工业、投资、国外竞争力、批发零售贸易业和餐饮业、社会服务业、房地产业等；调查频率有月度、季度、半年度；有专题调查、财务调查以及大企业集团的景气调查等。我国主要是国务院发展研究中心和国家统计局对行业和企业的景气指数进行调查和定期公布。

（三）行业法令措施

政府颁布的法令措施，有些是针对所有企业的，也有一些是针对不同行业的。这些针对特定行业的法令措施将会对该行业的上市公司股价产生重要影响。

任何一个产业政策对经济发展都有长期规划，会采取不同的产业政策对市场经济运行进行调节，在一定时期内会重点发展某些行业，限制发展另一些行业。如果政府重点发展某行业，就会在税收、信贷、原材料供应等方面进行优惠或鼓励，以扶持这些行业优先发展，这会刺激相关公司股价的上涨。相反，政府对于抑制的行业，则会通过提高税率、增加税种、缩减信贷、限制项目审批等措施压制该行业的发展，这必然导致与这些行业有关的上市公司股价下跌。

**例11-1** 2004年我国政府针对"经济过热"实施的宏观调控，重点对"3+1"个行业进行控制，即对钢铁、水泥、电解铝和房地产行业过度投资进行控制。2005年，中共中央颁布国民经济和社会发展"十一五"规划，一方面对高能耗产业的限制，另一方面对循环经济和自主创新进行鼓励，这必然使不同产业的发展格局造成不同影响。

（四）来自国外的政治、经济因素以及其他因素

在全球经济一体化的背景下，来自国外的政治、经济因素对本国经济及股票市场的影响也不断扩大。这些因素有时影响所有行业，有时也只波及少数特定行业。

**例11-2** 美国通过综合贸易法案，对我国出口美国的纺织品规定配额，限制过多出口，这就会对纺织行业及以纺织业进出口为重要业务的贸易公司造成负面冲击。又如2004年以来国际原油价格的大涨，这会大大提高国内航空业的航油成本，造成2005年航空业全行业亏损，航空股股价严重下挫。然而，同样是国际原油价格暴涨因素，作为石油替代的太阳能等"新能源"概念则受到市场追捧，相关公司股价连创新高。

# 第二节　股票估值模型

## 一、股票估值模型的分类

在股票市场对上市公司进行估值时，首先应该区别股票价格和股票价值两个基本概念。股票价格是投资者所支付的，而股票价值则是投资者获得的。通常而言，股票价值与这些资产的现金流水平和预期增长直接相关，从而投资者可以分析公司价值的基本面——公司股利和收益——制定投资评估值决策。股票之所以有价值，是因为它有潜在的现金流，即股票持有人预计从所拥有的公司获得所谓的股利。如果在未来其他股票持有人或许断定这些未来股利的估计并没有完全反映在当前的估值中，股票也有价值。正是通过预测和估计未来潜在的股利和收益的价值，并判断将来是否有人对这些潜在股利和收益有所不同估值，才使人们对股票的内在价值进行判断。

那么，什么决定普通股的内在价值？根据证券分析，股票估值可以分为两种基本方法（见表 11－2）。

**表 11－2　普通股估值的基本模型**

<table>
<tr><td rowspan="8">内在价值法<br>（收益贴现模型）</td><td rowspan="6">现金流贴现<br>模型</td><td rowspan="4">股利贴现模型<br>（DDM）</td><td>零增长模型</td></tr>
<tr><td>不变增长模型</td></tr>
<tr><td>三阶段红利贴现模型</td></tr>
<tr><td>多元增长模型</td></tr>
<tr><td rowspan="2">自由现金流量<br>贴现模型（DCF）</td><td>公司自由现金流（FCFF）贴现模型</td></tr>
<tr><td>股权资本自由现金流（FCFE）贴现模型</td></tr>
<tr><td rowspan="2">超额收益<br>贴现模型</td><td colspan="2">Ohlson-Feltham 剩余收益定价模型</td></tr>
<tr><td colspan="2">经济收益附加值（EVA）估值法</td></tr>
<tr><td rowspan="3">相对价值法<br>（超额收益贴现模型）</td><td colspan="3">市盈率模型（P/E）</td></tr>
<tr><td colspan="3">市净率模型（P/B）</td></tr>
<tr><td colspan="3">市价/现金流比率（P/CF）</td></tr>
</table>

（1）内在价值法。内在价值法又称收益贴现模型，是按照未来现金流的贴现对公司的内在价值评估的方法。具体又分为股利贴现模型（DDM）、自由现金流量贴现模型（DCF）、超额收益贴现模型。

（2）相对价值法。它是采用相对评价指标进行比较的方法，对公司价值进行判断，如市盈率模型（P/E）、市净率模型（P/B）、市价/现金流比率（P/CF）等。

## 二、内在价值法

股票内在价值法，是按照现金流贴现对公司内在价值进行评估。由于不同资本提供者对现金流索取权的次序有所不同，公司未来现金流的分配也就存在差异。按照公司财务理论，企业现金流进行分配的第一个环节是进行投资需要，支付的这部分现金流为营运资本。接下来的企业现金流分配，是向所有资本提供者提供报酬，由于企业资本提供的属性不同，现金流的索取权顺序也存在差异，企业首先向债权人支付负债利息，然后才能向公司股东进行红利分配。但由于企业为了更好未来发展需要进行再投资，因而分配给普通股股东的红利往往是再投资和留存收益之后的现金流（见图 11－6）。这样，与现金流的分配次序相匹配，不同的现金流决定了不同的股利贴现模型。其中，股利贴现模型（DDM）采用的是现金股利，权益现金流贴现模型（FCFE）采用的是权益自由现金流，企业贴现现金流模型（FCFF）采用的是企业自由现金流。

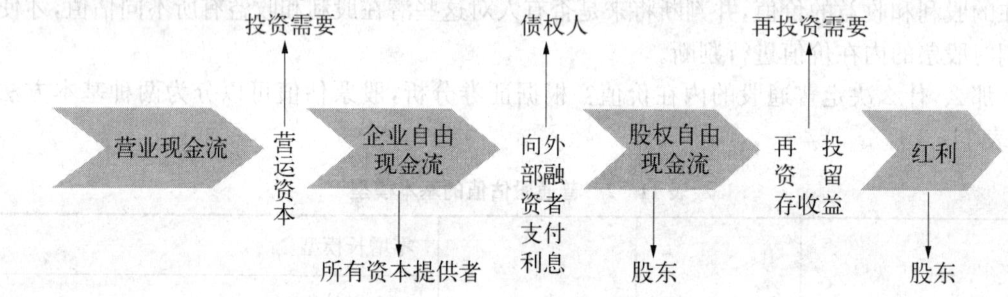


图 11－6 现金流分配的过程

（一）股利贴现模型

正如在固定收益证券估值中所讨论的，证券的内在价值是该资产预期现金流的现值。若假定股利是投资者在正常条件下投资股票所直接获得的唯一现金流，则就可以建立估价模型对普通股进行估值，这就是著名的股利贴现模型（dividend discount model，DDM）。这一模型最早由 J. B. Williams & M. J. Gordon（1938）提出①，实质是将收入资本化法运用到权益证券的价值分析之中，这在概念上与债券估值方法没有本质性差别。

该模型股票现值表达为未来所有股利的贴现值：

$$D=\frac{D_1}{1+r}+\frac{D_2}{(1+r)^2}+\frac{D_3}{(1+r)^3}+\cdots+\frac{D_t}{(1+r)^t}=\sum_{t=1}^{\infty}\frac{D_t}{(1+r)^t} \qquad (11-2)$$

式中：$D$ 代表普通股的内在价值；$D_t$ 代表普通股第 $t$ 期支付的股息或红利；$r$ 是贴现率，又称资本化率。贴现率是预期现金流量风险的函数，风险越大，现金流的贴现率越大；风险越小，则资产贴现率越小。

根据对红利增长率的不同假定，红利贴现模型可以分为零增长模型、不变增长模型、三阶段增长模型和多元增长模型。下面，我们将从简单模型到复杂模型对模型进行展开介绍。

① J. B. Williams & M. J. Gordon, *The Theory of Investment Value*, Havad, Chambrige, Mass, 1938.

1. 零增长模型

零增长模型(zero-growth model)是假定红利固定不变,即红利增长率为零。零增长模型不仅可以适用于普通股的价值分析,而且也适用于优先股和统一公债的价值评估。在零增长条件下,$D_0 = D_1 = D_2 = \cdots = D_\infty$,或表达为 $g_t = 0$,将这一条件代入(11-2)可得

$$D = \sum_{t=1}^{\infty} \frac{D_t}{(1+r)^t} = D_0 \sum_{t=1}^{\infty} \frac{1}{(1+r)^t} \tag{11-3}$$

当 $r > 0$,可以将上式简化表达为

$$D \approx \frac{D_0}{r} \tag{11-4}$$

2. 不变增长模型

不变增长模型(constant-growth model)又称 Gordon(1962)模型①,假定红利增长速度为常数,即:

$$g_t = \frac{D_t - D_{t-1}}{D_{t-1}} = g$$

根据 Gordon(1962)模型前提条件,贴现率大于红利增长率②,即 $r > g$,则存在

$$D = \sum_{t=1}^{\infty} \frac{D_t}{(1+r)^t} = \frac{D_0(1+g)}{(1+r)} + \frac{D_0(1+g)^2}{(1+r)^2} + \cdots + \frac{D_0[1+g]^\infty}{(1+r)^\infty}$$

$$= D_0\left[\frac{(1+g)}{(1+r)} + \frac{(1+g)^2}{(1+r)^2} + \cdots + \frac{(1+g)^\infty}{(1+r)^\infty}\right]$$

$$= D_0\left[\frac{(1+g)/(1+r) - [(1+g)/(1+r)^\infty]}{(1-g)/(1+r)}\right]$$

$$= D_0 \frac{1+g}{r-g} = \frac{D_1}{r-g} \tag{11-5}$$

式(11-5)是不变增长模型的函数表达式,其中 $D_0$,$D_1$ 分别为初期和第 1 期支付的股利。当式(11-5)中的股利增长率等于零时,不变增长模型就变成零增长模型。因此,零增长模型可以看作不变增长模型的一种特殊形式。

3. 三阶段红利贴现模型

由 N. Molodovsky(1965)提出的三阶段红利贴现模型(three-stage-growth model)③,是将股利增长率划分为三个不同阶段:在第 1 阶段(期限为 $A$),股利增长率为一个常数 $g$。第 2 阶段(期限为 $A+1$ 到 $B$),红利增长率呈现线性变化,即从 $g_a$ 变化为 $g_b$($g_b$ 为第 3 阶段的股利增长率),如果 $g_a > g_b$,则表示这一阶段为一个递减的股利增长率;相反,则表示为一个递增的股利增

---

① M. J. Gordon. The Investment, *Financing and Valuation of Corporation*. Irwin, Homewood, I11, 1962.

② 当贴现率小于常数的股利增长率时,公式(11-1)决定的股票内在价值将趋向无穷大。但事实上,任何股票的内在价值都不会无限制的增长。

③ N. Molodovsky. 1965. Common Stock Valuation — Principle, Tables and Applications. *Financial Analysts Journal* 20 (2): 104-123.

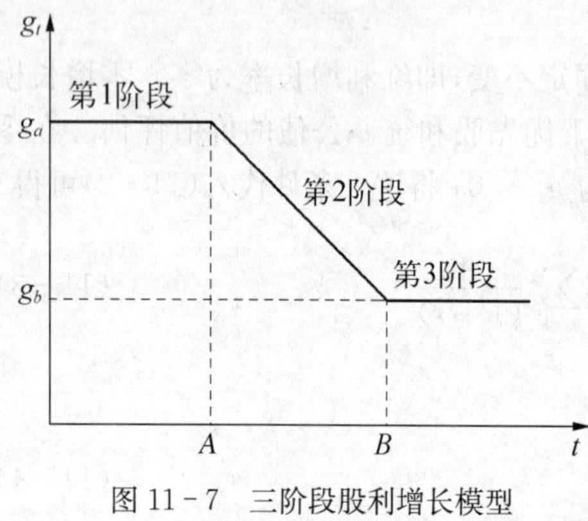


图 11-7 三阶段股利增长模型

长。第 3 阶段,红利增长率又表现为常数 $g_b$,该增长率通常是公司长期的正常增长率(见图 11-7)。

在图 11-7 中,在股利增长转折时期(包括第 2 阶段和 $A$)内的任何时点上的股利增长率 $g_t$,都可以用公式(11-6)表示。其中,当 $t=A$ 时,股利增长率等于第 1 阶段的常数增长率 $g_a$;当 $t=B$ 时,股利增长率等于第 3 阶段的常数增长率 $g_b$。

$$g_t = g_a - (g_a - g_b)\frac{t-A}{B-A},\ g_a > g_b \tag{11-6}$$

在满足三阶段增长模型的假设下,如果已知 $g_a$, $g_b$, $A$, $B$ 和初期的股利增长率 $D_0$,就可以根据公式(11-6)计算出所有各期的股利;然后,根据贴现率计算出股票的内在价值。三阶段的增长模型公式如下:

$$D = D_0 \sum_{t=1}^{A}\left(\frac{1+g_a}{1+r}\right)^t + B\sum_{t=A+1}^{B}\left[\frac{D_{t-1}(1+g_t)}{(1+r)^t}\right] + \frac{D_B(1+g_b)}{(1+r)^B(r-g_b)} \tag{11-7}$$

三阶段的增长模型正是将股票内在价值,表达为红利三阶段增长之和。式(11-7)中右边的三项分别对应于股利增长的三个阶段。

H 模型是基于三阶段红利贴现模型的简化模型,却保留了求出预期回报率的大部分能力(Fuller & Hsia,1984)[①]。H 模型假定:公司红利的初始增长率为一个常数 $g_a$,在股利递减或递增的过程中,在 $H$ 点上所显示的股利增长率正好是初始增长率与所达到的市场平均水平的中间值。当 $g_a > g_b$,即在到达 $2H$ 点之前,股利的增长率递减;在 $2H$ 点之后,股利增长率就达到公司所预期的正常的增长率水平 $g_b$(见图 11-8)。图 11-9 形象地反映了三阶段红利模型和 H 模型的关系。

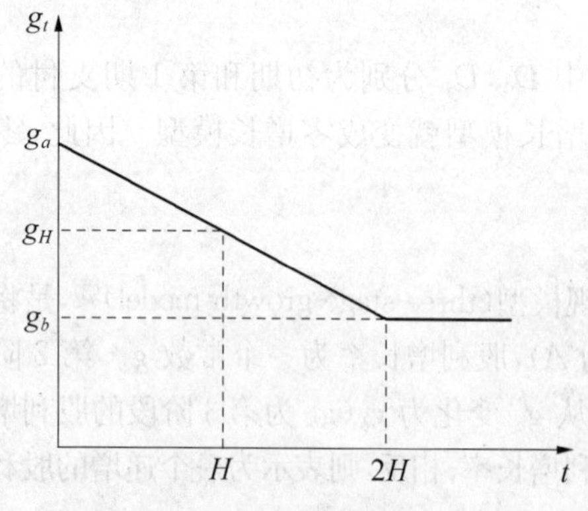


图 11-8 H 模型的红利增长模式

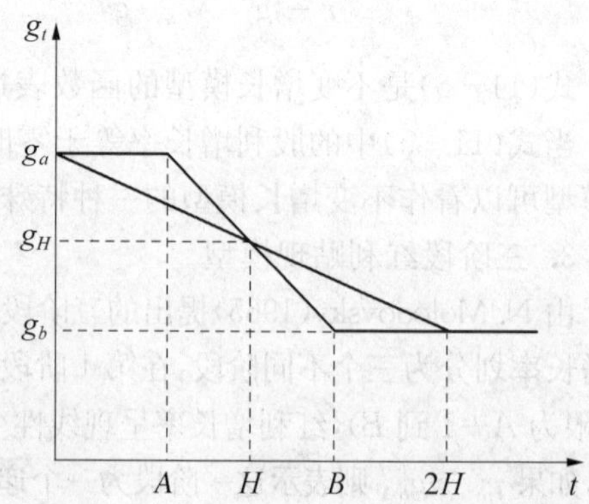


图 11-9 H 模型和三阶段增长模型的关系

① R. J. Fuller, and C. C. Hsia. 1984. A Simplified Model for Estimating Stock Pricing of Growth Firms. *Financial Analysts Journal* 26(5): 49-56.

在图 11-8 中，当 $t=H$ 时，$g_H=\frac{1}{2}(g_a+g_b)$。在满足上述假定条件下，Fulle 和 Hsia 证明了 H 模型的股票内在价值的计算公式，该模型用公式表达如下：

$$D=\frac{D_0}{r-g_b}[(1+g_b)+H(g_a-g_b)]$$

将上式展开，可以得到

$$D=\frac{D_0(1+g_b)}{r-g_b}+\frac{D_0H(g_a-g_b)}{r-g_b} \tag{11-8}$$

其中，公式右边的第 1 项为基于长期正常的股利增长率的现金流贴现价值；公式右边的第 2 项为超额收益率 $g_a$ 所带来的现金流贴现价值（价值溢价），这部分价值与 $H$ 成正比例关系。

4. 多元增长模型

前面介绍的零增长模型、不变增长模型和三阶段增长模型，其实都是股利贴现模型的特殊形式。现在，我们介绍股利贴现模型的最一般形式——多元增长模型(multiple-growth model)。多元增长模型假定在某一时点 $T$ 之前红利增长率不确定，但在 $T$ 期之后红利增长率为一常数 $g$。多元增长模型内在价值的计算公式为

$$D=\sum_{t=1}^{T}\frac{D_t}{(1+r)^t}+\frac{D_{T+1}}{(1+r)^T(r-g)} \tag{11-9}$$

（二）自由现金流贴现模型(DCF)

自由现金流量贴现理论认为，公司价值等于公司未来自由现金流量的折现值。即选定恰当的贴现率，将公司未来的自由现金流折算到现在的价值之和作为公司当前的估算价值。该方法的基本原理是一项资产的价值等于该资产预期在未来所产生的全部现金流量的现值总和。即公司内在价值表达为

$$V=\sum_{t=1}^{n}\frac{CF_t}{(1+r)^t} \tag{11-10}$$

根据增长模式不同，自由现金流贴现模型有很多种形式，如稳定增长模型、两阶段模型、H 模型、三阶段模型和 N 阶段模型等，根据本文论述主题的需要，下面仅简要讨论 FCFE 和 FCFF 模型的基本原理。

1. 公司自由现金流(FCFF)贴现模型

公司自由现金流(free cash flow of firm, FCFF)是公司支付了所有营运费用、进行了必需的固定资产与营运资产投资后可以向所有投资者分派的税后现金流量。FCFF 是公司所有权利要求者，包括普通股股东、优先股股东和债权人的现金流总和，其计算公式为

$$FCFF=EBIT\times(1-\text{税率})+\text{折旧}-\text{资本性支出}-\text{追加营运资本}$$

式中，$EBIT$ 为税息前收入(Earnings Before Interest & Tax)。

FCFF 折现模型认为，公司价值等于公司预期现金流量按公司资本成本进行折现，将预

期的未来自由现金流用加权平均资本成本折现到当前价值来计算公司价值，然后减去债券的价值进而得到股权的价值。即公式可表达为

$$V=\sum_{t=1}^{n}\frac{FCFF_t}{(1+WACC)^t} \tag{11-11}$$

式中，加权平均资本成本(WACC)为债务资本价值与股本价值之和。其公式表达为

$$WACC=\frac{V_e}{V}K_e+\frac{V_d}{V}K_d(1-T) \tag{11-12}$$

总资本价值 $V$＝股权资本价值 $V_e$＋债务资本价值 $V_d$；公司资本股权价值＝公司总价值 $V$－净债务；股权资本的权重＝$V_e/V$＝(总股本×股价)/$V$；债务资本的权重＝$V_d/V$(注意采用付息债务价值)；市价权重仅有参考意义，建议采用长期目标资本结构(通过观察行业历史水平、与公司高管沟通、预测未来投资等确定)；债务成本＝债务税息前成本 $K_d$(1－有效税率)；股权成本($K_e$)，可以根据 CAPM 模型 $K_e=r_f+\beta(r_m-r_f)$ 计算。由于自由现金流贴现法的依据是公司的价值等于一段时间预期的自由现金流和公司的终极价值的现值，若企业往往具有比较稳定的现金流量，则比较适合采用此类方法，如公用事业型公司。

2. 股权资本自由现金流(FCFE)贴现模型

股权自由现金流量(free cash flow of equity，FCFE)是在公司用于投资、营运资金和债务融资成本之后可以被股东利用的现金流，它是公司支付所有营运费用，再投资支出，所得税和净债务支付(即利息、本金支付减发行新债务的净额)后可分配给公司股东的剩余现金流量。FCFE 的计算公式为

$FCFE$＝净收益＋折旧－资本性支出－营运资本追加额－债务本金偿还＋新发行债务

FCFE 折现估价模型的基本原理是将预期的未来股权活动现金流用相应的股权要求回报率折现到当前价值来计算公司股票价值。公式表达为

$$V=\sum_{t=1}^{n}\frac{FCFE_t}{(1+K_e)^t} \tag{11-13}$$

式中：$V$ 为公司价值；$FCFE_t$ 为 $t$ 期的现金流；$K_e$ 是根据 CAPM 模型计算的股权成本。

FCFE 有永续稳定增长模型、两阶段增长模型和三阶段模型等，其中永续稳定增长模型最适用于增长率接近于整个经济体系增长水平的公司，两阶段 FCFE 模型最适用于分析处于高增长阶段并且将保持一定时期高增长的公司，如拥有专利的公司或处于具有显著进入壁垒行业的公司。

### (三) 超额收益贴现模型

1. 经济附加值(EVA)模型

经济附加值指标(economic value added，EVA)源于企业经营绩效考核的目的，EVA 这一概念最早是由斯特恩-斯图尔特(Stern Stewart)管理咨询公司提出并推广，被许多世界著名大公司(如可口可乐公司)所采用。20 世纪 90 年代中期以后，EVA 逐渐在国外获得广泛应用，成为传统业绩衡量指标体系的重要补充。《财富》杂志称 EVA 为“当今最炙手可热的财务理念”，在西方企业界引起很大的反响，以至于“只要一家公司宣布要采用 EVA 模式，

我们就将看到它们的股价在仅仅一个星期的时间里增长30%”，EVA成了价值创造的魔方。

经济附加值指标等于公司税后净营业利润减去全部资本成本(股本成本与债务成本)后的净值。计算公式为

$$EVA=NOPAT-\text{资本成本} \tag{11-14}$$

式中：$EVA$ 为经济附加值；$NOPAT$ 为税后净营业利润；资本成本等于 $WACC$ 乘以实际投入资本总额；$WACC$ 为加权平均的资本成本。

式(11-14)也可表示为

$$EVA=(ROIC-WACC)\times\text{实际资本投入}$$

其中，$ROIC$ 为投资资本回报率。

如果计算出的EVA为正，说明企业在经营过程中创造了财富；否则就是在毁灭财富。

经济附加值(EVA)之所以被称为当今投资银行进行股票估值的重要工具，在很大程度上是因为应用市盈率指标进行定价估值太简单，容易产生误解，缺乏现金流概念。对亏损公司，对IT行业很难运用。经济附加值指标克服了传统业绩衡量指标的缺陷(股东价值与市场价值不一致问题)，比较准确地反映了上市公司在一定时期内为股东创造的价值。但EVA并不适用于金融机构、周期性企业、新成立公司等企业。

2. F-O模型

奥尔森和弗莱明(Ohlson & Feltham，1995)提出的剩余收益定价模型(Feltham-Ohlsom模型，简称“F-O模型”)，认为公司价值等于由目前账面价值与未来剩余收益现值之和①。

奥尔森和弗莱明率先在会计盈余和股票内在价值相关性方面做出了开创性的工作，他们将股票的内在价值与股东权益和未来收益联系起来，从而确立了会计账面价值和股票内在价值的直接联系。这种联系主要体现为“两级关联”，即当期会计盈余与未来会计盈余相关联，未来会计盈余与股票价值相关联。

为论述Feltham-Ohlsom模型②，首先假定企业会计处理方法满足清洁剩余关系(clean surplus relation)，将企业会计报表的数据与股权价值相联系。清洁剩余关系表达为

$$bv_t = x_t + bv_{t-1} - d_t \tag{11-15}$$

式中：$bv_t$ 为公司 $t$ 期的账面净资产；$x_t$ 为 $t$ 期的会计收益；$d_t$ 为 $t$ 期的股利。

在此，将会计收益分为正常收益和剩余收益两部分，即

$$x_t = x_t^n + x_t^a \tag{11-16}$$

式中：正常收益用 $x_t^n = r\times bv_{t-1}$ 表示，它等于股权资本成本；剩余收益(又称为非正常收益或超额收益)用 $x_t^a = x_t - r\times bv_{t-1}$ 表示，它是超出正常收益的收益。

这样，公司的内在价值可以表示为预期正常收益和剩余收益的贴现值：

---

① Ohlson, J. A. 1995. Earnings, book values, and dividends in equity valuation. *Contemporary Accounting Research* 11(2): 661-687.

② Feltham, G. A., and Ohlson, J. A. 1995. Valuation and clean surplus accounting for operating and financial activities. *Contemporary Accounting Research* 11(2): 689-731.

$$V_t = \sum_{\tau=1}^{\infty} E\left[\frac{x_{t+\tau}^n}{(1+r)^\tau}\right] + \sum_{\tau=1}^{\infty} E\left[\frac{x_{t+\tau}^a}{(1+r)^\tau}\right] \tag{11-17}$$

或者用 $t$ 期的会计账面资产和预期的未来会计收益来表示：

$$V_t = bv_t + \sum_{\tau=1}^{\infty} E\left[\frac{x_{t+\tau}^n - r \times bv_{t+\tau-1}}{(1+r)^\tau}\right] \tag{11-18}$$

公式(11-17)和公式(11-18)是剩余收益定价模型的两种形式。但与公式(11-17)相比，公式(11-18)具有明显的优点，它建立股票内在价值和现期账面净资产之间的联系，即公司股权价值等于公司账面净资产与公司经营性收益期望值的贴现，这就是著名的Feltham-Ohlsom股权估值模型。根据公式(11-18)，如果股票价格能够真实反映股票价值，则股票价格等于公司现期的账面价值与未来剩余收益的贴现值之和；否则，股票价格必然偏离内在价值。

Feltham-Ohlsom模型的提出，在很大程度上弥补了传统股利贴现模型的缺陷，例如股利贴现模型需要正确地预期股票的未来股利分配，然而该模型并没有告诉我们决定股利预期的基本因素，也没有说明现行会计信息在股票定价中的作用，而Feltham-Ohlsom模型则提供了一个将财务报表的会计数字和股票内在价值联系起来的分析框架，从而指导投资者利用会计信息进行股票内在价值分析。同时，尽管现金流贴现模型能够较好地计算股票价格和现金流之间的价值相关性，但大量实证表明，会计盈余比现金流量具有更好的持续性和预测能力。由于投资者对股票的定价更多地利用账面净资产和盈余信息，而不是现金股利，投资者对证券资产关系更多的是未来的每股盈余，而不是每股股利；此外，预测盈余比预测股利或现金流量的可能性和准确性更高，因此Feltham-Ohlsom模型的适用性也更强。当然，Feltham-Ohlsom模型存在一定缺陷，即该模型的股权价值是根据账面净资产和经营性会计收益决定的，没有考虑股权价值的成长性、资本结构对股权价值的影响。

## 三、相对价值模型

内在价值模型都是在估计增长率和相应贴现率的基础上，对股票内在价值进行估计。相对价值模型，则是应用一些相对比率将目标公司与具有相同或相近行业特征、财务特征、股本规模或经营管理风格的上市公司进行比较，来对公司股票进行估值。而这些相对比率是影响股票价值和内在价值的重要变量，包括收益、现金流、账面价值和销售额等。在此，我们探讨的相对比率主要包括市盈率(P/E)、市净率(P/B)、市价/现金流比率(P/CF)。

1. 市盈率模型(P/E)

对于普通股而言，投资者应得到的回报是公司的净收益。因此，投资者估价的一种方法就是确定投资者愿意为每一单位的预期收益(通常以1年的预期收益表示)支付的金额。例如，如果投资者愿意支付15倍的预期收益，那么他们估计每股收益为0.5元的股票在下1年的价值为7.5元。这样，投资者就可以计算出当前的收益倍数(earnings multiplier)，即市盈率(P/E，price to earnings ratio)。计算公式如下：

$$P/E = \frac{\text{市场价格}}{\text{预期年收益}} \tag{11-19}$$

市盈率是投资回报的一种度量标准，即股票投资者根据当前或预测的收益水平收回其投资所需要的计算的年数。当前市盈率的高低，表明投资者对该股票未来价值的主要观点。投资者必须将 P/E 比率与整体市场、该公司所属行业以及其他类似公司和股票 P/E 比率进行比较，以决定他们是否认同当前的 P/E 比率水平。也就是说，根据市盈率比率偏高或偏低，判断该股票价格高估还是低估。

那么，什么决定市盈率呢？在此，我们分析期间影响市盈率的因素，这可以从前面讨论的股利贴现模型中推导出来。若用 $P_0$ 表示模型的估计价格，则存在

$$P_0 = \frac{D_1}{r-g} \tag{11-20}$$

两边同时除以预期盈利 $E_1$，则可得到

$$P/E = \frac{D_1/E_1}{r-g} \tag{11-21}$$

从公式(11-21)可见，P/E 比率是由以下因素所决定：

(1) 预期股利派发率 $D_1/E_1$。

(2) 股票的必要回报率 $r$。

(3) 股利增长率 $g$。

在其他条件不变时，下列关系成立：

(1) 派息率越高，市盈率越高。

(2) 股利预期增长率 $g$ 越高，市盈率越高。

(3) 必要回报率 $r$ 越高，市盈率越高。

尽管上述 $D/E$, $g$, $r$ 三种因素对 P/E 都有影响，$r$ 和 $g$ 的差值是决定 P/E 比率的关键因素。尽管股利派发率对 P/E 也有影响，但由于公司长期的目标股利派发率相当稳定，对 P/E 的影响很小。

由于市盈率指标表示股票价格和每股收益比率，可直接应用于不同收益水平的价格比较，对股价估值简单而实用，因而成为投资者进行权益证券估值的最广泛指标之一。相应地，市盈率指标也存在一些缺陷，该指标并没有告诉投资者：

(1) 公司盈利预计以什么方式增长？

(2) 公司盈利增长预期是加速增长还是减速增长？

(3) 公司的盈利能力如何与其他相同风险-收益关系的投资进行比较？

(4) 如何对相同市盈率的公司盈利进行区分？

针对市盈率指标的上述缺陷，最近几年流行的市盈率增长因子(PEG)是对 P/E 静态性缺陷的重要补充。PEG 是市盈率除以公司盈利年增长率的商。其中，用估计盈利增长率除市盈率可以测算公司成长的速度，这就是著名的预期市盈率增长因子(prospective, PEG)。市盈率增长因子越低，表示公司的发展潜力越大，公司的潜在价值也就越高。

**例 11-3**　某两家公司的市盈率都是 20，但是盈利增长率不同，公司 A 的盈利增长率为 20%，而公司 B 的盈利增长率为 5%，那么公司 A 的预期市盈率增长因子为 1(20 除

以 20)，而公司 B 的预期市盈率增长因子为 4(20 除以 5)。可见，公司 A 成长较快，从而预示着该公司有更好的发展潜力和投资价值。

2. 市净率模型(price/book value，P/B)

账面价值(book value)是公司净资产的会计指标。Fama 和 French 及其以后学者的研究表明，市价/账面价值比率(P/B)是衡量公司价值的重要指标，这就是市净率的表达公式，即

$$市净率 = 每股市价/每股净资产$$

$$P/B = \frac{P_t}{BV_{t+1}} \tag{11-22}$$

其中，$BV_{t+1}$ 是公司每股账面价值的年末估计值。

相对于市盈率，市净率在使用中有着其特有的优点：

(1) 每股净资产通常是一个累积的正值，因此市净率也适用于经营暂时陷入困难的企业及有破产风险的公司。

(2) 统计学证明每股净资产数值普遍比每股收益稳定的多。

(3) 对于资产包含大量现金的公司，市净率是更为理想的比较估值指标。

这样，P/B 尤其适用于公司股本的市场价值完全取决于有形账面值的行业，如银行、房地产公司。而对于没有明显固定成本的服务性公司，账面价值意义不大。

同时，市净率在使用过程中也存在一定局限性。由于会计计量的局限，一些对企业非常重要的资产并没有确认入账，如商誉、人力资源等；当公司在资产负债表上存在显著的差异时，作为一个相对值，P/B 可能对信息实用者有误导作用。

3. 市价/现金流比率(P/CF)

由于公司盈利水平容易被操纵而现金流价值通常不易操纵，市价/现金比率越来越多地被投资者所采用。同时，根据信用评价“现金为王”的法则，现金流价值在基本估值中也是很关键的。价格与现金流的比率(P/CF)的计算公式如下：

$$P/CF = \frac{P_t}{CF_{t+1}} \tag{11-23}$$

其中，$P_t$ 为 $t$ 期股票的价格；$CF_{t+1}$ 为公司在 $t+1$ 期的预期每股现金流。

影响这个比率的因素与影响 P/E 的因素相同，即这些变量应该是所采用的现金流变量的预期增长率和由于现金流序列的不确定或波动性所带来的股票的风险。用来计算的具体现金流通常是扣除利息、税款、折旧和摊销之前的收益(EBITA)，但具体是采用哪种现金流会随公司和行业的性质不同以及哪种现金流对行业绩效的方便计量而变化(如营运现金流或自由现金流)。同时，合适的 P/CF 比率也会受到公司资本结构的影响。

## 第三节 财务报表分析

### 一、财务报表

财务报表(financial statements)是按照财务会计准则定期编制，将企业一定期间内的会

计事项作一系列的汇总表示，用以显示企业实际的财务状况和经营业绩优劣。财务报表主要包括损益表、资产负债表和现金流量表三种。财务报表中的相关会计数据，有助于投资者了解公司的过去财务状况。同时，根据三大财务报表的信息，投资者可以计算财务比率，分析公司的营运状况，并以此来确定公司收益、现金流量、公司价值、风险特征等因素。

### （一）损益表

公司损益表(income statement)是一定时期内(通常是1年或1季内)经营成果的反映，是关于收益和损耗情况的财务报表。损益表是一个动态报告，它展示本公司的损益账目，反映公司在一定时间的业务经营状况，直接明了地揭示公司获取利润能力的大小和潜力以及经营趋势。

损益表由三个主要部分构成。第一部分是营业收入；第二部分是与营业收入相关的生产性费用、销售费附和其他费用；第三部分是利润。有的公司公布财务资料时以利润及利润分配表代替损益表，在实际运用中，前者似乎还更多一些。利润及利润分配表就是在损益表的基础上再加上利润分配的内容。

### （二）资产负债表

资产负债表(balance sheet)是反映公司在某一特定日期(往往是年末或季末)的财务状况的静态报告，资产负债表反映的是公司的资产、负债(包括股东权益)之间的平衡关系。

资产负债表由资产和负债两部分组成，每部分各项目的排列一般以流动性的高低为序。资产部分表示公司所拥有的或掌握的，以及其他公司所欠的各种资源或财产；负债部分包括负债和股东权益两项。负债表示公司所应支付的所有债务；股东权益又称净资产，是指公司总资产中扣除负债所余下的部分，表示公司的资产净值，即在清偿各种债务以后，公司股东所拥有的资产价值。股东权益包括以下五部分：一是股本，即按照面值计算的股本金。二是资本公积，包括股票发行溢价、法定财产重估增值、接受捐赠资产价值。三是盈余公积，又分为法定盈余公积和任意盈余公积。四是法定公益金，用于公司福利设施支出。五是未分配利润，指公司留待以后年度分配的利润或待分配利润。

资产负债和股东权益的关系用公式表示如下：

$$资产=负债+股东权益$$

通过分析资产负债表，可以了解公司的财务状况，对公司的偿债能力、资本结构是否合理、流动资金是否充足作出判断。

### （三）现金流量表

现金流量表(statement of cash flows)反映公司的现金来源(包括借入款项和发行新股等)和运用(如费用、投资、支付股息等)。该表不是以权责发生制为基础编制，而是根据实际现金流量和现金流出编制。投资者可以从该表知道公司现金流量的来源，以及这些现金如何被用于资本支出、支付股利、利息等。

现金流量表主要由三部分构成：经营活动产生的现金流量、投资活动产生的现金流量和融资活动产生的现金流量。经营活动包括损益表中的大多数项目，以及资产负债表中与盈利活动相关的项目。投资活动包括买卖资产，以及与公司借出款项有关的活动。融资活动包括与公司取得资金有关的活动和与所有者权益有关的交易活动。

由于现金流量表反映的是公司在某一会计期间内的现金收入和现金支出的情况，分析现金流量表，有助于投资者估计今后企业的偿债能力、获取现金的能力、创造现金流量的能力和支付股利的能力。

## 二、财务比率分析

比率分析可用于比较公司间的财务情况，也可用于比较某一公司的各期变化情况。通过比率分析，投资者对不同规模、不同行业的公司情况进行比较，从而分析某一特定公司的风险和潜在获利能力，见表11-3。

表11-3 财务比率分析

| 盈利能力指标 | 计算公式 |
|---|---|
| (1) 资产报酬率(ROE) | 净利润/所有者权益 |
| (2) 资本收益率(ROIC)* | 税息前收入/投入资本 |
| (3) 销售净利率 | (净利润/销售收入)×100% |
| (4) 经营费用比率 | 经营费用/销售收入 |
| **资产流动性指标** | **计算公式** |
| (1) 现金偿债倍数 | 现金/长期负债 |
| (2) 流动比率 | 流动资产/流动负债 |
| (3) 速动比率 | $\frac{\text{流动资产}-\text{存货}-\text{其他流动资产}}{\text{流动负债}}$ |
| (4) 现金(保守)速动比率 | $\frac{\text{现金}+\text{有价证券}}{\text{流动负债}}$ |
| (5) 存货周转天数 | (存货/净销售收入)×365 |
| (6) 存货周转次数 | $\frac{\text{产品销售成本}}{\text{期末存货}}$ |
| **公司风险指标** | **计算公式** |
| (1) 财务风险(财务杠杆) | 股东权益/总资产 |
| (2) 产权比率 | 负债总额/所有者权益总额 |
| (3) 资产负债率 | 负债总额/资产总额 |
| (4) 已获利息倍数 | $\frac{\text{税前利润}+\text{利息费用}}{\text{利息费用}}$ |
| (5) 已获利息和租金倍数 | $\frac{\text{税前利润}+\text{利息费用}}{\text{利息费用}+\text{租金}}$ |
| (6) 财务杠杆系数 | $\frac{\text{税前利润}+\text{利息费用}}{\text{税前利润}-\frac{\text{优先股股利}}{1-\text{所得税税率}}}$ |
| **资产使用效率指标** | **计算公式** |
| (1) 总资产周转率 | 销售收入 / 平均资产总额 |
| (2) 存货周转率 | 年销售或销售货物成本/平均存货 |
| (3) 应收账款周转率 | 年销售/平均应收账款 |

续　表

| 财务盈利和市场表现指标 | 计　算　公　式 |
| --- | --- |
| (1) 每股净利润(EPS) | 净利润/总股本 |
| (2) 市盈率(P/E) | 股价/每股盈利 |
| (3) 每股股利(DPS) | 红利/总股本 |
| (4) 每股净资产(BVEPS) | 净资产/总股本 |
| (5) 市净率(P/B) | 股价/每股账面价值 |
| **价值创造能力指标** | **计　算　公　式** |
| (1) 经济附加值(EVA) | 税后净营业利润－资本成本 |
| (2) 市场附加值(MVA) | $\sum \frac{EVA}{WACC - g}$ |
| **可持续增长能力指标** | **计　算　公　式** |
| (1) 自我可持续增长率 | $\frac{\text{期末的权益资本}-\text{期初的权益资本}}{\text{期初的权益资本}}=\frac{\text{当期留存收益}}{\text{期初的权益资本}}$ |

注：ROIC是EBIT与投入资本之比，其中，投入资本＝(现金＋WAC＋固定资产净值)。

财务报表比率分析，主要回答以下问题：

(1) 公司的盈利能力(profitability)有多大？

(2) 公司的流动性(liquidity currency)如何？

(3) 公司面临的风险(financial risk)有多大？

(4) 公司资产的使用效率(efficiency utilizing assets)如何？

(5) 公司财务盈利和市场表现(financial earning & market performance)如何？

(6) 公司是否为股东创造了价值(value added)？

(7) 公司是否具有可持续增长能力？

## 三、财务政策分析

财务报表是公司重要政策的主要信息公布渠道，也是投资者进行重大投资决策的主要信息源，这些政策包括公司的资本结构政策、股利政策、资本运营政策和投资政策。下面，我们将针对公司的四种财务政策与公司价值之间的关系进行说明(图11-10)。

1. 资本结构政策

从资金角度而言，企业的经营或营运活动就是融资、投资及进行资本(包括负债和股权资本)和资产(对内和对外投资)组合的行为。具体讲，企业从融资取得资本到进行投资形成资产结构，再到资产运营及重组，从而产生利润进行再生产，并持续成长，这就是企业经营的全过程。在企业经营过程中，如何选择恰当的财务杠杆(负债相对于权益)，有效地通过发售债券(bonds)和股票以及其他金融工具取得资本，就成为公司经营的重要前提和运营选择，这实质上是公司的资本结构政策。在此，我们重点关注财务杠杆以及它对公司价值的影响。在这一领域，最著名的就是MM定理。MM定理是莫迪格利亚尼和米勒(Modigliani &

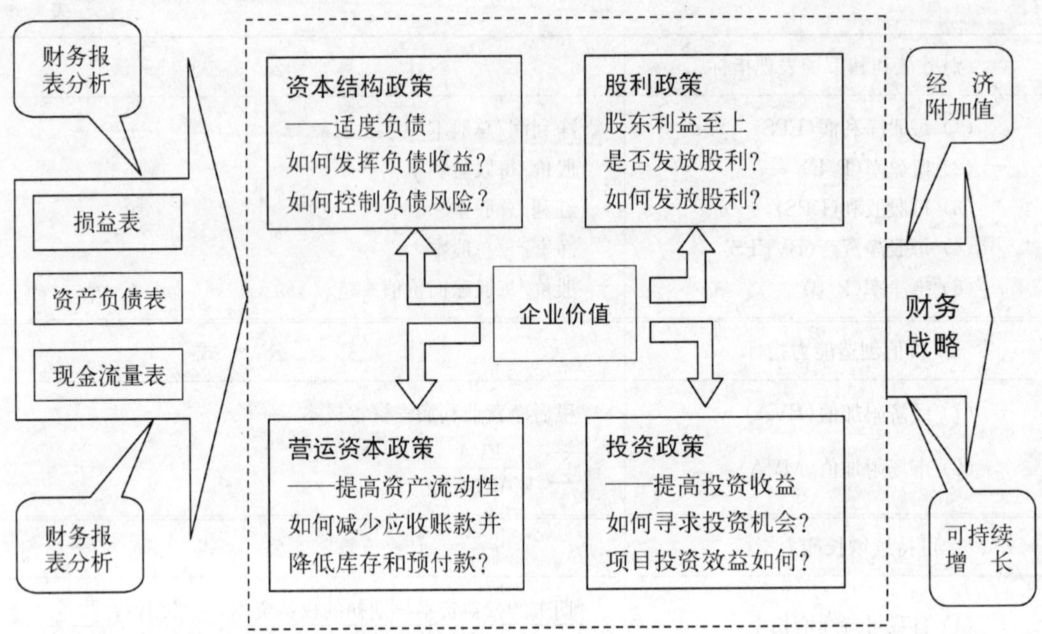


图 11－10 公司政策对公司价值的影响

Miller)在 1958 年提出的关于资本结构与企业价值之间关系的著名理论①。虽然米勒和莫迪格利亚尼对融资结构理论进行了开创性的贡献，但是 MM 模型的前提是无摩擦环境的资本市场条件，即资本自由进出、平等的获得信息、不存在交易成本和税收，这一新古典假设显然与经济现实不符，现实世界中的公司市场价值与公司的资本结构密切相关，但这一开拓性研究成果仍标志着企业资本结构理论的开端。

2. 股利政策

股利政策主要是指目标支付政策决策，也就是确定将多少盈利以现金股利的方式分派给股东，将多少盈利留存在企业中进行再投资。

股利理论的核心内容就是对股利政策与企业价值之间的相互关系进行研究。由于考虑的因素不同，分析的方法不同，因而出现了一些观点完全相悖的股利理论，主要有股利无关论、"手中之鸟"理论、纳税差异理论、信号假说以及代理成本论。这些学说主要有：

(1) 股利无关论。米勒教授与莫迪格利亚尼认为，股利政策无论是对企业的股票价格还是资本成本都没有影响，这就是所谓的股利无关论②。MM 认为，企业价值取决于企业的基本盈利能力及其风险程度，更确切地讲是取决于企业的资产投资决策，而与如何在股利和留存盈利之间进行税后利润的分摊没有关系。按照 MM 股利无关理论，无论股利支付率如何变动，对股权资本成本和股票价格不会产生任何影响。

(2)"手中之鸟"理论。在 MM 股利无关论中，MM 假设股东对现金股利与资本利得没

① Modigliani Franco and Miller Merton H. 1958, The cost of capital, corporation finance, and the theory of investment, *American Economic Review* 48(3): 261－297.

② Miller and Modigliani, 1961. Dividend Policy, Growth, and the Valuation of Shares, Journal of Business34(4): 411－433.

有偏好。但戈登(Gordon)与林特纳(Lintner)等认为,这一假设并不现实。在一般情况下,股东会偏好于获得现金股利,而不喜欢管理层将盈利留存在企业中进行再投资,在将来获得资本利得。因为获得资本利得的风险要大大超过获得现金股利的风险。换言之,在投资者看来,拿到手中的现金股利的价值要超过将来获得资本利得的风险。投资者更喜欢现金股利。在这种情况下,不同的股利政策会对企业价值产生不同的影响,这就是"手中之鸟"学说。按照股利的"手中之鸟"理论,企业发放的股利越多,投资者认为投资的风险越小,股权资本成本会降低。在其他因素不变的情况下,企业价值将因此而增加。即股利支付率越高,企业价值就越大。

(3) 纳税差异理论。以上两种股利政策均没有考虑投资者的实际纳税环境。根据国际惯例,由于股利适用税率要高于长期资本利得适用税率。这种税率结构势必会影响到股票投资者对股利的看法。对于一个普通投资者而言,由于收到股利要按较高的税率交税,而资本利得要交的税要少得多。同时,投资者何时出售股票何时才上缴资本所得税。因此,他们会偏好于获得更大数额的资本利得,而不是得到更多的现金股利。按照纳税差异理论,投资者更加偏好于资本利得。支付的股利越多,由于投资者需按较高的税率交税,他们会向企业要求更高的报酬率来弥补由于纳税而造成的损失。因此,股利支付率越高,股东的要求报酬率越高,企业价值越小。

(4) 信号假说。根据有关的实证分析的结果,发现股利增加会提高公司市值;股利减少会降低公司市值。这似乎表明股票投资者更偏好于股利,企业应当尽量地提高股利支付率,从而最大限度地增加股东财富。但 MM 指出做出这样的结论是错误的。他们认为,在通常情况下,企业不愿意削减股利,同时,也不愿增加股利,除非管理层预测到未来的收益和现金流量足以维持较高的股利支付率。MM 将超过期望水平的股利的增加看作是给投资者的一种"信号",这一信号表明管理层预见到未来的良好前景。反过来,股利的削减或者低于期望水平的股利的增加也是一种信号,它表明管理层对未来前景不看好。这种信息通过股利政策的改变传达给了投资者,是对企业未来不同的预期影响了股票投资者的行为,而不是股利的增加或减少。

(5) 代理成本论。在股利问题的研究中,有一个疑惑需要人们解决:为什么企业一方面发放现金股利,而另一方面又要发行新股筹措资金?发行新股的成本要高于留存盈利进行再投资的成本。因此,从理论上讲,除非企业现有新的更好的投资机会,管理层不会将税后利润以股利的形式分派给股东。股利的代理成本论对此做出了解释,这一理论认为管理者与所有者即普通股股东之间存在着代理冲突。为了保护自身的利益,股东必须承担代理成本以减少这种冲突。但对于大型公司而言,如何有效地做到这一点存在着许多困难,股东很难对管理层的管理行为进行直接的监控。有学者发现,通过外部融资的方式可以对解决代理冲突起到很好的作用。当企业向外发行股票或者债券的时候,企业必须接受证券市场的认真审查和分析,从而很好地解决了代理冲突问题,投资者的财富会随着企业价值的增加而增加。在投资规模既定的前提下,股利支付率越高,企业需要发行的新股票也就越高。同时,通过发放相当于闲置现金流量的股利,可以减少管理层浪费企业资金的机会。

当然,尽管学者针对股利政策分配提出了种种理论,但是这些理论仅仅从一个角度或因素对股利政策与公司价值之间关系进行解释,因而并没有一种假说对提供一种完美的、令人信服的答案,甚至各种假说之间存在矛盾与冲突。其实,公司股利政策的选择取决于现金流量、盈利能力、未来投资机会、负债程度等各种因素,各种因素对公司股利政策的影响可以用图 11-11 进行说明。

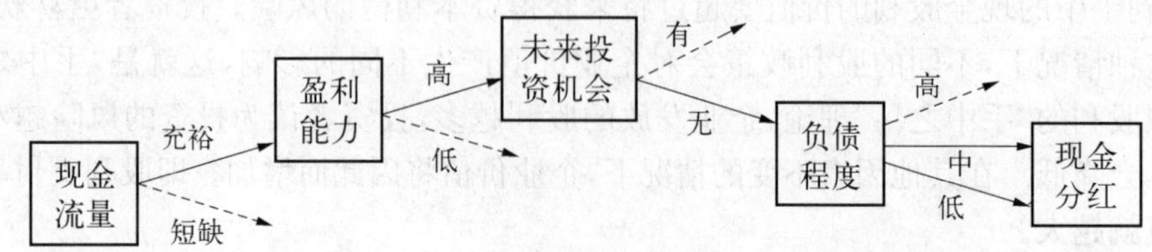


图 11-11 现金股利政策的综合决策模型

3. 营运资本政策

营运资本政策是以经营活动现金流量控制为核心的一系列管理活动的总称,主要内容包括现金管理、短期投资管理、短期借款管理、应收款与应付款管理等内容。现金及其流量是贯串整个营运资本管理的一个核心概念。为了组织生产和经营管理活动,必然产生现金流出,企业向市场提供产品和劳务,将产生现金流入。如何协调现金的流入与流出,并力争实现最大化的净现金流量(即现金流入与流出之差)是营运资本政策的目标所在。为了达到这一目标,理财人员应当加快现金流入的速度,延缓现金流出,尽量减少闲置现金,降低与现金有关的交易成本和管理成本等等。营运资本管理的管理人员根据企业的投资决策、融资决策以及其他长期规划,结合经营过程中内外部环境的变化制定合理的营运资本政策,将战略规划与日常控制的操作性科学地结合在一起。可见,企业的战略目标能否实现,在很大程度上将取决于日常财务控制水平的高低,尤其是营运资本管理水平的高低。由于从财务评价的角度而言,科学而有效的营运资本管理可以保障长期规划中预测现金流量的顺利实现,无疑这将促进企业价值最大化目标的实现。

4. 投资政策

在公司财务理论中,投资指的是企业的固定资产投资。资本政策是公司管理层对固定资产投资所进行的战略选择。通过资本政策,公司管理层放弃掉那些不能够增加企业价值的资本投资项目,而采纳那些有利于企业价值增加的资本投资项目。一个企业能否获得持续发展,能够实现企业价值最大化目标,从根本上取决于公司的资本政策是否合理、科学。

资本政策选择过程中,科学的投资决策程序是资本政策的关键环节。投资决策程序主要包括如下流程:价值判断→筹资决策→资本成本核算→项目经济效益评价。其中,价值筹资是资本政策的战略决策出发点,公司资本投资项目的选择必须以企业价值最大化为目标。也就是说,投资项目必须有助于提升公司价值。资本政策的第二个关键环节是筹资决策,因为项目投资往往需要外部资金,即筹资选择,采取股权融资、发债还是银行借贷,不仅对公司未来的现金流造成影响,而且也会改变公司的资本结构,进而影响公司价值。资本政策的第三个关键环节是资本成本核算,因为在企业融资过程中,负债规模的变化肯定会引起股权资本成本与债务资本成本的变化,进而引起企业资本成本的变化。资本政策的最后一个关键环节是对资本投资项目进行效益评价,其主要方法有回收期法、会计报酬率法、净现值法、内含报酬率法以及获利指数法。目前,西方企业界较多采用的是回收期法、内含报酬率法与净现值法。

## 本章小结

权益证券的估值是一个复杂的系统，涉及宏观环境、行业状况、公司经营等诸基本因素。这种基于预期收益价值决定的“自上而下”层次分析法，称为公司基本面分析。公司的未来业绩与宏观的经济要素相关，这是公司经营的商业环境；行业的生命周期和竞争程度，则对公司的未来盈利水平造成重要的影响。在此基础上的公司估值模型，包括内在价值法（股利折现模型、现金流贴现模型和经济收益附加值估值法等）、相对价值法（市盈率法、市净率法等），这些估值模型是利用公司当前和预期盈利能力的信息，来评估公司真实的市场价值，从而为投资者寻求合理的投资价值提供了基本工具。

## 关键词

基本面分析　经济周期　行业景气度　股利贴现模型（DDM）　公司自由现金流（FCFF）贴现模型　股权资本自由现金流（FCFE）贴现模型　加权平均资本成本（WACC）　市盈率（P/E）　市净率（P/B）　经济附加值（EVA）模型　损益表　资产负债表　现金流量表　资本结构政策　股利政策

## 复习思考题

1. 简述“自上而下”的权益证券分析方法？
2. 宏观经济治标变化是如何影响权益证券价值？
3. 权益证券估值内在价值的方法主要有哪些？这些估值方法具体有何特点？
4. 如何从企业现金流分配的角度理解现金流贴现模型的不同？
5. 比较 EVA 模型和 F－O 模型的异同。
6. 市盈率模型和市净率模型有何不同？
7. 公司的财务报表主要包括哪些内容？它们分别反映哪些问题？
8. 财务报表分析主要解决哪些问题？

# 第十二章

# 金融衍生工具投资分析

学习了本章后，你应该能够：

1. 掌握不同金融期货合约的定价；
2. 掌握Black-Scholes期权定价模型及其应用；
3. 了解金融衍生产品的投资策略及其在投资管理中的应用。

金融衍生工具市场是一个新兴金融市场，产生于20世纪70年代，在80年代进入了迅猛发展时期。随着金融衍生工具的不断推陈出新，金融衍生工具交易量屡创新高，市场规模不断扩大，金融衍生工具成为重要的证券投资品种。所以，学习和掌握金融衍生工具具有非常重要的意义。一般而言，金融衍生工具的风险-收益关系与其标的物的价值相关联。决定衍生证券的价值的证券被称作为基础证券或标的证券。通常，金融衍生工具包括期货合约和期权合约等，我们将在本章中将重点对期货和期权合约进行的定价、价值和投资策略进行分析。

## 第一节　期货合约投资分析

### 一、期货合约合约概述

期货合约(futures contract)是指买卖双方之间签订的在将来一个确定时间按确定的价格购买或出售某项资产的协议。国际期货市场的发展，大致经历了由商品期货到金融期货、交易品种不断增加、交易规模不断扩大的过程。商品期货是最早产生的期货合约，其标的物为实物商品。按照实物商品的种类不同，商品期货可分为农产品期货、金属期货和能源期货三个层次。商品期货推出后，随着第二次世界大战后布雷顿森林体系的解体，20世纪70年代初国际经济形势发生急剧变化，固定汇率制被浮动汇率制所取代，利率管制等金融管制政策逐渐取消，汇率、利率频繁剧烈波动，促使人们重新审视期货市场。在这种背景下，金融期货应运而生。率先出现的是外汇期货，利率期货和股票指数期货也应运而生。进入90年代后在欧洲和亚洲市场，金融期货交易占据了市场的大部分份额；在国际期货市场上，金融期货也成为交易的主要品种。推出金融期货后不久，国际期货市场又出现了新的变化。1982年10月1日，美国长期国债期货期权合约在芝加哥期货交易所上市，为其他商品期货和金融期货开辟了一方新天地，引发了期货交易的又一场革命。期权交易不仅对现货商提供规避风险的作用，而且对期货商的期货交易也具有一定程度的避险作用。相当于给高风险的期货交易买上了一份保险。因此，期权交易独具的或与期货交易结合而产生的种种灵活交易策略吸引了大批投资者。目前，国际期货市场上的大部分期货交易都引进了期权交易方式。

## 二、期货合约的基本功能

一般而言，期货合约的基本功能有如下三种。

（一）风险管理功能

现货价格风险是商品生产经营者在生产过程中不可避免地会遇到的风险。即无论价格向哪个方向变动，总会使一部分商品生产经营者遭受损失。期货市场的基本功能之一就是管理风险功能（Risk Management），具体表现为利用商品期货管理价格风险，利用外汇期货管理汇率风险，利用利率期货管理利率风险和利用股指期货管理股票市场系统性风险。在某些特定的假设前提下，期货交易可以使风险在具有不同风险偏好的投资者之间进行转移和再分配，并将这些风险分配给那些最具有承受能力而又最愿意承担风险的投资者，从而稳定现货市场的价格波动。国外学者对期货市场风险分配的一般均衡分析表明，如果投资者的风险偏好程度不同，收入转移效应（由于期货合约的交割而导致投资者在现货市场的资本盈利或亏损）就会影响到现货市场的波动性，这种影响可能加剧或减少现货市场价格的波动。

（二）价格发现功能

在市场经济条件下，价格是根据市场供求状况形成的。期货市场上来自四面八方的交易者带来了大量的供求信息，标准化合约的转让又增加了市场流动性，期货市场中形成的价格能真实地反映供求状况，同时又为现货市场提供了参考价格，起到了“价格发现”（price discovering）的功能。

研究表明，期货市场的交易者具有更好的信息，因此能将经济运行状况的信息传递给现货市场的交易者。在期货交易中，投机者为了能在交易中获利，必须努力寻找和评估有关期货的价格信息。由于期货市场上存在着一批专业的信息收集和分析的投机者，使得期货市场的信息利用效率大大提高。他们在交易的过程中频繁地根据新获得的信息进行买卖交易，这些交易行为本身将各种基础金融产品所内含信息的变化、市场参与者对新信息的判断以及他们对基础金融产品未来价格变化趋势的预测，通过各自的交易行为传递给市场，由于市场的高度可竞争性以及交易者为了获利而进行的信息搜寻活动，使期货产品的价格能够及时、准确地反映基础金融产品所包含的信息的变化，交易者也将迅速调整自己的资产组合，使得期货的价格能够更好地反映未来市场利率的变化。这些调整资产组合的行动（基础金融产品市场）以及现货和期货市场的套利活动将对现货市场产生影响，使得现货市场的价格能够更好地反映其内在价值。

（三）投机功能

期货市场的一个主要经济功能是为生产、加工和经营者等提供价格风险转移工具。要实现这一目的，就必须有人愿意承担风险并提供风险资金。扮演这一角色的就是投机者。投机者是期货市场的重要组成部分，是期货市场必不可少的润滑剂。投机者使期货市场具有了投机功能（speculation）。投机交易增强了市场的流动性，承担了套期保值交易转移的风险,是期货市场正常运营的保证。如果没有这些风险承担者,只要套期保值者参与期货交易,那么只有在买入套期保值者和卖出期货保值者的交易数量完全相符时,交易才能成立,风险才能得以转移。但从实际来看,买入套期保值者和卖出期货保值者之间的不平衡是经常发生的。投机者的加入恰好能抵消这种不平衡,促使套期保值交易活动的实现。因此,可以这样说,正是因为有投机者参与,套期行为才能顺利进行,而使期货市场具有经济功能。

## 三、期货合约的定价

### (一) 无套利定价原理

在期货—现货平价原理中,我们介绍了持有成本模型,根据持有成本模型我们可以由现货价格推导出期货的价格。但由于持有成本模型的种种假设条件与市场上的实际情况并不完全相同,两者之间存在着一定的差距,所以 $F_T = S_0(1+C)$ 所表现的期货价格仅仅是一个理论价格。实际上,我们并不要求所有市场参与者都必须满足上述假设,这些假设只是相对于一些大的投资银行和证券公司而作出的,因为正是这些主要市场参与者的套利活动,才确保了期货价格与现货价格之间的关系趋向均衡,这就是无套利定价(no arbitrage pricing)的基本思想。

那么,就无套利定价原理而言,假如 $F_T > S_0(1+C)$,市场会发生怎样的情况呢?通过表 12-1 的操作,套利者可赚得无风险利润。

同理,当 $F_T < S_0(1+C)$ 时,套利者会卖空现货,并将卖空所得到的收入按无风险利率贷出,与此同时,在期货市场上做多,即买入该种基础资产的期货合约,并将期货合约一直保持至到期日。因此,即使持有成本的种种假设条件不满足时我们也可以根据套利活动使其价格达到均衡(见表 12-1)。

表 12-1 $F_T > S_0(1+C)$ 时的套利策略

| | 套利者的资产组合 | 现金流动状况 |
|---|---|---|
| 交易日 | 按 $F_T$ 出售期货合约 | 0 |
| | 按无风险利率借入资金 | $+S_0$ |
| | 购买期货合约的基础资产 | $-S_0$ |
| | 净现金流动 | 0 |
| 到期日 | 期货合约逐日盯市的累计损益 | $+F_T-S_T$ |
| | 履行期货合约规定的交割义务 | $+S_T$ |
| | 归还本金 | $-S_0$ |
| | 基础资产的持有成本 | $-S_0 * C$ |
| | 净现金流动 | $F_T-S_0(1+C)$ |
| 无风险套利利润 | | $F_T-S_0(1+C)$ |

（二）外汇期货定价

外汇期货(foreign exchange futures)，是指交易双方约定在未来特定的时期进行外汇交割，并限定了标准币种、数量、交割月份及交割地点的标准化合约。外汇期货也被称为外币期货(foreign currency futures)或货币期货(currency futures)，用来回避汇率风险。它是金融期货中最早出现的品种。自 1972 年 5 月芝加哥商业交易所(Chicago Mercantile Exchange，CME)的国际货币市场(IMM)分部推出第一张外汇期货合约以来，随着国际贸易的发展和世界经济一体化进程的加快，外汇期货交易一直在期货市场上占据着重要的地位。

不同的交易所推出的外汇期货合约内容大致相同。目前，交易量较大的外汇期货合约是由芝加哥商业期货交易所国际货币市场分部、新加坡国际金融交易所和伦敦国际金融期货交易所推出的，其中国际货币市场分部交易的外汇期货合约占了全球 90%以上的交易量。

由于外汇期货的相关资产是以外币表示的，因此，需要通过汇率折算为本币资产，从持有成本理论来看，外汇期货的定价既涉及利用本币对货币期货相关资产进行资金融通，又涉及因持有货币期货相关资产而产生的机会成本。

1. 现货-持有模型

借入一定数量的本币 $A$(短期利率 $r_1$)，按即期汇率 $S_0$(spot exchange rate)购买一定数量的外币，同时以价格 $F_T$ 卖出该种外汇期货合约(剩余到期时间 $T$，短期利率 $r_2$)。这样，持有成本模型中的储存成本依赖于本币短期利率 $r_1$，资产收益则依赖于外币短期利率 $r_2$。

当市场均衡时，现货到期价值=期货到期价值，用公式表示为

$$AS_0(1+r_1t) = AF_T(1+r_2t)$$

所以，外汇期货的定价可表达为

$$F_T = S_0\frac{1+r_1t}{1+r_2t} \tag{12-1}$$

当然，上述外汇期货的这种定价公式，隐含着一系列条件：

(1) $F_T$ 与 $S_0$ 同为间接标价法。

(2) 货币期货的价格 $F_T$ 与货币远期合约的价格是一致的。

(3) 期货市场为完全市场，即无直接交易费用，无借贷利率差异，无现货市场卖空限制。

2. 关于利率平价理论的外汇期货持有成本模型

将式(12-1)代入持有成本模型的一般形式 $F_T = S_0(1+C)$，可得到持有成本：

$$1+C = \frac{1+r_1t}{1+r_2t} = 1+\frac{r_1t-r_2t}{1+r_2t}$$

当 $r_2$ 与 $t$ 都很小时，下式成立。即：

$$C = (r_1-r_2)t \tag{12-2}$$

3. 关于购买力平价理论的外汇期货持有成本模型

按费希尔(Fisher)分析，名义利率(市场利率) $r_n$ 包含两部分，即实际利率 $r^*$ 和通货膨胀率 $E(I)$，用公式表示为

$$1+r_n=(1+r^*)[1+E(I)] \tag{12-3}$$

因此，在考虑通胀因素后式(12-1)中的 $1+r_1t$ 与 $1+r_2t$ 就可转化为

$$1+r_1t=(1+r_1^*t)[1+E(I_1)]$$
$$1+r_2t=(1+r_2^*t)[1+E(I_2)]$$

所以，式(12-1)可进一步表达为

$$F_T=S_0\frac{(1+r_1^*t)[1+E(I_1)]}{(1+r_2^*t)[1+E(I_2)]} \tag{12-4}$$

当 $t$, $r_1^*$, $r_2^*$, $E(I_1)$, $E(I_2)$ 很小时，式(12-13)可近似表达为

$$F_T\approx S_0\frac{1+r_1^*t+E(I_1)}{1+r_2^*t+E(I_2)}\approx S_0[1+(r_1^*-r_2^*)t+E(I_1)-E(I_2)] \tag{12-5}$$

在式(12-5)中，根据本币短期利率 $r_1$ 和外币短期利率 $r_2$ 的关系，外汇期货定价模型则存在以下两种情形

(1) 若 $r_1^*=r_2^*$, $E(I_1)=E(I_2)$，则 $F_T=S_0$；

(2) 若 $r_1^*\neq r_2^*$，则 $\frac{\partial F_T}{\partial[E(I_1)-E(I_2)]}=S_0$，此时 $F_T$ 与国内外预期通货膨胀率差成正比。

（三）股票指数期货定价

股票指数期货(stock index futures)(以下简称股指期货)是一种以股票价格指数作为标的物的金融期货合约。与其他期货合约相比，股票指数期货合约有如下特点。

1. 股票指数期货合约是以股票指数为基础的金融期货

长期以来，市场上没有出现单种股票的期货交易，这是因为单种股票不能满足期货交易上市的条件。而且，利用它也难以回避股市波动的系统性风险。而股票指数由于是众多股票价格平均水平的转化形式，在很大程度上可以作为代表股票资产的相对指标。股票指数上升或下降表示股票资本增多或减少，这样，股票指数就具备了成为金融期货的条件。利用股票指数期货合约交易可以消除股市波动所带来的系统性风险。

2. 股票指数期货合约所代表的指数必须是具有代表性的权威性指数

目前，由期货交易所开发成功的所有股票指数期货合约都是以权威的股票指数为基础。比如，芝加哥商业交易所的S&P500指数期货合约就是以标准·普尔公司公布的500种股票指数为基础。权威性股票指数的基本特点就是具有客观反映股票市场行情的总体代表性和影响广泛性。这一点保证了期货市场具有较强的流动性和广泛的参与性，是股票指数期货合约成功的先决条件。

3. 股票指数期货合约的价格是以股票指数的“点”来表示的

世界上所有的股票指数都是以点数表示的，而股票指数的点数也是该指数的期货合约的价格。例如，S&P500指数6月份为260点，这260点也是6月份的股票指数合约的价

格。以指数点乘以一个确定的金额数值就是合约的金额。

4. 股票指数期货合约是以现金结算的期货合约

股票指数期货合约之所以采用现金结算，主要有以下两个方面的原因。

(1) 股票指数是一种特殊的股票资产，其变化非常频繁，而且是众多股票价格的平均值的相对指标，如果采用实物交割，势必涉及繁琐的计算和实物交割等极为麻烦的手续。

(2) 股票指数期货合约的交易者并不愿意交收该股指所代表的实际股票，他们的目的在于保值和投机，而采用现金结算，既简单快捷，又节省费用。

股票指数期货推出的目的在于向市场中的投资者提供一种有效的风险规避工具，防止由于整个股票市场的剧烈涨跌给组合投资者造成较大的损失，同时也给市场中敢于承担风险的投资者提供一种可获得风险收益的金融工具。股票指数期货合约从这个基本点出发，对合约大小、合约交割月份、最小价格变动、涨跌停板、保证金、交易时间、交割方式、每日结算价格、最后结算价、最后交易日及最后结算日等具体期货合约条款进行了详细的设计。

下面将介绍股票指数期货的持有成本理论模型。在此，股指期货合约的定价是基于以下假设：股指期货合约是一个相应股票现货的临时替代物，该合约不是真实的股票现货而是买卖双方之间的协议，双方同意在合约到期时进行股票现货交割。

在指数期货合约成交时，买卖双方并没有交换资金，卖方要在合约到期时才交割出股票并得到现金收入。对卖方来说，本来他做现货卖出马上就可以得到现金，但因为是期货他必须持有一段时间，由此产生了成本，这个成本必须通过期货合约的价格来得到补偿，因此，期货合约价格应比股票现货价格高一些。同样，对买方来说，本来做现货买入他必须现在就支付货款，但由于是期货他可以过一段时间再支付，因此他应该为占用了卖方的资金和延迟支付而付出一定的融资费用。

另外，由于股指期货合约所对应的股票现货是一揽子支付现金股息的股票，那么买方会因为没有马上持有这个股票组合而未得到股息；相反，卖方因持有股票组合得到了股息，因而减少了其持有成本。因此合约价格要向下调整，这样股指期货合约价格是融资成本减去相应股票现货股息的函数，即

$$\text{指数期货合约价格}=\text{相应股票现货价格}+\text{融资成本}-\text{股息收益} \tag{12-6}$$

这就是理想状态下的指数期货合约持有成本定价模型。

为了推导股指期货合约持有成本定价模型的数学公式，必须先作以下假定：股指期货合约所对应的股票组合是可分的；现金股息是确定的；借入和贷出资金的利率是相同而且是已知的；卖空股票现货没有限制，而且马上可以得到相应货款；没有交易税收和交易成本；现货价格已知；对应股票现货有足够的流动性。

现定义如下符号：$S_t$ 为 $t$ 时点的股票指数价格；$S_T$ 为期货合约到期日 $T$ 时刻的股票指数；$F_t$ 为 $t$ 时点上股指期货合约价格；$F_T$ 为期货合约到期日 $T$ 时刻的合约价格，其价格应等于当时股价 $S_T$；$FP_t$ 为 $t$ 时点股指期货合约理论价格；$r$ 为无风险利率；$D$ 为 $t$ 时点至到期日 $T$，持有股票现货所发放的现金股利至到期日 $T$ 之复利总和（$D=\sum d_t/p\times w\times(1+r)^{T-t}$，其中 $d_t$ 为 $t$ 时点个别股票发放的每股现金股利；$p$ 为 $t$ 时点个别股票的股价；$w$ 为 $t$ 时点个别股票占指数权重）。

股指期货合约的理论价格可利用复制股指期货现金流量的方式求得，见表 12-2 中的

策略。

**表 12-2　复制股指期货现金流量表**

| 交易策略 | | $t$ 时点的现金流量 | 到期日 $T$ 的现金流量 | $t$ 时点的净现金流量 |
|---|---|---|---|---|
| 策略一 | 买入股指期货 | 0 | $S_T-FP_t$ | $(S_T-FP_t)/(1+r)^{T-t}$ |
| 策略二 | 买入股指现货成分股投资组合 | $-S_T$ | $S_T+D$ | $(S_T+D)/(1+r)^{T-t}-S_T$ |

由于股指期货为股票指数的衍生品，两者间最后价格将趋于一致。因此在均衡状态下，策略一和策略二在 $t$ 时点的净现金流量应该相同，即

$$(S_T-FP_t)/(1+r)^{T-t}=(S_T+D)/(1+r)^{T-t}-S_T$$

通过左右移项和调整后，求得股指期货的理论价格为

$$FP_t=S_T\times(1+r)^{T-t}-D \tag{12-7}$$

在实际运用公式(12-7)时，由于股利发放金额和时机都难以确定，我们就采取一种近似方法来计算 $D$：假定上市公司的股利是在期初发放的，股利收益率 $d$ 等于上一年股指期货合约相应的标的物指数样本股发放的现金股利之和/上一年指数样本股日平均总市值之和，这样可得到近似调整但计算方便的股指期货合约理论定价模型：

$$FP_t=S_t\times(1+r-d)^{T-t}=S_t\times e^{(r-d)(T-t)} \tag{12-8}$$

(四) 利率期货定价

利率期货(interest rate futures)是继外汇期货之后产生的又一个金融期货类别，指标的资产价格依赖于利率水平的期货合约，如债券期货、短期利率期货和欧洲美元期货。它可以回避利率波动所引起的证券价格变动的风险。短期利率期货大多以银行同业拆借中 3 月期利率为标的物，债券期货大多以 5 年期以上长期债券为标的物。利率期货是当今世界上成交量最大的金融衍生工具，在国际金融市场中具有重要的地位与作用。下面，我们主要对美国市场利率期货中短期国库券、中长期国债期货合约进行介绍。

美国的利率期货交易场所是芝加哥期货交易所(Chicago Board of Trade，CBOT)与芝加哥商业交易所(Chicago Mercantile Exchange，CME)。其中，短期利率期货交易主要集中在 CME，包括 3 个月期国库券期货合约及 3 个月欧洲美元期货等。中长期利率期货交易主要集中在 CBOT，美国主要的中长期利率期货合约有长期国债期货和 10 年、5 年、2 年期中期国债期货。除了 2 年期国债期货交易单位为面值 20 万美元或其倍数以外，其他三种期货合约的交易单位均为面值 10 万美元或其倍数。

1. 短期利率期货定价

短期利率期货合约的定价基础是远期隐含收益率(implied forward rate，IFR)。当期货合约的利率水平与远期收益率不相等时，交易者就会在市场上进行大量的套利交易，这样就使得期货市场的利率水平和隐含远期收益率一致，从而形成利率期货合约的价格水平。

由于短期利率期货的价格由预期价格决定的，那么期货价格 $F_T$ 应等于预期的价格 $E(T)$，即

$$F_T = E(T) \tag{12-9}$$

但是，在利率期货合约的实际报价中，由于利率期货合约的报价是用到期收益率来表示，那么预期的价格就是该利率债券的预期收益率。按照预期假说理论的解释，预期远期收益率是短期利率期货合约收益率的反映。这样投资于长期债券的收益就等于投资于短期债券进行滚动投资而取得的收益。由此，远期收益率可表达为

$$(1+R_n)^n = \prod_{i=2}^{n}(1+R_{ei}) \times (1+R_1) \tag{12-10}$$

式中：$R_1$ 表示当前市场上公布的 1 年期债券的利率；$R_n$ 表示当前市场上公布的第 $n$ 年期债券的利率；$R_{ei}$ 表示第 $i$ 年预测的 1 年投资利率。

在 $n+1$ 的情况下，上式公式变为

$$(1+R_{n+1})^{n+1} = (1+R_{en+1})\prod_{i=2}^{n}(1+R_{ei}) \times (1+R_1)$$

整理得

$$1+R_{en+1} = \frac{(1+R_{n+1})^{n+1}}{(1+R_n)^n} \tag{12-11}$$

上式中 $R_{en+1}$ 为 $n$ 至 $(n+1)$ 年短期投资的预期收益率，即隐含的远期收益率。在此，$n$ 为年数，短期国库券的期限都在 1 年以下，有必要将 $n$ 相应缩短为月数。

2. 中长期利率期货定价

关于中长期利率期货定价，我们有必要先补充两个极为重要的概念：最便宜可交割债券和转换因子。最便宜可交割债券（cheapest-to-deliver bonds，CTD），是指在长期国债交易中，现货市场存在多种可供期货合约的空方选择的可交割债券。例如，芝加哥交易所规定，在长期国债期货的交割中，空方可选择期限长于 15 年且在 15 年内不可赎回的任何息票利率的债券以用于交割。这样，一般卖方都会选择一种最经济的债券进行交割，这种债券被称为最便宜可交割债券。

至于转换因子（conversion factors，CF），则是指将中长期国债期货合约的价格折算成不同息票利率的、可用于交割的现货债券价格的一种比率。其实质是将面值 1 美元的可交割债券在其剩余期限内的现金流，用 6%（2000 年 3 月之前为 8%）的标准年息票利率（每半年计复利一次）所折现的现值。

转换因子计算方法很多，在此我们只介绍最直观的一种。设 $CF$ 为转换因子；$i$ 表示年息票利率；$S$ 为该债券在剩余期限内的付息次数（每半年一次），则当 $S$ 为偶数时，存在：

$$CF = \sum_{t=1}^{S}\frac{i/2}{(1+0.03)^t} + \frac{1}{(1+0.03)^S} \tag{12-12}$$

当 $S$ 为奇数时，存在：

$$CF = \frac{1}{(1+0.03)^{1/2}}\left[\sum_{t=1}^{S}\frac{i/2}{(1+0.03)^t} + \frac{1}{(1+0.03)^S} + \frac{i}{2}\right] - \frac{1}{2}\times\frac{i}{2} \tag{12-13}$$

一般而言，实际息票利率高于标准息票利率的可交割债券，其转换因子将大于 1，且剩余期限越短，越接近于 1；而实际息票利率低于标准息票利率的可交割债券，其转换因子将小于 1，且剩余期限越长，越接近于 1。

中长期利率期货的定价是以持有成本为基础，在此重点介绍利率期货的持有成本模型。由于中长期政府债券是可以储存的期货商品，交易者可以选择不同的交割月份进行实物交割。因此，中长期国债期货的理论价格应该等于调整后的现货价格加上持有成本，用公式表达如下：

$$F_T = S_0 + C \tag{12-14}$$

式中：$F_T$ 为理论上的期货价格；$S_0$ 为用于交割的现货价格；它是将任何可交割债券的价格除以其转换因子得到的数值；$C$ 为持有成本。

持有成本 $C$ 用公式表达为

$$C = \frac{1}{CF}\left[(P+A)\left(r \times \frac{T}{365}\right) - 100 \times Y \times \frac{T}{360}\right] \tag{12-15}$$

# 第二节　期权投资分析

## 一、期权概述

### （一）期权的定义

期权的萌芽形式已有几百年的历史。较早的期权交易主要是用于实物商品、房地产和贵金属业务，都是现货期权。20 世纪 20 年代，美国出现了股票的期权交易，但由于它带着较为浓厚的投机色彩而不为多数人所接受。全美范围内标准化的期权合约是从 1973 年芝加哥期权交易所(CBOE)的看涨期权交易开始的。随后，期权产品在全球范围内获得了超常的发展，拥有巨大的交易量。

那么，什么是期权？这种金融衍生工具与我们前章所讨论的远期和期货合约有何本质不同？其实，远期和期货合约有一个共同的特点，即买方和卖方的盈利和亏损的机会均等，该交易的预期价值为零。买方只是简单地和卖方签订了一份有约束力的协议，他们达成一致，但没有支付任何费用：市场价格是对合同双方都有利的价格。

期权则不同，它允许买方从市场的一种变动中受益，但市场朝相反方向运动时也不会遭受损失。这意味着期权的买方和卖方获利和损失的机会不是均等的。期权的多头获得了好处而没有任何坏处，获得了一种权利而不是义务。如果买方不支付任何费用是不可能获得的；同样，对于只会损失或者只能盈亏平衡的合同的卖方而言，收取一定费用是合理的。因此，期权和之前所述的金融衍生产品的不同之处是它的损益的不对称性，以及买卖双方需要事先交付一笔费用。

为进一步探讨期权，下面给出它的准确的定义。所谓期权(options)，又称选择权，是指赋予期权购买者在规定期限内按双方约定的价格[简称协议价格(striking price)或执行价格(exercise price)]购买或出售一定数量的某种金融资产[称为标的资产(underlying financial assets)]的权利的合同。

### (二) 期权合约要素

从上面关于期权的定义中，我们可以看出，期权合约的要素主要有：

1. 期权的买方

期权的买方(purchaser of an option)就是购买期权的一方，即支付费用从而获得权利的一方，也称期权的多头(long position)。

2. 期权的卖方

期权的卖方(writer of an option)就是出售期权的一方，即获得费用因而承担着在规定的时间内履行该期权合约的义务一方，也称期权的空头(short position)。

3. 执行价格

执行价格(exercise price)又称协议价格(striking price)，是指期权合约所规定的、期权卖方在行使权利时所实际执行的价格。这一价格一旦确定，则在期权有效期内，无论期权标的物的市场价格上升到什么程度抑或下降到什么程度，只要期权购买者要求执行期权，期权出售者就必须以执行价格履行他的相应的义务。

在金融期权交易中，交易所内交易的合约的执行价格是由交易所根据标的资产的价格变化趋势确定的；场外交易的执行价格则由交易双方商定。

4. 期权费

期权费(option premium)是指期权买方为获取期权合约所赋予的权利而向期权卖方支付的费用。这一费用一旦支付，则不管期权购买者是否执行期权均不予退回。它是期权合约中唯一的变量，大小取决于期权合约的性质、到期月份和执行价格等。对于卖方而言，它是期权的报酬；对于买方而言，它是买入期权所遭受损失的最高限度。期权费是交易双方在交易所内竞价形成的。

在金融期权交易中，期权费的决定是一个既重要又复杂的问题。因此，区分期权费和执行价格是十分重要的。执行价格指的是期权合约中标的资产的价格；而期权费是期权合约的价格，更确切地说，是期权合约所赋予的权利的价格。

5. 通知日

当期权买方要求履行标的物的交货时，它必须在预先确定的交货和提运日之前的某一天通知卖方，以便让卖方做好准备，这一天就是通知日(notice day)。

6. 到期日

到期日(expiration date)指期权合约必须履行的时间，它是期权合约的终点。

### (三) 期权合约的常见类型

金融期权的分类标准有很多，按不同的标准可以划分为不同的类型：

1. 按期权购买者的权力划分

按期权购买者的权力划分，期权可分为看涨期权(call options)和看跌期权(put options)。

看涨期权是指赋予期权的购买者在预先规定的时间以执行价格从期权出售者手中买入一定数量的金融工具的权利的合约。为取得这种买的权利，期权购买者需要在购买期权时支付给期权出售者一定的期权费。因为它是人们预期某种标的资产的未来价格上涨时购买的期权，所以被称为看涨期权。

而看跌期权是指期权购买者拥有一种权利，在预先规定的时间以执行价格向期权出售者卖出规定的金融工具。为取得这种卖的权利，期权购买者需要在购买期权时支付给期权出售者一定的期权费。因为它是人们预期某种标的资产的未来价格下跌时购买的期权，所以被称为看跌期权。

2. 按期权购买者执行期权的时限划分

按期权购买者执行期权的时限划分，期权可分为欧式期权(European options)和美式期权(American options)。

欧式期权是指期权的购买者只有在期权到期日才能执行期权(即行使买进或卖出标的资产的权利)，既不能提前也不能推迟。若提前，期权出售者可以拒绝履约；若推迟，期权将被作废。

而美式期权则允许期权购买者在期权到期前的任何时间执行期权。美式期权的购买者既可以在期权到期日这一天行使期权，也可以在期权到期日之前的任何一个营业日执行期权。当然，超过到期日，美式期权也同样被作废。

不难看出，对期权购买者来说，美式期权比欧式期权更为有利。因为买进这种期权后，它可以在期权有效期内根据市场价格的变化和自己的实际需要比较灵活而主动地选择履约时间。相反，对期权出售者来说，美式期权比欧式期权使他承担着更大的风险，它必须随时为履约做好准备。因此，在其他情况一定时，美式期权的期权费通常要比欧式期权的期权费要高一些。同时，也正是由于上述原因，美式期权与欧式期权在定价方法上也有着很大的不同。

从上面的分析可以看出，所谓的"欧式期权"和"美式期权"实际上并没有任何地理位置上的含义，而只是对期权购买者执行期权的时间有着不同的约定。因此，即使在欧洲国家的金融期权市场上也同样交易着美式期权；在美国的金融期权市场上也同样交易着欧式期权。世界范围内，在交易所进行交易的多数期权均为美式期权；而在大部分场外交易中采用的则是欧式期权。

3. 按执行价格与标的资产市场价格的关系划分

按执行价格与标的资产市场价格的关系划分，期权可以分为实值期权(in-the money options)、平价期权(at-the-money options)和虚值期权(out-of-the-money options)。

实值期权是指如果期权立即被执行，买方具有正的现金流；平价期权是指买方此时的现金流为零；而虚值期权是指买方此时具有负的现金流。三者与看涨期权和看跌期权的对应关系如表 12-3 所示。

**表 12-3 期权价值与看涨期权和看跌期权的关系**

| | 看 涨 期 权 | 看 跌 期 权 |
|---|---|---|
| 实值期权 | 市场价格＞执行价格 | 市场价格＜执行价格 |
| 平价期权 | 市场价格＝执行价格 | 市场价格＝执行价格 |
| 虚值期权 | 市场价格＜执行价格 | 市场价格＞执行价格 |

实值、平价和虚值期权描述的是期权在有效期内的某个时点上的状态，随着时间的变化，同一期权的状态也会不断变化。有时是实值期权，有时是平价期权，有时又变成虚值

期权。

4. 按标的资产的性质划分

按标的资产的性质划分，期权可以分为现货期权（spots options）和期货期权（futures options）。

现货期权是指以各种金融工具本身作为合约标的资产的期权，如各种股票期权、股票指数期权、外汇期权和债券期权等等。期权买方提出执行后，双方一般要进行标的资产的交割。

期货期权是指买方有权在到期日或之前，以执行价格买进或卖出一定数量的特定商品或资产的期货合约。由于期货期权的标的资产是期货合约，因此期货期权实施时要求交易的不是期货合约所代表的标的资产，而是期货合约自身。事实上，期货期权在实施时也很少交割期货合约，不过是由期货期权交易双方收付期货合约与期权的执行价格之间的差额而引起的结算金额而已。期货期权包括各种外汇期货期权、利率期货期权以及股票指数期货期权等等。

（四）期权合约的盈亏分布

前面讲到，期权与远期合约以及期货合约的不同之处是它的损益的不对称性。下面我们就来具体地分析一下期权合约的盈亏分布，它们对于分析期权的价值是很重要的。

1. 看涨期权的盈亏分布

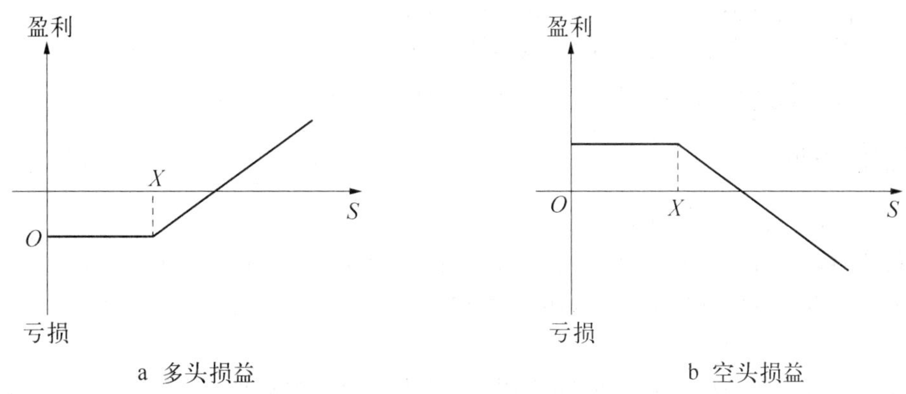


图 12－1 看涨期权的盈亏分布

由于期权买卖双方是零和博弈（zero-sum games），买者的盈亏和卖者的亏盈恰好相反。如图 12－1 所示。从图中可以看出，看涨期权买者的亏损是有限的，其最大亏损额为期权价格，而盈利可能是无限的；相反，看涨期权卖者的盈利是有限的，其最大盈利为期权价格，而亏损可能是无限的。期权的买者以较小的期权价格作为代价换取较大盈利的可能性；而期权卖者则为赚取期权费而冒着大量亏损的风险。

2. 看跌期权的盈亏分布

同样推理，看跌期权的卖者的盈利和买者的亏损是有限的。从图 12－2 看出，当标的资产的价格跌至盈亏平衡点（等于执行价格减去期权费）以下时，看跌期权买者的最大盈利是执行价格减去期权费后再乘以每份期权合约所包含的标的资产的数量，此时标的资产的价格为零。如果标的资产价格高于执行价格，看跌期权买者就会亏损，其最大亏损是期权费总额，如图 12-2a。看跌期权卖者的盈亏状况则与买者刚好相反，即看跌期权卖者的盈利是有限的期权费，亏损也是有限的，其最大限度为协议价格减去期权价格后再乘以每份期权合约所包括的标的资产的数量，如图 12-2b 所示。

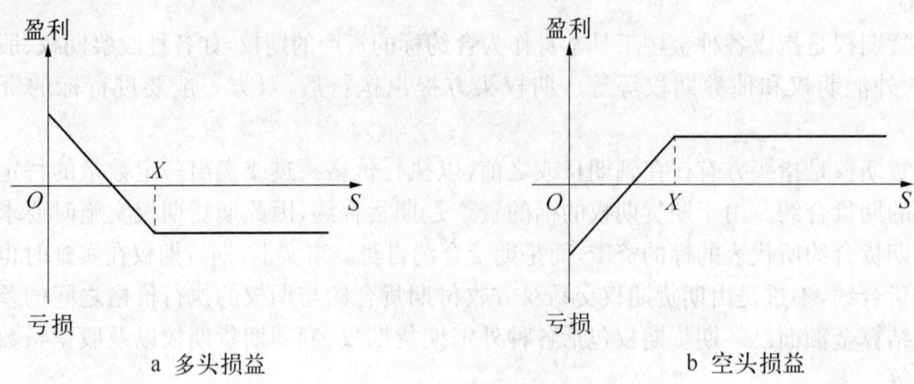


图 12-2 看跌期权的盈亏分布

下面给出到期日期权损益状态。在计算时，不包括初始期权成本。如果以 $X$ 表示执行价格，$S_T$ 代表标的资产的到期日价格，则：

欧式看涨期权多头的损益为：$\max(S_T - X, 0)$；

欧式看涨期权空头的损益为：$\min(X - S_T, 0)$；

欧式看跌期权多头的损益为：$\max(X - S_T, 0)$；

欧式看跌期权空头的损益为：$\min(S_T - X, 0)$。

## 二、期权的价值

### (一) 内在价值与时间价值

期权价格可以分为两部分：内在价值(intrinsic value)和时间价值(time value)。一份期权合约的价值等于其内在价值与时间价值之和。

1. 期权的内在价值

期权的内在价值是指多方行使期权时可以获得的收益的现值，它通常指标的资产的市场价格与执行价格之间的关系。下面我们直接给出内在价值的汇总表而省略了证明(见表 12-4)。

**表 12-4 期权的内在价值**

| | | | 内 在 价 值 |
|---|---|---|---|
| 欧式期权 | 看涨期权 | 无收益资产 | $S - Xe^{-r(T-t)}$ |
| | | 有收益资产 | $S - D - Xe^{-r(T-t)}$ |
| | 看跌期权 | 无收益资产 | $Xe^{-r(T-t)} - S$ |
| | | 有收益资产 | $Xe^{-r(T-t)} - S + D$ |

续　表

| | | | 内 在 价 值 |
|---|---|---|---|
| 美式期权 | 看涨期权 | 无收益资产 | $S-Xe^{-r(T-t)}$ |
| | | 有收益资产 | $S-D-Xe^{-r(T-t)}$ |
| | 看跌期权 | 无收益资产 | $X-S$ |
| | | 有收益资产 | $X-S+D$ |

其中：$S$ 表示标的资产的当前市价；$X$ 表示执行价格；$r$ 是无风险利率水平；$T-t$ 表示到期时间；$D$ 表示在期权有效期内标的资产现金收益的现值。

当标的资产的市场价格低于执行价格时，期权多方是不会行使期权的，因此期权的内在价值应大于等于 0。

2. 期权的时间价值

然而，在到期日之前，期权的价值应该超出其内在价值，其差额是时间价值。通常，时间价值是指在期权有效期内标的资产价格波动为期权持有者带来收益的可能性所隐含的价值。一个极端的例子是：当股票价格等于或低于执行价格时，期权没有正的内在价值；此时的期权价格反映的是在期权到期日之前资产价格存在着上涨到执行价格以上的可能性。显然，标的资产价格的波动率越高，期权的时间价值就越大。

此外，期权的时间价值还受期权内在价值的影响。以无收益资产看涨期权为例，当 $S=Xe^{-r(T-t)}$ 时，期权的时间价值最大。当 $S-Xe^{-r(T-t)}$ 的绝对值增大时，期权的时间价值是递减的。如图 12-3 所示。

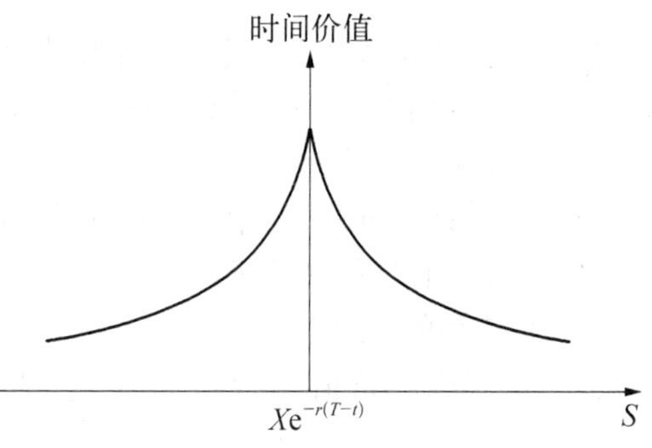


图 12-3　无收益资产看涨期权时间价值与 $(S-Xe^{-r(T-t)})$ 的关系

同样的，我们还可以得出如下结论：有收益资产看涨期权的时间价值在 $S=D+Xe^{-r(T-t)}$ 点最大，而无收益资产欧式看跌期权的时间价值在 $S=Xe^{-r(T-t)}$ 点最大，有收益资产欧式看跌期权的时间价值在 $S=Xe^{-r(T-t)}-D$ 点最大，无收益资产美式看跌期权的时间价值在 $S=X$ 点最大，有收益资产美式看跌期权的时间价值在 $S=X-D$ 点最大。

（二）期权价格的界限

为了推导出期权定价的精确公式，我们首先需要找出期权价格的上限、下限。期权价格的上限和下限是期权在到期日之前的期权价格的波动区间。

1. 期权价格的上限

令 $S$ 表示标的资产的现价；$X$ 表示期权执行价格；$T$ 表示期权的到期时间；$t$ 表示现在的时间；$S_T$ 表示在 $T$ 时刻标的资产的价格；$r$ 表示无风险利率；$C$ 表示购买一单位标的资产的美式看涨期权的价格；$P$ 表示出售一单位标的资产的美式看跌期权的价格；$c$ 表示购买一单位标的资产的欧式看涨期权的价格；$p$ 表示出售一单位标的资产的欧式看跌期权的价格。

看涨期权的持有者有权以某一确定的价格购买一单位标的资产，因此期权的价格不可能超过标的资产的价格，标的资产的价格就是期权价格的上限：$c \leqslant S$ 和 $C \leqslant S$。如果 $c > S$ 或 $C > S$，则套利者通过购买标的资产并卖出看涨期权可以轻易地获得无风险收益。

看跌期权的持有者有权以 $X$ 的价格出售一单位的标的资产，由于标的资产的价格不可能小于零，所以期权的价格不会超过 $X$：$p \leqslant X$ 或 $P \leqslant X$。同样的，如果不存在上述关系，套利者通过购买标的资产并且出售看跌期权则可获得无风险收益。而对于欧式看跌期权来说，合约只能在到期日执行，在 $T$ 时刻，期权的价格不超过 $X$，因此期权的现值不会超过 $X$ 的现值：$p \leqslant Xe^{-r(T-t)}$。

2. 期权价格的下限

当 $c < S - Xe^{-r(T-t)}$ 时，套利者可以购买欧式看涨期权，卖出标的资产，流入的现金为 $S-c$，大于 $Xe^{-r(T-t)}$，将这笔资金用于无风险利率的投资，在期权到期日可以获得超过 $X$ 的现金流入。如果标的资产的价格高于 $X$，则执行期权，买入标的资产将原先的标的资产空头平仓；如果标的资产的价格低于 $X$，则可从市场上直接购买标的资产进行平仓，并可获得更大的收益。由此可见，$c < S - Xe^{-r(T-t)}$ 时，存在无风险的套利机会，所以欧式看涨期权的价格下限为 $S - Xe^{-r(T-t)}$。

同样的，当 $p < Xe^{-r(T-t)} - S$ 时，在期初借入 $S+p$ 的资金，用于购买欧式看跌期权和标的资产，在到期日卖出标的资产进行平仓，从而获得无风险的收益。因此欧式看跌期权的价格下限为 $Xe^{-r(T-t)} - S$。对于美式看跌期权而言，由于有可能提前执行，更严格的条件是：$P \geqslant X - S$。

应当注意的是倘若标的资产在期权有效期内支付红利，由于红利使标的资产的价格降低，从而使看涨期权的价格降低，看跌期权的价格上升，其影响的幅度为红利的现值，设其为 $D$，于是上面的结论调整为

欧式看涨期权价格的下限是：$c > S - D - Xe^{-r(T-t)}$。

欧式看跌期权价格的下限是：$p > D - S + Xe^{-r(T-t)}$。

3. 期权的价值曲线

综合上述内在价值和时间价值、上限和下限的概念，我们给出期权的价格曲线（见图12-4）。

在此，我们将横轴（资产价格）分成了三部分：

(1) 虚值部分，$S < X$，也就是资产价格低于执行价格的部分。

(2) 平价部分，$S = X$，即资产价格与执行价格相同的部分。

(3) 实值部分，$S > X$，也就是资产价格高于执行价格的部分。

纵轴表示的是期权的价值。

由执行价格以下的横轴部分连接平分了执行价格以上的直角区域的45°线而形成的折线，和我们前面描述看涨期权在到期日的损益图中使用的折线是相同的。当资产价格超过执行价格时，期权就具有图中所示的，也就是按通常的方法计算出来的价值，即执行价格和资产价格之间的45°直线下面的区域。这条斜率为45°的直线，被称为价值线(value line)。如果资产价格跌到执行价格以下，期权在到期日的内在价值就是零。

另一方面，图12-4也展示了时间价值随着期权的执行价格而变动的方式。需要注意的是，如图12-3所示的，当资产的市场价格和执行价格相同时，期权的时间价值是最大的。

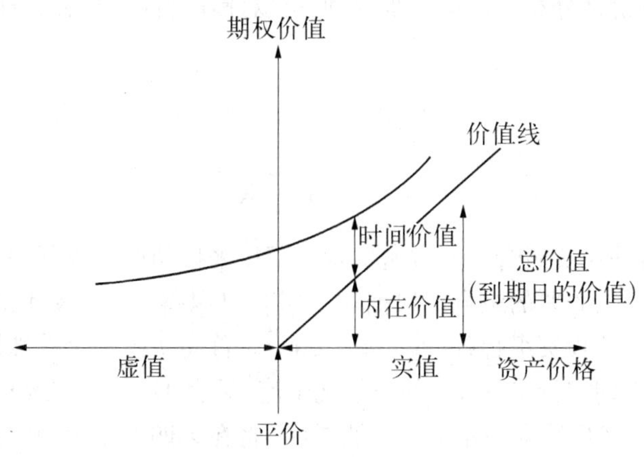


图 12-4　买方的期权价值

不论资产价格在哪个方向上偏离执行价格，这种超额的时间价值都将下降。

## 三、期权的定价

### （一）二项式期权定价模型

二项式期权定价模型(binomial option pricing model，BOPM)，是对期权进行估价相对简单且行之有效的方法，它是通过统计中的二项分布(假定只有两种可能结果)而推算出来的。

BOPM 建立的基础假设主要有：

(1) 市场为无摩擦的完美市场，即市场投资没有交易成本。这意味着不支付税负，没有买卖价差(bid-ask spread)、没有经纪商佣金(brokerage commission)、信息对称等。

(2) 投资者是价格的接受者，投资者的交易行为不能显著地影响价格。

(3) 允许以无风险利率借入和贷出资金。

(4) 允许完全使用卖空所得款项。

(5) 未来股票的价格将是两种可能值中的一种。

下面，我们可以分六个步骤对看涨期权的二项式期权定价模型进行分析：

第一步，未来股价可能的运动形态。假定某种股票的价格从目前的价格水平 $S_0$ 变化的最终结果只存在两种可能：$S_u$ 和 $S_d$。$S_u$ 表示上涨的价格；$S_d$ 表示下跌的价格。为便于分析，设定 $S_u = S_0 \cdot u$，$S_d = S_0 \cdot d$，其中 $u$ 和 $d$ 固定。假定 $d < 1 + r < u$①，则未来股价的运动形态可表达为

$$S_0 \begin{cases} S_u = S_0 \cdot u \\ S_d = S_0 \cdot d \end{cases} \tag{12-16}$$

① 如果 $d > 1 + r$，则股票收益率恒高于无风险收益率，这种情况下每个人都将以 $r$ 借入资金然后投资于股票，以获取套利利润；若 $u < 1 + r$，则股票收益率恒低于无风险收益率，这种情况下每个人都将卖空股票，以 $r$ 借出资金，以获取套利利润。

第二步，期权的价格分布。由第一步，我们可以计算看涨期权在到期日时的价值。看涨期权的价格分布为

$$c_0 \begin{cases} \max(0,\ S_u - X) = c_u \\ \max(0,\ S_d - X) = c_d \end{cases} \qquad (12-17)$$

第三步，构建对冲投资组合。通过抛出看涨期权来抵消股票投资的风险，即构建一个包含一个看涨期权和一只股票的组合。根据这一组合可以得到一组确切的未来现金流量，因此这一组合是一个对冲投资组合(hedge portfolio)。首先卖出一个看涨期权，其结果是在当期 0 时刻收到相当于期权价格($+c_0$)的正值现金流(见表 12-5)，但要求在到期日支付期权值为($-c_u$ 或$-c_d$)。然后购入一定数量的股票($h_c$ 将在第四步骤中确定)。

**表 12-5 对冲组合的现金流**

| 交易策略 | 当期(0 时刻) | 到期日($T$ 时刻) | |
|---|---|---|---|
| | | $S_T = S_u$ | $S_T = S_d$ |
| 卖出一个看涨期权 | $+c_0$ | $-c_u$ | $-c_d$ |
| 买入 $h_c$ 股票 | $-h_c \cdot S_0$ | $+h_c \cdot S_u$ | $+h_c \cdot S_d$ |
| 净现金流 | $c_0 - h_c \cdot S_0$ | $h_c \cdot S_u - c_u$ | $h_c \cdot S_d - c_d$ |

第四步，确定对冲比。$h_c$ 为卖出看涨期权后所必须购买的股票数量，以此对冲未来的投资风险。当期 0 时刻和到期日 $T$ 时刻的净现金流量，取决于两个未知变量——0 时刻看涨期权的价格 $c_0$ 和对冲比 $h_c$(hedge ratio)。当股价上涨为 $S_u$ 时，我们得到对冲组合的净现金流；当股价下跌为 $S_d$ 时，我们使其等于上述净现金流。于是存在

$$h_c \cdot S_u - c_u = h_c \cdot S_d - c_d$$

无论股票价格上涨还是下跌，投资组合的净现金流都是确定的。因为除了 $h_c$ 之外，所有的变量都已知，由此可以解出 $h_c$ 为

$$h_c^* = \frac{c_u - c_d}{S_u - S_d} \qquad (12-18)$$

第五步，用净现值法(NPV)解出看涨期权的价格。如果选取 $h_c^*$，则未来现金流确定。若用贴现率表示无风险利率，则单期的净现值(net present value, NPV)表达为

$$NPV = \frac{CF_1}{1+r} - I \qquad (12-19)$$

式中：$CF_1$ 为第 1 期的现金流量；$r$ 为贴现率；$I$ 为必要的投资。若处于均衡状态，必定 $NPV$ 的值为零；若 $NPV$ 大于零，则所有投资者都将购买这种投资组合，使其价格必然上升；若 $NPV$ 小于零，则所有投资者都将抛售这种投资组合，使其价格必然下跌。

求出 $CF_1$，$I$。

$$CF_1 = h_c^* \cdot S_u - c_u = h_c^* \cdot S_d - c_d$$

$$I = c_0 - h_c^* \cdot S_0$$

代入 $NPV = \frac{CF_1}{1+r} - I = 0$

从而可将二项式期权定价模型的一般形式表达为

$$c_0 = h_c^* S_0 + \frac{c_d - h_c^* S_d}{1+r} \tag{12-20}$$

第六步，将单期扩展为多期。如果将当期 0 时刻到 $t$ 时刻分成无限个时间间隔，并允许股票价格在每一个价格时间中以很小的幅度上下波动，那么随之产生的期权定价模型就是著名的 Black-Scholes 期权定价模型。

（二）Black-Scholes 期权定价模型及其发展

1. 看涨期权的定价公式

自从期权交易产生以来，尤其是股票期权交易产生以来，人们就一直致力于对期权定价问题的探讨。但在 1973 年以前，这种探讨始终没有得出令人满意的结果，其中一个最难解决的问题是无法适当地描述期权标的资产的价格波动性及其对期权价格的影响。1973 年，美国芝加哥大学教授费希尔・布莱克和迈伦・斯科尔斯发表了《期权定价和公司负债》一文，提出了有史以来的第一个期权定价模型，即布莱克-斯科尔期权定价模型（Black-Scholes options pricing model，BSOPM），在学术界和实务界引起了强烈的反响。

Black-Scholes 期权定价模型于 1973 年首次在《政治经济杂志》（*Journal of Political Economy*）发表。与此同时，默顿（Merton）也发现了同样的公式及许多其他有关期权的有用结论，并将论文几乎同时在不同刊物上发表。所以，期权定价模型亦可称为布莱克-斯科尔斯一默顿定价模型。在此，我们重点介绍 Black-Scholes 期权定价模型。

Black-Scholes 期权定价模型有 5 个重要的假设：

(1) 金融资产收益率服从对数正态分布。

(2) 在期权有效期内，无风险利率和金融资产收益率变量是恒定的。

(3) 市场无摩擦，即不存在税收和交易成本。

(4) 金融资产在期权有效期内无红利及其他所得（该假设后被放弃）。

(5) 该期权是欧式期权，即在期权到期前不可执行。

布莱克-斯科尔斯公式是基于期权可以完全消除股票投资组合的市场风险的原理而导出的。布莱克和斯科尔斯假设：在没有佣金费用的条件下，为了达到利用期权的收益（或损失）冲抵股票损失（或收益）的目的，就必须经常地对套期保值头寸的期权与股票的比率进行调整。由于这一头寸理论上是没有风险的，我们可以期望套期保值获得无风险利率的收益，这一点与推导资本资产定价模型（CAPM）时的假设有些类似。如果无风险套期保值应获得无风险利率的收益，我们就可推知：套期保值的回报率等于短期的无风险利率时，期权的期权费就是期权的公允价值。如果期权的价格高于或低于其公允价值，无风险的套期保值头寸就将获得不同于无风险利率的回报。因为这与均衡概念不相符，我们可以期望期权的价格将会经过调整而逐渐趋向公允价值。

利用这一概念，布莱克和斯科尔斯推导出了一个欧式看涨期权的定价公式，即

$$c = SN(d_1) - Xe^{-r(T-t)}N(d_2) \tag{12-21}$$

其中，
$$d_1 = \frac{\ln(S/X) + \left(r + \frac{1}{2}\sigma^2\right)(T-t)}{\delta\sqrt{T-t}}$$

$$d_2 = \frac{\ln(S/X) + \left(r - \frac{1}{2}\sigma^2\right)(T-t)}{\delta\sqrt{T-t}}$$

$N(d_1)$，$N(d_2)$为正态分布的累积函数，可通过查累积正态分布表可求出。

其中，$N(d_1)$称为虚拟概率(pseudo-probability)，它表示的是根据期权在溢价的程度调整之后到期时期权在溢价的概率；$N(d_2)$是到期时期权在溢价的实际概率。$S$ 为现在股票的价格；$X$ 为执行价格；$r$ 表示连续复利的年度无风险利率；$\sigma$ 为连续复利的以年计算的股票收益率的标准差；$T$ 为期权到期日，则$(T-t)$为距离到期日的时间。

这样，期权的价值就可以表示为购买股票的预期收益和到期时支付的执行价格的现值两者之差。由此可见，对于一份看涨期权而言，只有在执行时得到的股票价值高于所支付的执行价格，这份期权才是有价值的。

从期权定价公式可以看出，看涨期权的价值主要取决于 5 个变量：股票价格 $S$、期权的执行价格 $X$、期权的到期时间 $T$、无风险利率 $R$ 和股票的价格波动率 $\sigma$。当上述一个变量改变，而其他变量不变时，看涨期权的价值呈现如下特征：

(1) 标的股票的价格 $S$ 越高，看涨期权的价值也就越高。

(2) 期权执行价格 $X$ 越高，看涨期权的价值越低。

(3) 期权的到期时间 $T$ 越长，看涨期权的价值越高。

(4) 无风险利率 $R$ 越高，看涨期权的价值越高。

(5) 标的股票的价格波动率 $\sigma$ 越大，看涨期权的价值越高。

2. Black-Scholes 期权定价模型参数估计

如果观察期权定价所需的五个变量：$S$，$X$，$t$，$r$，$\sigma$，我们发现前面四个很容易获得。第五个变量却不那么清楚，即对应资产的变动率，或称波动率(volatility)。

波动率在 Black-Scholes 期权定价模型中定义为连续复利的以年计算的股票收益率的标准差 $\sigma$。注意，有几种方式估计波动率，包括使用历史收益率数据。收益率的标准差用下列公式计算：

$$\sigma = \sqrt{\frac{1}{n}\sum_{t=1}^{n}(R_t - \overline{R})^2} \tag{12-22}$$

式中 $R_t$ 为收益率的连续复利值。

另一种方法是估计股票收益率的隐含波动率。隐含波动率是指市场对于标的证券未来波动的估计值，隐含在权证价格的变动中，通常在价内或价外时，隐含波动率会比价平时高，离履约价愈远，隐含波动率会愈高，形成所谓的微笑曲线(smile cruve)。由于隐含波动率直接与现在的市场价格相联系(通过 Black-Schol(e)s 定价公式)，一些分析家认为它与从历史数据中得到的波动率相比更好。隐含波动率经常是前瞻的，因为它基于现在的价格，而现在的价格可能包含对未来的预期。

3. 看涨期权与看跌期权的平价关系

Black-Scholes期权定价模型是看涨期权的定价公式，根据看涨期权与看跌期权的平价关系(put-call parity)理论可以推导出看跌期权的定价公式。该理论是汉斯·斯托(Hans Stoll)提出的。其核心思想是看跌期权的价格、看涨期权的价格、标的资产的价值以及无风险利率形成一个相互关联的证券复合物①。如果知道了其中3种资产的价值，就能得到第四种资产的价值。理解期权平价理论对于掌握B-S模型的含义大有裨益。

以表12-6所示的看涨期权与看跌期权的平价套利组合为例。当存在一个无风险的套利机会时，套利活动就出现了。如果不论未来股价如何，某项投资的头寸总是为零，那么该投资的初始成本也应为零。表12-6中的情形为欧式期权和不分红的股票，投资者可以买入股票和一份看跌期权，同时卖空一份看涨期权以便构造一个投资组合，从而使其头寸为零。并且无论未来股价如何变化，在期权到期时，该投资组合的头寸总是为零。

**表12-6　看涨期权与看跌期权的平价关系套利表**

| 行　　为 | 现　　金 | 期权到期时的股价 | |
|---|---|---|---|
| | 流 | $S_T<X$时的价值 | $S_T>X$时的价值 |
| 卖空看涨期权 | $+C$ | 0 | $X-S_T$ |
| +买进股票 | $-S_0$ | $S_T$ | $S_T$ |
| +买进看跌期权 | $-P$ | $X-S_T$ | 0 |
| +借入资金 | $X/(1+r)^T$ | $-X$ | $-X$ |
| =总计 | $C-P-S_0+[X/(1+r)^T]$ | 0 | 0 |

其中：$C$为看涨期权费；$P$为看跌期权费；$S_0$是当前的股价；$S_T$为期权到期时的股价；$X$为执行价格；$r$为无风险利率；$T$为距离期权到期的时间。

假设某投资者借钱进行投资，买入股票和一份看跌期权，同时卖出一份看涨期权，而且两份期权都是实值期权。投资者将会持有该头寸直到到期。这样就会造成一个理论上完美的套期保值，而且银行也愿意以无风险利率进行贷款(理论上)。套利的利润应该等于0，所以有

$$C-P-\frac{Sr}{(1+r)}=0 \tag{12-23}$$

前面已经给出了所有变量的定义；另外，$S$表示股票的价值；$Sr$表示需支付的利息

看涨期权/看跌期权平价理论的逻辑推理如下：组合有一笔现金流入(从卖出看涨期权获得)和两笔现金流出(支付看跌期权的价格和支付银行贷款利息)。贷款的资金流入可以忽略不计，因为该笔资金一收到就用于投资了。银行贷款的利息是在未来支付，所以需要将其折算为现值。这也是$Sr$要除以$1+r$的原因。

① Hans Stoll, The Relationship between Put and Call Option Prices, *Journal of Finance*, Dec. 1969, 801-824.

我们也可以将等式写为

$$C-P=\frac{Sr}{(1+r)} \tag{12-24}$$

等式两边同时除以股票的价值(S),就得到:

$$\frac{C}{S}-\frac{P}{S}=\frac{r}{(1+r)}\approx r \tag{12-25}$$

$r/(1+r)$的值与 $r$ 的值十分接近。这就表示,看涨期权和看跌期权的相对价格因无风险利率的变化而不同。对于平价期权而言,看涨期权的价格要高于看跌期权的价格,而且这种差异会随着股价的上升而加大。

假设像前面一样:卖出一份看涨期权,卖出一份看跌期权(与看涨期权的执行价格一样),并买进股票——但是与以往不同,不是介入与当前股票价值相等的资金,而是借入与到期时所需支付的执行价格的现值相等的资金。如果是平价期权,则股票价格与期权执行价格相等。由于执行价格的支付发生在未来,而且今天的价值与未来的价值是不等的,所以必须对其进行贴现。

期权平价理论表明,当期权是平价且股票不分红时,看涨期权的相对价格比看跌期权的相对价格要高出的幅度大约与无风险利率相当。

不论到期时股票价格是高于还是低于执行价格,组合头寸的净值都为 0。这样就得到了看涨期权/看跌期权平价关系(仅对欧式期权严格成立)。看涨期权/看跌期权平价模型可表示为

$$C-P=S-\frac{X}{(1+r)^T} \tag{12-26}$$

(三) Black-Scholes 期权定价模型的应用

应用 Black-Scholes 期权定价模型,我们可以精确地估计期权价格,除了找出套利机会外,我们还可以利用该模型进行其他投资策略。具体包括:

1. 对投资组合进行保护

Black-Scholes 期权定价模型的优点之一,就是能够利用期权与其标的证券之间的关系进行优化投资组合,影响投资组合的风险和收益分布,从而现金流入和流出进行套期保值。

2. 对可转换公司债的定价

前面第 8 章,我们已经介绍了可转换公司债是一种可由债券持有者转换为股票的债券。因此,可转债相当于一种普通债券再加上一份有关股票的看涨期权。这样,可转债(CB)的价值可以表示为以下两部分:

$$CB=SB+CVO \tag{12-27}$$

式中:$SB$ 表示可比较的一般债券的价值;$CVO$ 表示对债券进行转换的期权价值。

下面,我们介绍一下影响可转换公司债的因素。

(1) 股票市价:由于可转换成股票,因此当股票市价越高时,可转换公司债的价值也越高。若由期权的观点看,当标的物价格越高,则看涨期权的价格应该越高,即转换权利越有

价值,相当于可转换公司债的市价越高。

(2) 转换价格与转换比率:转换价格越高时,代表同一张可转换公司债可转换成股票的数目越少,所以可转换公司债市价越低;由期权观点看,当转换比率越高时,代表执行价格越低,则转换权利越有价值,所以可转换公司债市价越高。

(3) 转换期:转换期间越长,在期权的公式中,看涨期权越有价值(此为时间价值部分),所以可转换公司债市价越高。

(4) 利率水平:债券进行转换的期权价值 *CVO* 对利率非常敏感。如果利率下降,发行公司可能赎回债券,这就为债券的价值设定了一个最高限。但是,若利率上升,那么可转债的价值同样上升。

(5) 股票的波动率:转换标的资产股票的波动率越大,可转换公司债的市价越高。

(6) 股票股息的发放:标的股票现金股利越多,则股票市价会越低,可转换公司债市价越低。

在此,可将影响可转换公司债价值的因素整理如表 12-7 所示。

**表 12-7　影响可转换公司债价值的因素**

| 影响因素 | 股票价格 | 转换价格 | 转 换 期 | 利率水平 | 股票波动率 | 股　息 |
|---|---|---|---|---|---|---|
| 影响方向 | + | − | + | + | + | − |

3. 认购权证的定价

权证(warrants)是指标的证券发行人或其以外的第三人发行的,约定持有人在规定期间内或特定到期日,有权按约定价格向发行人购买或出售标的证券,或以现金结算方式收取结算差价的有价证券。在这里需要注意的是,权证代表一种权利而非义务,即权证持有人在不利的情况下,可以放弃执行权证而不负任何的交割义务。因此,权证本质上是一份有关普通股的期权。因此,关于期权的定价与相关投资策略,同样适用于权证。

关于权证分类,按照不同标准可以有不同的划分。例如按权证权利的种类区分,可以分为认购权证(call warrants)和认沽权证(put warrants),持有认购权证者,可在规定期间内或特定到期日,向发行人购买标的资产,而持有认沽权证者的权利是能以约定价格卖出标的资产;按履约时间不同,权证可区分为美式权证(American warrants)和欧式权证(European warrants),美式认购权证持有者可在权证持续期内的任何时间都提出履约要求,欧式权证持有者则只能在到期日才能提出履约要求;按权证发行人区分,可以分为股本权证(equity warrants)和备兑权证(covered warrants),股本权证指由股份有限公司发行的、能够按照特定的价格、在特定的时间内购买一定数量该公司的选择权凭证,其实质是一种有价证券,而备兑权证是由标的资产发行人以外的第三方(通常为信誉好的券商、投行等大型金融机构)发行的权证,其标的资产可以为个股、一揽子股票、指数以及其他衍生产品。

由于认购权证和看涨期权十分类似,因此只要是影响看涨期权价值的因素,同样也会影响认购权证的价值。以下分别说明这些因素:

(1) 标的价格:认购权证的价值理论上应与标的股价格同步涨跌,也就是说,标的股股价上涨,认购权证的价值应同步增加。因为认购权证的内在价值为标的股股价与执行价格的差距，标的股股价愈高，内在价值愈高，同时也代表认购权证的价值越高。

(2) 执行价格：与标的股股价相反，在其他条件不变时，执行价格越低，将使认购权证的内在价值提高，连带地亦使认购权证的价值提高。

(3) 到期时间：认购权证的价值除了内在价值以外，还包括时间价值。而认购权证的时间价值随着到期日的逼近而逐渐减少。因为越接近到期日，认购权证的获利机会越少，因此时间价值与到期时间呈反向的关系。

(4) 标的股股价的波动率：股价的波动率是指根据股票过去一段时间的每日价格所计算出来的报酬率的标准差。波动率越大，代表股票价格的涨跌幅度越大，同时也使认购权证的获利机会越高，因此标的股价的波动性与认购权证的价值呈正向的关系。

(5) 利率水平：若投资者直接购买标的股票，必须支付股票价格的全部费用。当利率水平很高时，此笔费用的机会成本将提高。若购买认购权证，则仅需支付金额较少的保证金，并将其他剩余的资金投入其他投资工具，此时将较直接购买标的股票为佳，因此利率水平越高，认购权证的价值越高。

(6) 现金股利：认购权证的持有者，并未真正持有股票，因此无法参与现金股利的发放。而且，现金股利的发放也会使标的股股价下跌，对于认购权证而言，也是不利的因素。因此，现金股利的发放水平与认购权证的价值呈反向关系。

在此，将上述影响认购权证价值的因素，整理如表 12-8 所示。事实上，认购权证的价值可运用理论上的公式计算出来。而公式中的变量则与上述因素雷同。目前最常用的评估认购权证的公式，是采用 Black-Scholes 期权定价模型进行计算。

**表 12-8　影响认购权证价值的各种因素**

| 影响因素 | 标的股价 | 执行价格 | 到期时间 | 波动性 | 利率水平 | 现金股利 |
|---|---|---|---|---|---|---|
| 影响方向 | + | − | + | + | + | − |

## 本章小结

本章期货合约和期权合约价值及其投资分析。本章首先分析了期货合约，根据无套利定价思想，重点分析外汇期货、股指期货和利率期货的定价。然后，介绍期权合约的价值、定价和投资策略，这是本章的重点。通过二项式定价公式和布莱克-斯科尔斯(Black-Scholes)期权定价模型，探讨了影响期权定价的参数及其期权定价理论在可转换公司债、认购权证定价方面的应用。

## 关键词

期货合约　期权　执行价格　看涨期权　看跌期权　权证　期权价值　二项式期权定价模型　Black-Scholes 期权定价模型

## 本章习题

1. 简述金融期权与金融期货的异同。
2. 简述期货-现货平价原理及其对其期货合约定价的影响。
3. 期权合约的主要类型有哪些？它们之间的主要区别是什么？
4. 期权的价值由哪几部分组成？影响期权价值的因素有哪些？
5. 简述无收益资产欧式看涨期权与看跌期权的平价关系。
6. 简述 Black-Scholes 期权定价模型。

# 第五篇

# 风险投资篇

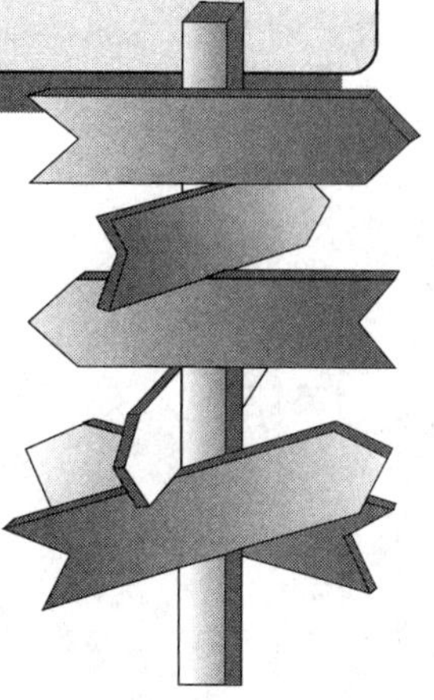

# 第十三章

# 风险投资概论

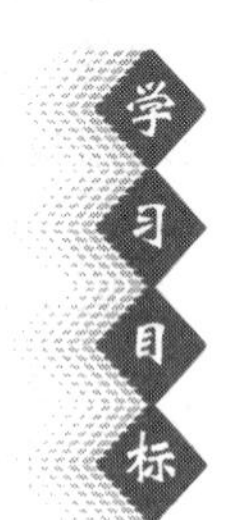


学习本章后,你应该能够:

1. 掌握风险投资的含义和特征;
2. 掌握风险投资的构成要素与构件;
3. 了解风险投资来源;
4. 了解风险投资的功能与效应。

## 第一节　风险投资的含义与特征

### 一、风险投资的内涵

风险投资(venture capital),有时也被译作创业投资,最初起源追溯到 20 世纪 40 年代的美国。一般认为,1946 年美国哈佛大学教授 Georges Doriot 以及波士顿地区的一些商业人士成立的第一家现代意义的风险投资公司——"美国研究与发展公司"(American Research & Development Corp.,简称 ARD),开创了现代风险投资业的先河。在此后的短短几十年中,风险投资经历了 20 世纪 50 年代的成型、60 年代的成长、70 年代的衰退、80 年代的复苏、90 年代初期的暂时挫折和 90 年代中后期的飞速发展。在业务方面,除了传统业务,风险投资家开拓了风险租赁、麦则恩投资、风险购并等新型业务。

风险投资的概念,尚无统一的观点,这里介绍几个权威机构对风险投资的定义:

(1) 全美风险投资协会(NVCA)将风险投资表述为由职业金融家投入到新兴的、迅速发展的、具有巨大竞争潜力的企业(特别是中小型企业)中的一种股权资本。

(2) 欧洲风险投资协会(EVCA)认为,风险投资是一种由专门的投资公司向具有巨大发展潜力的成长型、扩张型或重组型的未上市企业提供资金支持并辅之以管理参与的投资行为。

(3) 联合国经济合作和发展组织(OECD)的定义则更为宽泛,即凡是以高科技与知识为基础,生产与经营技术密集的创新产品或服务的投资,都可视为风险投资。

(4) 我国学者一般认为,风险投资是指向主要属于科技型高成长性创业企业提供股权资本,并为其提供经营管理和咨询服务,以期在被投资企业发展成熟后,通过股权转让获取中长期资本增值收益的投资行为。

综上所述,所谓风险投资,是指把资金投向蕴藏着一定失败危险的高新技术开发领域,以期成功后取得高资本收益的一种商业投资行为。风险投资是在市场经济体制下实现先进科学技术向生产力转化的一种重要手段，其实质是通过投资与一个高风险、高增长潜力的项目群，将其中成功的项目进行出售或者上市，实现所有者权益的变现，从而不仅能弥补失败项目的损失，而且还可以使投资者获取高额的回报。

## 二、风险投资的构成要素

资本、技术和人才是风险投资快速发展必不可缺的三种要素，然而，这三种要素的简单组合是不够的。三种要素的有机结合，要靠市场的力量，即资本市场、技术市场和人才市场。美国的风险投资业是全球最发达的，这很大程度上得益于美国发达的资本市场、技术市场和人才市场。下面以美国为例，分析风险投资的要素构成。

### （一）资本市场

资本市场是金融市场的一个主要环节，泛指资金借贷期长于1年的市场，是买卖中长期信用工具、实现较长时期资金融通的场所。资本市场主要包括中长期信贷市场与证券市场，其交易对象主要是中长期信用工具，如股票、长期债券等等；风险投资的投资期限一般长于一年，也是资本市场的组成部分。与此对应，资金借贷期期限在1年或1年以下的称为货币市场。与货币市场相比，资本市场特点主要有：

(1) 融资期限长。资本市场融资至少在1年以上，也可以长达几十年，甚至无到期日。

(2) 流动性相对较差。在资本市场上筹集到的资金多用于解决中长期融资需求，故流动性和变现性相对较弱。

(3) 风险大而收益较高。由于融资期限较长，发生重大变故的可能性也大，市场价格容易波动，投资者需承受较大风险。同时，作为对风险的报酬，其收益也较高。

在资本市场上，资金供应者主要是储蓄银行、保险公司、信托投资公司及各种基金和个人投资者；而资金需求方主要是企业、社会团体、政府机构等。

资本市场对风险投资的重要作用表现在以下几个方面：

(1) 资本市场是风险资本的重要来源。风险投资机构无论是上市还是定向募集，没有发达的资本市场，就不可能筹集到足够的资金。风险投资只占资本市场的很小部分，但是能为资本市场提供高质量的上市公司。

(2) 资本市场是风险投资成功退出的必要渠道。有了发达的资本市场，风险投资机构持有的风险企业的股权才能顺利转让，实行资本增值，并进行下一次资本循环。

(3) 资本市场是风险企业低成本扩张的重要途径。风险企业处于高增长期，可以通过并购来实现迅速扩张。比如，1984年在风险资本资助下成立的美国思科公司，在成长过程中收购了至少21家企业，到1997年时已经占有了全球计算机网络系统的一半份额。

从国际经验来看，只有发达的资本市场，风险投资才能迅速发展。以美国为例，美国的风险投资发展在全球处于第一位，很大程度上得益于美国发达的资本市场。具体来说，美国的NASDAQ市场是世界上最先进的交易市场，为中小高科技企业上市提供了较为宽松的条件，号称“高科技企业的摇篮”。自1971年建立以来，为一批高科技风险企业提供了飞速发展的平台，微软、英特尔等具有代表性的计算机公司都是从这里起步的。另外，美国的投资银行业在全球遥遥领先，诸如高盛、摩根斯坦利、JP摩根、美林等闻名遐迩的投资银行总部都在美国。投资银行在证券发行、承销和交易、收购和兼并和财务咨询等方面发挥着关键的作用，极大地促进了风险企业的资本扩张。相对而言，我国的资本市场起步较晚，规模狭小，上市公司质量不高，投资银行竞争力不够，这些都限制了我国风险投资的发展。

（二）技术市场

技术市场是风险投资的基础。技术市场是技术商品交换的总和，它包括从技术商品的开发到技术商品的应用（即产业化）和流通的全过程。它是一种机制，一种体系，是实现科技创新、成果转化产业化、有效配置资源的一个平台。它是加速科技成果转化、产业化的主要通道，创造培育了一批拥有高技术的风险企业；没有技术市场，风险投资机构就没有了投资的对象，也就巧妇难为无米之炊。

发达的技术市场能够使技术产权交易顺利进行，使高技术得以迅速转化为商品的利润，从而促进风险投资的发展。技术产权交易拓展了传统的产权交易方式，冲破了科技界限，成为技术、金融、产业资本连接的桥梁，是市场迅速配置资源的重要平台。它有力地推进高新技术产业化，加速了科技型中小企业产权（股权）流动，拓展融资渠道，从而为风险投资提供科技项目源和风险投资进入及退出的渠道。

美国风险投资的发展，一方面因为美国的领先技术，另一方面得益于其完善的技术市场，使得高新技术能迅速实现产业化。美国对于研发的投入资金量非常大，而且对技术有强有力的制度保障，以专利制度、反垄断等措施来鼓励和保障科技创新。作为结果，美国的新专利层出不穷，高技术产品的生产一直处于领先地位，其高技术产值占到世界产值的三分之一左右。根据这几年的发展，卫生与生命科学、新材料、信息与通讯技术成为美国风险投资家追逐的目标。

（三）人才市场

风险投资的发展离不开人的因素。风险投资既需要能够引领技术创新的专业人才，还需要懂管理、法律、金融多方面知识的通才。风险投资主要需要风险投资家和风险企业家两种人才。

1. 风险投资家

风险投资家是运作风险资本的专业人才，他们募集风险资本，选择投资对象，向风险企业注入资本，参与风险企业的重大决策，并且在适当的时候实现风险资本的退出。可以说，风险投资家在风险投资运作的每一个环节都发挥着极为关键的作用。那么，优秀的风险投资家具有哪些特点呢？

首先，风险投资家是融资高手。他的工作就是建立一个资金的蓄水池——基金，说服资金充足的机构或企业将资金投入到这个蓄水池中，然后进行投资、管理、退出，使资本增值并且变现。要想成功的进行融资，风险投资家必须要有良好的信誉和出色的投资业绩。只有这样，当风险资本不足或到期时，才能不断地进行新的融资，保证资金的供给。

其次，风险投资家是投资高手。为了从众多的投资对象中选择出最具有增长潜力的项目，风险投资家必须有敏锐的洞察力。大多数风险投资家以前都是成功的企业家，他们不一定有很深的数学或投资理论的功底，但是具有丰富的实际经验。他们能够通过把握市场的动向，知道哪些项目是最有前景的。所以说风险投资不仅是一门科学，更是一门艺术。

最后，风险投资家还应该是管理高手。风险投资家要协调好与风险企业之间的关系，既要激发风险企业家的潜能，又要保护好风险投资机构的利益。此外，风险投资家还要向风险企业提供管理咨询、战略决策等增值服务。根据一项统计，硅谷风险投资公司的经理人中，有70%的拥有哈佛大学等世界顶级大学的MBA学位，而且有过公司高层管理的经验。

总而言之，优秀的风险投资家能够极大地提升风险资本的盈利能力，通过组合降低投资的风险，为投资者带来最大的回报。从一定程度上说，风险投资家是风险投资机构的核心竞争力所在。风险投资主体的竞争力增强了，风险投资业才能够迅速发展。

2. 风险企业家

风险企业家是指管理风险企业的人才，他们的水平直接决定了风险企业的成败，是风险企业的核心资产。在风险投资界，就有"宁愿投资于一流的企业家和二流的项目，也不投资于二流的企业家和一流的项目"之说。优秀的风险企业家，应该具有较高的道德水平、优异的成功素质和丰富的经验。

首先，风险企业家应该诚实守信，这是双方进行战略合作的基础。如果风险企业家的道德水平无法保证，风险资本的安全性就受到威胁，增值的可能性就更小了。所以，几乎所有的风险投资机构只与讲诚信的风险企业家合作。风险企业家在递交商业规划书时，就要提供真实准确的信息；在签订投资协议后，也要信守合同，遵守法律，以正当的途径实现风险企业的迅速增长，这符合风险企业和风险投资机构双方的长期利益。

其次，风险企业家应该具有创新、领导能力、精力充沛等创业所必需的素质。风险企业家应该迅速接受新事物，适应新环境，创造性地解决风险企业成长过程中不可避免的新问题。风险企业家还要有奋斗精神，乐于迎接挑战，能在压力下持续工作，并且能够激励团队成员为实现目标而努力。

最后，风险企业家应该具有一定的背景与经验。风险企业家具有合理的教育背景和知识结构，有助于从事技术开发、产品制造、市场营销、融资等多方面的工作。另外，风险企业家如果有一定的社会关系网络，就能够捕捉市场信息，为企业获取更多的资源，占据其他企业不具有的优势。

## 三、风险投资的构件组合

风险投资有一套完整的投资体系，在这个多因素的体系内，风险资本实现从募集、运作到退出的循环过程。成熟的风险投资体系，主要由以下几个主要的构件组合构成：风险资本供给方、风险资本运作方、风险资本需求方（见图13-1）。

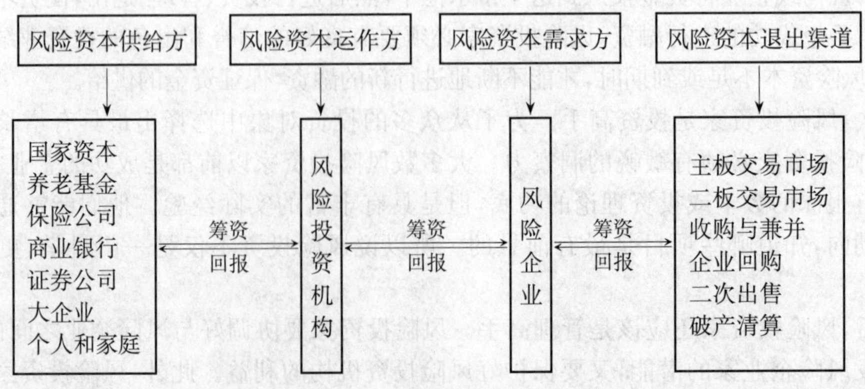


图13-1 风险投资的构件组合示意

（一）风险资本供给方

在风险投资体系中，各种类型的风险资本供给者是风险资金的来源，具有极其重要的作用。在一定意义上说，正是风险资本供给者造就了风险投资，成就了高新技术产业的发展。从目前世界各国的风险投资市场的投资群体来看，风险资本的供给者主要可以分为三大类：富有的家庭和个人、政府、机构投资者。

从美国风险投资业的发展过程可以看出，在风险投资的产生、发展，直到成为推动经济和技术发展的重要力量的过程中，各种类型的资本供给者在不同的时期起到了不同的作用。捐赠基金和富有家庭是风险资本市场最早的投资者，他们创造并发展了这个高回报的市场。此后，公司养老基金和公共基金进入风险资本市场，并逐渐成为风险资本市场的主要投资者，其雄厚的资金实力迅速地扩大了风险资本市场的规模，加速了风险资本体系的建立和完善，并成为推动美国经济和技术发展的举足轻重的力量。政府资本对风险投资的良性发展具有重要的导向作用，虽然成熟的风险资本市场政府资金的比重很低。今天，各类金融投资主体的完善和投资工具的多样化，使金融机构纷纷进入风险资本市场，使风险资本的资金来源结构多元化，运作方式更为丰富，资本运作方式更加成熟。国外风险投资的资金来源渠道，除了政府的直接或间接支持以外，主要有富有的家庭及个人、基金、银行附属机构、投资银行、公司战略投资、保险公司等。以下就以发达国家的风险资本的来源为例，详细介绍风险资本的供给者。

1. 富有家庭和个人

富有家庭和个人所构成的私人资本是风险资本的重要来源，也是美国风险资本市场最早的投资者。私人投资者可以分为两类：一类是一般投资者，它们资金充足但没有风险投资经验，只是作为风险投资机构或风险企业的股东，而不参与管理；另一类是"天使投资者"(angel investor)，他们一般由大公司的高级管理人员、退休企业家、专业投资家构成，既有大量资金又有丰富的投资经验，既是出资者，又是投资管理者。

富有家庭和个人这一投资群体所要求的投资回报期比一般投资者要长，对流动性要求较小，每笔投资在几万美元到几百万美元不等，非常适合于种子期的中小企业。

**例 13-1**　20 世纪 80 年代，美国风险投资的惊人回报吸引了养老基金保险基金等机构投资者，私人资本所占的资金比重逐渐减少，但仍然是重要的资金来源。据估计，美国目前"天使投资者"在 25 万人以上，私人风险资本总额已经超过了 200 亿美元。

2. 政府资本

政府作为风险投资的一个投资主体，主要采取无偿资助、股权投资和提供贷款等方式向中小企业进行风险投资。政府虽然不是风险投资的重要资金来源，但是对风险投资资金的多样化起到了重要的引导作用。

为了支持高科技企业创新，政府通过实施相应的专项计划，无偿地将政府资金注入到中小企业的研究开发活动中，而不取得任何股权。

**例 13-2**　美国小企业创新研究(SBIR 计划)通过将一定比例的政府部门的研发经费专门用于支持小企业，使其得以在同等水平上与大企业公平竞争。参与 SBIR 资助的政府部门每年划拨一定比例的研发经费用于支持SBIR计划项目，各部门分别确定研究题目并发布项目指南，受理项目申请，通过合同或赠款的方式为项目承担者提供资助。

政府的股权投资计划可以是政府直接设立风险投资基金，或是将政府资金投资于私有部门的风险投资基金，通过促进风险投资的发展，间接地为处于种子阶段和起步阶段的小企业提供资金支持。

**例13-3** 以美国的小企业投资公司(SBIC)计划为例，它主要是为了满足规模在30万～500万美元间的小企业的投资需求而设立，这种规模超过了"天使投资者"的能力，又不能足以引起大的风险投资机构的兴趣。政府参与风险投资基金的目的是引导更多的资金进入风险投资领域，带动和促进整个国家的风险投资的发展。

政府还可以通过债权投资的方法支持小企业创新。政府可以提供与其他金融机构完全不同的专项贷款，如优惠的贷款利率(政府贷款与商业贷款之间的息差实际上是一种补贴)、贷款期限延长(为受资金约束的种子和起步期企业量身定做的还款时间表)、债务宽免(当借款者破产时，可不偿还其借款)等，促进中小企业发展。

**例13-4** 日本政府一方面通过中小企业金融公库、国民金融公库等为中小型科技企业提供优惠贷款，另一方面通过科学技术厅下设的新技术事业开发集团对持有新技术、风险较大、商业化困难的项目提供5年期无息贷款，失败者可以不还。

3. 机构投资者

机构投资者进行风险投资的主要方式有两种：一是直接对风险企业注资；二是以普通合伙人或有限合伙人的形式，通过风险投资基金间接投资于风险企业。由于直接投资具有较大的风险性，大多数机构投资者通过向风险投资基金投资的形式，进入风险资本市场。目前的机构投资者主要包括养老基金、银行控股公司、投资银行、保险公司、大企业资本等，已经成为成熟的风险资本市场的主要资金来源。

养老基金，也称退休基金，是社会养老计划的重要组成部分，其资金由公司、社会和个人共同交纳，一般采取公共退休基金和公司退休基金两种形式。公共退休基金是指由政府管理的用于支付退休金的基金，资金规模非常大，一般在几百亿美元，是风险投资市场上最大的机构投资者。由于其公众性，公共退休基金有严格的资金预算，其投资决策要受到公众的审查，繁琐的决策审查程序限制了它对投资机会做出正确迅速的反应，所以公共投资基金很少进行直接投资。公共退休基金通过将资金投资于大型的风险投资基金中，达到保值增值的目的。公司退休基金是指由公司管理的用于支付退休金的基金。

**例13-5** 在美国，由于1974年的《雇员退休收入保障法案》禁止公司退休基金做出有利于母公司的战略性投资，从20世纪80年代开始，公司退休基金作为风险投资公司的有限合伙人大量进入市场。一方面，公司退休基金被风险投资市场的高额回报所吸引，另一方面，也是出于基金分散投资和降低风险的需要。

商业银行等银行控股公司在投资过程中是规避风险的，一般不会对技术不成熟、市场前景不明朗的高新技术企业进行投资。但近年来由于高新技术的迅猛发展使得风险投资获得高额回报，银行控股公司一般通过其资本分离的附属机构，间接投资于风险资本市场，而直接投资则通过特许的小型商业投资公司进行。美国城市消费银行、大通曼哈顿银行、美洲银行等大银行并不从事风险投资，但其下设的一些子公司却积极地参与到此领域中。

投资银行是主要从事证券的承销、经纪、收购兼并、资产管理等资本市场业务的金融机构。它从事风险投资业务的原因是，一方面是作为风险投资基金的管理人可以获得管理费并分享基金收益；另一方面是在对风险企业的投资过程中，可以获得与这些企业相关的投资银行业务，如企业的上市发行、收购兼并等业务。投资银行支持的合伙公司业务方向仍是投资在已设立的公司的晚期投资和无风险投资，同时，这些合伙公司的金融活动与投资银行的其他业务处于同一经济范围。例如，一家投资银行支持的合伙公司对一家风险企业进行了种子投资，该风险企业顺利地经过成长期和扩张期达到了公开上市的标准，则这家投资银行很可能成为风险企业的主承销商，并在风险企业上市之后提供全面的收购兼并的咨询服务。

保险公司在风险资本市场上的业务是从公司的私募业务中衍生出来的。多年以来，保险公司通过购买那些具有风险特性的债务为风险较大的公司客户提供资金。在公共的垃圾债券市场出现之前，它们还以麦则恩债务的方式为一些最早的杠杆收购业务提供资金。随着高科技产业的发展，一些保险公司通过有限合伙人的形式向风险投资机构提供资金，同时也直接向风险企业提供麦则恩融资。此后，有些保险公司成立自己的风险投资公司，并将自身资金与从外部投资者处筹集而来的资金一起投入到风险资本市场。

企业投资者也是国际风险投资领域非常活跃的参与力量。从各国的实践来看，企业进行风险投资主要有三种形式：一是设立风险投资机构，进行专业风险投资活动；二是寻找拥有对增强自身实力有价值的竞争资源的风险企业进行战略性投资；三是进行企业内部风险投资活动。

**例 13-6** 著名的朗讯科技公司就建立了一种内部风险资本运作方式，对那些从事在现有业务中还无法应用的科研人员给予一定的科研基金也即创业资本，支持他们创办新公司。这种模式的优点是：激励研发部门的创新活动，促进企业内部的技术进步；将企业内部的研发成本转为市场化的外部投资，会带来财务等方面的好处。但缺点是在约束机制、利益分配上容易产生混乱；无法充分借用外来的资金、技术、管理优势，实现市场化运作；技术发展与投资方向很容易局限在本企业所从事的领域内失去在其他领域内新的发展机会。

（二）风险资本运作方

风险投资机构就是风险投资的运作方，是指对新技术创业及其新产品开发进行投资入股，筹集多渠道资金，并参与企业决策咨询，强化生产管理的一种科研、金融、企业三者有机结合的经济实体。风险投资机构是知识经济时代的一种高效的新型投资机构，是高科技开发活动中必不可少的“中介”和“桥梁”，其主要业务是为高新技术产业化服务，以分享成功的高新技术产品所获取的巨额商业利润。其主要作用表现在：将分散的风险资本供给主体的资金聚集起来，起到“资金放大器”的作用；将风险投资有效地分散到众多领域和风险企业中，起到“风险调节器”的作用；参与企业的经营管理，加速其发展成长，起到“企业孵化器”的作用。

在发达国家，虽然风险投资机构的名称、制度安排因国情而异，但从运作形式上看，大体可以分为三类即合伙人制(主要是有限合伙制)、公司制和子公司制。下面将对各种类型进行论述。

1. 有限合伙制

这种形式最初产生于美国的硅谷，目前已构成了风险投资基金的主要运作形式。它由两类合伙人组成：普通合伙人与有限合伙人。普通合伙人通常是经验丰富的专业投资经理人，他们只是象征性地对合伙企业投入了约1%的资本，主要负责的是企业的管理和资金的运营，对运营风险承担无限责任，同时也有权分享合伙企业20%的净利润。有限合伙人负责提供资金，投资额占到总资本的99%，但不参与资金的运营管理，以出资规模为限对合伙企业承担有限责任。有限合伙人和普通合伙人实际上是一种所有者和经营者的关系，但是采用了合理的内部治理结构，加强了对经营者的约束和激励，发挥了专家理财的优势。有限合伙投资基金的存续期限通常是10年，还可以根据条款适当延长，但延期最长不超过4年。不同风险投资基金的资金规模依其投资领域和投资阶段而有所不同，比如说，投资与创业期的投资基金的资金规模一般在1 000万美元左右，而专门向杠杆收购提供资金的基金规模可高达10亿美元甚至更多。

2. 公司制

这是指风险投资机构以股份公司或有限责任公司的形式设立。这是最早出现的风险投资组织形式，包括1946年成立的第一家现代的风险投资公司——美国研究与发展公司(ARD)和1958年《小企业投资公司法》通过后建立的小企业投资公司(SBIC)。当时的主要投资者是富有的个人和家庭。在英国，英国技术集团是英国官办的最大风险投资公司，它主要以低息贷款形式进行投资，类似于美国的小企业投资公司。

3. 子公司制

20世纪60年代中期，出现了第一个子公司形式的风险投资基金，随后一些大财团通过设立附属的风险投资基金，逐渐加入到风险投资事业中来。资本雄厚的大企业逐渐成为风险投资资金来源的主力之一。70年代早期，《财富》500强中有超过25%的公司开展了子公司形式的风险投资计划。日本的风险投资机构主要是大银行和大证券公司的附属风险投资机构。这种类型的风险投资公司占日本风险投资公司总数的70%以上，其资金来源主要是贷款，从而导致了日本风险投资机构的保守态度。

### (三) 风险资本需求方

风险企业一般是从事高新技术行业，在科学技术方面有所突破的中小型企业。它具有高风险、成长快和资金需求大的特点，但是由于前景不明朗、没有抵押担保和信息不对称等原因，难以得到银行贷款或其他的债务融资。风险企业是风险资本的需求方，并且在生产运作过程中实现资本的增值。如果说风险投资公司的职能是价值发现的话，风险企业的职能是价值创造，一个好的风险企业是完成风险投资流的关键。正如哈佛商学院的隆曼教授所说，高科技小企业的不断涌现，始终是美国风险投资业发展的第一动力。风险企业在风险投资中的主要作用是顺应市场需求，不断创新并实现科技的产业化，配合风险投资机构实现企业价值的增长。

在风险企业中，风险企业家的作用尤为重要。风险企业家是新技术、新发明、新思路的发明者或拥有者，是风险企业的带头人，他们的素质高低，决定了风险企业运作的成功与否。通常所说的风险企业家可以指一个人，也可以指风险企业的管理队伍。成功的风险企业家往往精力充沛，对事物有敏锐的洞察力，富有创新精神和创造力，但是，并不是所有的创业者都能成为成功的企业家。特别是在创业初期，创业者往往拥有很强的技术背景，而缺乏管理经验和管理技能，所以，他们需要风险投资公司在经营管理和公司战略上提供全面的咨询服务。风险投资公司选择风险企业时，往往需要对风险企业家进行鉴定、评估，并将其作为是否提供及如何提供资金的重要依据，这是风险投资成功的重要环节。

## 四、风险投资的特征分析

### （一）风险投资的自身特性

风险投资是由专业投资机构在自担风险的前提下，通过科学评估和严格筛选，向有潜在发展前景的新创或市值被低估的公司、项目、产品注入资本，并运用科学管理方式增加风险资本的附加值。风险投资家以获得红利或出售股权获取利益为目的，其特色在于甘冒风险来追求较大的投资报酬，并将回收资金循环投入类似高风险事业，投资家以筹组风险投资公司、招募专业经理人，从事投资机会评估并协助被投资事业的经营与管理，促使投资收益早早实现，降低整体投资风险。风险投资家不仅投入资金，而且还用他们长期积累的经验、知识和信息网络帮助企业管理人员更好地经营企业。因为这是一种主动的投资方式，因而由风险资本支持而发展起来的公司成长速度远高于普通同类公司。通过将增值后的企业以上市、并购等形式出售，风险投资家得到高额的投资回报。它是一种高风险与高收益机会并存的投资。风险投资的对象主要是那些力图开辟新的技术领域以获取高额利润但又缺乏大量资金的企业。

1. 投资对象主要是高科技领域的具有高增长潜力的中小企业

风险投资就是对具有开拓性和创新性的高风险项目或企业的投资，主要存在于高科技领域。风险投资追求的目标，就是高科技成果商业化、产业化后所能获取的高回报。风险投资的投资对象通常是高科技领域的中小企业，甚至是还没有形成企业的项目设计，它们的资金或资产往往十分有限，融资渠道也受到限制。这些中小企业没有固定资产作为贷款的抵押和担保，也没有良好的信用记录，获得银行贷款的可能性很小；由于刚刚起步，规模很小，未来的技术发展、市场前景等也存在很大变数，想通过在资本市场发行股票、债券或其他金融工具来融资几乎是不可能的。所以这些公司无法从传统渠道获取资金，只能开辟新的融资渠道，引入风险资本。

2. 高风险与高收益性

风险投资的重要特点是高风险和高收益并存。传统的投资对象一般具有成熟的产品，较大的资产规模，较高的社会地位和声誉，良好的信用记录，很强的盈利能力，所以风险较小。而风险企业技术创新程度高，经营的不确定性很大。高新技术要实现科技成果的商品化，大致要经过开发研究—中间试验（包括工业性试验）—商品批量生产这几个阶段。由于无法准确预测科技成果的开发难度及转化为产品的可能性，无法把握市场对高技术产品的需求状况，并且存在着政策、制度等不可预见因素，因而高新技术商品化的成功率很低。虽然每个进入实际操作的风险投资项目都要经过严格的评估过程，但是风险投资主要支持新的技术与产品在技术、经济及市场等方面的风险都相当大，高新技术在研究开发阶段的失败率往往高达80%～90%，即使比较成熟的风险投资，其完全成功率也低于30%，可以看出，风险投资具有名副其实的高风险性。

此外，风险投资有着比其他金融工具都要高的预期回报率。风险投资的收益不是来自企业本身的分红，而是来自企业成熟壮大之后的股权转让。一般说来，由于风险企业掌握了新型技术，或是拥有受到保护的专利权，使科学技术成果迅速商品化，其产品在一定时间内缺少替代品，所以这种垄断或寡头的市场结构就能给风险企业带来额外收益。

**例13-7** “美国研究与发展公司”(ARD)对DEC(Digital Equipment Corporation)的投资就是一个典型的例子，DEC创立之初，“美国研究与发展公司”(ARD)对其仅投资了7万美元，而14年后却奇迹般地增值到了3.35亿美元，增长了5 000倍，成为风险投资历史上的一段佳话。英国风险资本协会2000年的研究报告表明，英国1999年风险投资的回报率为42.9%，近3年平均为26.6%，近5年平均为25.7%，近10年平均为15.7%。

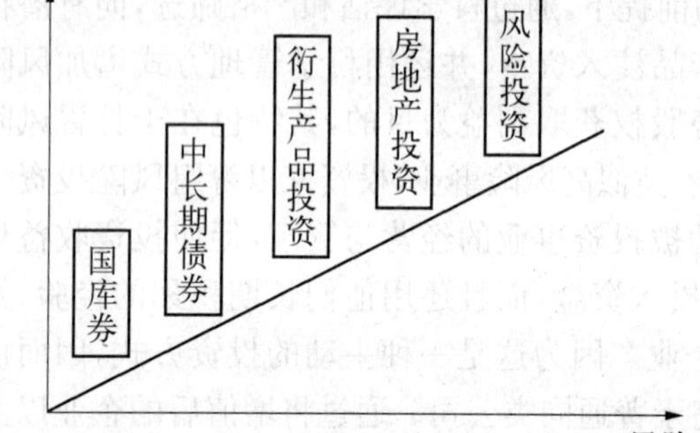

图13-2 不同投资的收益与风险

如图13-2所示，不同的投资工具相比较，风险投资处于风险较高，预期回报率也较高的位置。

3. 主动参与管理的专业投资方式

风险投资一般都包含着三方当事人，分别是投资者、风险投资公司、风险企业。资金从投资者流向风险投资公司，经过风险投资公司的筛选决策，投向风险企业，通过风险企业的运作，资本得到增值，再回流至风险投资公司，风险投资公司将收益的部分支付给投资者，构成一个资金循环。

风险投资家依靠其信誉从投资者手中募集到了资金，面临着巨大的资本增值的压力。一旦投资失误，风险投资公司的信誉将大大受损，再融资的可能性趋近于零。所以，风险投资家不仅要严格筛选有增长潜力但缺少发展资金的高新技术企业，还要利用他们长期积累的经验、知识和信息网络帮助风险企业管理人员更好地经营风险企业。这是一种主动参与性投资方式，因而由风险资本支持而发展起来的公司其成长速度远远高出普通同类公司。随着被投资的风险企业经营规模扩大，技术逐渐成熟，管理不断完善，被投资的风险企业进入了稳定发展阶段，成为可能通过资本市场融资的企业，风险投资公司就以股票上市或转让方式收回投资，获得利润，继续风险投资。

4. 选择性和组合性

由于风险投资的对象主要是新创建的高科技中小企业，与上市公司相比，它们没有完备规范的企业财务报表和及时的信息披露，很难获得有关项目企业的真实、可靠的信息，严重的信息不对称引起道德风险和逆向选择问题的可能性就很大。所以，为了确保投资能够增值，风险投资并不是随意投资，而是由风险投资公司的专家在大量的申请项目中遵照严谨的程序，严格评选，严密论证，几经筛选后，寻找到具有创新性、预期成功后可以产生高收益的项目才予以投资。据统计，最终获得风险投资的项目与总申请项目之比还不到1%。

由于单个项目企业的投资风险非常高，为了避免风险过于集中，风险投资公司都是将所筹集资金同时投入到很多家风险企业，风险投资经常是投资于一个包含10个项目以上的项目群形成投资组合。虽然总体的投资项目成功率比较低，但成功项目可以获得的高额收益要远远高于失败项目所造成的损失，通过精心筛选和组合投资，风险投资公司可以控制和分散风险，从而保证在风险一定的情况下实现收益的最大化。

5. 权益性投资

大多风险投资是以权益资本的形式向风险企业注入资金，是权益资本投资。值得注意的是，风险投资机构向风险企业注入资金，不需要抵押或担保；持有风险企业股份的目的，不是分享股息和红利，也不是取得长期持有股份并取得企业的控制权。风险投资机构希望提供管理咨询服务和参与企业的重大决策，以保证投入资金的安全性，只要风险企业的发展比较顺利，风险投资家不会介入日常的管理事务。当风险企业的发展出现问题的时候，风险投资家会通过董事会行使其权力，撤换企业的管理层或是调整企业的发展战略。总而言之，风险投资家通过股权投资的形式向风险企业注入资金，不是为了控股或分得红利，而是希望资产在未来有较大的增值，通过上市或出售等方式退出风险企业并取得高额的资本利得回报。

6. 流动性低，周期长

流动性是一项资产变现而价值不受损失的能力，一般来说，现金的流动性最强。风险投资的投资期限即风险资本从投入项目企业开始到撤出投资为止所间隔的时间。高科技产业的发展周期都比较长，从新产品创意的产生到实验室成果再到最后大规模生产，往往需要很长的时间，而风险投资家注入风险企业的资本在中途是不能撤出的，要等到企业最终经营稳定，通过企业上市并转让股份来撤出投资。一般来说，风险投资的平均投资期为3～7年，而且，风险投资不会一下子全部注入企业，而是随着企业的成长分批分期投入资金，这样既可减少风险又有助于资金周转。这种长期性也在一定程度上造成风险投资的周期较长，使风险资本的流动性较低，如果风险投资退出机制不完善，将进一步加大风险投资的风险。所以风险投资是一种长期的流动性较小的投资。

风险投资一般以基金方式作为资金的载体，但是，与证券投资基金相比，其流动性低、周期长的特点就更加明显了：风险投资基金一般具有10年的固定期限，期满时，风险投资家必须把基金的本金和收益以现金或所投资企业的股票的形式全数退还给投资者，只能在投资项目的长期发展和成长中获得回报；而证券投资基金可以投资于不同期限、不同流动性的证券，以分散风险，并根据市场利率、通货膨胀率、价格指数等指标的变动随时调整资产的种类和头寸，而且开放式基金可以向基金公司赎回，封闭式基金也可以在二级市场上转让，所以投资者可以随时将手中的基金份额变现，流动性很强。

### （二）风险投资与其他投资的区别

1. 与实物投资的区别

风险投资与实物投资，主要在以下三方面有所差异。

(1) 资金投向及回收不同。实物投资多投资于技术成熟的产品，侧重经营，通过产品出售获得利润，收回投资；而风险投资主要投资于高技术型的新兴企业，侧重于高成长性，当资本增值时，通过资本市场的变现获得高收益。

(2) 周期性。风险投资有周期性的循环，当企业进入成熟期后，风险投资就通过资本市场来撤出资金，投资于其他有增长潜力的项目；而一般实物投资没有明显的资本退出的概念。

(3) 组合性。风险投资个别项目失败的几率很大，但是风险投资投资于很多项目构成的组合，以一个或几个项目的超额收益弥补另一些项目的失败，仍然能获得可观的平均收益；而传统的实物投资没有组合投资的特点。

(4) 收益方式不同。风险投资与一般实物投资的重要区别，在于不同的投资收益实现方式，常规股权投资主要是获取股息和红利收入，常规债权投资主要获取利息收入，而风险投资则是通过转让被投资的风险企业的股权来获取资本增值的收入。

2. 与银行投资的区别

风险投资与银行贷款相比较，在以下几个方面存在不同。

(1) 投资目的不同。银行贷款是获得贷款利息收入；风险投资是为了获得巨额资本利得。

(2) 投资对象不同。银行贷款主要是投向拥有稳定现金流的成熟企业，注重本金的安全性，规避风险；而风险投资投向有巨大成长潜力的新兴企业，管理风险，追求高收益。

(3) 投资依据不同。银行贷款考核的依据主要是企业的资产负债表体现的资产规模和质量、利润表体现的盈利能力和现金流量表体现的偿债能力，对投资项目的可行性分析具有很强的客观性，而风险投资的决策依据主要是风险企业家提交的商业计划书，风险投资家的专业知识、经验、勇气等主观因素在投资决策中有很大作用。表 13-1 更清楚地说明了风险投资和银行贷款的区别。

**表 13-1　风险投资与银行贷款的区别**

| 投资商考虑的问题 | 风险投资 | 银行贷款 |
|---|---|---|
| 资产 | 无形资产<br>增值潜力<br>高额资本利得 | 有形担保或抵押<br>信誉<br>以保值为基础 |
| 技术 | 新兴技术，较成熟，潜力大 | 成熟技术 |
| 市场 | 新兴市场，潜力待开拓 | 成熟，稳定 |
| 回收 | 股权转让 | 还本收息 |
| 参与程度 | 共同参与经营 | 基本不参与经营 |

3. 与股票、债券和其他金融衍生品投资的区别

首先，是投资对象的不同。风险投资主要投资于高新技术产业的中小企业，而股票、债券和其他金融衍生品投资则是投资于资本市场上成熟的金融工具。其次，操作方式与监管程度不同。风险投资属于产业投资的范畴，投资协议根据风险投资机构和风险企业的具体

情况签署，双方可以灵活地签订一些条款，所受到的监管相对较少；而投资于资本市场上的股票、债券和其他金融衍生品等金融工具，大多是标准化的，要受到法律的约束和较为严格的监管，比如投资于股票，就要受到《证券交易法》的监管。最后，是风险规避和收益的实现不同。风险投资主要通过组合投资来分散风险，控制风险的能力有限；而衍生品本身就是规避风险、套期保值的工具，合理的运用可以把金融工具投资的风险控制在一定范围之内。风险投资一般是长期持有才能实现增值；而在资本市场上既可以长期投资，也可以短期投资，比如投资股票，可以通过卖空等操作实现短期内的巨额收益。

## 第二节　风险投资的资金来源

风险投资不仅仅是投资行为，最主要的是它具有融资的功能，即它可以把各种资金集中起来从事投资活动，而且融资是连续不断、贯穿始终的。当然，由于各国的国情不同，其风险资本的来源也不尽相同。在美国风险投资的发展中，20 世纪 60 年代以前，资金来源以富有的个人和家庭为主；60 年代以后有限合伙制出现，机构资金开始进入；80 年代以后以养老基金为代表的机构资金占据主导地位。而在欧洲国家，除了英国是以退休金作为主要资金来源以外，银行是欧洲风险资本的主要提供者。而在日本，风险资本主要来源于金融机构和大公司，个人和家庭资金的比例很小。归纳起来，各国的风险投资资金来源主要有政府资本、机构投资者资本和私人资本等。

### 一、政府资本

政府作为风险投资业的一个投资主体，主要是采取无偿资助、提供贷款和股权投资等方式向中小企业进行风险投资。

1. 无偿资助

为了支持小企业创新并为商业性风险投资创造潜在的投资对象，政府通过实施相应的专项计划，利用政府资金直接支持小企业的研究开发和创新活动而不获得任何股权，其中较为成功的是美国的小企业创新研究(SBIR)计划和小企业技术转移研究(STTR)计划。以美国的 SBIR 计划为例，通过将一定比例的政府部门研发经费专门用于支持小企业，使其得以在同等水平上与大企业公平竞争。

2. 提供贷款

政府支持中小企业创新，可以提供与风险投资相配套的无息或低息优惠贷款，或加大对商业银行向风险项目贷款的担保力度，同时还可设立一些为风险投资公司或小企业提供债权投资的计划。如政府可以设立信用担保公司或担保基金，并规定风险投资机构或向风险企业提供贷款的金融机构均可以其对风险项目的投入资金向信用担保公司或担保基金提出担保要求；信用担保公司或担保基金也可以要求被担保人为其提供反担保等。同时，政府还可以提供与其他金融机构完全不同的专项贷款，或者更优惠的贷款条件，如优惠的贷款利率、贷款期限延长、债务豁免等，从而促进中小企业的发展。

3. 股权投资

政府的股权投资计划往往以支持处于种子阶段和起步阶段的技术型小企业为目标。股权投资的方式有两种：一种是将政府资金投资于私有部门的风险投资基金(公司)，通过促进风险投资发展，间接地为中小企业技术创新提供资金支持；另一种方式是直接设立自己的风险投资基金。由于后一种方式风险性较高，政府往往不直接参与投资过程而委托专业的风险投资专家进行具体的投资活动。在以风险投资公司为支持对象的政府风险投资计划中，美国的小企业投资公司(SBIC)计划是最著名的。而建立政府风险投资基金的主要目的是为了带动和促进整个国家的风险投资的发展，吸引更多的资金进入风险投资领域，如以色列的 Yozma 基金、欧美的欧洲投资基金(EIF)、德国的高技术小企业风险投资(BIU)计划、澳大利亚组建的技术集团公司等。

此外，政府财政对风险投资的支持还可以通过政府采购的形式来实现。如政府可以用财政资金来对风险企业采购科研成果并无偿推广到社会，或者有偿推广、循环运作。

政府参与风险投资有一定的合理性因素，政府的资金主要起引导和担保的作用。风险投资业的初始阶段风险过大、不可预期的因素过多，民间私人的大量资金不敢轻易涉足这片领域。因此政府拿出一部分资金设立风险投资基金，然后以这部分政府资金为担保，吸引社会上的或者海外的资金参与，既可以利用政府信誉增加其他投资者的安全感，又可以通过私人投资者对投资决策实行监督，降低"道德风险"，提高资金的使用效率。

同时，我们也应当看到，政府资金进入风险投资领域也会带来很多弊端，包括：一方面，投资风险很高，成功率较低。如果国有资产管理体制落后以及国有资产出资主体不明，对于高风险高收益的投资，国家资金的直接进入往往会带来机制内部利益与责任的错位。一旦投资成功，利益主要是风险投资机构的；如果失败，责任却主要由国家承担。责任和利益的不明往往导致风险投资决策失误、投资效率偏低。另一方面，廉价的资金来源可能造成风险投资机构的"偏向"。也就是说，资本即使不进入高科技风险领域，不投入到风险高的新兴创业企业中去，政府主导的风险投资机构也可能获得高于资金成本的回报，如用于股票投机买卖、资金拆借。而非政府资金来源的风险投资家之所以把资金投入风险高的企业，是因为资金来源太昂贵，同时受到投资者资金投向的限制，不得不投入到高风险的创业企业以得到预期的高回报，否则风险投资家就无法生存。

风险投资本质是一种商业行为，而非政府行为，所以风险投资不宜采取官办的办法。但是风险投资又离不开政府的支持，政府应该创造有利于风险投资发展的政策法律环境，并给以积极的扶持。政府宜采取"支持而不控股、引导而不干涉"的态度来发展风险投资事业。

## 二、机构投资者资本

对于机构投资者来说，进行风险投资通常有两种不同的方式：一种是对风险企业进行直接投资；另一种是以普通合伙人或有限合伙人的形式通过风险投资基金进行投资。由于直接投资具有较大的风险性，大多数机构投资者在风险投资市场的投资，一般是通过风险投资公司或风险投资基金的形式，进行风险投资。目前，美国等发达国家风险投资市场中来自机构投资者的资金主要有以下几个方面。

1. 银行控股公司资本

银行控股公司是指持有一家或几家银行股票的公司。美国的大银行基本上是由银行控股公司来掌握的。美国风险资本市场的早期投资者且最大的直接投资者就是银行控股公司。作为小型和中型公司的资金提供者，银行控股公司既进行直接投资，也向其他的从事风险投资的有限合伙公司进行投资。据统计，在美国最大的进行风险资本投资的 20 家银行控股公司中，前五家占了其总投资的 2/3①。因此，规模大的银行控股公司已经成为风险投资市场最大的直接投资者。

2. 产业资本

出于企业未来发展的战略考虑，一些大型企业与自己战略利益有关的风险企业进行风险投资会在本企业内部建立风险投资基金，由此形成了风险资本的另一类来源。它们拥有雄厚的资金实力，可以为风险投资提供充足的资金来源。产业资本参与风险投资的有利因素包括：

(1) 产业资本有着雄厚的资金实力，它们参与风险投资，有利于拓宽风险资本来源，发挥产业资本在风险投资中不可或缺的作用，是目前除政府财政资金外最现实可行的风险资本来源之一。从国外的实践来看，产业投资基金是发达国家风险资本的重要组成部分。

(2) 风险投资是产业资本寻求新的经济增长点、拓宽经营领域、向高科技进军的有效途径。目前，国内许多大企业面临提升竞争力、多元化发展等问题，迫切需要通过资产重组，调整主营方向，向高科技领域发展。风险投资为大企业提供了一种新的资产重组模式，通过投资于大企业所关注的高新技术领域，拓宽了企业经营领域，并带来新的利润增长点。

(3) 风险投资也是企业优化业务结构、促进技术进步的重要措施。风险投资在促进高新技术产业化和推动技术创新等方面的作用是巨大的，企业参与风险投资，可以吸收创业企业技术创新的优势，提高本企业研究开发的效率。

(4) 产业资本从事风险投资，有助于培养高素质的投资管理人才，为企业发展提供人力资源支持。风险投资要求一批具有专业素质和管理才能的创新型人才，在风险投资过程中培养出来的管理人才，对企业的长远发展将起到很大作用。

3. 退休基金

退休基金，也称养老基金，它是西方国家社会养老计划的重要组成部分，其资金由公司、社会和个人共同缴纳。美国的退休基金包括公共公司退休基金和社会退休基金两种不同的形式。公共退休基金是指由政府管理的用于支付退休资金的基金；公司退休基金是指由公司管理的用于支付退休基金的基金。从 20 世纪 80 年代初期开始，公司退休基金作为风险投资公司的有限合伙人开始大量进入市场，并已经为私人资本市场提供了近 1/4 的资金。公共退休基金是在公司退休基金之后出现在风险投资市场的。20 世纪 80 年代以后，公共退休基金签订的私人资本投资合伙协议急剧增加，到 20 世纪 80 年代末期，公共退休基金已经取代公司退休基金成为风险投资市场的最大投资者。根据《私人资本分析》对 56 家最大公共退休基金在风险投资市场的投资进行调查，到 1991 年，已经有占总资产大约 4.3%的公共退休基金投资到风险投资市场，其中有 9 个公共退休基金投资的资金达到 8 亿美元以上，最高的达到了 20 亿美元②。退休基金的投资目的主要是出于经济上的考虑：一方面被风险投资市场的高额投资回报所吸引；另一方面是为了基金分散投资和降低投资风险的需要。

---

① 蒲祖河：《风险投资学》，浙江大学出版社 2004 年版，第 58 页。

② 陈尔德：《风险投资概论》，中国财政经济出版社 2001 年版，第 32 页。

4. 捐赠基金

捐赠基金一般以基金会的形式出现，它是私人或法人机构以各种名义捐赠给大学、科研机构或某些非营利性机构的资金。这些基金一般委托专业的风险投资专家进行经营管理。捐赠基金和其他基金都属于早期风险投资市场的投资者，其投资大多数都是通过有限合伙制进行的，但有一些大学的捐赠基金只对某些项目进行直接投资，这些项目一般是本校的研究项目或者是与它有联系的项目。当然，与退休基金相比，捐赠基金的规模较小，而且只有少数基金能为风险投资市场提供较大额的资金。

5. 保险公司资本

保险公司在风险投资市场上的投资，一般是从公司的私募业务中衍生出来的，保险公司通过购买那些具有风险特性的债券为风险较大的企业客户提供资金，从而进入风险投资市场。在美国的垃圾债券市场出现之前，保险公司以麦则恩债务的形式，为一些企业早期的杠杆收购提供资金。后来，随着高科技产业的发展，保险公司为了提高保险资金的回报率，开始投资于风险投资市场上的有限合伙公司，特别是20世纪80年代后期以来，保险公司在风险投资市场中的地位越来越重要。政府应该积极引导保险资金投向，允许其将总资产的一定比例用于风险投资，这样既符合保险公司资本增值的需要，又为风险投资提供了稳定、长期的资本来源，可谓一举两得。

6. 投资银行资本

在风险投资市场中，投资银行参与风险投资的最常见方式是自己充当普通合伙人的有限合伙公司。投资银行所投资的合伙公司的业务重点一般是风险企业的成熟期投资。投资银行从事风险投资业务主要有两个原因：一是作为风险投资基金的管理人或者管理合伙人，投资银行可以获得管理费以及分享基金收入的20%，这对于投资银行来说是颇具吸引力的；二是作为投资人，投资银行在对风险企业的投资过程中，往往可以获得这些企业的相关投资银行业务，如企业上市发行业务、收购兼并业务等。

7. 外资

风险资本的引进，可以带来诸多的益处。首先，国外风险资本引进的直接作用就是为国内的项目带来了稀缺的资金。由于有众多的国际风险资本在追逐国内的优良项目，因此，长期困扰创业者的资本稀缺问题，现在已经变得不甚明显。其次，国外风险资本在带来资金的同时，还带来了新的商业模式和管理技术，包括公司机制的建立、人员的组合、战略方向的选择、战略伙伴关系以及策略同盟的建立等等。所以，国外风险资本不仅仅是钱，还有它的经验、智慧、关系以及企业所需要的其他各种战略资源。再次，国外风险资本可以为国内企业带来进入新兴市场的机会，从而提高我国的出口创汇能力。最后，国外风险资本的引入将增强我国经济活力。风险资本的绝大部分将自然地流入那些具有新技术、新产品、新市场、高增长率的行业，这些都将促进我国产业结构的调整。

## 三、私人资本

在美国等发达国家，由富有家族和个人投资者所构成的私人风险资本也是风险资本市场中的重要资金来源。其实，这些国家的风险投资就是以私人资本为起点发展起来的，私人投资者是风险市场的最早投资者。当时风险投资还处于萌芽状况，机构投资者对于风险投资还不了解，因而机构投资者对风险投资市场的投资几乎为零。富有家庭和个人由于存在大量的富余资金需要寻求出路，加上当时的投资渠道和投资工具又相对较少，这类投资者对风险的承受能力又相对较强，因而除了进行大量的常规投资外，还将一部分资金投入风险较大的风险投资当中。

私人投资者一般分为两类：一类是一般的投资者。这类投资者资金充足，具有冒险精神，对风险投资情有独钟，但没有风险投资经验，一般只作为风险投资机构或风险企业的股东，而不参与经营管理。另一类是"天使投资者"。这类投资者一般由各大公司的高级管理人员、退休的企业家、专业投资家等构成，他们集资本和能力于一身，既是风险投资者，又是投资管理者。

与其他投资者一样，私人投资者也被风险投资的高回报所吸引，但与其他类型的投资者有不同的特点：一是他们对投资的回收期要求不高，不要求在较短时间内收回投资，而更愿意进行较长期的投资，以赚取更高的投资回报；二是他们愿意投资于一些初次设立的基金，因此他们可能是最适合进行风险投资的人。

但是，进入 20 世纪 80 年代以后，风险投资的回报率极高，使风险投资基金的规模急剧扩大。虽然私人投资者在风险投资市场上继续投入大量的资金，但由于退休基金等机构投资者对风险投资的投资额大幅度增长，使私人投资者在风险投资市场上的重要性已经大大降低。

## 第三节 风险投资机制的功能与效应分析

### 一、风险投资机制的功能分析

建立在市场化机制基础之上的风险投资体系，在客观上应该具备如下功能：

1. 优质企业筛选功能

风险企业或项目面临着很多不确定性，包括技术不确定性、市场不确定性以及未来现金流的不确定性，单个企业或项目失败的可能性很大。而风险投资能够通过完善的指标评估以及特有的投资经验，筛选出优质的企业和项目，从而将宝贵的资本注入这些优质的企业中，实现资源的优化配置。

2. 资金融入功能

风险投资体系有利于确保社会储蓄向投资的转化。风险投资体系具有融资功能，在体系构建之初，政府或准政府机构以某种形式注入资金，对于资金流向高新技术有很强的引导作用。在风险投资体系完善之后，民间资本就被调动了起来，风险投资能够不断地融入新的资金，进行投资。

3. 风险投资和资金退出功能

风险投资的方式首先取决于资金的需求方，即风险企业，具体可以用不同的金融工具来表示；而风险投资的退出功能则是对各种金融工具流动性和变现方式的要求，这种要求主要来自投资者即供应方。投资退出功能是风险投资机制持久生命力的关键保证，其有效性直接影响到机制的成败。

4. 管理功能

风险投资机构在注资之后，会派出管理专家进入到风险企业的董事会或管理层，在不同的阶段以不同的方式参与风险企业的管理。这既提高了项目的经营管理水平，又避免了资金被滥用。由于风险投资机构有较为丰富的公司治理经验，会在很大程度上改善风险企业的公司治理结构，提升管理水平。

5. 评估和担保功能

这一功能系统在初期由政府机构承担，但在系统发育成熟阶段可以由非政府机构承担。因为科技含量及相应风险的评估要求公正性和科学性，进行评估的中介机构对于所评估的企业或项目有义务提供某种形式的担保，以加强评估的公正性。

6. 监测和控制功能

这一功能主要由政府实现。在系统运行之初，主要由政府推动和引导，而控制功能是指对系统本身的干涉，改变系统的运行机制。

以上功能相互间的联系非常紧密，是由一套完整的体系来实现的。风险投资体系保证了以上功能的顺利实施，实现了风险资本的顺畅流动。在市场化运作的条件下，随着风险投资体系的不断成熟，风险投资逐渐自发流动，所借助的外部推力也不断减少。风险投资体系一种可供选择的模式如图 13-3 所示。

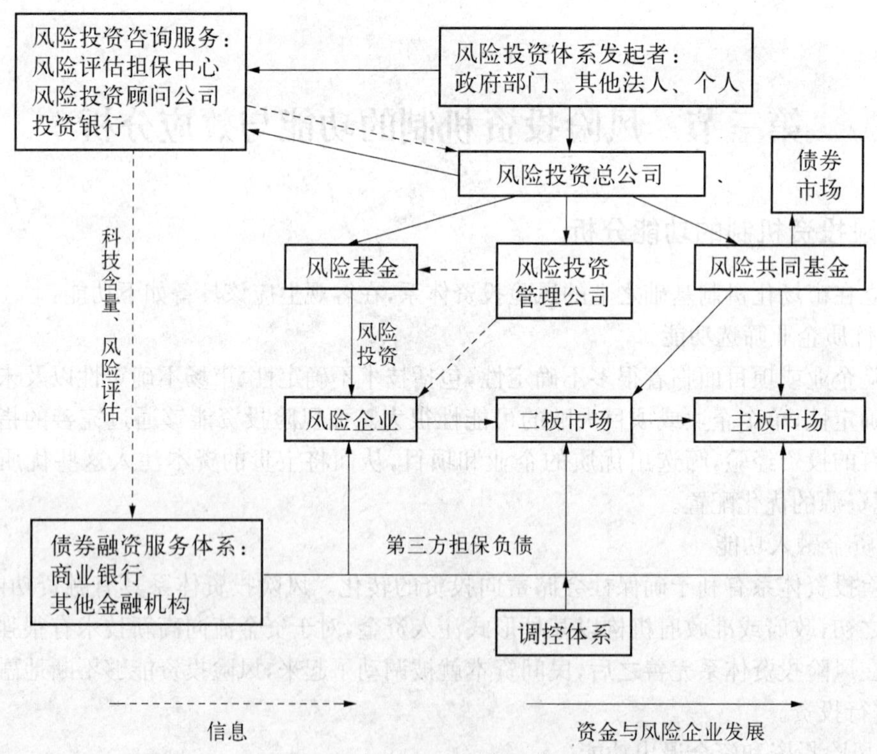


图 13-3 风险投资体系的功能模式

## 二、风险投资机制的社会经济发展效应分析

风险投资是一种有别于产业投资、商业信贷和股权投资的新型投融资方式，它在资金、

技术、管理等方面对有发展潜力的高科技中小企业提供全方位的支持，促进了高新技术的产业化，优化了资源配置，为经济的发展提供了强大动力。

1. 为高科技企业发展融通资金

融资功能是风险投资最基本的功能。由于资金运行一般要遵循安全性、流动性、赢利性的要求，所以规模较大、管理规范、经营稳定的处于成熟阶段的企业就容易获得资金的支持，也可以说，银行信贷、上市融资、发债融资等主要融资手段，与成熟企业的融资需求在结构上是匹配的。相反，大量的创业阶段的高科技企业，由于不能满足通常融资渠道所要求的准入条件，难以获得资金支持，必须通过其他渠道解决资金问题，而创业投资作为一种支持创业的投资制度，不仅专门为创业企业投资，同时还搭建了新的融资平台，将大量社会资金组织起来，支持创业企业的发展。与此同时，风险投资基金通过分散投资和组合管理，为整个市场带来了新的投资渠道，为投资者带来了很高的收益率。

2. 促进高新技术产业化

风险投资极大地促进了技术的创新及其产业化，比如，Microsoft，Intel，Yahoo，Apple等新兴IT业的巨头都借助过风险投资。风险投资对技术创新的作用表现在以下几个方面。

(1) 发展风险投资，有利于增加研究开发(R&D)资金，弥补政府科技投入的不足。以我国为例，长期以来，我国科技投入占GNP的比重很低，而且科技投入资金主要来源于政府科技拨款和少量的银行科技贷款。这种资金来源结构满足不了科学技术飞速发展的需要，这就要求发展风险投资，建立风险投资机制，来扩大资金来源，弥补政府科技投入的不足。

(2) 风险投资与知识资本的结合有利于科技创新。在新经济时代，创业主要靠知识和技术，知识资本是高科技产业化的核心，风险投资为知识资本的运作提供物质条件，从属于知识资本。在风险投资与知识资本的结合过程中，风险投资通过股权进行融资，不以取得控股权为目的，这使得风险企业家不必担心企业控制权的问题，专注于产品的创新。

(3) 发展风险投资，有利于科技成果向现实生产力的转化。科技成果的问世，需经过一个必要的开发环节才能实现商品化。在科技成果商品化过程中，需要大量的资金支持，而政府的支持力度有限，银行由于风险原因不愿给中小企业贷款，很多科技成果被埋没。20世纪90年代以来，我国的科技成果数量不断增加，仅国家级重大科技成果每年都在3万件以上，但真正能够批量生产，取得一定市场占有率和经济效益的只有10%左右。因此，发展风险投资，可以为高科技企业开发项目提供充裕的资金，促进更多的科技成果尽快地向现实生产力转化，使得科技成果的转化周期大大缩短。

3. 提升了风险企业的管理水平和竞争力

风险投资不仅仅是风险资金的投入，还是风险资金与高科技技术和管理的结合，即风险投资家不仅仅要投入资金，还要参与风险企业的经营管理。“在股权投资业务中，风险投资极具特色。风险投资家在进行风险投资的过程中，已经超出了出售服务的界限，而是直接作为被投资公司的大股东，参与公司的日常管理。风险投资家不仅向新企业注入资金，而且提供建立新企业、制定市场战略、组织和管理所需的技能。”(OECD的报告)

风险投资家并不直接参与产品的开发生产和行销，而是间接地协助风险企业家发展其现有事业，提供必要的建议与服务以协助公司的成长，使被投资公司能够健全经营，价值增值。风险投资家参与风险企业的管理主要形式有组建、主导风险企业的董事会,策划追加投资,制定企业发展战略和营销计划,监控财务业绩和经营情况,物色挑选和更换管理层,处理风险企业的危机事件等。通过这些管理参与,大大加强了风险企业的经营管理,有效地利用了风险投资家的专长、经验和网络关系,提升了风险企业的竞争力。

## 本章小结

本章主要介绍风险投资的基本知识。风险投资是以股权的形式,把资金投向高风险的高技术中小企业,以获得高额资本增值的投资行为。风险投资的特点表现在投资对象主要是高科技领域的具有高增长潜力的中小企业、高风险与高收益性、主动参与管理的专业投资方式、选择性和组合性、权益性投资、流动性低、周期长等方面。风险投资与实物投资、银行贷款以及一般的金融投资是不同的。

风险投资是资本、技术和人才三种要素的有机结合。发达的资本市场,先进的技术和高水平的风险投资家和风险企业家,是风险投资迅速发展必不可缺的条件。近年来全球风险投资的发展较为迅速,已经成为经济发展的重要推动力量。风险投资在为高科技企业发展融通资金、促进高新技术产业化、提升风险企业的管理水平和竞争力等方面发挥着重要的作用。建立在市场化机制基础之上的风险投资体系起着优质企业筛选、资金融入、资金退出、评估和担保、管理、监测和控制等多方面的功能。

## 关键词

风险投资　风险投资机制　风险投资构成要素　风险投资功能　风险投资效应

## 本章习题

1. 风险投资作为一种非传统的投资方式,具有哪些特点?
2. 风险投资与实物投资、银行贷款以及一般的金融投资有何不同?
3. 风险投资的构成要素有哪些?这些要素是如何影响风险投资的?
4. 简单阐述风险投资的功能和效应。

# 第十四章

# 风险投资的运作

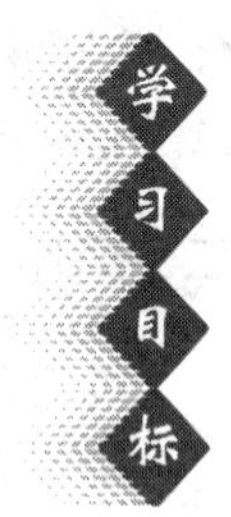


学习了本章后，你应该能够：
1. 掌握风险投资流程；
2. 掌握风险投资项目评估方法；
3. 了解风险投资资金注入方式；
4. 熟练掌握风险投资退出机制和退出方式。

## 第一节　风险投资的流程

风险投资的运作是一个十分复杂的过程。一个完整的风险投资运作过程可以从投资者将自己的资本投向风险投资公司开始算起，中间经历了风险投资公司将风险资本投向风险企业，风险企业的成长，到最后风险资本的退出。这个过程上的每一个环节或阶段都可以形成一个独立的运作过程，而风险投资运作的顺利进行要求前一个环节或阶段必须按照顺序向下一个环节或阶段依次递进，这就构成一个依次递进的流程。概括地讲，风险投资运作的整个流程可以分为风险资本的筹集、风险资本的投资、风险企业的管理和风险资本的退出四个阶段。

### 一、风险资本的筹集

风险资本的筹集是风险投资运作过程中的首要问题。只有筹集到数量多、质量高的风险资本，才能保证风险投资的持续健康发展。由于风险投资是一种风险很大、专业性很强的投资方式，普通投资者很难具备专业技术和管理能力，因此，风险资本的筹集基本上是在风险投资市场中，通过风险投资机构以设立风险投资基金的形式来完成的。

目前，由于世界各国、各地区的社会经济结构和金融市场结构等具体情况不同，风险投资机构的种类也十分多样。按其组织形式来划分，风险投资机构可分为有限合伙制风险投资公司和公司制风险投资公司两种基本形式。有限合伙制风险投资公司最初产生于美国硅谷，20 世纪 80 年代以来得到迅速的发展，是目前风险投资市场中最主要和最活跃的运作者。这种风险投资公司通常由普通合伙人和有限合伙人两类投资者组成，前者既是公司的投资者又是公司的管理者，后者为公司的主要投资者。公司制风险投资公司，是指风险资本以股份公司或有限责任公司的形式设立的。如美国最早的风险投资公司——美国研究与发展公司，就是采取股份公司的形式设立的。1958 年美国国会通过《小企业投资公司法》，而后大量设立的小企业投资公司，也是公司制的风险投资机构。

风险投资基金(venture capital funds)又称为创业投资基金,是一种通过集合投资筹措资金,通过组合投资方式分散风险,以长期股权投资方式投资于某一产业,尤其是尚处于创业阶段的新兴高科技产业,以追求长期资金增值为目标的一种投资基金。20 世纪 80 年代以来,世界各国的风险投资基金得到迅速的发展。在国外,目前风险投资基金的来源主要有退休基金、投资公司、保险公司、国外投资者、富有的家庭和个人等,其募集方式有私募和公募两种形式。前者由风险投资公司发起,以私下的方式向机构投资者、大企业和富有家庭进行募集,是风险投资基金的最重要募集形式;后者则是基金通过证券公司向社会公众公开发行,并且可以上市交易。除此之外,也有少量的风险投资基金来源于政府政策性资金投入,虽然它在募集的风险资本中所占比例不高,但却能起到引导投资的推动作用。

## 二、风险资本的投资

风险资本通过一定的形式筹集起来后,风险投资家便将其运用到具体的投资过程中。这一阶段大致可分为四个连续的步骤:筛选投资项目、评估投资项目、谈判和签订投资协议。

### (一) 筛选投资项目

对于风险投资公司来说,项目的来源一般不是问题。当前,科学技术的迅猛发展使高技术风险企业如雨后春笋一般涌现出来,相对于风险企业所需的资本,风险投资公司所能提供的资本是稀缺的,因此,风险企业通常会主动向风险投资公司提出风险投资项目申请。在美国,大的风险投资公司甚至每天都可以收到上百件这样的申请,这关键是从中选择出最具发展潜力的投资项目。风险投资家在筛选投资项目时,依次分析的是:创业家素质、市场、技术和介入时机。首先,风险投资家应从多个角度去考察创业家是否在其所从事的领域里具有敏锐的洞察力,是否具有市场开拓、融资和综合管理能力。其次,风险投资家应分析判断一项技术研发的新产品是否具有广阔的市场前景和市场吸引力。再次,风险投资家还要判断技术是否具有超前意识和突破性,需要克服多少困难才能使技术设想成为实用产品等问题。最后,风险投资家还要考虑风险企业在成长过程中存在的各种风险,从而选择投入时机。对于处在萌芽、创业阶段的投资项目,未知因素多,风险大,风险投资一般不宜介入;对于处在扩张、成熟阶段的投资项目,产品已基本被市场接受,且产品的市场需求比较明确,风险投资公司可以考虑介入。

### (二) 评估投资项目

在筛选出投资项目后,风险投资家需要对投资项目进行评估。所谓项目评估,是指在项目可行性研究的基础上,对项目进行全面的技术经济论证和评价,从而确定项目未来发展前景。这种论证和评价从正反两个方面提出意见,为决策者选择项目及实施方案提供多方面建议。风险投资家在项目评估过程中可以采取的评估手段很多,比如与管理队伍中所有人员面谈,参观企业,询问创业者的商业合作者、用户和竞争对手,与有关专家对产品性能进行非正式讨论,深入调研创业企业前阶段的财务报表等等。项目评估的主要内容则包括技术评估和市场评估两个方面。风险投资家总是希望风险企业的技术具有先进性和独特性。一项先进、独特的技术势必会提高技术的进入壁垒,这不仅能使产品以较高的价格进入市场,获取高额的利润,而且极大地增加技术的仿效难度,延迟同类技术进入市场的时间,从而大大降低市场风险。但是,技术的先进性并不代表一定能拥有市场,只有真正能满足市场需求的技术才是可行的技术。因此,考虑技术先进性的同时必须充分评价产品的市场需求。项目的市场评估主要分析产品的市场需求现状、产品的市场容量和潜力、竞争对手状况、企业产品所在的行业的发展程度等等。

(三) 谈判

对筛选出的风险投资项目进行详细的评估,从中选择项目以后,风险投资家需要进一步与创业家商谈有关投资的具体协议和财务安排。具体协议和财务安排一般以谈判的方式进行,这是一个利益平衡的过程。由于风险投资公司和风险企业是风险投资的两个不同的主体,它们有各自的利益目标。对于风险投资公司来说,它主要关心的是在一定风险情况下合理的投资回报,并能直接参与和影响企业经营管理,在企业经营不良时对管理层进行干预和控制,同时还要确保投入资金的流动性即退出投资的变现方法。而对于风险企业来说,它所关心的是一定的利润回收、企业的控制权和领导权、货币资金的充裕性。谈判的焦点主要会集中在风险投资额、风险投资所占的权益、资金投入方式、风险投资家参与风险企业管理的方式和对风险投资的必要保障等方面。

(四) 签订投资协议

经过风险投资家和创业家多次的谈判和协商,风险投资公司和风险企业已在投资数量、投资方式和投资条件等方面,明确了双方的权利和义务,并最终形成有法律效力的投资协议。在投资协议中,风险投资家和创业家必须明确两个基本问题:一是风险投资公司的出资数额和双方的股份分配比例,其中包括创业家的技术创意和创业的股份评定;二是风险企业的组织结构和双方人员在企业中的职务安排。为了保护风险投资家的利益,投资协议中通常还包括保护性协议和投资失败协定,其主要内容是风险投资家对风险企业的管理控制权以及当投资失败时双方所享有的权利和应承担的责任。投资协议作为双方合作的依据和基础,将使合作双方互惠互利,风险共担,收益共享,将约束双方在风险企业中的有关行为,特别是以后参与管理、撤出资金的行为。

## 三、风险企业的管理

在完成了风险投资项目的选择,并与风险企业达成合作协议后,风险投资公司就要按协议要求,提供风险资金。与银行贷款通常只有在贷款后企业经营不良时才去干预企业财务状况的做法不同,风险投资公司和风险企业在签订投资协议以后一直保持紧密的联系,风险投资公司积极参与风险企业的管理和辅导,其目的是要保证风险企业的高速发展,使风险资本和收益早日实现回收。

由于绝大多数风险企业的创业家是工程技术领域的专家,资金缺乏固然是束缚企业发展的一个重要因素,但这些创业家自身经营管理知识不足的缺陷也同样阻碍着企业的进一步扩大和发展。在企业发展的初期,尽管创业家未经受过多少企业管理、财务和法律方面的训练,但由于企业人数少,加上创业家的个人威望,企业还能以创业者为中心的小团队方式运作。随着企业规模的扩大,企业职能管理的重要性日益突出,企业如不能适时地建立完善的职能管理部门,就会由于内部管理的混乱陷入失败的境地。风险投资公司在这方面则有其独特的优势,它不仅拥有市场研究、生产规划、经营战略、财务法律等各方面的专家,而且在社会上有广泛的信息与关系网络。利用自己在管理、财务方面的专长,风险投资公司能够给风险企业提供一系列的顾问服务,如帮助风险企业制定并实施发展战略、发展目标、财务计划和市场策略，策划后续融资，监控企业经营和财务状况，为企业物色、挑选和更换管理层，处理企业经营上的重大事件等。通过风险投资公司的管理参与，有效地利用风险投资家的专长、经验和公共关系，能够帮助风险企业克服不同阶段的困难，使其顺利地发展壮大。

风险投资公司参与风险企业的管理，是风险投资有别于投机性投资的最重要的特征。投机性投资一般是利用投资对象的价格波动，通过价差来获取收益，而风险投资是风险投资公司利用自身的智力和资金优势，与风险企业的技术优势结合，把低价值的风险企业变成高价值的成熟企业，是一个长时间创造社会财富的过程。

## 四、风险资本的退出

风险资本的退出是整个风险投资运作过程中的一个重要环节。风险投资公司和风险投资家投资风险企业的根本目的和动机并不是为了取得对企业的长久控制权并取得企业的利润分配，而是希望投资具有较高增长潜力的风险企业，在投资后协助创业家进行经营管理以促使企业快速成长，最后在适当的时机退出风险企业，收回原来的投资并获取高额的资本增值利润，从股权增值中获取高回报。除了高风险、高潜在收益的特征外，与常规投资相比，风险投资着眼于开拓阶段，追求超常的创新垄断利润，其高收益来自对高新技术企业投资股权的转让所得到的资本收益。风险投资家进行风险投资并不是为了掌握企业的控股权，也不是为了持有该企业股权进行长期经营，一旦开拓成功他们就会撤出资本转向新的创业，而风险投资的本性也决定了只有少数的投资会取得成功，大多数失败的创业也要及时转移，因而需要有一个顺畅的退出机制。因此，只有成功的退出，风险投资机构才能收回投资并实现所获收益，将资金用于下一批项目，实现风险资本的良性循环。一般风险企业从研发到最后成熟的发展过程中，其利润要经过亏损、收支平衡、利润攀升和利润平均化几个阶段。风险投资机构一般在风险企业起步阶段投入资金并占有股份，伴随着市场占有率的不断扩大和利润的攀升，风险企业的有形和无形资产增值很快；风险投资机构要在利润平均化之前果断退出，以获得最大的收益。

风险投资的退出途径很多，但可以概括为以下三类。

1\. 公开上市

在将风险企业改组为上市公司后，风险投资机构将其持有的股票在公开市场上出售，以溢价收回投资，这种方式被称为“首次公开发售”(initial public offering, IPO)。风险企业在二板市场(创业板)上首次公开发行股票上市是风险投资的最佳退出方式。相对于风险投资的其他退出方式，这是一种具有较高投资回报的退出方式，也是风险投资家呕心沥血、孜孜以求的目标。这种情况无论是对风险投资机构还是对风险企业，都是最理想的结局，因为上市是金融市场对公司业绩的确认，并且赋予了公司在资本市场上继续融资的能力，同时上市也保持了公司的独立性。首次公开上市一般需要上市企业具有较长的经营历史和盈利记录，为了较快收回投资，买壳上市也是一个比较好的选择。买壳上市不需要首次公开上市那么复杂的上市审批程序，避免了复杂的财务、法律障碍，省去了“路演”(road show)的新股承销的过程，上市进程大大加快。因而在实践中，只有少数风险投资项目能以“首次公开发售”的方式完成，也有的企业通过“借壳上市”或“买壳上市”的方法进入资本市场。

2. 收购与兼并

风险企业持有的股权，可以被其他公司收购，以达到战略目的；可以被风险企业的管理层回购，以实现对风险企业的完全控制；也可以被另外的风险投资机构收购，以对风险企业进行下一期的投资。虽然这种退出方式的投资回报没有首次公开上市和买壳上市的投资回报高，但它们可以在更短的时间内收回投资，因而也是风险投资家喜欢选择的退出方式。而风险企业清算的退出方式是在企业经营状况恶化，而且难以扭转时减少损失的最好办法。

3. 破产清算

并不是所有的"种子投资"都能培育出微软这样的"现金牛"企业，很多风险投资项目因经营不善而亏损，再长期也没有发展的希望，这是风险投资机构和风险企业最不愿意看到的。这种情况下，只能断然进行破产清算，风险资本如果不及时撤出，只会带来更大的亏损。风险投资主要通过这三类途径实现资本的退出，以好的项目的巨额收益弥补破产清算项目的亏损之后，仍能实现资本的增值。将部分收益返还给投资者后，风险资本又开始了下一轮的运作。

上述风险投资运作的整个流程可以用图 14－1 表示。

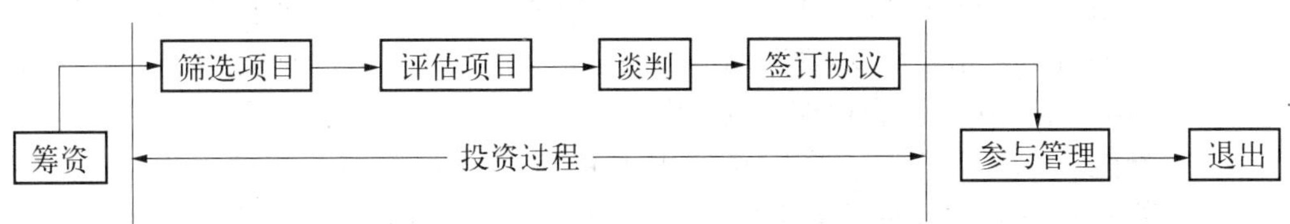


图 14－1　风险投资运作的运作流程

# 第二节　风险投资的项目评估

## 一、项目评估涉及的因素

风险投资的一个重要特点，就是在于投资创新的技术或产品，无相同或类似的项目可以比较，对项目的评估受到风险投资家的战略眼光和专业素质的影响。对于风险投资家来说，真正困难的是从众多的风险企业递交的申请中，找出真正具有发展潜力的项目。如果风险企业家每接触一个项目，都要花大量的时间对风险企业进行调查，并做出细致的评估，时间成本是很高的。所以实务中，风险投资家往往凭借自己的专业知识和金融知识，结合自己的投资经验，对各个投资项目进行初步筛选，初选通过的才安排对风险企业的实质性调查和评估。在初步筛选和细致评估的过程中，考虑到的因素是大体相同的，只是对这些因素调查的深度不同。风险投资家在评估项目时，考虑的主要因素有风险企业家、技术、产品、企业、市场和战略等，以下就对这些因素进行详细说明。

(一) 风险企业家分析

从一定角度来说，风险企业家是风险企业的核心资产，因为风险企业家的水平直接决定了风险企业的成败，所以有"宁愿投资于一流的企业家和二流的项目，也不投资于二流的企业家和一流的项目"之说。对风险企业家的评估，应该从其道德水平、成功素质和经验背景三方面进行。

1. 道德水平

(1) 风险企业家的创业动机应该符合风险投资家的投资动机，这是双方进行战略合作的基础。正如美国一位风险投资家所说，"硅谷的创业者视企业能够上市或被公司收购、能够赚到大钱为成功，这是其努力的目标，明确、简单，与风险投资者比较一致"。如果创业者过于追求短期利益，在心态和做法上缺少执著的精神，会限制到风险企业长期的升值潜力。

(2) 诚信是风险企业家应该具有的最重要的素质。诚信意味着风险企业家要诚实，从递交商业规划书，到后来签订协议经营管理，都要对风险投资家提供真实准确的信息，避免信息欺诈和对信息的主观隐藏；诚信还要求风险企业家在各种交易行为中是可信的，遵守法律，信守合同，公平交易。风险投资者都希望风险企业家正直诚实，几乎所有的风险投资者只与讲诚信的创业者合作。

2. 成功素质

成功的风险企业家应该具有以下创业所必需的素质。

(1) 创新精神。企业家要迅速接受新事物，适应新环境。风险企业家创立新企业，研发新技术，经营新产品，开拓新市场，面临的许多问题是无法用常规方法解决的，这要求企业家善于创新，创造性地解决风险企业成长过程中不可避免的新问题。

(2) 领导能力。企业家要以自己为核心成功的组织团队，激发员工的潜能，凝聚研发、销售、财务等各方面的资源，保证高科技项目的持续发展。具体表现为，企业家能够率先垂范，树立行动的榜样，能够激励团队成员为实现目标而努力，并能够为团队成员提供有力的支持和帮助。

(3) 精力充沛。风险企业家应具有奋斗精神，愿意为实现长期目标而努力不懈，具有完成投资计划规定任务的坚定信念；同时应具有健康体魄，能在压力下持续工作，保证商业计划的顺利实施。

3. 背景与经验

(1) 风险企业家具有合理的教育背景和知识结构，有助于正确、科学的决策。

(2) 风险企业家的工作经验也很重要。创业者如果成功地从事过技术开发、产品制造、市场营销、融资方面的工作，具有丰富的经验，对风险企业的市场及技术有清晰的认识，对于风险企业的发展是很有帮助的。

(3) 是风险企业家的社会关系网络。丰富的社会关系有助于创业者捕捉市场信息，为企业获取更多的资源，占据其他企业不具有的优势。

(二) 技术分析

1. 技术先进性

技术的先进性是技术具有投资价值的前提，可以通过检索国内外同类技术达到的参数来确定。优秀的风险企业有很强的研发能力，在技术上不断创新，甚至引导产品的走向，从而使其产品保持竞争力，始终走在市场前列。

2. 技术独特性

技术的独特性，是指某项技术在推向市场后，难以被竞争者模仿。风险企业的新技术一旦被竞争者模仿，就会丧失其领先地位，其产品在市场上的优势也会受到威胁。一般来说，如果一项技术对生产企业的规模、技术人员素质、资金、设备能力、原料等要求越高，它就越难以被竞争者模仿。独特的技术可以使产品在市场上具有一定的垄断能力，从而获取高额的利润。

3. 技术的转化能力

只有先进和独特的技术是不够的，因为技术向产品转化，需要多种配套的资产，才能实现商业化运作，在此过程中存在着不可预知的风险。比如说，摘棉机在1889年被发明，但是直到1948年配套条件成熟后，才大量投入市场并得到广泛应用。另一方面，在科研成果向产品转化的过程中可能暴露出新的问题，比技术开发过程中存在的问题更难解决。比如说，英法联合研制的协和式飞机在商业化生产之后，才发现许多技术问题(噪声是其中之一)，其中有些至今还没有找到解决的方法。

（三）产品分析

1. 生产难易性

对于风险企业来说，如果产品能够批量化大规模生产，则产品就能迅速地推向市场，抢占竞争优势。生产难易度的衡量主要从下面几方面看：能否迅速被外部合作单位理解接受，并投入资金进行合作；技术产品化后，各项技术指标标准化和加工的标准化程度的难易性；有无一流的设备和产品制造人员及维护人员；有无可靠的原材料供应渠道和稳定充足的原材料供给等。

2. 质量可靠性

质量是产品的生命线，而高质量的产品的生产，仅有先进技术是不够的，还需要有生产和管理上的协助。对于风险企业而言，因为它们一般是高科技企业，顾客对其产品质量有更高的预期，这就要求其产品性能比一般产品更为优异。可以采用顾客评价或计算废品率的方法，来确定产品的质量。

3. 产品竞争力

根据波特的竞争理论，任何企业的竞争力主要有三种体现：成本领先、专有目标市场和产品标新立异。可以从这三方面来评价风险企业产品的竞争力，具体而言，就是其产品的成本是否低于社会平均的成本水平，其产品是否有明确的市场定位和特定的客户群体，其产品是否执行差异化战略。在低成本、目标市场明确和产品差异化的基础上，畅通的分销渠道和良好的售后服务可以增强企业产品在市场上的竞争力。

（四）企业分析

1. 风险企业的背景

(1) 要看企业的历史经营状况，其是否在研发、技术、营销等方面取得过巨大的成功或危机。遇到危机时，企业是如何进行危机处理的，这反映了企业对突发事件的应变能力，果断恰当的危机处理有利于应对各种潜在的风险。好的风险企业，研发水平强，产出投入比例高，从而保持了先进的技术，具有可持续发展能力。而成功的营销策略则维持了旺盛的产品需求，拉动风险企业的飞速发展。

(2) 还要看风险企业的经营理念与风险投资机构的经营理念是否相符，这会影响到双方在合作与辅导经营管理的效果。此外，还要对风险企业的发展战略加以评估。风险企业应该既有长远的战略规划，又有可操作性强的战略实施措施，即企业运作的具体步骤，它规定了行动项目、人员、资源、时间以及检查和考核标准。

2. 管理水平

(1) 要看组织结构是否合理。风险企业家在风险企业中处于权威地位,其决策和管理水平对于风险企业的发展是至关重要的。但是,单靠风险企业家是不够的,合理的组织结构能够极大地提高管理经营水平和效率,容易做到权责明晰、言令即行,也有利于发挥集体的智慧,调动员工的积极性。

(2) 管理团队的水平至关重要。管理团队关键人员应该具有一定的专长与管理能力。比如说,技术主管应该对全系统技术有熟练的掌握,并具有产品技术设想的超前意识;营销主管应该对企业的核心技术及产品的目标市场有明确的认识,在开拓市场时具有前瞻性;财务主管能以最低的资金成本为企业融通到所需资金,并在保证流动性、安全性的基础上实现增值性。另外,要具有团队合作精神。不同部门的员工要相互协调相互促进,同时对公司整体目标、运作方式、公司文化有认同感,能够齐心协力创业。

3. 营销能力

营销能力可以从营销模式、营销策略、营销定价、售后服务等方面来评估。营销模式指销售网络的构成和运行方式,风险企业可以根据其自身特点采取直销、批发、代理等销售方式。营销策略包括企业的长期目标和短期目标、市场定位策略、企业的竞争手段、企业的战略合作伙伴、营销方式和特色等等。营销定价是指一个高新技术发展企业的产品定价策略,定价过低会降低产品的档次,定价过高会减少企业的市场空间,所以准确合理的定价关系到企业的长远发展。售后服务可以提高产品的附加价值,建立售后服务体系可以保证高新技术产品的可靠性和可维护性,是高新企业扩大其产品市场的重要策略。

4. 财务状况

财务状况包括具体的财务指标和财务管理制度两方面的内容。虽然风险企业与上市公司相比,没有准确详尽的财务报表,但是仍然可以通过基本的财务分析方法来分析其盈利能力、周转能力和偿债能力,也可以用杜邦分析法对股权收益率进行评估。其次,风险企业应该有科学、严谨、规范的财务管理制度,这有利于防止资金链断裂、保障正常经营、防止欺诈贪污等财务犯罪事件。因此,对风险企业财务管理制度的系统评估可以发现和杜绝财务隐患,可以保障投资的安全性及收益的可靠性。

(五) 市场分析

1. 市场需求规模及增长潜力

潜在目标市场即潜在顾客的需求必须大,并且稳定才能获得投资利润,项目才可行。根据产品的生命周期理论,可以将一种产品的市场需求分为导入期、成长期、成熟期和衰退期几个阶段,这几个阶段的市场需求如图 14-2 所示。风险企业的产品大多为高科技产品,基本上处于导入期和成长期,市场需求的增长率很

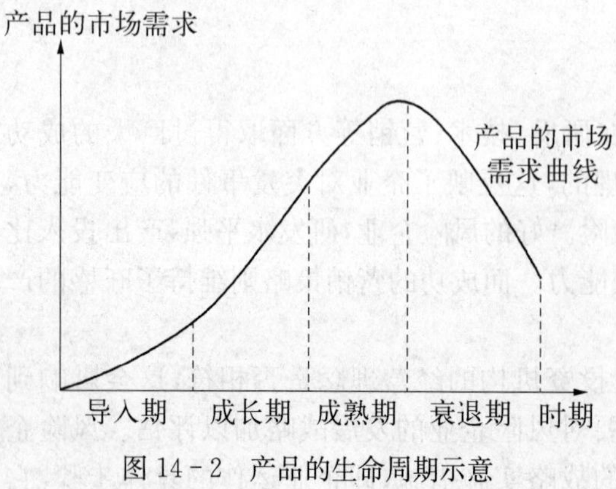

图 14-2 产品的生命周期示意

快，具有很大的发展前景。对风险投资机构而言，在导入期和成长期注入资金，在成熟期风险企业价值最大时争取使其公开上市，从而实现资本增值。

2. 市场竞争优势

风险企业的市场竞争优势可以用其市场占有率来衡量。在实务中，波士顿咨询公司首创了矩阵模型，用相对市场占有率，即本企业市场份额与这个市场中最大的竞争对手的市场份额的比来衡量竞争优势。整个市场增长率以10%为界，而相对市场占有率以1倍为界，则对于风险企业的业务，可以根据它的这两个指标的数值，确定它在坐标系中的位置，如图14－3所示。

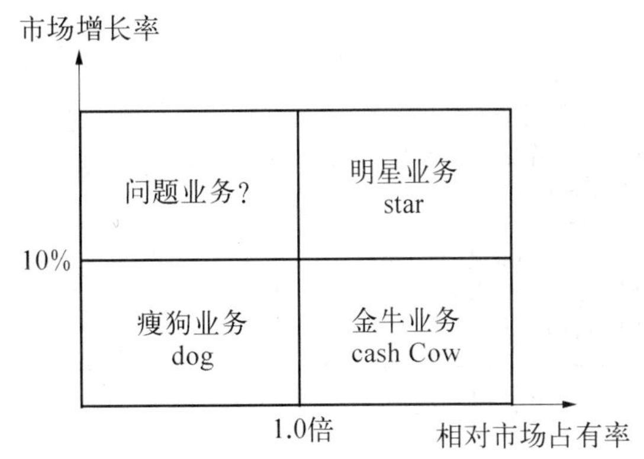


图14－3　波士顿矩阵

较为理想的是"明星业务"，它既有很高的增长率，又处于强势竞争地位，所以要继续提供资金支持，保持领先地位。比如说，微软所处的行业增长率很快，而微软的市场占有率又是最高的，属于"明星业务"。"金牛业务"处于成熟的低增长市场中，市场地位有利，盈利率很高，资金需求基本上可以通过内部融资来解决；"问题业务"所在市场增长率高，但现金流状态不佳，要研究是否值得投资；"瘦狗业务"处于饱和的市场当中，竞争激烈，利润小，可以考虑放弃这项业务。

（六）风险企业整体战略评价

在风险投资企业因素基础上，构造SWOT矩阵，即确定风险企业各项业务经营面临的强势、弱点、机会和威胁因素，以对风险企业的总体战略、技术创新能力、市场竞争优势等进行评估。

进行SWOT分析时，主要处理以下三方面的内容：

(1) 分析环境因素

运用各种调查研究方法，分析风险企业所处的外部环境和内部环境，以及它们的优势因素和不利因素。外部环境因素包括机会因素和威胁因素，这属于客观因素，一般归属为相对宏观的如经济的、政治的、社会发展的不同范畴；内部因素主要是风险企业自身发展过程中的积极因素和消极因素，这属于主观因素，一般归类为相对微观的如经营管理、人力资源等不同因素。

(2) 构造SWOT矩阵

即将调查的各种因素根据轻重缓急或影响程度等排列方式，构造SWOT矩阵，如表14－1所示。

(3) 制定行动计划

在完成环境因素分析和SWOT构造后，便可以制定相应的行动计划。制定计划的基本思路，发挥优势因素，克服弱点因素，利用机会因素，化解威胁因素。运用系统分析的综合分析方法，将排列和考虑的各种因素相互匹配起来加以组合，便得到如表14－1所示的四种策略。

表 14-1 SWOT 矩阵分析

| S/W<br>O/T | 内部优势 S(Strength)<br>（如团队协作、组织结构简单，具有较高的灵活性等） | 内部劣势 W(Weakness)<br>（如家族制，管理水平不高，技术水平升级约束，抗风险能力低等） |
| --- | --- | --- |
| 外部机会 O(Opportunity)<br>（如有一个公平开放的市场，政策扶持等） | SO 战略<br>依靠内部优势，利用外部机会 | WO 战略<br>克服内部劣势，利用外部机会 |
| 外部威胁 T(Threat)<br>（如竞争日趋激烈，技术优势正在逐步消失，人才流失等） | ST 战略<br>依靠内部优势，规避外部威胁 | WT 战略<br>克服内部劣势，规避外部威胁 |

*：SWOT 四个字母分别为：Strength，weakness，opportunity，threat.

## 二、传统的风险投资评价方法

### （一）净现值法

净现值(NPV)法是建立在两个假设之上的：其一是项目投资按照预定的时刻发生，不会提前或滞后；其二是项目在持续期内持续进行，不存在中途取消的可能。某一项目的净现值，就是将项目未来的净现金流入量按照一定的折现率折算为现值，然后加总，公式如下：

$$NPV = \sum_{t=0}^{n} \frac{CIF_t - COF_t}{(1+r)^t}$$

式中：$NPV$ 为某一项目的净现值；$n$ 为项目的预期投资年限；$r$ 为对 $t$ 时期现金流的贴现率，一般是风险资本的成本；$CIF_t$ 为第 $t$ 年期风险投资机构从风险企业获得的收益；$COF_t$ 为第 $t$ 年期风险投资机构对风险企业的现金投资。

利用净现值法进行决策的准则是，当投资项目的净现值大于零时，对该项目进行投资；当 $NPV$ 小于零时，表示投资是亏损的，拒绝投资；当 $NPV$ 为零时，对该项目投资只能收回成本，投不投资没有差别。多个项目相比较时，应该选择 $NPV$ 较大的项目。

### （二）内部收益率法

内部收益率(IRR)是使一个项目的净现值恰好为零的贴现率。内部收益率反映了项目投资的实际收益率。内部收益率的计算方法如下：

$$NPV = \sum_{t=0}^{n} \frac{CIF_t - COF_t}{(1+IRR)^t} = 0$$

式中 $IRR$ 即为内部收益率，根据内部收益率进行决策的准则是，当内部收益率大于必要的收益率时，进行投资；否则不进行投资。对于风险投资机构来说，必要的收益率指其风险资本运行应该得到的最低收益率。比如说，如果风险资本在募集时，向投资者允诺了 8% 的年收益率，则风险投资的预期收益率一定要大于 8%，如果某一项目的内部收益率只有 5%，投资该项目就是亏损的。多个项目相比较时，应该选择内部收益率较大的项目。

### （三）获利指数法

获利指数(PI)是指投资项目未来产生的全部现金流的现值与初始投资费用的比率，计

算公式为

$$PI=\frac{\sum_{t=0}^{n}\frac{CIF_t}{(1+r)^t}}{\sum_{t=0}^{n}\frac{COF_t}{(1+r)^t}}$$

根据获利指数法进行决策的准则是，当某一项目的获利指数大于 1 时，进行投资；否则拒绝该项目。多个项目相比较时，选择获利指数较大的项目。

总之，上述三种方法在项目评估中得到广泛的应用，但是都是建立在对未来现金流入量的事先估计之上的，存在着共同的缺陷。这些方法是从静态的角度进行评估的，即对项目的资金投入是事先确定下来的，不管以后的形势有何变化，都要按照投资计划进行；而且风险企业本来就面临着很大的市场风险和技术风险，对现金流入量的估计很难与实际相符。另外，风险项目早期的收益往往为负，风险投资机构的主要目的是在企业上市后转让股权而赚取资本利得，模型的构造与实际情况就有所偏离。

（四）层次分析法

层析分析法，是 20 世纪 70 年代由美国学者 Saaty 最早提出的一种评估方法。其分析的基本原理是，将复杂的问题分为若干影响因素，对每一个因素根据其影响程度赋予不同的权重，根据它们的相关程度组成一个多层次分析结构模型，针对具体的评估对象，计算出它每个因素的值，然后加总，以此作为筛选的依据。

1. 层次分析法的框架结构

风险投资项目的优劣，一般可以从管理能力、产品新意、市场前景和环境适应力等因素进行评估，其结构框架如图 14－4 所示。

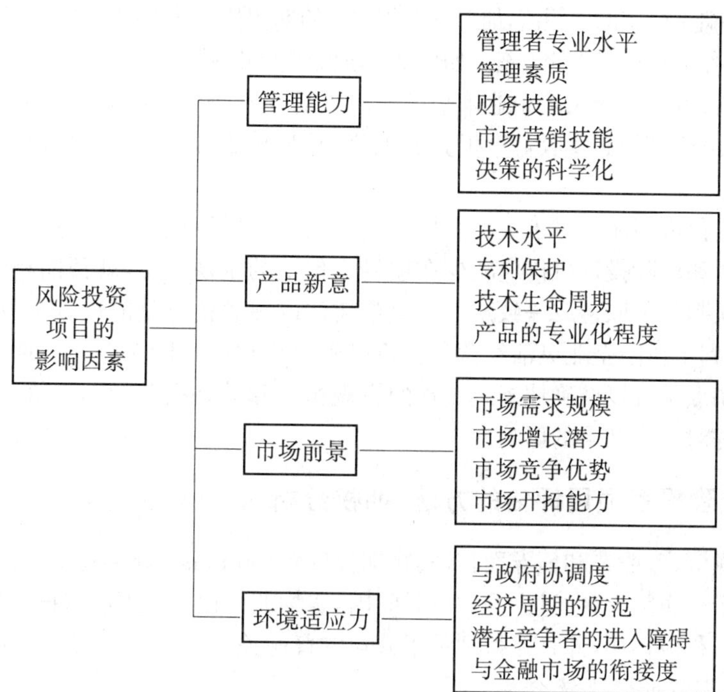


图 14－4　层次分析法示意

2. 模型的分析过程

不同的风险投资机构,可以根据其运作经验对不同的影响因素赋予不同的分值。比如说,管理能力的总分为30分,产品新意为20分,市场前景为20分,环境适应力为30分。然后,对于每一个因素,又可以进行第二层次的分析,比如,有关管理能力的共有5个指标,可以对每个指标赋值6分。

对于每个具体的投资项目,可以依照这个体系,对其每一个指标进行评分,分数越高,表示对应的能力越强或越有优势,最后将各个指标的评分加总,可以得到某一项目的总分。在这种体系下,100分意味着完美的投资项目,分数越高,意味着投资的潜在风险越小。所以,将多个投资项目依次评出总分之后,以分数的高低作为项目取舍的依据。

3. 层次分析法的优劣

层次分析法的优势在于它综合考虑了对项目有影响的多种因素,而且实施起来具有很大的灵活性,不同的风险投资机构可以构建不同的评估体系并对影响因素赋予不同的权重,并在实践中不断修正。但是,它也存在局限性。此方法的运用要求决策者对风险投资项目的各影响因素以及其逻辑关系有着深刻的理解,主要是根据其经验进行评估,这就有失客观性的原则。可见,层次分析法虽然考虑全面,但不够客观化和精确化,如果孤立运用,难免有失偏颇。

(五) 决策树法

决策树法全面考虑到了投资项目未来可能出现的各种情况,并对各种情况出现的概率进行推断。它通过树型图,描述某一投资项目可能出现的各种状态以及对其采取的方案,并计算出各种方案所需的资金及期望收益,从而进行比较和选择。决策树分为两步:

(1) 根据未来市场的状况以及各种可替换的方案,绘出决策树型图。

(2) 计算各概率分支的期望值,加总算出各方案的期望值。剪去期望收益值较小的分支,将保留下来的方案作为备选实施的方案。如果是多阶段或多级决策,需要重复(2)的各项工作。

借助决策树,可以分析风险企业未来可能出现的几种经营状况以及采取对应方案后的期望价值,以风险资本的必要收益率折算成现值,并与初始资金投入额相比较,以此为是否进行投资的依据。

决策树法定价模型注重对于最可能情形的评估,而且最可能情形对投资决策有决定性影响。风险企业和风险投资机构应减少在项目定价上的主观争论,就预期经营效果的范围和可能性进行谈判并争取达成一致意见。决策树法的显著优点是简单直观,易于求出最佳方案,同时考虑到了风险企业灵活经营和分析投资机构根据风险企业的表现做出最有利决策的能力。其缺点是难以准确地确定先验的主观概率和计算损益的期望值,没有考虑到决策者的风险偏好对决策结果的影响。

## 三、现代的风险投资项目评估的方法:期权分析法

相对于金融资产、股票和债券而言,实物期权(real options),顾名思义,是使用期权理论来评估实务资产。实际上,在过去的一段时间内,实物期权在分析不确定投资的创业投资评估过程中发挥了积极作用,并日益得到关于公司的普遍关注。

(一) 实物期权的特点及分类

一般而言,实物期权是指一个投资方案其产生的现金流量所创造的利润,来自目前所拥

有资产的使用，再加上一个对未来投资机会的选择，即企业在未来以一定价格取得或出售一项实物资产或投资计划的权利。实物期权是金融期权理论在实物资产期权上的扩展，但从金融期权向实物期权转化需要一种思维方式，即要把金融市场的规则引入企业内部战略投资决策中。实物期权和金融期权在以下方面存在不同(表 14 - 2)。

**表 14 - 2　实物期权与金融期权的差异比较**

| 差　异　性 | 金　融　期　权 | 实　物　期　权 |
|---|---|---|
| 标的资产 | 股票、货币、期货等金融资产 | 实物资产、投资计划 |
| 标的物执行价格 | 约定的价格 | 投资成本或支出 |
| 标的物市场价格 | 金融商品的价格 | 实物资产的价格、项目的价值 |
| 标的资产的时间 | 金融资产具有可逆性，投资时机选择相对不重要 | 实物资产具有部分可逆或不可逆性，投资时机的选择重要 |
| 公开交易市场 | 有 | 无 |
| 波　动　率 | 股价的不确定性 | 项目价格的不确定性 |

实物期权的类型主要有以下几种：

1. 递延期权

项目的持有者有权推迟项目的投资，以降低现在投资项目所面临的不确定性，从而选择对企业本身最有利的时机。比如说，油田开采具有很大的风险，在原油储存量的真实资料难以获得的情况下，公司可以暂缓进行大规模的投资，直到进一步掌握关于原油储量的信息，再进行具体的投资决策。递延期权(option to defer investment)实际是一个美式看涨期权，它赋予企业在今后某个时刻进行项目投资的权利，而该买权的执行价格为规划的投资金额。

2. 扩张期权

项目的持有者有权在未来的时间内增加项目的投资规模，即未来时间内，如果投资效果好，则投资者有权扩张投资项目的投资规模。扩张期权(option to expand)不仅可以提高项目的价值，还可以为企业捕捉到新的利润增长点。扩张期权相当于美式看涨期权，其执行价格为追加投资额。

3. 收缩期权

收缩期权(option to contract)与扩张期权相反，项目的持有者有权在未来的时间内减少项目的投资规模，即未来时间内，如果项目投资效果不好，则投资者有权收缩投资规模。收缩期权实际是一个美式看跌期权，其执行价格为节约的投资额。

4. 放弃期权

放弃期权(option to abandon for salvage value)指在项目建设过程或寿命期内，企业有权根据其实际运行结果，决定放弃投资，将项目资产残值变卖或转向其他有价值的项目。放弃期权相当于美式看跌期权，当投资项目创造的价值低于出售价格时，执行放弃期权是有利的。

5. 转换期权

转换期权(option to switch use)指在未来时间内项目的持有者有权在多种决策之间进

行转换。它包括投入要素和项目产出品的转换，比如电解铝厂运营所需的电力能源的供应由水力供电转变为火力供电，炼油厂从生产汽油转为生产润滑油。转换期权存在于项目的初始阶段中，增加了投资选择的灵活性，投资者据此可以设计转换期权以规避风险。

6. 增长期权

增长期权(corporate growth options)指项目的投资者获得初始的投资成功后，在未来时间内，能够获得一些新的投资机会，为企业以后的发展做好铺垫。对于高新技术企业的战略性投资项目，增长期权显得尤为重要。例如，第一代高技术产品的投资，尽管净现值为负值，但是项目的实施会带来诸多非现金收益，如经验的积累、人才的培养、基础设施的建设，它是开发下一代产品必定经过的过程。从期权分析的角度看，企业增长期权属于期权的期权，也称复合期权。

### (二) 风险投资的实物期权分析法

风险投资项目具有高度不确定性，风险投资公司为了尽可能地避免投资风险，对所投项目的价值评估不是一次性的静态决策，而是多阶段的具有灵活性决策权的动态过程。即根据项目的生命周期特性，采取分期投资的方式，在初始投资完成后，风险投资公司每期都要对该项目进行再评估，根据实际情况决定下一期是否继续投资、扩大投资或减少投资。也就是说，风险投资决策中存在延迟期权、扩张期权和收缩期权等多重复合期权。

因此，在对风险投资项目进行评价时，不仅要考虑以净现值(NPV)指标表示的直接获利能力的大小，还要考虑该项目灵活性的价值。从实物期权的角度分析，一个项目的真实价值应该由项目的净现值和实物期权价值两部分构成，即

$$RNPV = NPV + OP$$

式中，$RNPV$ 表示风险投资项目的真实价值；$NPV$ 表示风险投资项目的净现值价值，可由传统的净现值法求得；$OP$ 表示风险项目的实物期权价值，可由实物期权定价方法求得。

由于风险投资项目是实物资产，故将这种基于期权理论的风险项目评估方法称为实物期权分析法。基于实物期权的风险投资项目决策方法的难点是根据风险投资项目阶段性决策特点，建立适当期权定价方法，以确定风险投资项目阶段性决策过程中的期权价值。由于实物期权价值存在形式很隐蔽，需要决策者发现构造这种期权，使其成为项目真实价值的内在组成部分。

为说明实物期权评估方法，下面应用了一个简单的实物期权例子。

**例 14-1** 假定一家企业正在研发一种新的生物基因工程产品，预期净收入用自由现金流表示。在接下来的6年内，研发所带来的正现金流分别为800万元、1 200万元、1 500万元、1 200万元、1 100万元、1 000万元。假定6年后的残值是1.55亿元。和研究成果有联系的是常规业务功能所产生现金流。表14-3的A组展示了一组简单的现金流贴现序列，用调整市场风险后的加权资本成本率(WACC)12%计算出的贴现后的价值是2 485万元。

假定该基因产品研发成功，3年后可能需要投入更多的资金把产品推向市场。例如，假定该企业前两三年的研发费用已经支付，并且企业准备大量生产并在市场上销售新发现的

基因产品。表 14－3 中的 B 组显示了与这一事项相关的现金流，前 3 年的初始投资是 3.82 亿元，由此它 4～6 年中产生的正现金流分别为 3 000 万元、4 300 万元、5 300 万元。另外，应用戈登持续增长模型，根据预期的经济生命计算其余的现金流，得到终值为 4.54 亿元。得出的第二阶段的净现值为－2 499 万元。所以，比较 A 组和 B 组总的净现值是－14 万元，说明该投资项目并不可行。使用传统的净现值估算方法在很大程度上低估了风险投资项目的价值。

**表 14－3　实物期权和贴现现金流比较**　　单位：百万元

| A 组：贴现现金流评估方法 | | | | | | | |
|---|---|---|---|---|---|---|---|
| 时间(年) | 0 | 1 | 2 | 3 | 4 | 5 | 6 |
| 初始支出 | (100.00) | | | | | | |
| 现金流 | | 8.00 | 12.00 | 15.00 | 12.00 | 11.00 | 10.00 |
| 终　值 | | | | | | | 155.00 |
| 净现金流 | (100.00) | 8.00 | 12.00 | 15.00 | 12.00 | 11.00 | 165.00 |
| 贴现率 | 0% | 12% | 12% | 12% | 12% | 12% | 12% |
| 现　值 | (100.00) | 7.14 | 9.57 | 10.68 | 7.63 | 6.24 | 83.59 |
| 净现值 | 24.85 | | | | | | |
| **B 组：实物期权评估方法** | | | | | | | |
| 时间(年) | 0 | 1 | 2 | 3 | 4 | 5 | 6 |
| 初始支出 | | | | (382.00) | | | |
| 现金流 | | | | | 30.00 | 43.00 | 53.00 |
| 终　值 | | | | | | | 454.00 |
| 净现金流 | | | | (382.00) | 30.00 | 43.00 | 507.00 |
| 贴现率 | | | | 5.50% | 12% | 12% | 12% |
| 现　值 | | | | (325.32) | 19.07 | 24.40 | 256.86 |
| 净现值 | (24.99) | | | | | | |
| 总的 NPV | (0.14) | | | | | | |
| 看涨期权 | 73.27 | | | | | | |
| 投资价值 | 98.12 | | | | | | |

资料来源：乔纳森·芒：《实物期权分析》，中国人民大学出版社 2006 年版，第 92 页。

在此，有两个问题需要考虑：

(1) 在第一次初始支出 3.82 亿元时所使用的贴现率。

(2) B 组测算的现金流的选择权问题。

首先看第一个问题，通过表 14－3 可见，所有测算正现金流使用的是 12%的加权平均资本成本，但是在 B 组中，第二次初始支出使用的是 5.5%的贴现率。实际上，由于期望利率会随着风险变化，而风险又会随着时间变化，所以理论上贴现率应当有所变化。一种方法是根据风险调整后的市场远期利率，使用循环利率。但是在简单的分析中，我们假设 12%的利率不随时间变化。用3年期即期国债的无风险利率5.5%来计算第二次投资支出，因为这笔现金流是现在预计的，并且假定只对公司自身风险敏感，而对市场风险不敏感，因此这笔现金流用无风险利率进行贴现，若成本支出也用12%的加权平均资本成本率贴现，则投资的真实价值就会被高估。为了准备以后的这笔支出，企业可以预留3.82亿元专款3年后使用。这样，企业期望的回报率应当是相应时间到期的即期国债的无风险收益，并且任何附加的利息收入都被认为是来自投资活动，而不应当使用12%的市场调整后的加权平均资本成本。

接下来，第二笔现金流序列的选择权可以看作是一个看涨期权。企业有权投资并使用产品进入市场销售，当然也可放弃这样做。如果预计3年后的净现值是负数，企业可能会放弃第二阶段；相反，第二阶段的净现值为正，并且能够补偿产生的风险，企业可能决定进入第二阶段。所以，将第二阶段看作是一个看涨期权进行定价，第一阶段和第二阶段加起来的整个事业的净现值将达到9 812万元(7 327万元的看涨期权和第一阶段的2 485万元相加所得)。这就是风险投资项目的真正战略价值。如果企业忽略这方面而没有执行第二阶段，显然就会低估项目的真实价值。

## 第三节　风险资金注入与风险企业管理

### 一、金融工具的选择

金融工具设计是风险投资交易设计的第一步。所谓金融工具设计，是指风险投资机构以何种金融工具或金融工具组合的形式，向风险企业注入资金。在交易结构设计时，对金融工具的选择受到多方面因素的影响，比如说被投资企业的类型、所属行业及其所处的发展阶段、风险投资家的类型及其资金来源、经营哲学和投资策略等。从风险投资家的角度来看，选择金融工具关键的问题是保证注入资金的安全、确保投资的变现和对企业的适度控制。而风险企业家所关心的是合理的设计金融工具，在保持他对风险企业的领导权的基础上融通到企业目前发展所需要的资金，并能确保其后续融资的要求。

选择投资工具时，风险投资家最关注以下的问题：在一定的交易风险下取得合理的投资回报；在风险企业中占有一定的董事会席位，对风险企业决策施加足够的影响，在企业业绩恶化的时候甚至能够更换管理者；不管未来出现任何情况，都保证资金能够撤出；尽可能使纳税最小化。

而风险企业家所关注的是：保持对他所创建的企业的领导权；希望有更多的资源供企业运作；从企业的创新中取得合理的回报。投资人和风险企业家既存在利益的一致性，又存在利益的分歧，在金融工具的设计过程中双方都力图寻求对自身有利的保护性条款。因此，投资工具的选择过程，实际上是风险投资家与风险企业家反复协商和博弈的过程，他们最终所选择的投资工具必须能够实现双方利益与风险的平衡。

在风险投资发展过程中，发达国家开发了大量的金融工具，为风险投资家与风险企业家提供了充分的协商和选择余地。在发达国家风险投资市场上，常用的金融工具有普通股、普通债券、优先股、可转换优先股、可转换债券等多种形式。普通股和普通债券是两种最基本的投资工具，而其他几种投资工具则是结合了普通股、债券以及期权的优点后产生的复合式投资工具。

## 二、分期投资

### （一）分期投资的概念及作用

“分期投资”是风险投资机构只提供确保风险企业发展到下一阶段的资金，并保留放弃追加投资的权利。也就是说，风险投资是一种长期的流动性较低的权益资本，风险投资家在风险企业的每一发展阶段，如种子期、成长期等，注入一定资金，使企业进入下一个发展阶段。风险投资机构在每个阶段都会制定一个阶段性目标，在阶段结束时会对风险企业进行评估，发展前景看好、运作良好、上市可能性大的企业得到新的融资，而运作不佳的企业，在实施救助、更换企业管理层或改变发展战略等方法无效的情况下，风险投资机构有可能将其转让或实施破产清算。

分期投资主要发挥了两方面的作用。

(1) 分期投资能使风险投资家减少投资风险。风险投资家将投资划分为几个阶段，依据风险企业的经营状况来决定是否进行追加投资，从而将损失的最大限度限定为阶段的投资额。在分期投资机制下，风险的减少还在于风险投资家可以通过不同行业、不同区域和不同企业阶段的投资将风险降低到最低程度。

(2) 分期投资对风险投资双方起到约束和激励作用。分期投资促使风险企业家努力经营，达到预期的企业增长目标，以确保继续获得资金的注入，否则原有投资者的退出会在市场发出企业经营不良的信号，不利于风险企业寻找新的投资者。而风险投资机构要发挥好其协助管理的作用，避免风险企业在下一轮融资阶段转而寻求其他风险投资家，从而损害了他们的信誉。分期投资赋予投资双方选择期权，加上信誉的作用，对投资双方履行义务都非常关键。

### （二）分期投资的期权特性

由于风险企业一般处于高增长期，风险投资的价值不在于对项目的初始投资所产生的现金流，而在于投资所产生的未来增长机会。在分期投资机制下，风险投资机构付出一定的无追索权资本，从而享有在未来一定期间继续投资或放弃投资的选择权。这种选择权决定了风险投资的期权性质，具体有等待期权、扩张期权、放弃期权等。

在风险投资分期投资机制下，可将风险投资的分期投资视为一种看涨期权，无追索权的投入资金就可被视为期权费用。风险投资机构判断的标准是，当某一阶段的期权价值大于资金的投入量时，就会进行投资，否则停止追加投资。每一轮投资行为本身同时具有两种属性，一方面为创造新的期权而投资；另一方面，其本身也是在行使期权。所以，可以将风险投资看作一个创造期权和行使期权的过程，这一连串的投资机会形成了一系列复合期权，即期权的期权(见图 14-5)。

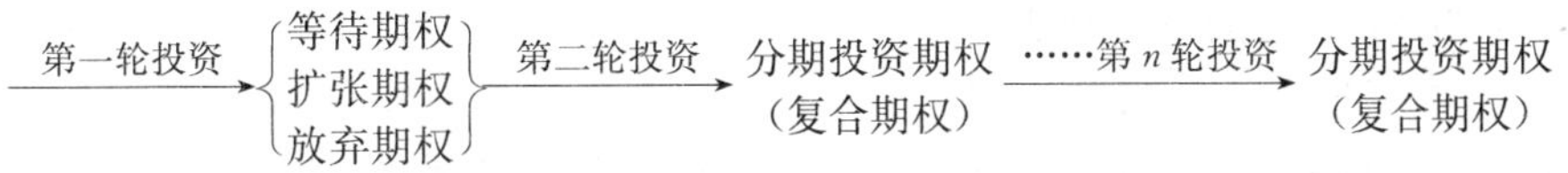

第一轮投资 → {等待期权 / 扩张期权 / 放弃期权} 第二轮投资 → 分期投资期权（复合期权） ……第 $n$ 轮投资 → 分期投资期权（复合期权）

图 14-5　风险投资的分期投资流程

以下以等待期权为例，说明风险投资的期权特性。

**例 14-2** 风险投资家采用分期注入资金的方式投资，在每次注入资金时有权对项目重新评估，根据评估结果做出投资与否的决策。公司有权利而非义务继续投资，这种权利的价值就是等待期权的价值。那么对风险投资家来说，风险投资项目的价值就是风险投资项目自身产生的现金流的净值加上等待期权的价值。

比如，有一投资项目，据预测第一期($t=0$)的投资额为 1 050 元，每年年末可得到现金净流量 100 元，期限为无限长，资金成本为 10%。

其 $$NPV=\frac{100}{10\%}-1\,050=-50(\text{元})。$$

由于净现值小于零，所以该项目应该放弃。但是由于项目在进行的过程中可以选择终止或者继续进行投资，即存在一个选择权，使项目的价值有所提高。假如项目进行到 1 年末，由于各种因素的变化，决定中止这个项目，将设备出售可得到 500 元，概率为 50%，则项目的净现值为

$$\frac{100+500}{1+10\%}-1\,050=-505(\text{元})$$

假设项目进行到 1 年末，发现项目可以继续进行下去，进行二期投资($t=1$)800 元，可使以后每年得到 300 元的净现金流量，期限为无限长，这种概率为 50%，则项目的净现值为

$$\frac{100}{1+10\%}+\frac{\left(\frac{300}{10\%}-800\right)}{1+10\%}-1\,050=1\,041(\text{元})$$

所以项目的价值为：(−505)×50%+1 041×50%=268(元)

由以上的计算可知，原来一个本应放弃的项目($NPV=-50$ 元)，在考虑到以后的选择权后，使项目的价值增加到 268 元，变成可以投资的项目，其中所蕴含的期权价值为 318 元。这说明，等待期权的价值大大提高了项目的价值，甚至会改变风险投资家的投资决策。

## 三、风险企业的经营管理

风险投资公司与风险企业签订投资协议之后，就必须按规定注入资本，并参与风险企业的经营管理。风险投资过程中的经营管理与前面的精心评估选择投资项目一样重要。风险投资家具有较强的营销、理财、管理能力和广泛的社会关系网络，为风险企业提供管理咨询、融资策划、战略规划和财务监控等方面的服务，促进风险企业不断发展壮大，直至公开上市或者通过其他形式实现风险资本的增值退出。参与风险企业管理是减少投资风险、确保预期的投资收益率实现的重要手段，在整个风险投资运作过程中持续时间最长、花费最多，也是区别于其他融资方式的重要标志。

### (一) 参与风险企业管理的方式

一般来说，风险投资公司参与风险企业管理的方式主要有直接管理、间接管理和合作管理三种方式。

1. 直接管理

直接管理是风险投资家派员直接管理受资企业的一种方式。当受资企业的创业者是技术专家，虽有技术优势，但缺少管理经验和能力，经风险投资公司和风险企业双方协商，可由风险投资公司直接管理企业，技术专家则专心致力于技术的研究和开发，双方取长补短，共同发展。但这种管理方式容易挫伤创业者的积极性，而且直接管理需要风险投资公司耗费大量的时间和精力。此外，当风险企业发展不顺利或出现危机时，风险投资公司不得不行使权力，直接接管企业，以挽救自己的投资。

2. 间接管理

间接管理是风险投资公司不直接干预企业的日常管理工作，而是在一些重大决策上发挥作用的一种管理方式。风险投资家通过参加董事会来参与决定企业的主要经营政策。通过定时收取管理报告和准确的财务报表，按时召开董事会，及时和创业家沟通有关市场、产品、财务等方面的重要问题，及时地发现问题、解决问题。

3. 合作型管理

合作型管理是一种新的风险投资管理模式，其含义是指对企业进行长期投资，并全面监督企业的经营管理，在企业的治理结构中联合发挥作用，以保障获得回报。

主要表现在：在企业董事会中拥有较大发言权，风险投资公司可以利用自己在管理、法律和财务等方面的专家充当企业的财务顾问、参与企业的人事管理，帮助企业引进资金及合作伙伴，监督企业的日常生产经营等，给风险企业提供必要的指导和服务。当风险企业处于困境时，风险投资家会根据其不同情况，选择追加投资、出售股权、取消赎回权、让企业强制破产清算、选择出售企业资产和清理债权债务等方式。

一般来说，风险企业的财务计划、发展目标和市场营销战略也是在风险投资家的协助下完成的。风险投资家通过参与管理的方式来减少投资风险，尽可能地保障风险企业尽快走向成熟。在我国，由于法制尚不健全与完善，道德风险比较大，因而风险投资适合采取这一管理模式。

风险投资家参与管理的程度取决于他的投资策略，不同国家或地区的表现也有所不同。在美国，风险投资家参加董事会，并成为较有影响力的董事会成员。但在我国台湾地区，风险投资家更倾向于间接管理。有关研究表明，风险投资公司对风险企业的日常事务加以直接控制的做法不受创业家的欢迎。如果风险企业发生财政或管理危机，那么根据投资保护协议，风险投资家有可能直接干预企业的日常管理，或任命一个新的经营管理班子，甚至有时是招聘合适的首席执行官派往风险企业。最新研究发现，如果创业家缺乏管理企业的经验，则风险投资家在董事会中的代表权将增加，其作用将进一步增强。另外，当创业家由于某种原因被取代时，风险投资公司的监督便显得尤为重要。同时，需要特别指出的是，风险投资家向风险企业投入资金和参与企业管理是互相交织在一起的，它们构成了风险投资活动的主要内容，并在很大程度上决定着风险投资的效果。

（二）参与风险企业管理的内容

一般来说，风险投资公司参与风险企业经营管理的工作主要包括以下六个方面。

1. 组建董事会

在风险投资中，特别是被投资风险企业的早期阶段，风险投资家一般都要求成为企业的外部董事成员，并对企业重大事项拥有投票权和否决权。几乎每一轮风险投资之后，风险投资家都会要求在风险企业的董事会中有 1～2 个席位。风险投资家很少参与风险企业的日常管理，因而他们都把出席董事作为提出其建议、影响创业者决策和保护自身利益的极好机会。风险投资家成为企业董事，可以影响、引导和控制董事会，可以更好地监督企业的运作。

2. 制定企业发展战略

企业发展战略是风险企业快速发展壮大的基本纲领。风险投资公司应从更宏观的角度、从行业发展的角度出发，利用敏锐的洞察力，为风险企业经营战略的制定提供建议，这包括市场营销与决策、新产品开发与持续发展、人力资源的优化与配置、企业产品品牌的打造等，促使企业通过发展达到市场价值最大化。

3. 决策咨询

风险投资家是全方位的投资家或专业投资家。风险资本的投向通常在风险投资家较为熟悉、有着丰富实践经验的领域，风险投资公司为风险企业提供全面而专业的咨询服务，内容涉及企业发展战略、市场营销、财务管理、人事安排、管理机制和退出机制等方面。

4. 融资支持

风险投资公司在金融领域有着广泛的社会关系，能够在风险企业为风险企业提供更多的新资金募集渠道。例如，风险投资公司与投资银行、基金组织或保险公司保持密切关系，利用金融网络和自己良好的信誉，协助风险企业进行再融资。风险投资公司还能以提供担保的方式向商业银行贷款，让风险企业得到发展资金。在条件成熟时，协助风险企业进行重组、并购以及制定上市计划，帮助风险企业进行资产调整和评估，引入合适的证券公司作为保荐人，完成辅导期要做的各项工作，实现上市目标。

5. 组建企业管理团队

协助风险企业组建管理团队，形成企业管理的整合优势，是风险投资公司的重要职能之一。风险投资属于高风险、资金密集型产业，需要创业者具有良好的技术背景且倾注全部精力。风险投资公司可以利用自身的人才优势和人才资源网络，根据企业现有管理人员的性格特点、特长和熟悉领域，为风险企业物色技术、管理、财务和营销等各方面的专家，组建企业管理团队，并实现他们之间的互补和有机结合。

6. 发挥社会关系的优势

风险投资公司还可以利用建立的社会关系网络帮助风险企业寻找到合适的供应商、销售商和客户等，帮助风险企业顺利进行生产和售后服务。

### （三）风险投资的增值服务

风险投资家对风险企业的经营管理的介入不同于该企业管理层的经营管理工作，他主要侧重于为经营管理中大的战略性或策略性的问题提供咨询服务，而不介入具体业务。为创业企业提供增值服务，是风险投资不同于一般投资的重要特点，增值服务指的是风险投资机构除了向创业企业提供资金外，更重要的是通过参与创业企业的管理为创业企业提供一系列旨在使企业价值增值的服务。风险资本是风险企业主要的资金来源。风险资本家作为风险资本的代言人，有权对风险企业施加影响，风险投资家不仅提供风险企业急需的资金，同时也提供其他企业运营要素，如运营服务、企业相关信息、网络建设和道义支持等。由于风险投资家提供的管理资源、融资渠道、企业形象设计等要素是风险企业所需要的而不是已经拥有的资源，这些要素对风险企业发展的作用决定了风险投资家在风险企业中的重要地位。

提供增值服务能力和水平的高低，是衡量风险投资机构水平高低的重要标准，现代风险投资事业的发展，要求风险投资机构将自己定位于综合服务解决商的角色，要有对创业企业进行资源整合的能力，能为创业企业提供高质量的增值服务。风险投资公司为风险企业提供增值服务是其利益的内在要求，增值服务做得越好，风险企业成长得越快，风险企业价值越能提高，风险投资的收益就越高。而风险企业得到增值服务，也有利于它更好地规范运作，从管理上更加符合现代企业制度的要求，从经营上取得更广阔的发展空间，因此，风险投资与企业增值服务是有机的内在统一。风险投资家主要从提供运营服务、优化企业财务资产结构、整合企业战略资源、协助企业实现管理规范化、推出战略设计即为企业创造良好的外部发展环境等六个方面为风险企业提供增值服务：

(1) 协助制定创业企业发展战略，协助整合战略资源。改进企业经营决策企业发展战略对一个企业的重要性是不言而喻的，它是企业前进方向的指引。风险投资家相对于创业企业家的比较优势之一，表现在风险投资家往往参与投资多个创业企业，因此对创业企业在发展中一些共性的问题，认识相对丰富；而创业企业家由于其主要是着眼于本企业，对创业企业在发展中的一些共性问题缺乏敏感性；因此，风险投资家可以充分利用自己这方面的经验以及与社会各界的广泛联系，协助创业企业家正确分析其内外部环境的优劣势，制定创业企业发展战略，为企业发展提供其所需要的战略资源，改进企业经营决策，使创业企业少走弯路。如为风险企业介绍战略投资者或提供后续融资安排，为风险企业引入重要战略合作伙伴等。

(2) 协助规范创业企业公司治理，优化企业财务资产结构。从企业发展的角度来说，创业企业发展到一定阶段，规范化的公司治理是企业做大做强的必备要素。大量创业企业公司治理很不规范，内部实际股权结构往往与工商登记资料上的股权结构相去甚远，也不重视股东会、董事会的规范运作，内部人控制现象严重，风险投资机构作为富有公司治理经验而且极为看重规范公司治理的外部投资者进入创业企业，必然会要求创业企业规范公司治理，这有利于创业企业的健康发展，可以促进创业企业决策体系的科学化、民主化。同时，风险投资的进入还会带来创业企业股权结构和资产负债结构的优化。风险投资的进入，促进了创业企业股权多元化，有利于民主决策与规避风险，为下期融资创造了条件，从而也有利于避免风险企业家股权比例过大而对小型高科技企业进行操纵，为今后建立合理的公司法人治理结构奠定基础。风险投资的进入，缓解了企业资金困难的局面，可以增加创业企业资产的流动性，降低资产负债率，使资产结构得以优化，更利于创业企业进一步获取社会其他类型的融资。

(3) 协助制定重要管理策略，规范和优化企业管理风险。风险企业起步之初难以顾及管理规范化的问题。解决创业企业的管理问题，首先要解决的是法人治理结构规范化，建立完整的、科学的管理制度，形成对企业经营行为必要而有效的约束和激励，产生管理合力。投资家利用自身的管理以及综合商务知识和经验，可以协助创业企业制定重要管理策略，风险投资家根据自身所长，可以协助创业企业规范和优化价值链各个环节管理。这也是风险投资家帮助创业企业逐步走向成熟的过程，体现了风险投资家为企业提供增值服务的能力。

(4) 协助创业企业进行管理层成员及关键人员的选配和招募。帮助寻找物色高素质的职业经理人，充实或更换创业企业管理层，这也是风险投资家为创业企业提供增值服务的重要内容。对创业企业而言，各方面人才都匹配的管理团队是非常少见的，而且在创业企业不同的发展阶段，管理团队对人才的需求也是不同的。风险投资公司可以利用自身的社会关系资源、人才优势和人才资源网络，结合被投企业的需要，为其物色合适的人才，将其推荐给被投企业管理层或其他股东，组建企业管理团队，并实现他们之间的互补与有机结合，加强与充实创业团队力量，强化中层骨干队伍的作用。

(5) 为企业管理提供咨询诊断，协助企业建立良好形象。优秀风险投资家有能力为创业企业提供包括针对企业内部管理、法律、公关等在内的管理咨询，这体现了风险投资后续管理对创业企业的参谋职能。要很好地做到这一点，对风险投资家的素质提出了很高的要求，风险投资家自己必须要有丰富的管理实践经验和体会，而且要有系统的现代管理知识，才能胜任这种角色。优秀的风险投资机构还可以协助企业建立良好的社会形象，优秀的风险投资机构往往在社会上具有良好的形象，能被优秀风险投资机构选中投资的创业企业，会被社会认为具有较好的发展前途，因此有助于提高创业企业在诸如市场营销活动、再融资活动、与银行讨论贷款等外部事务活动中的地位。

(6) 提供关系网络资源，为企业创造良好的外部发展环境。目前大多风险投资机构具有一定的政府背景，熟知国家产业政策及法律法规，同时优秀的风险投资机构具有广泛的企业关系网络、政府关系网络、金融关系网络、服务咨询网络、专家网络以及信息资源网络。对创业企业而言，风险投资机构所拥有的这些是宝贵的财富。这些资源如果能有效与创业企业进行嫁接，将极有利于创业企业社会关系环境的改善，也极有利于创业企业的快速健康地发展。增值服务对风险企业的发展至关重要，风险投资公司对风险企业的增值服务是大有可为的，而且不仅仅是依靠自身的力量，更多的是要引入和充分调动社会资源，借助各种社会力量来达到为风险企业提供增值服务的目的。从严格意义上来说，风险投资家首先是金融家，具有广泛的金融网络资源；其次是企业家，懂管理、善经营，具有丰富的企业经验；最后是积极的社会活动家，具有各方面的产业网路和广泛的公关关系资源。

## 第四节 风险投资的退出机制

从风险资本的运动过程来看，风险资本从各种投资者手中筹集起来，注入风险投资专家的认真评选的风险企业中，经过风险企业家的运作之后，无论是增值还是有所亏损，都要将资本退出。风险投资退出是指风险投资机构在其所投资的风险企业或项目相对成熟之后，将以股权或其他形式注入的资金，通过某种渠道撤出的行为。对单个风险投资机构或个人而言，退出表现为一种投资决策行为，对于整个风险投资业而言，退出表现为一种撤出途径，是重要的、必不可少的环节，也是风险投资运作过程的最后环节。风险资本成功退出一般都伴随着巨大的资本增值，所以它也是获得高额投资回报，实现风险投资目标的关键环节。但对于一个具体的风险投资企业而言，针对其不同的投资对象的不同情况，决定是否退出，或什么时候退出，以及采取什么方式退出，却要根据具体的环境和条件而定。

## 一、风险投资退出的原因及意义

### （一）风险投资退出的原因

风险投资是高风险与高收益的结合，而高收益必须通过一定的退出渠道实现，这种高收益不可能像传统投资那样主要从投资项目的利润中得到，而是依赖于在这种“投入→回收→再投入”的不断循环中实现自身价值的增值。而此时投资退出机制就成为风险投资活动的安全保障。在正常情况下，风险投资很少长期滞留在一个成熟企业之中，它在扶持一个企业从萌芽阶段发展到成熟阶段后，一定选择适当的时机退出。而风险投资基金之所以要退出，其主要原因是：

（1）风险投资是以投资高新技术项目为主，它追求的是风险企业成长后所能得到的高额投资利润。而高利润必然伴随着高风险，以高新技术开发为主的风险企业，一旦风险企业发展到成熟阶段，其投资回报将由于企业风险的降低而表现为常规利润，而常规利润已不是风险投资追逐的目标。同时，处于成熟阶段的企业已经有了吸引非风险投资跟进的条件，因此风险投资家便有可能及时将风险企业以接力棒的形式，交给以投资风险较小的常规企业为主的投资银行和商业银行等新的投资者。

（2）风险投资的运作是以追求在资本流动中释放风险和收回投资成本及高额投资回报为目标。因为绝大多数企业的高速成长状态很难长期持续下去，分期或阶段性投资以及循环投资是风险投资的一个重要特征，所以风险投资基金要获取高额的回报就必须使其资本具有一定的流动性，即在被投资企业即将接受高速成长前出售对其投资以获取高额资本收益，然后再滚动进行新的投资。

（3）在以基金制的风险投资组织形态下，一家风险投资公司往往同时管理几个风险投资基金。而由于投资基金本身是以权益形式筹资，必然受到自身投资人的约束，在基金的合伙契约中一般都有一定时机以一定方式退出对风险企业的投资与管理，并为投资者带来丰厚利润的承诺。当一个基金存续期届满而清算时，新的基金开始设立并进行风险投资的运作，由此形成风险资金在时序上和空间组合上的不断投资循环。

总之，风险投资赖以生存的根本在于资本的高度周期流动，流动性的存在构筑了资本退出的有效渠道，使资本在不断循环中实现增值，资本增值回报会促进风险资本的供给，因为良好的流动性和丰厚的回报不会使其远离资本市场，这就从源头上保证了资本循环的良性运作。所以说，一个有效的资本退出机制使资本不断循环下去，是风险投资的生命力所在。

### （二）风险投资退出的意义

退出机制不仅为风险资本提供了持续的流动性，而且也为风险资本提供了持续的发展性。从这个意义上讲，退出是进入的前提，只有对投资者提供足够的诱因，整个社会资本才能通畅地进入风险投资领域。建立和健全风险投资退出机制是推动风险投资发展的关键环节之一，风险投资退出机制的具体作用主要表现在以下三个方面。

1. 实现投资收益，补偿风险投资者承担的高风险

投资者之所以将资金投入到高风险的风险投资领域，其基本动力就在于追求经济上的高收益。如果缺乏完善的风险投资退出机制，成功项目的投资收益难以变现，其他失败项目的投资损失也就无法得到补偿，风险投资活动也就难以为继。

2. 评价风险投资活动,发现投资价值

风险投资的对象是最具发展潜力的新兴高科技企业,这些企业是新思想、新技术、新产品和新市场的集合体,其价值不可能通过简单的财务核算来确定,只能通过市场机制来发现、评价和实现。同样道理,不同的风险投资机构的水平参差不齐,其投资决策的正确与否只能通过市场来检验,由此实现整个风险投资业的优胜劣汰,实现资源的优化配置,提高资金的使用效率。风险投资退出机制对风险投资活动提供了一种客观的评价方法,以风险投资退出时风险资本的增值大小来客观地衡量风险企业以及风险投资机构的表现,从而提高社会稀缺资源的使用效率。

3. 吸引社会资本,促进风险投资的有效循环

风险投资是由筹资──→投资──→撤资三个环节构成的商业投资活动,如果没有退出机制,容易导致风险投资机构的资金链断裂,不能及时给投资者回报。由此风险投资机构的信誉受损而无法继续募集资金,风险投资就无法实现投资增值和良性循环,也就无法吸引和动员社会资本加入到风险投资的行列,风险投资也就无法继续下去了。

可以说,没有退出机制或退出机制不完善,风险投资就很难生存和持续发展。风险资本的退出作为风险资本的一次运行的最后环节,是运行过程中"关键的一跳",关系到资金的安全撤出和收益的变现。因而,成功的风险投资家在签署投资协议注入资金之时就规划了资金的退出渠道,并根据项目进展和风险企业外部情况的变化加以调整,控制风险并实现最大的投资回报。

4. 有效规避投资风险

由于风险投资企业本身具有很高的风险,使得风险投资项目非常容易失败。一旦风险投资项目失败,不仅不能使资本得到增值,连收回本金也将成为很大的问题。因此,一个畅通有效的风险投资退出机制,将有助于风险资本最大限度地避免损失。

## 二、风险投资退出的影响因素

风险企业的发展过程可以分为种子期、成长期、成熟期和衰退期几个阶段,在哪个阶段撤出资金就是退出时机的选择;撤出资金可以通过公开上市、出售、清算等多种渠道,以何种渠道撤出资金就是退出方式的选择。风险投资的退出决策受到风险企业、风险投资机构和外部环境的共同影响,如图 14-6 所示。

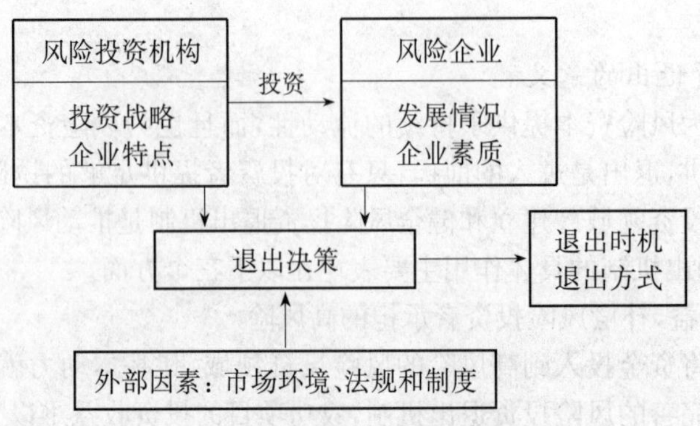


图 14-6 风险投资退出决策影响因素示意

（一）风险企业的因素

（1）风险企业的发展阶段和经营业绩是风险投资退出决策的主要影响因素。如果风险企业正处于高速增长的成长期，其价值增加很快，此时风险投资公司是不会贸然退出的。如果风险企业已经步入成熟期，市场份额和利润趋于稳定，风险投资的目标已基本实现，则退出时机成熟，风险投资家就要对各种退出渠道进行成本和收益分析了。如果风险企业运行得很差，一般来说风险投资机构会获得控制权，应该考虑尽快出售或破产清算，以减少损失。

（2）风险企业的企业素质，包括管理因素、技术与市场、资本结构因素等也会影响到退出决策。比如说，当风险企业管理团队的素质满足不了风险企业的发展要求时，风险资本在不能调整管理层情况下会考虑退出。如果风险企业继续保持了技术的先进性，面临着不断扩张的市场空间，风险资本家采取长期投资更有可能获取高额利润，所以会延迟退出时间。风险资本的退出会改变风险企业的资本结构，所以具体的退出决策是现有的各方利益人，包括风险企业家、风险资本家和债权人相互博弈的结果。

（二）风险投资机构的因素

（1）不同的风险投资机构的投资战略体现在其行业特征、投资期限及预期收益上，这些因素会影响投资决策。风险投资机构的行业特征，是指风险投资机构一般都会专门投资于一两个相关行业，如生物和医药，或电子和通信，或软件和网络，而不同的行业具有不同的资金运行方式。比如说软银，主要投资于网络行业，一般采取首次公开上市（IPO）的方式退出资金。风险投资机构由于其资金来源的不同，资金周转的周期有长有短，这就体现在了投资协议的投资期限中。风险投资机构的预期收益较高的，一般来说投资期限较长，多从种子期就注入资金，在风险企业成熟之后才退出。而预期收益较低的，一般是投资于成长后期或成熟的企业，风险较小，也能在相对较短的时间内回收资金。

（2）风险投资机构的企业特点，如公司类型、经营状况会影响到退出决策。风险投资公司可以有公司制、有限合伙制和信托基金制等类型，美国以有限合伙制为主，由于风险投资家作为普通合伙人，有充分的支配权和决策权，其退出决策程序较为灵活。相对来说，我国风险投资机构以公司制为主，由于董事会的干预和年度利润目标的压力，他们在投资项目上可能会表现出短期行为。当风险投资机构经营状况不佳，急需现金流入时，可能会提前退出投资，对退出方式的选择也较为随意。相反，如果风险投资机构有充足的现金流，则具备长期投资的条件。

（三）外部因素

市场环境可以包括宏观经济、资本市场、产权制度等因素，会对风险投资退出产生很大的影响。只有在完善的市场经济体制和良好的宏观经济状况之下，高科技产业蓬勃发展，新的投资机会不断涌现，才会刺激风险投资更快的循环。而资本市场的发展程度，直接对风险资本的退出的时间和收益产生影响。完善的资本市场应该有很大的市场规模，活跃的市场交易者，顺畅的价格决定机制和完善的监管机制，这才能够吸引好的风险企业上市。美国的风险投资业的飞速发展，很大程度上是得到了 NASDAQ 市场的支持。另外，清晰的产权制度可以降低交易成本，有利于明确投资者和创业者之间的利益分配，也有利于进行股权的并购和回购。

风险投资的运作过程受到法律和制度的约束，所以法律和制度会影响风险投资的退出。比如说，公司法对公司并购和破产清算方面的规定，直接影响到风险投资采取这两种渠道退出时的效果。证券税收政策是针对有价证券的交易行为，交易所得和投资收益的法律法规，其税率高低对采取IPO和股权转让方式退出的收益有直接影响。另外，收入税的优惠政策有利于风险投资的退出，比如说，美国1997年的《投资收益税降低法案》延长了减税的有效期限，降低了投资收益税，明确了减税额的适用范围，有效地刺激了风险资本的退出。

## 三、风险投资的退出渠道

在风险资本市场上，主要有以下几种风险退出方式。

### （一）首次公开发行

公开发行（IPO）之后，风险企业变为上市公司，其股票可以在证券市场上公开交易，所以风险投资机构可以将其所持有的股份通过证券市场出售给其他投资者，收回现金。公开上市一般伴随着巨大的资本利得，所以被认为是风险投资退出的最佳渠道。

IPO的最大优点就是可以获得高额的回报，这是金融市场对公司发展业绩的一种认可。这个过程可以使风险投资公司顺利退出风险企业，并获得很高的“风险溢价”——公司市场价值超过公司账面价值部分。从风险投资业发达国家的情况下，风险投资公司以IPO方式作为风险投资退出方式时，一般可以获得高达200%以上的回报率。从经典的案例来看，苹果公司、莲花公司、康柏公司通过IPO则分别获得了235倍、63倍、38倍的收益。其次，公开上市后，由于风险投资机构会逐渐减持其持有的风险企业股份，风险企业家保持了对风险企业的控制权，保持了上市后公司的独立性。再次，风险企业变为上市公司之后，就要遵守严格的财务报表制度，定期进行财务信息披露，同时股东大会、董事会、监事会等公司治理结构得以完善，有利于长期的发展；而且上市具有很好的广告宣传效应，提高了风险企业的知名度。另外，风险企业上市后在资本市场上获得了持续融资的渠道，可以通过增发股票或公司债券进行融资，从而保证了企业持续发展的资金供应。

但IPO也不是完全令风险投资家满意，它的最大缺点就是“限制出售条款”。为稳定股价和保护大众投资者，该条款规定，在锁定期限（lock-up period）内，风险投资机构所持有的风险企业的股份在上市后不能立即全部出售，而是要经过若干年的逐渐减持的过程。风险投资机构保留的股份虽然可能使其分享公司增长的成果，但同时意味着收益推迟实现甚至无法实现的巨大风险。其次，IPO的费用较高，风险企业需要向其他机构支付承销费用、注册费用、宣传费、审计费、律师费、印刷费等，这些额外费用约占股票总发行额的15%；而且在上市后由于要遵守严格的信息披露制度，会计、审计的费用还会增加。此外，上市程序繁琐，风险企业从准备上市到正式上市通常至少要6个月或者更长。

### （二）买壳上市与借壳上市

买壳上市与借壳上市是较高级的资本运营现象，是间接上市的方法，为不能直接公开上市的风险资本提供了很好的退出途径。所谓的“壳”，是指“壳公司”，指公众持有的、已经基本停止运营的上市公司。壳公司由于经营不善，资产质量较差，有很多未清偿的负债，但是其股票仍然在市场上交易，没有被“摘牌”，而且需要向监管者递交有关报告。买壳上市，是指风险企业收购壳公司的股权从而控制壳公司，之后通过资产置换等方式将风险企业的资产和业务注入壳公司，由于壳公司的股票仍然在证券交易所交易，风险企业以间接的方法达到了上市交易的目的。借壳上市多发生在境外，指风险企业在境外的避税地（例如百慕大、英属维尔京群岛、开曼群岛等）注册公司，用以控股境内资产，境内则成立相应的外商控股公司,并将相应的资产及利润并入境外公司,从而在境外申请上市。

买壳上市或借壳上市具体的操作方式有以下几种:一是风险企业在二级市场上公开收购壳公司,又称要约收购;二是风险企业与壳公司通过谈判,实现非流通股股权的有偿转让;三是以风险企业的资产或股权与上市公司合并,并改变上市公司的资本和股权结构;四是风险企业控股上市公司的母公司而间接上市。

在资本市场不成熟,上市公司数目受到限制情况下,买壳上市或借壳上市是风险资本的重要撤出机制。由于壳公司质量良莠不齐,大多数有大量的负债,风险企业应该在利用壳公司前仔细调查和考虑,避免法律诉讼。

（三）并购(Merges & Acquisitions)

并购的主要形式有以下几种。控股式并购通过购买风险企业的股权达到控股,从而拥有控制权和经营管理权;购买式并购可以通过一次性或分期购买进行,以取得风险企业资产的全部所有权与经营权;吸收股份式并购是指被并购的风险企业以其净资产、商誉及发展前景为依据综合考虑其折股比例,作为股金投入到新公司中,从而成为其股东;资产置换式并购是指公司将优质的资产置换到风险企业中,同时把风险企业原有的不良资产(连带负债)剥离,依据资产评估价值进行等额置换,以取得对风险企业的控制权和经营管理权。

并购在收益上虽然不如 IPO 惊人,但由于买主范围一定,交易对象相对 IPO 要少,所以比 IPO 简洁便利,费用也低很多。并购涉及买卖双方竞价及产权转让过程,期间不需要经过繁琐的审批程序,因此风险资本的退出实现时间比 IPO 短,交易一般只需要 4～6 个月。对风险投资机构来说,风险企业被其他公司并购可以实现即时的确定收益,资金可以完全退出。但是,并购容易使原有风险企业丧失独立性,一般为风险企业管理层所反对。风险投资机构在退出过程中可能会由于信息不对称而遭受损失,而且,在特定行业中寻找合适的主并方,需要做出很大努力。尽管这样,从世界范围看,并购仍是风险资本退出的主要方式。

（四）企业回购

企业回购(redemption)是指风险投资机构将所持有的风险企业的股权回售给风险企业的管理层或员工,从而退出的方式。回购的优点在于将外部股权全部内部化,使风险企业保持了充分的独立性,预留了巨大的升值想象空间,同时风险资本得以一次变现。

企业回购通常在以下两种情况发生:一是被动回购。为了控制投资风险,风险投资家在与风险企业签订投资协议时,可以附加签订回购条款,即风险投资机构有权利在一定投资期限之后以确定的价格和支付方式将其持有的股份回售给风险企业,以变现风险资本。这相当于风险企业赋予了风险投资机构一项卖股期权(puts)。当风险企业无法实施首次公开发行,风险投资机构所持有的风险企业股份又无法通过并购出售时,风险投资机构为了变现投资而要求执行投资协议中的回购条款。二是主动回购。风险企业管理层出于保持企业独立性的考虑,或者对风险企业的前景看好,不愿企业股份被他人所购买,因而要求购回风险投资家持有股份。主动回购可以采取管理层收购(management buy-out,MBO),即风险企业的管理层通过融资的方式将风险投资部分的股份收购并持有;也可以采取员工收购(EBO),即组建员工持股基金作为收购资金的来源,收购并持有风险投资机构的股份。在国外,股份回购还可以通过买股期权(call)来实现,买股期权是风险投资机构赋予风险企业家或风险企业的一项期权,使风险企业有权在一定时期后以约定的价格购回风险投资机构持有的股票。

风险企业的股票回购主要有以下几种方式:公开市场收购,指风险企业在股票市场上以等同于任何潜在投资者的地位，按照公司股票当前市场价格回购。私下协议批量购买，通常作为公开市场收购方式的补充而非替代措施，批量购买的价格经常低于当前市场价格，尤其是在卖方首先提出的情况下。现金要约回购，主要指风险企业在特定时间发出某一要约，要求以高出股票当前市场价格的价格水平，向风险投资机构回购既定数量的股票。交换要约，是现金回购股票的替代方案，指风险企业向风险投资机构发出债券或优先股的交换要约，由于风险投资机构不能实现资本的完全退出，这种方式在现实中并不多见。

风险企业回购的优点是实现了风险资本的一次性完全退出，对于风险企业而言，由于管理层和员工拥有的股权提高了，他们和风险企业的利益更紧密地联系在一起，有利于降低委托代理风险，提高工作效率。企业回购的缺点就是要求风险企业的管理层或员工具备足够的现金来购买风险投资机构手中的股份，现实中这一条件经常难以满足；管理层持股比例的提高增强了其抵御收购的能力，从而降低了内外部监控的力度，可能会使公司价值下降。

### （五）二次出售

二次出售(second sale)是指风险投资机构将其持有的风险企业的股权出售给其他风险投资商，风险企业家和其他投资者仍保留他们所持有的股份的一种资本推出方式。收购兼并、企业回购和二次出售都是风险投资机构出售风险企业股份的过程，只是出售的对象有所不同。

二次出售多数用于缓解风险投资机构紧急的资金需求，是由风险投资基金的生命周期决定的无奈的退出方式。虽然风险投资机构会根据资金来源等规划风险资本的退出年限，使其有与资金需求相适应的期限结构，但是由于投资期限较长，预测不可能面面俱到，当基金终止时会产生大量的资金流出，风险投资机构为了满足资金需求会采用“紧急出售”的方法来解决问题。由于二次出售标志着风险投资机构与风险企业良好关系的破裂，人们会形成一种思维定式，认为 IPO 和并购是高质企业偏好的退出方式，而采用企业回购和二次出售方式退出的为低质量企业。

在二次出售中，由于风险投资机构出售的股权仅为风险企业股权的一部分，而且购买者难以具备如原来的风险投资机构和风险企业及其他股东之间的良好关系，新接手的风险投资机构难以对风险企业实行有效的监控，从而面临着更大的委托代理风险。

### （六）清算退出

清算退出是指当风险投资公司意识到风险企业缺乏足够的成长性而不能取得预期的投资回报时，或者当风险企业经营陷入严重困境出现债务危机时，风险投资公司采取清算的方式收回部分或全部投资的一种退出方式。风险资本的高风险性决定了风险企业破产的可能性，总会有一批风险企业以破产或解散而告终。一项关于美国 13 个风险投资基金的分析表明，风险投资总收益的 50%来自其中 6.8%的投资，总收益的 75%来自 15.7%的投资，风险投资越是处于早期，失败的比例越高。如果风险企业经营失败，投资家确认企业已失去了发展的可能，或是成长缓慢不能给予预期的高回报，就不应再进行追加投资，而应宣布企业破产或解散，对企业资产进行清理并将收回的资金投资于其他项目。因此，风险资本退出模式中也就必然包括破产和清算这种方式，它是投资失败后资本退出的必经之路。

风险企业进行清算，主要在以下三种情况下出现：一是由于风险企业所属的行业前景不好，或是风险企业不具备技术优势，利润增长率没有达到预期的目标，风险投资机构决定放弃风险企业。二是风险企业有大量债务无力偿还，又无法得到新的融资，债务人起诉风险企业要求其破产。三是风险企业经营太差，达不到 IPO 的条件，没有买家愿意接受风险投资机构持有的风险企业的权益，而且继续经营企业的收入无法弥补可变成本，继续经营只能使企业的价值变小，只能进行破产清算。

清算退出，一般有三种方式：解散清算、自然清算和破产清算。解散清算是在风险企业经营尚可但前景不好的情况下，由风险企业的各股东主动协商，达成停产解散的协议。由于此时的风险企业还拥有质量较好的固定资产，风险投资机构能够收回的资金在各种清算方式中是较多的。自然清算指风险企业出现偿债危机时，与债务人达成协议进行的清算。由于风险企业所有的资产变现后要首先偿还给债权人，作为股东的风险投资机构只能收回初始投资的一部分。破产清算就是企业经营不善而长期入不敷出，依法申请破产后进行的清算。如果公司积累的不动产较多，通过破产清算方式进行退出可能部分或全部弥补初始投资。

清算方式退出资金是痛苦的，但是在很多情况下却是必须果断采取的方案。因为风险投资机构一方面面临的投资风险很大，另一方面却允诺给投资者固定的投资收益，风险资本有着较高的资金成本，对于亏损的风险企业只有及时抽身退去，才能将资金投资于盈利性的项目。即使风险企业能正常经营，如果成长缓慢，收益很低，一旦认为没有发展前途，也要立即退出。根据统计，清算退出仅能回收原投资额的 64%。清算退出的缺点不仅是收益为负，还表现为消耗时间长，法律程序繁杂等方面。

## 本章小结

风险投资运作是一个系统有序的复杂工程，这一工程包括风险资本投资、风险项目评估、风险企业管理和风险资本退出等一整套流程。风险项目评估，是风险投资家通过科学有效的评估方法，找到真正具有发展潜力的项目。常用的风险评估方法有传统评估方法和现代风险项目评估方法两类，其中传统评估方法包括净现值法、内部收益法、指数获利法、层次分析法和决策树法；而现代的风险投资方法主要是实物期权法。

在风险投资评估以及与风险企业签订投资协议之后，就必须按规定注入资本，并参与风险企业的经营管理。风险投资过程中的经营管理与前面的精心评估选择投资项目一样重要。风险投资家具有较强的营销、理财、管理能力和广泛的社会关系网络，为风险企业提供管理咨询、融资策划、战略规划和财务监控等方面的服务，促进风险企业不断发展壮大，直至公开上市或者通过其他形式实现风险资本的增值退出。风险资本的退出是风险投资流程的重要环节，只有风险资本的安全撤出，风险投资家才能继续挑选、培育风险企业，才能在不断地投资→退出→再投资过程中实现资本的增值。风险资本退出渠道主要包括首次公开发行、买壳或借壳上市、收购兼并、企业回购、二次出售、清算等方式。

## 关键词

风险投资流程　风险投资项目评估　风险投资的期权特性　层次分析法　实物期权

风险投资退出机制

## 复习思考题

1. 简述风险投资的主要流程。
2. 风险投资的融资工具主要有哪些?
3. 传统风险投资项目评估方式主要有哪些?
4. 实物期权和金融期权有何不同?
5. 风险投资退出的因素有哪些?
6. 风险投资的退出渠道主要有哪些方式?

# 参考文献


1. 安实等:《风险投资理论与方法》,科学出版社 2005 年版。

2. 陈康幼:《投资经济学》,上海财经大学出版社 2003 年版。

3. 曹军:《银行并购问题研究》,中国金融出版社 2004 年版。

4. 干春晖、刘祥生:《企业并购——理论・实务・案例》,立信会计出版社 2002 年版。

5. 郭永清:《企业兼并与收购实务》,东北财经大学出版社 1998 年版。

6. 纪燕萍等:《21 世纪项目管理教程》,人民邮电出版社 2002 年版。

7. 卢有杰:《现代项目管理学》,首都经济贸易大学出版社 2004 年版。

8. 罗乐勤:《投资经济学》,科学出版社 2003 年版。

9. 范黎波:《项目管理》,对外经济贸易大学出版社 2005 年版。

10. 姜树梅:《风险投资运作》,东北财经大学出版社 2001 年版。

11. 任淮秀:《兼并与收购》,中国人民大学出版社 2004 年版。

12. 任淮秀:《投资经济学》,中国人民大学出版社 2005 年版。

13. 任淮秀:《投资银行学》,中国人民大学出版社 2006 年版。

14. 王东、张秋生:《企业兼并与收购案例》,清华大学出版社、北京交通大学出版社 2004 年版。

15. 王苏生、彭小毛:《管理层收购——杠杆收购及其在公司重组中的应用》,中国金融出版社 2004 年版。

16. 吴添祖:《技术经济学概论》,高等教育出版社 2004 年版。

17. 张三力:《项目后评价》,清华大学出版社 2001 年版。

18. 张石森:《哈佛商学院项目管理全书》,中国财政经济出版社 2003 年版。

19. 张元萍:《风险投资运行机制与模式》,中国金融出版社 2004 年版。

20.《投资项目可行性研究指南》编写组:《投资项目可行性研究指南》,中国电力出版社 2002 年版。

21. 国家科学技术委员会星火计划办公室:《乡镇企业工业项目评估》,清华大学出版社 1996 年版。

22.〔美〕威廉・F・夏普等:《投资学》(第五版),中国人民大学出版社 1998 年版。

23.〔美〕滋维・博迪等:《投资学》(第五版),机械工业出版社 2002 年版。

24.〔美〕汉姆・列维:《投资学》,北京大学出版社 2004 年版。

25.〔美〕约瑟・W・巴特利特:《创业投资基础》,东北财经大学出版社 2001 年版。

26.〔美〕R・J・库尔:《可行性研究的诸因素及研究方法》,中国金属学会冶金技术经济学术委员会 1983 年版。

27. 〔美〕杰弗里·C·胡克:《兼并与收购实用指南》,经济科学出版社 2000 年版。

28. 〔美〕乔纳森·芒:《实物期权分析》,中国人民大学出版社 2006 年版。

29. 〔美〕弗雷德·威斯顿、S·郑光和胡安·A·苏:《接管、重组与公司治理》,东北财经大学出版社 2000 年版。

30. 〔美〕Harold Kerzner:《项目管理的战略规划》,电子工业出版社 2002 年版。

31. 〔美〕克利福德·格雷、拉森:《项目管理教程》,人民邮电出版社 2003 年版。

32. 〔美〕萨缪尔·威佛、弗雷德·威斯顿:《兼并与收购》,中国财政经济出版社 2003 年版。

33. 〔美〕帕特里克·A·高根:《兼并、收购与公司重组》,机械工业出版社 2004 年版。

34. 〔美〕唐纳德·德帕姆菲利斯:《兼并、收购和重组——过程、工具、案例和解决方案综合指南》,机械工业出版社 2004 年版。

35. 〔美〕弗雷德·威斯顿、S·郑光和苏姗·E·侯格:《兼并、重组与公司控制》,经济科学出版社 1998 年版。

36. Clifton, D. S. Jr. and Fyffe, D. E., *Project Feasibility Analysis*, John Wiley & Sons, New York, 1977.

37. PMI Standard, *A Guide To The Project Management Body of Knowledge*, PMI 2004.

# 后　记

本书是复旦大学出版社"博学 21 世纪工程管理系列"教材的一本。

本书的体系是以现代投资理论为基础，运用现代经济学方法构建而成的。本书在介绍投资理论的基础上，注重操作性和实用性，尤其适用于工程管理类专业本科高年级学生、研究生和经济工作者。全书系统介绍了有关项目投资、产权投资、金融投资和创业投资的理论和操作技巧，由基础篇、项目投资篇、产权投资篇、金融投资篇和风险投资篇五部分组成。基础篇是基于投资经济学的有关基本理论问题，介绍如投资经济学的研究对象、投资的含义及其运动过程、投资分类、投资环境、企业融资与投资决策等内容；项目投资篇主要介绍有关项目投资的基础理论、决策方法、投资增值管理与投资风险管理等；产权投资篇讨论了兼并收购，并购流程，公司接管、防御与反收购等内容；金融投资篇则重点阐述有关金融投资的理论与实务，包括股票投资、债券投资、金融衍生工具投资等；风险投资篇则是重点介绍了风险投资机制、投资流程和风险投资企业评估和投资项目退出。

本书作为一本集体完成的作品，由复旦大学金融研究院张宗新副教授、杨青副教授负责组织和设计，并共同担任主编。其中，张宗新具体负责第一篇、第四篇和第五篇，杨青负责第二篇和第三篇。

在编写过程中，由各位作者分工撰写、合作完成，具体分工如下：

戴锋立负责第一、二章，同时孙兰兰也参与了第二章的编写；

杨青、丁平、魏立新、王俊伟负责第三至八章的编写；

张宗新负责第九至十二章的编写；

孙秀琳、刘赣州、李凌艳负责第十三至十四章的编写。

承蒙复旦大学出版社罗翔老师的邀请，参与"博学 21 世纪工程管理系列"教材的设计和编撰工作，在此表示感谢。同时，由于编者水平有限，不当和错漏之处在所难免，敬请广大读者谅解，并欢迎批评指正。

编者

2007 年 5 月

**图书在版编目(CIP)数据**

投资经济学/张宗新,杨青主编. —上海:复旦大学出版社,2007.8(2019.8 重印)
(复旦博学·21 世纪工程管理系列)
ISBN 978-7-309-05606-8

Ⅰ.投… Ⅱ.①张…②杨… Ⅲ.投资经济学 Ⅳ.F830.59

中国版本图书馆 CIP 数据核字(2007)第 101239 号

**投资经济学**
张宗新 杨 青 主编
责任编辑/罗 翔 姜作达

复旦大学出版社有限公司出版发行
上海市国权路 579 号 邮编:200433
网址:fupnet@fudanpress.com http://www.fudanpress.com
门市零售:86-21-65642857 团体订购:86-21-65118853
外埠邮购:86-21-65109143 出版部电话:86-21-65642845
江苏扬中印刷有限公司

开本 787×1092 1/16 印张 21.75 字数 529 千
2019 年 8 月第 1 版第 6 次印刷
印数 12 001—13 100

ISBN 978-7-309-05606-8/F·1265
定价:38.00 元

---

复旦大学出版社向使用本社《投资经济学》作为教材进行教学的教师免费赠送多媒体课件，该课件有许多教学案例以及教学 PPT。欢迎完整填写下面表格来索取多媒体课件。

或者登陆www. fudanpress. com 填写网上调查反馈表，将获赠电子书一本。

教师姓名：________ 职务/职称：________________________

任课课程名称：____________________ 任课课程学生数：____________________

任课课程名称：____________________ 任课课程学生数：____________________

任课课程名称：____________________ 任课课程学生数：____________________

将开课课程名称：__________________ 将开课课程学生数：__________________

将开课课程名称：__________________ 将开课课程学生数：__________________

E-mail 地址：________________________________________

联系电话：(O)______________ (H)______________ 手机____________________

学校名称：__________________________________________

学校地址：__________________________ 邮编：__________________________

学校电话总机(带区号)：____________ 学校网址：__________________________

系名称：________________ 系联系电话：________________________________

需要赠送教材样书名称：______________________________

赠送教材样书地址：________________ 邮编：____________________________

________________________________________________________________________

________________________________________________________________________

________________________________________________________________________

您认为本书的不足之处是：

您的建议是：

请将本页完整填写后，剪下邮寄到上海市国权路 579 号复旦大学出版社　罗翔　收

邮编：200433　　联系电话：(021)65109717

E-mail：022015050@fudan. edu. cn　　传真：(021)65642892

请沿此线剪下